Adressaten der
Insolvenzverschleppung
der Haftung gem. § 64 GmbHG im Recht
der GmbH

Europäische Hochschulschriften Recht

European University Studies in Law

Publications Universitaires Européennes de Droit

Band/ Volume **6090**

Timo Floren

Adressaten der Insolvenzverschleppungshaftung sowie der Haftung gem. § 64 GmbHG im Recht der GmbH

PETER LANG

Bibliografische Information der Deutschen Nationalbibliothek
Die Deutsche Nationalbibliothek verzeichnet diese Publikation in der Deutschen
Nationalbibliografie; detaillierte bibliografische Daten sind im Internet über
http://dnb.d-nb.de abrufbar.

Zugl.: Bielefeld, Univ., Diss., 2018

Gedruckt auf alterungsbeständigem, säurefreiem Papier.
Druck und Bindung: CPI books GmbH, Leck

D 361
ISSN 0531-7312
ISBN 978-3-631-78864-6 (Print)
E-ISBN 978-3-631-79379-4 (E-PDF)
E-ISBN 978-3-631-79380-0 (EPUB)
E-ISBN 978-3-631-79381-7 (MOBI)
DOI 10.3726/b15802

© Peter Lang GmbH
Internationaler Verlag der Wissenschaften
Berlin 2019

www.peterlang.com

Meinen Eltern

Vorwort

Die vorliegende Arbeit wurde im Sommersemester 2018 von der Fakultät für Rechtswissenschaft der Universität Bielefeld als Dissertation angenommen. Rechtsprechung und Literatur konnten bis Oktober 2017 berücksichtigt werden.

Ganz herzlich bedanken möchte ich mich bei meinem Doktorvater, Herrn Prof. Dr. Detlef Kleindiek, der mein Interesse an gesellschaftsrechtlichen Fragestellungen bereits zu Studienzeiten geweckt und meine Arbeit durch hilfreiche Anregungen gefördert hat. Herrn Prof. Dr. Florian Jacoby danke ich für die zügige Erstellung des Zweitgutachtens.

Mein besonderer Dank gilt meinen Eltern Renate und Friedhelm Floren, die mich während meiner Ausbildung jederzeit gefördert und uneingeschränkt unterstützt haben.

Meiner Frau Anika danke ich für ihre liebevolle Unterstützung, Geduld und Nachsicht.

Schwerte, im Februar 2019   Timo Floren

Inhalt

X

Inhaltsverzeichnis

§ 4 Die Adressaten der Insolvenzverursachungshaftung gem. § 64 S. 3 GmbHG

§ 5 Anwendbarkeit des § 64 GmbHG in Insolvenz- und Insolvenzeröffnungsverfahren

§ 1 Einleitung

In der Krise einer Gesellschaft ist es an den Geschäftsführern, zu entscheiden, ob eine Sanierung der Gesellschaft Aussicht auf Erfolg hat oder ob die Stellung eines Insolvenzantrags[1] unausweichlich ist. Bei ihrer Entscheidung sollten die Geschäftsführer insbesondere eine mögliche Haftung nach den Grundsätzen der sogenannten Insolvenzverschleppungshaftung und den Zahlungsverboten gem. § 64 GmbHG berücksichtigen.

Nach der Reform des GmbH-Gesetzes durch das MoMiG[2] sind die Geschäftsführer einer GmbH nunmehr gem. § 15a Abs. 1 S. 1 InsO verpflichtet, ohne schuldhaftes Zögern, spätestens jedoch drei Wochen nach Eintritt der Zahlungsunfähigkeit,[3] § 17 InsO, oder Überschuldung, § 19 InsO, einen Insolvenzantrag zu stellen. Die Pflicht zur Stellung des Insolvenzantrages bestand für die GmbH-Geschäftsführer nach altem Recht gem. § 64 Abs. 1 GmbHG a.F. Die jetzige Regelung des § 15a Abs. 1 S. 1 InsO regelt die Insolvenzantragspflicht rechtsformübergreifend für die Vertretungsorgane aller juristischen Personen. Kommen die Geschäftsführer dieser Pflicht nicht nach, sind sie den Gläubigern der Gesellschaft mit Ausnahme der Gesellschafter nach der Rechtsprechung des Bundesgerichtshofs[4] und der herrschenden Meinung im rechtswissenschaftlichen Schrifttum[5] nach den Grundsätzen der Insolvenzverschleppungshaftung

---

1   In der gesamten Arbeit wird der in Judikatur und wissenschaftlichem Schrifttum gefestigte Begriff des *„Insolvenzantrags"* verwendet, anstatt – wie § 15a Abs. 1 InsO in seiner jetzigen Fassung – vom *„Eröffnungsantrag"* zu sprechen. Der Begriff *„Eröffnungsantrag"* wurde eingefügt durch das Gesetz zur weiteren Erleichterung der Sanierung von Unternehmen (ESUG), BGBl. I 2011, 2582. Die Ersetzung dient nach der Begründung zum Gesetzentwurf der Bundesregierung vom 04.05.2011, BT-Drucks. 17/5712, S. 23, lediglich der Vereinheitlichung des Sprachgebrauchs innerhalb der Insolvenzordnung und ist einzig und allein redaktioneller Natur.

2   Gesetz zur Modernisierung des GmbH-Rechts und zur Bekämpfung von Missbräuchen (MoMiG), BGBl. I 2008, 2026.

3   Zur Frage des Beginns der Antragsfrist vgl. BGHZ 75, 96 (110); *Kleindiek* in: Lutter/Hommelhoff, Anh zu § 64, Rn. 60 ff.; *M. Schmidt-Leithoff/Schneider* in: Rowedder/Schmidt-Leithoff, Vor § 64, Rn. 69.

4   Zu § 64 GmbHG a.F. BGHZ 29, 100 (102); BGHZ 100, 19; BGHZ 126, 181; BGHZ 138, 211; BGHZ 171, 46.

5   Baumbach/Hueck/*Haas*, § 64, Rn. 144 f.; *Kleindiek* in: Lutter/Hommelhoff, Anh zu § 64, Rn. 80; Michalski-*Nerlich*, Anh. § 64, Rn. 40; Oppenländer/Trölitzsch/*Ziemons*, § 31, Rn. 1; Saenger/Inhester/*Kolmann*, Vorb vor § 64, Rn. 218; Scholz/*K. Schmidt*, § 64,

gem. § 823 Abs. 2 BGB i.V.m. § 15a Abs. 1 S. 1 InsO zum Ersatz des entstehenden Schadens verpflichtet.

Beim Umfang des zu ersetzenden Schadens unterscheiden höchstrichterliche Rechtsprechung und herrschende Meinung des rechtswissenschaftlichen Schrifttums zwischen den sog. Alt- und Neugläubigern.[6] Bei den Altgläubigern handelt es sich um solche Gläubiger der Gesellschaft, die bereits zum Zeitpunkt, in dem der Insolvenzantrag hätte gestellt werden müssen, Gläubiger der Gesellschaft waren.[7] Diese Gläubiger haben einen Anspruch auf Erstattung des Betrages, um den sich die effektiv erzielte Insolvenzquote aufgrund der nicht rechtzeitigen Stellung des Insolvenzantrages gegenüber der bei rechtzeitiger Antragsstellung erzielbaren Quote verringert.[8] Der Schaden der Neugläubiger soll hiervon abweichend reguliert werden. Als Neugläubiger sind hierbei solche Gläubiger anzusehen, die ihre Gläubigerstellung erst nach dem maßgeblichen Zeitpunkt der rechtzeitigen Stellung des Insolvenzantrages erlangt haben.[9] Diese Gläubiger sollen so zu stellen sein, als wären sie überhaupt nicht Gläubiger der insolventen Gesellschaft geworden, so dass ihnen das negative Interesse zu ersetzen ist.[10]

Neben der Insolvenzantragspflicht gem. § 15a Abs. 1 S. 1 InsO sanktioniert § 64 S. 1 GmbHG[11] Zahlungen, die die Geschäftsführer nach Eintritt der Insolvenzreife an Gläubiger der Gesellschaft leisten und so zu einer Schmälerung der

---

Rn. 175 ff.; a.A.: *Altmeppen* in: Roth/Altmeppen, Vorb zu § 64, Rn. 134; *ders.* in: Roth/Altmeppen, § 64, Rn. 35 ff., der das Haftungskonzept der Rspr. als verfehlt ablehnt.

6   BGHZ 126, 181 (192 ff.); BGH, NJW 1995, 398 (399); BGH, ZIP 1995, 31 (32); BGHZ 138, 211 (214 ff.); Baumbach/Hueck/*Haas*, § 64, Rn. 168; Michalski-*Nerlich*, Anh. § 64, Rn. 52; MüKo-GmbHG/*Müller*, § 64, Rn. 206 ff.; *Kleindiek* in: Lutter/Hommelhoff, Anh zu § 64, Rn. 91 ff.; Saenger/Inhester/*Kolmann*, Vorb vor § 64, Rn. 225 ff.; Scholz/*K. Schmidt*, § 64 Anh, Rn. 173, 180 ff.

7   Statt aller: *Kleindiek* in: Lutter/Hommelhoff, Anh zu § 64, Rn. 91.

8   Sog. Quotenschaden; BGHZ 29, 100 (102 ff.); BGHZ 126, 181 (190); BGHZ 138, 211 (221); Baumbach/Hueck/*Haas*, § 64, Rn. 174 ff.; *Kleindiek* in: Lutter/Hommelhoff, Anh. zu § 64, Rn. 92; Michalski-*Nerlich*, Anh. § 64, Rn. 52 f; 55 f.; MüKo-GmbHG/*Müller*, § 64, Rn. 206; Saenger/Inhester/*Kolmann*, Vorb vor § 64, Rn. 225 ff.; im Einzelnen siehe § 2 A.I.

9   Statt aller: *Kleindiek* in: Lutter/Hommelhoff, Anh zu § 64, Rn. 91.

10 BGHZ 126, 181 (190); BGH, GmbHR 1995, 125 (126); BGH, GmbHR 1995, 130 (131), BGH, GmbHR 1995, 226 (227); BGH, NJW 1999, 2182 (2183); BGH, NZG 2003, 923; BGH, GmbHR 2009, 817 ff.; BGH, ZIP 2012, 1455 (1156 f.); Baumbach/Hueck/*Haas*, § 64, Rn. 182 ff.; *Kleindiek* in: Lutter/Hommelhoff, Anh zu § 64, Rn. 93 ff.; Michalski-*Nerlich*, Anh. § 64, Rn. 55; MüKo-GmbHG/*Müller*, § 64, Rn. 207 ff.; Saenger/Inhester/*Kolmann*, Vorb vor § 64, Rn. 229 ff.; im Einzelnen siehe § 2 A.I.

11 Bis zum 31.10.2008 war die Erstattungspflicht in § 64 Abs. 2 S. 1 GmbHG a.F. geregelt.

Masse führen. Hinsichtlich solcher Zahlungen trifft die Geschäftsführer gegenüber der Gesellschaft eine Ersatzpflicht. Gleiches gilt für Zahlungen, die sie an die Gesellschafter leisten und die zur Zahlungsunfähigkeit der Gesellschaft führen müssen, § 64 S. 3 GmbHG. Ausnahmen von dieser Erstattungspflicht statuieren § 64 S. 2 GmbHG und § 64 S. 3 2. Hs. GmbHG jeweils für den Fall, dass die Zahlung mit der Sorgfalt eines ordentlichen Geschäftsmannes zu vereinbaren ist, § 64 S. 2 GmbHG, bzw. dass die Konsequenz der Zahlung an die Gesellschafter bei Beachtung derselben nicht erkennbar war, § 64 S. 3 2. Hs. GmbHG.

Im Gegensatz zur Haftung wegen Insolvenzverschleppung sanktioniert § 64 S. 1, 2 GmbHG somit nicht nur Zahlungen, die erst nach Ablauf der Insolvenzantragsfrist des § 15a InsO erfolgen, sondern alle Zahlungen, die ab dem Eintritt der materiellen Insolvenzreife geleistet werden.[12] § 64 S. 3 GmbHG sanktioniert gar Zahlungen vor Eintritt der Insolvenzreife, nämlich Zahlungen an Gesellschafter, soweit diese zur Zahlungsunfähigkeit der Gesellschaft führen mussten. Die Regelungen des § 64 GmbHG sind somit als Ergänzung der Insolvenzverschleppungshaftung zu verstehen.[13]

Im rechtswissenschaftlichen Schrifttum und in der Rechtsprechung ist anerkannt, dass nicht nur die formal wirksam bestellten Geschäftsführer der GmbH den Haftungstatbeständen gem. § 823 Abs. 2 BGB i.V.m. § 15a Abs. 1 InsO und gem. § 64 GmbHG unterliegen, sondern im Rahmen dieser Haftungstatbestände zunächst auch eine Haftung der sogenannten faktischen Geschäftsführer[14] in Betracht kommt.[15] Zu erwähnen ist hier insbesondere der typische Schattengeschäftsführer.

Daneben kommen jedoch auch weitere Personen im Umfeld der Gesellschaft als potentielle Adressaten der Haftung für durch verspätete Insolvenzantragsstellung entstandene Schäden sowie der Haftung für nach Eintritt der Insolvenzreife

---

12 BGH, WM 2000, 242 f.; BGHZ 163, 134 (141); BGH, NJW 2009, 2454 (2455); *Kleindiek* in: Lutter/Hommelhoff, § 64, Rn. 2; Scholz/*K. Schmidt*, § 64, Rn. 48.

13 So auch Baumbach/Hueck/*Haas*, § 64, Rn. 5; Saenger/Inhester/*Kolmann*, § 64, Rn. 2; a.A. *Altmeppen* in: Roth/Altmeppen, § 64, Rn. 35, der die Qualifizierung von § 15a InsO als Schutzgesetz i.S.v. § 823 Abs. 2 BGB ablehnt; Scholz/*K. Schmidt*, § 64 Rn. 16, 63, 68, der § 64 S. 1 GmbHG als „*Spezialregel über den Ersatz des Gesamtgläubigerschadens durch Zahlung an die Gesellschaft*" ansieht.

14 Zum Begriff des faktischen Geschäftsführers und seinen Voraussetzung im Allgemeinen vgl. Baumbach/Hueck/*Haas*, § 64, Rn. 16 ff.; *Kleindiek* in : Lutter/Hommelhoff, Vor § 35, Rn. 11, § 43 Rn. 2 ff.; im Einzelnen siehe § 2 A.II.2.

15 Baumbach/Hueck/*Haas*, § 64, Rn. 16; *Kleindiek* in Lutter/Hommelhoff, § 64, Rn. 6; *ders.* in: Lutter/Hommelhoff, Anh zu § 64, Rn. 59, 83; Michalski-*Nerlich*, § 64, Rn. 34; *ders.*, Anh. § 64, Rn. 13.

rechtswidrig erfolgte Zahlungen in Betracht. Zu denken ist hier insbesondere an Berater der Gesellschaft bzw. der Geschäftsführung – wie beispielsweise Rechtsanwälte, Steuerberater oder Wirtschaftsprüfer –, Gläubiger – insbesondere kreditgebende Banken – der Gesellschaft, Mitglieder eines fakultativen oder obligatorischen Aufsichtsrates der GmbH oder die Gesellschafter selbst. Letztere sind nach der Einführung des § 15a Abs. 3 InsO durch das MoMiG[16] nämlich für den Fall der Führungslosigkeit der Gesellschaft selbst verpflichtet, den erforderlichen Insolvenzantrag zu stellen, es sei denn, sie haben von der Zahlungsunfähigkeit und der Überschuldung der Gesellschaft oder deren Führungslosigkeit keine Kenntnis.

Die folgende Untersuchung soll zunächst – soweit für die Bestimmung der Adressaten der jeweiligen Haftung erforderlich – die grundsätzlichen Voraussetzungen der Insolvenzverschleppungshaftung und der Haftung für entgegen § 64 GmbHG geleistete Zahlungen darlegen und hierauf aufbauend sodann weitere rechtliche Grundlagen aufzeigen, aus denen sich eine Erweiterung des Haftungskreises auf weitere Adressaten der Haftung ergibt. Hierbei soll das Augenmerk insbesondere auf die mögliche Haftung oben genannter Personen gelegt werden.

Ausgangspunkt der Untersuchung im Hinblick auf die Haftung für durch Insolvenzverschleppung verursachte Schäden ist die Frage, ob die in § 15a InsO statuierten Insolvenzantragspflichten jeweils als Schutzgesetz i.S.d. § 823 Abs. 2 BGB zu qualifizieren sind. Die Beantwortung dieser Frage ist insbesondere maßgeblich dafür, auf welcher dogmatischen Grundlage eine Haftung für Insolvenzverschleppungsschäden in Betracht kommt.

Auf der Basis des Ergebnisses dieser Frage soll dann erörtert werden, unter welchen Voraussetzungen die primären Adressaten der Insolvenzantragspflicht – Geschäftsführer und Liquidatoren der Gesellschaft – der Haftung für Insolvenzverschleppungsschäden unterliegen.

In der Folge befasst sich die Untersuchung mit der Ausdehnung der Insolvenzverschleppungshaftung auf sog. faktische Geschäftsführer und somit insbesondere auf Personen, die ohne formal zum Geschäftsführer bestellt worden zu sein, maßgeblichen Einfluss auf die Führung der Geschäfte der Gesellschaft nehmen. In diesem Zusammenhang setzt sich die Untersuchung mit den von der Rechtsprechung aufgestellten Voraussetzungen faktischer Geschäftsführung und der diesbezüglichen Diskussion im wissenschaftlichen Schrifttum auseinander, um im Anschluss relevante Einzelfälle aus der Praxis zu besprechen.

---

16 Gesetz zur Modernisierung des GmbH-Rechts und zur Bekämpfung von Missbräuchen (MoMiG), BGBl. I 2008, 2026.

Auch im Rahmen der Erörterung einer möglichen Haftung sekundärer Adressaten der Insolvenzantragspflicht gem. § 15a Abs. 3 InsO, namentlich der Gesellschafter im Falle der Führungslosigkeit der Gesellschaft, soll anhand von Einzelfällen die Praxisrelevanz der Untersuchung aufgezeigt werden, nachdem zuvor die hoch umstrittenen Tatbestandsvoraussetzungen des § 15a Abs. 3 InsO und dort insbesondere das Merkmal der Führungslosigkeit beleuchtet worden sind.

Ihren Abschluss findet die Untersuchung hinsichtlich der Adressaten der Haftung für Insolvenzverschleppungsschäden in der Beantwortung der Frage, unter welchen Voraussetzungen eine Haftung von Teilnehmern an Insolvenzverschleppungshandlungen der primären und sekundären Adressaten der Antragspflicht in Betracht zu ziehen ist. Zentraler Gegenstand der diesbezüglichen Ausführungen ist die Qualifizierung sog. neutraler Handlungen als taugliche – zu einer Haftung führende – Beihilfehandlung.

Nach der Erörterung der Adressaten für Insolvenzverschleppungsschäden soll das Augenmerk sodan auf die Adressaten der Haftung für entgegen den in § 64 GmbHG statuierten Zahlungsverboten geleistete Zahlungen gelenkt werden. Nachdem hier zunächst die Parallelen und Unterschiede zu den primären und sekundären Adressaten der Insolvenzverschleppungshaftung dargelegt werden, erstreckt sich die weitere Untersuchung sodann anlässlich der sog. „Doberlug"-Entscheidung des Bundesgerichtshofes[17] insbesondere auf eine mögliche Haftung der Mitglieder obligatorischer und fakultativer Aufsichtsräte für entgegen § 64 GmbHG geleistete Zahlungen.

Abschließend soll sodann die Frage der Anwendbarkeit der Haftungstatbestände des § 64 GmbHG im Rahmen des Regelinsolvenzverfahrens, des Eigenverwaltungsverfahrens und der jeweiligen Eröffnungsverfahren, insbesondere der Verfahren gem. §§ 270a, 270b InsO diskutiert werden.

---

17 BGH, ZIP 2010, 1988.

§ 2 Die Adressaten der Haftung wegen Insolvenzverschleppung

Als Adressaten der Haftung wegen Insolvenzverschleppung kommen neben den Geschäftsführern der GmbH auch deren Gesellschafter, Berater und Gläubiger der Gesellschaft in Betracht. In diesem Abschnitt der Untersuchung soll das Augenmerk daher auf die Haftung der primären Adressaten der Insolvenzantragspflicht gem. § 15a Abs. 1 S. 1 InsO, die Haftung der Adressaten der subsidiären Insolvenzantragspflicht gem. § 15a Abs. 3 InsO sowie auf die Haftung von Teilnehmern i.s.d. § 830 Abs. 2 BGB gelegt werden.

A. Insolvenzverschleppungshaftung gem. § 823 Abs. 2 BGB i.V.m. § 15a Abs. 1 InsO

Unter dem Begriff der *„Insolvenzverschleppungshaftung"* verstehen höchstrichterliche Rechtsprechung und herrschende Meinung des rechtswissenschaftlichen Schrifttums[18] die Haftung der Geschäftsführer einer GmbH (oder sonstiger *„Geschäftsleiter"*) für bei den Gläubigern der Gesellschaft entstandene Schäden, die kausal auf einer Überschreitung der in § 15a Abs. 1 InsO normierten Frist zur Stellung eines erforderlichen Insolvenzantrages beruhen.

I. § 15a Abs. 1 S. 1 InsO als Schutzgesetz i.s.v. § 823 Abs. 2 BGB

Rechtsdogmatischer Anknüpfungspunkt der von der herrschenden Meinung des rechtswissenschaftlichen Schrifttums[19] und der Rechtsprechung entwickelten Haftung der Geschäftsführer für durch die nicht rechtzeitige Insolvenzantragsstellung entstandene Schäden ist die Qualifizierung des § 15a Abs. 1 S. 1 InsO als Schutzgesetz i.s.d. § 823 Abs. 2 BGB.

Schutzgesetz i.s.d. § 823 Abs. 2 BGB ist jede Rechtsnorm i.s.v. Art. 2 EGBGB, deren Regelung nach Zweck und Inhalt zumindest auch auf den

---

18 *Kleindiek* in: Lutter/Hommelhoff, Anh zu § 64, Rn. 76; Saenger/Inhester/*Kolmann*, Vorb vor § 64, Rn. 217.

19 Baumbach/Hueck/*Haas*, § 64, Rn. 145; BeckOK GmbHG Ziemons/Jaeger/*Mätzig*, § 64, Rn. 96 f.; Michalski-*Nerlich*, Anh. § 64, Rn. 40, 48; MüKo-GmbHG/*Müller*, § 64, Rn. 199 ff.; *Kleindiek* in: Lutter/Hommelhoff, Anh zu § 64, Rn. 80; Saenger/Inhester/ *Kolmann*, Vorb vor § 64, Rn. 218; Scholz/*K. Schmidt*, § 64, Rn. 175; Ulmer/*Casper*, § 64, Rn. 156.

Schutz von Individualinteressen vor einer näher bestimmten Art ihrer Verletzung ausgerichtet ist.[20] Hierbei ist es jedoch nicht ausreichend, dass der Individualschutz des jeweiligen Rechtsgutes nur als Reflex des Befolgens der Norm erreicht werden kann. Vielmehr ist es erforderlich, dass der Individualschutz gezielt im vom Gesetzgeber vorgesehenen Aufgabenbereich der Norm liegt.[21] Ausreichend ist jedoch gleichzeitig, dass die Gewährleistung von Individualschutz eines von mehreren Anliegen des Gesetzgebers ist, auch wenn der Hauptzweck der Norm im Schutz der Allgemeinheit liegt.[22]

Sofern eine Norm nach den dargestellten Maßgaben als Schutzgesetz zu qualifizieren ist, stellt sich sodann die Frage nach dem Schutzbereich der fraglichen Norm. Für die Frage der Anspruchsberechtigung des Geschädigten ist maßgeblich, ob der Schutzbereich der Norm nach ihrem Sinn und Zweck den Geschädigten erfasst[23] (personeller Schutzbereich), ob das verletzte Rechtsgut bzw. das verletzte Interesse in den sachlichen Schutzbereich einbezogen ist[24] und ob es die Intention der Norm ist, vor der sich im Schaden realisierten Gefahr zu schützen[25] (modaler Schutzbereich).[26]

1. Entwicklung der Rechtsprechung

Die maßgebliche höchstrichterliche Rechtsprechung zu der Frage, ob es sich bei § 15a InsO um ein Schutzgesetz i.s.v. § 823 Abs. 2 BGB handelt, ist zu § 64 Abs. 1 GmbHG a.F. ergangen.

a) Die Rechtsprechung des Reichsgerichts
aa) Urteil des Reichsgerichts vom 23.05.1906, RGZ 63, 324
Eine erste Stellungnahme der höchstrichterlichen Rechtsprechung zu der Frage, inwiefern die Vorschriften des Handelsgesetzbuches in seiner Fassung vom 10.05.1897[27] als Schutzgesetz i.s.v. § 823 Abs. 2 BGB zu qualifizieren sind, ist der Entscheidung des ersten Zivilsenates des Reichsgerichts vom 23.05.1906[28]

---

20 BGHZ 22, 293 (297); BGHZ 40, 306 (307); BGHZ 46, 17 (23); BGHZ 64, 232 (237).
21 BGHZ 66, 388 (389 f.); BGHZ 84, 312 (317).
22 BGHZ 12, 146 (148); BGHZ 100, 13 (14 f.).
23 BGH, NJW 1991, 418 (419).
24 BGHZ 19, 114 (126).
25 OLG München, VersR 1983, 887 (888).
26 MüKo-BGB/*Wagner*, § 823, Rn. 520.
27 RGBl. 1897, 219 ff.
28 RGZ 63, 324.

zu entnehmen. Das Reichsgericht hatte in dem zu entscheidenden Fall darüber zu befinden, ob die Regelungen der §§ 241, 246 und 249 HGB[29] in ihrer Fassung vom 10.05.1897[30] ausschließlich den Schutz der (Aktien-)Gesellschaft und den zum Zeitpunkt der jeweiligen Pflichtverletzung schon vorhandenen Gläubiger bezweckt, oder aber auch den Schutz von potentiellen Aktionären. Das Reichsgericht hat diese Frage in seinem Urteil vom 23.05.1906 dahingehend beantwortet, dass den Regelungen der §§ 241, 246 und 249 HGB in der Fassung vom 10.05.1897[31] keine drittschützende Wirkung zugunsten der potentiellen Aktionäre zukommt.[32] Es hat – wenn auch ohne Rückgriff auf den Willen des historischen Gesetzgebers und ohne systematische Auslegung –[33] ausgeführt, dass die Vorschriften der §§ 249 Abs. 1, 241 Abs. 1 HGB in der Fassung vom 10.05.1897 *„nur das Vertragsverhältnis zwischen der Körperschaft und der Person, die für die Körperschaft oder deren Interesse tätig werden soll."* regeln.[34] Eine solche Vorschrift könne jedoch nicht dem Schutz am Vertragsverhältnis (zwischen Körperschaft und für diese tätig werdende Person) unbeteiligter Personen dienen.[35] Diese Auffassung findet ihre Stütze im Wortlaut der §§ 241 Abs. 2, 249 Abs. 2 HGB in der Fassung vom 10.05.1897, nach dem Vorstand und Aufsichtsrat bei Pflichtverletzungen lediglich *„der Gesellschaft"* für entstandene Schäden haften. Gleichzeitig stellt das Reichsgericht jedoch klar – und hierin ist eine weitere wesentliche Aussage zu sehen –, dass sich die Haftung der Organe der AG – also Vorstand und Aufsichtsrat – aus den Vorschriften des BGB, hier insbesondere aus Deliktsrecht, ergibt. Unzulässig sei es daher, eine deliktische Haftung mit der Begründung zu verneinen, das Sonderrecht des Handelsgesetzbuches gehe dem BGB vor. Es komme immer nur auf die Frage an, ob eine (gesellschaftsrechtliche) Rechtsnorm als Schutzgesetz i.S.v. § 823 Abs. 2 BGB qualifiziert werden könne.[36] Es bleibt damit als wesentliche Aussage des Urteils des Reichsgerichts vom 23.05.1906[37] festzuhalten, dass die in den Sondergesetzen normierten Regelungen zur Innenhaftung

---

29 Es handelt sich hierbei um die Vorgängervorschriften der heutigen §§ 93, 111, 116 AktG.
30 RGBl. 1897, 219 ff.
31 RGZ 63, 324.
32 RGZ 63, 324 (327).
33 So auch *Poertzgen*, Organhaftung wegen Insolvenzverschleppung, S. 248.
34 RGZ 63, 324 (328).
35 RGZ 63, 324 (328).
36 RGZ 63, 324 (328).
37 RGZ 63, 324.

der Organe der Gesellschaft nicht abschließend sind, sondern neben ihnen insbesondere eine deliktische Haftung in Betracht kommt.[38]

bb) Urteil des Reichsgerichts vom 04.02.1910, RGZ 73, 30

Mit der eigentlichen Frage, ob es sich bei den Regelungen des § 64 GmbHG in der Fassung vom 17.05.1898[39], deren Abs. 1 die Pflicht des Geschäftsführers statuierte, *„die Eröffnung des Konkursverfahrens zu beantragen, sobald die Zahlungsunfähigkeit der Gesellschaft eintritt oder aus der Jahresbilanz oder aus einer im Laufe des Geschäftsjahres aufgestellten Bilanz Ueberschuldung sich ergiebt.“*, um ein Schutzgesetz i.s.v. § 823 Abs. 2 BGB handelt, hatte sich das Reichsgericht im Jahre 1910 zu befassen. In seiner Entscheidung vom 04.02.1910[40] bestätigt der zweite Zivilsenat zunächst die in RGZ 63, 324 ff. in Bezug auf die relevanten Vorgängervorschriften des HGB geäußerte Auffassung, dass auch die Regelungen des GmbHG in der Fassung vom 17.05.1898[41] die Rechtsverhältnisse der Gesellschaft nach innen und außen abschließend regeln.[42] Eine Ausnahme ergebe sich nur aus der Regelung des § 11 Abs. 2 GmbHG, der die Haftung der Handelnden vor Bestehen der GmbH normiere. Insbesondere die Pflichten, die das Gesetz den Organen der Gesellschaft auferlegt habe, seien als Pflichten gegenüber der Gesellschaft und nicht als Pflichten gegenüber Dritten ausgestaltet.[43] Hieraus folge, dass Beziehungen Dritter zu der Gesellschaft bzw. deren Organen nicht aus den Regelungen des GmbHG, sondern aus den allgemeinen gesetzlichen Bestimmungen resultieren, so dass die Schutzgesetzeigenschaft der Regelungen des GmbHG zu verneinen sei.[44]

Das Reichsgericht begründet seine Auffassung damit, dass die Regelungen des GmbHG in seiner Fassung vom 17.05.1898[45], insbesondere §§ 43 Abs. 2, 64 Abs. 2, eine Ersatzpflicht ausdrücklich gegenüber der Gesellschaft anordnen, mit der Folge, dass diese Haftungsregelungen nach Auffassung des Reichsgerichts überflüssig wären, wenn sie gleichzeitig als Schutzgesetz i.S.v. § 823 Abs. 2 BGB zu qualifizieren seien. Denn in diesem Fall hätte es der *„Hervorhebung, daß demjenigen, dem gegenüber die Pflicht zu erfüllen ist, Schadensersatzanspruch aus der*

---

38 *Poertzgen*, Organhaftung wegen Insolvenzverschleppung, S. 248.
39 RGBl. 1898, 846 ff.
40 RGZ 73, 30.
41 RGBl. 1898, 846 ff.
42 RGZ 73, 30 (33).
43 RGZ 73, 30 (33).
44 RGZ 73, 30 (33).
45 RGBl. 1898, 846 ff.

Nichterfüllung zustehe," nicht bedurft.[46] Darüber hinaus bedürfe es eines ergänzenden Schutzes zumindest für potentielle Erwerber von Gesellschaftsanteilen nicht, da der Gesetzgeber durch strenge Formvorschriften (§§ 15, 55 GmbHG in der Fassung vom 17.05.1898[47]) einem leichtfertigen Beitritt zur Gesellschaft vorgesorgt habe. Ferner sei die Regelung des § 64 GmbHG in seiner Fassung vom 17.05.1898[48] überhaupt nicht in der Lage, vor dem Beitritt zu einer überschuldeten Gesellschaft zu schützen.[49] Abschließend habe der Gesetzgeber weder die allgemeine Aufgabe noch das Bestreben, den Rechtsverkehr des täglichen Lebens vor Schäden zu schützen, die der Einzelne dadurch erleide, dass er einen minderwertigen oder wertlosen Gegenstand erwerbe.[50]

Auch wenn sich ein Teil der Argumente des Reichsgerichts ausschließlich mit dem Schutz potentieller Erwerber von Gesellschaftsanteilen auseinandersetzt, lassen sich die grundsätzlichen Überlegungen des Reichsgerichts auf die Haftung der Geschäftsführer wegen verspäteter Stellung des Insolvenzantrages gegenüber den Gläubigern übertragen.[51] So werden die Altgläubiger der Gesellschaft nach Auffassung des Reichsgerichts bereits durch die Pflicht der Geschäftsführer gem. § 64 Abs. 2 GmbHG in der Fassung vom 17.05.1898[52] geschützt, alle nach Vorliegen der Zahlungsunfähigkeit oder der Überschuldung getätigten Zahlungen der Gesellschaft zu erstatten, so dass kein Anlass bestehe, § 64 Abs. 1 GmbHG in der Fassung vom 17.05.1898[53] als Schutzgesetz i.S.v. § 823 Abs. 2 BGB zu qualifizieren.[54]

Auch hinsichtlich der Neugläubiger lehnt das Reichsgericht eine Qualifizierung des § 64 Abs. 1 GmbHG in der Fassung vom 17.05.1898[55] als Schutzgesetz i.S.v. § 823 Abs. 2 BGB ab. Im Gegensatz zu den Altgläubigern sind diese nach der Auffassung des Reichsgerichts nämlich bereits nicht in den Schutzbereich der gesetzlichen statuierten Pflicht zur Stellung des Insolvenzantrages einbezogen.

---

46 RGZ 73, 30 (34).
47 RGBl. 1898, 846 ff.
48 RGBl. 1898, 846 ff.
49 RGZ 73, 30 (35).
50 RGZ 73, 30 (35).
51 So auch – ohne weitere Begründung – *Poertzgen*, Organhaftung wegen Insolvenzverschleppung, S. 249, der jedoch alle Argumente nur auf die Situation der Neugläubiger übertragen will.
52 RGBl. 1898, 846 ff.
53 RGBl. 1898, 846 ff.
54 *Poertzgen*, Organhaftung wegen Insolvenzverschleppung, S. 249.
55 RGBl. 1898, 846 ff.

Im Ergebnis lässt sich somit festhalten, dass die Pflicht der Geschäftsführer, bei Insolvenzreife der Gesellschaft den erforderlichen Insolvenzantrag zu stellen, nach Auffassung des Reichsgerichtes nicht als Schutzgesetz i.s.v. § 823 Abs. 2 BGB zu qualifizieren ist.[56]

b) Die Rechtsprechung des Bundesgerichtshofs

aa) Urteil des Bundesgerichtshofs vom 16.12.1958, BGHZ 29, 100

Nach mehreren weiteren Urteilen des Reichsgerichts[57] zur Frage der Qualifizierung der – bei unterschiedlichen Gesellschaftsformen normierten – Insolvenzantragspflicht als Schutzgesetz i.s.v. § 823 Abs. 2 BGB, bei denen bereits eine Anerkennung als Schutzgesetz erkennbar war,[58] hat der Bundesgerichtshof zunächst in seiner Entscheidung vom 16.12.1958[59] entschieden, dass die Regelung des § 64 Abs. 1 GmbHG in der Fassung vom 06.08.1931[60] sowohl für Alt-, als auch für Neugläubiger als Schutzgesetz i.s.v. § 823 Abs. 2 BGB zu qualifizieren ist.

Der zweite Zivilsenat bezieht sich insofern auf die Entscheidung des Reichsgerichts RGZ 73, 30 und die in Fußnote 57 zitierten weiteren Entscheidungen, wobei er verkennt, dass das Reichsgericht die Schutzgesetzeigenschaft der gesetzlich statuierten Insolvenzantragspflicht in seiner Entscheidung RGZ 73, 30 gerade verneint hat.[61]

Der zweite Zivilsenat begründet seine Entscheidung damit, dass durch die Insolvenzantragspflicht *„ersichtlich auch die Gläubiger der Gesellschaft geschützt werden"*[62] sollen, da gerade die Gläubiger der Gesellschaft durch eine verzögerte

---

56 So auch *Glozbach*, Die Haftung des GmbH-Geschäftsführers nach § 64 Abs. 2 GmbHG für Zahlungen nach Insolvenzreife, S. 27; *Poertzgen*, Organhaftung wegen Insolvenzverschleppung, S. 249 f.

57 RG, LZ 1914, 864 f. zur Konkursantragspflicht des Genossenschaftsvorstands; RG, JW 1935, 3301 (3302) zur Konkursantragspflicht des Vorstands der AG; RG, HRR 1936 Nr. 524 zur Konkursantragspflicht des Vereinsvorstands; RGZ 159, 211 zur Konkursantragspflicht des Vorstands der AG.

58 Vgl. hierzu umfangreich *Poertzgen*, Organhaftung wegen Insolvenzverschleppung, S. 250 ff; a.A. wohl *Glozbach*, Die Haftung des GmbH-Geschäftsführers nach § 64 Abs. 2 GmbHG für Zahlungen nach Insolvenzreife, S. 28, der erst im Urteil des BGH vom 16.12.1958, BGHZ 29, 100, eine Änderung der Rechtsprechung erkennt.

59 BGHZ 29, 100.

60 § 64 GmbHG neu gefasst durch Gesetz v. 25.03.1930, RGBl. I 1930, 93 (94); Abs. 1 S. 1 geänd. durch VO v. 06.08.1931, RGBl. I 1931, 433.

61 Siehe oben unter § 2.A.I.1.a)bb).

62 BGHZ 29, 100 (103).

oder gar unterlassene Stellung des Insolvenzantrages Schaden erleiden. Dieser Schutz sei gerade deshalb erforderlich, da eine persönliche Haftung der Gesellschafter für Verbindlichkeiten der Gesellschaft ausgeschlossen sei.[63] Der Qualifizierung als Schutzgesetz stehe auch nicht – wie das Reichsgericht noch in seiner Entscheidung RGZ 73, 30 geurteilt hatte – die Vorschrift des § 64 Abs. 2 GmbHG in der Fassung vom 06.08.1931[64] entgegen, da der dort statuierte Erstattungsanspruch hinsichtlich der nach Insolvenzreife geleisteten Zahlungen nur das Verhältnis der Geschäftsführer zur Gesellschaft regele.[65] Hieraus könne jedoch nicht die Schlussfolgerung gezogen werden, dass mit dieser Regelung die Haftung der Geschäftsführer abschließend geregelt sei; dies sei vielmehr nach den allgemeinen Regeln des bürgerlichen Rechts zu beurteilen.[66]

Sodann beschäftigt sich der zweite Zivilsenat mit der Frage des persönlichen Schutzbereiches der Insolvenzantragspflicht. Er führt insofern aus, dass § 64 Abs. 1 GmbHG in seiner Fassung vom 06.08.1931[67] nicht nur die Alt-, sondern auch die Neugläubiger der Gesellschaft schütze. Denn die Geschäftsführer der Gesellschaft seien ab dem Zeitpunkt, in dem erstmalig Insolvenzantrag gestellt werden müsse, so lange verpflichtet, ihrer Antragspflicht nachzukommen, wie die Gesellschaft zahlungsunfähig oder überschuldet sei. Es sei nicht ersichtlich, warum der Schutzbereich dieser fortlaufenden Antragspflicht nur auf Altgläubiger der Gesellschaft Anwendung finden soll. Schließlich seien Neugläubiger ebenso wie Altgläubiger vor fortlaufenden Verstößen gegen die Insolvenzantragspflicht zu schützen.[68]

Abschließend nimmt der zweite Zivilsenat Stellung zum sachlichen Schutzbereich der Insolvenzantragspflicht gem. § 64 GmbHG in der Fassung vom 06.08.1931.[69] Er vertritt insofern die Auffassung, dass sowohl Alt- wie auch Neugläubigern lediglich der Schaden zu ersetzen ist, der ihnen dadurch entsteht, dass sich durch eine verspätete bzw. verzögerte Stellung des Insolvenzantrages

63 BGHZ 29, 100 (103).

64 § 64 GmbHG neu gefasst durch Gesetz v. 25.03.1930, RGBl. I 1930, 93 (94); Abs. 1 S. 1 geänd. durch VO v. 06.08.1931, RGBl. I 1931, 433.

65 BGHZ 29, 100 (102).

66 BGHZ 29, 100 (102); so auch bereits RGZ 63, 324, im Einzelnen siehe § 2.A.I.1.a)aa).

67 § 64 GmbHG neu gefasst durch Gesetz v. 25.03.1930, RGBl. I 1930, 93 (94); Abs. 1 S. 1 geänd. durch VO v. 06.08.1931, RGBl. I 1931, 433.

68 BGHZ 29, 100 (104).

69 § 64 GmbHG neu gefasst durch Gesetz v. 25.03.1930, RGBl. I 1930, 93 (94); Abs. 1 S. 1 geänd. durch VO v. 06.08.1931, RGBl. I 1931, 433.

die Insolvenzquote verringert.[70] Keineswegs solle den Neugläubigern der Schaden erstattet werden, der ihnen dadurch entsteht, dass sie überhaupt noch mit der insolvenzreifen Gesellschaft kontrahieren. Der zweite Zivilsenat des Bundesgerichtshofs begründet diese Auffassung mit dem Schutzzweck des § 64 Abs. 1 GmbHG in der Fassung vom 06.08.1931.[71] Dieser ziele in erster Linie darauf ab, *„die alsbaldige Eröffnung des Konkursverfahrens für den Fall zu erreichen, daß das Vermögen der Gesellschaft nicht mehr die Schulden deckt.“*[72] Hiermit solle *„verhindert werden, daß das zur Befriedigung der Gläubiger erforderliche Gesellschaftsvermögen diesem Zweck entzogen“*[73] werde, um die Gläubiger vor übermäßigen Einbußen zu bewahren.

Nicht vom Sinn und Zweck der Regelung sei jedoch das Interesse des Einzelnen umfasst, einer überschuldeten Gesellschaft noch Darlehen zu gewähren oder überhaupt in neue Geschäftsbeziehungen mit dieser zu treten, also vor Gefahren zu schützen, die aus dem Fortbestehen einer insolventen Gesellschaft resultieren.[74] Der Bundesgerichtshof begründet seine Auffassung damit, dass das Vertrauen der Allgemeinheit in die Bonität eines anderen Marktteilnehmers im Wirtschaftsleben mit Ausnahme des § 263 StGB keinen besonderen Schutz genieße. Zwar möge sich aus dem Umstand der begrenzten Haftung der Gesellschaft ein gewisses Schutzbedürfnis des Rechtsverkehrs ergeben, doch habe der Gesetzgeber diesem Schutzbedürfnis bereits dadurch genüge getan, *„daß der Konkurs über das Vermögen der Gesellschaft nicht nur bei Eintritt der Zahlungsunfähigkeit, sondern auch im Falle der Überschuldung zu eröffnen ist.“*[75]

Als Conclusio der Entscheidung BGHZ 29, 100 ist somit festzuhalten, dass der zweite Zivilsenat die in § 64 Abs. 1 GmbHG in der Fassung vom 06.08.1931[76] statuierte Pflicht zur Stellung des Insolvenzantrages als Schutzgesetz i.s.v. § 823 Abs. 2 BGB anerkannt hat. Gleichzeitig verneint er jedoch ausdrücklich einen Anspruch der Neugläubiger auf Ersatz des *„negativen Interesses“*, also des vollständigen Schadens, der ihnen dadurch entsteht, dass sie einer bereits insolvenzreifen Gesellschaft überhaupt noch Kredit gewähren bzw. mit dieser

---

70 BGHZ 29, 100 (107).
71 § 64 GmbHG neu gefasst durch Gesetz v. 25.03.1930, RGBl. I 1930, 93 (94); Abs. 1 S. 1 geänd. durch VO v. 06.08.1931, RGBl. I 1931, 433.
72 BGHZ 29, 100 (105).
73 BGHZ 29, 100 (105).
74 BGHZ 29, 100 (105 f.).
75 BGHZ 29, 100 (106).
76 § 64 GmbHG neu gefasst durch Gesetz v. 25.03.1930, RGBl. I 1930, 93 (94); Abs. 1 S. 1 geänd. durch VO v. 06.08.1931, RGBl. I 1931, 433.

in Geschäftsbeziehung treten. Vielmehr gesteht er auch den Neugläubigern lediglich den Ersatz des Schadens zu, den diese dadurch erleiden, dass sich ihre Insolvenzquote durch eine weitere Verschleppung des Insolvenzantrages nach Begründung der Verbindlichkeit verschlechtert. *Poertzgen* ist insofern zuzustimmen, wenn er ausführt, dass ein Neugläubiger in Konsequenz dieser Auffassung keinen Schadensersatz verlangen kann, *„wenn nach der Begründung seiner Forderung keine weitere Masseverkürzung einträte."*[77]

bb) Entscheidungen des Bundesgerichtshofs vom 01.03.1993, ZIP 1993, 763, vom 20.09.1993, ZIP 1993, 1543, vom 06.06.1994, BGHZ 126, 181[78]

Nachdem der Bundesgerichtshof in weiteren Entscheidungen[79] die Qualifizierung der Insolvenzantragspflicht als Schutzgesetz und die Begrenzung des den Neugläubigern zu ersetzenden Schadens auf den Quotenschaden ausdrücklich bestätigt hatte, dehnte er deren sachlichen Schutzbereich mit seinen Entscheidungen vom 01.03.1993[80], 20.09.1993[81] und 06.06.1994[82] weiter aus.

In seinem Beschluss vom 01.03.1993[83] wendet sich der zweite Zivilsenat des Bundesgerichtshofs mit einer Anfrage gem. § 132 Abs. 3 S. 2 GVG an den dritten, siebten und neunten Zivilsenat mit der Frage, ob diese an der Rechtsauffassung festhalten, *„daß bei schuldhaftem Verstoß des Geschäftsführers gegen die Konkursantragspflicht nach § 64 Abs. 1 GmbHG den Neugläubigern – im Grundsatz ebenso wie den Altgläubigern – nur der auf die Verminderung des Gesellschaftsvermögens in der Zeit zwischen Begründung ihrer Forderung und der Eröffnung des Konkursverfahrens zurückzuführende Ausfallschaden (Quotenschaden) zu ersetzen ist"*[84]. Im selben Verfahren hat er sodann mit Beschluss vom 20.09.1993[85] dem Gemeinsamen Senat der Obersten Gerichtshöfe des Bundes gem. § 11

---

77 *Poertzgen*, Organhaftung wegen Insolvenzverschleppung, S. 200, Fn. 262; in dieselbe Richtung auch *Bork*, ZGiR 1995, 505 (511), der erkennt, dass die Neugläubiger lediglich als Altgläubiger geschützt wurden.

78 Vgl. auch die stark verkürzte Zusammenfassung dieses Teils der Entwicklung der höchstrichterlichen Rechtsprechung bei *Glozbach*, Die Haftung des GmbH-Geschäftsführers nach § 64 Abs. 2 GmbHG für Zahlungen nach Insolvenzreife, S. 29 ff.

79 U.a. BGHZ 75, 96 (106); BGHZ 100, 19 (23 ff.).

80 BGH, ZIP 1993, 763.

81 BGH, ZIP 1993, 1543.

82 BGHZ 126, 181.

83 BGH, ZIP 1993, 763.

84 BGH, ZIP 1993, 763.

85 BGH, ZIP 1993, 1543.

Abs. 1 RsprEinhG die Rechtsfrage zur Beantwortung vorgelegt, *„ob sich der aus GmbHG § 64 Abs 1 iVm BGB § 823 Abs 2 ergebende Schadensersatzanspruch desjenigen Gläubigers, der seine Forderung erst nach Konkursreife erworben hat, auf den Betrag beschränkt, um den sich die Konkursquote infolge der verspäteten Konkursanmeldung verringert hat (sog Quotenschaden)."*[86] Hintergrund dieses Vorlagebeschlusses waren zwei Entscheidungen des Bundesarbeitsgerichts,[87] in denen sich das Bundesarbeitsgericht der Auffassung angeschlossen hatte, auch Neugläubiger könnten bei einem Verstoß gegen die Insolvenzantragspflicht nur den ihnen entstandenen Quotenschaden ersetzt verlangen. In beiden Vorlage-beschlüssen kündigt der zweite Zivilsenat an, die Beschränkung des Schadens-ersatzes der Neugläubiger auf den Quotenschaden aufgeben zu wollen.

Nach entsprechenden Zustimmungen der von der Rechtsprechungsände-rung betroffenen Zivilsenate des Bundesgerichtshofs sowie des dritten Senats des Bundesarbeitsgerichts hat der zweite Zivilsenat des Bundesgerichtshofs mit Urteil vom 06.06.1994[88] geurteilt, dass die Geschäftsführer einer GmbH, die gegen die Insolvenzantragspflicht des § 64 Abs. 1 GmbHG in der Fassung vom 06.08.1931[89] verstoßen, verpflichtet sind, *„den Gläubigern, die infolge des Unter-bleibens des Konkursantrags mit der GmbH in Geschäftsbeziehung treten und ihr Kredit gewähren, den ihnen dadurch entstehenden Schaden über den sogenannten Quotenschaden hinaus zu ersetzen."*[90] Dies führe dazu, dass den Neugläubigern der Schaden zu ersetzen sei, den sie – über den Quotenschaden hinaus – dadurch erlitten haben, dass sie überhaupt in Rechtsbeziehung zu einer überschuldeten oder zahlungsunfähigen Gesellschaft getreten sind.[91]

Der zweite Zivilsenat des Bundesgerichtshofs begründet seine Auffassung maßgeblich mit dem Sinn und Zweck des § 64 Abs. 1 GmbHG in der Fassung vom 06.08.1931[92]. Dieser bestehe darin, konkursreife Gesellschaften mit be-schränkter Haftung vom Geschäftsverkehr fernzuhalten und hierdurch zu verhindern, dass Gläubiger weiter geschädigt oder gefährdet werden, indem konkursreife Gesellschaften mit beschränkter Haftung aus dem Rechtsverkehr

---

86 BGH, ZIP 1993, 1543.
87 BAG, NJW 1975, 708; BAG, Urteil v. 17.09.1991 – 3 AZR 521/90 –, juris.
88 BGHZ 126, 181.
89 § 64 GmbHG neu gefasst durch Gesetz v. 25.03.1930, RGBl. I 1930, 93 (94); Abs. 1 S. 1 geänd. durch VO v. 06.08.1931, RGBl. I 1931, 133.
90 BGHZ 126, 181 (192).
91 BGHZ 126, 181 (198).
92 § 64 GmbHG neu gefasst durch Gesetz v. 25.03.1930, RGBl. I 1930, 93 (94); Abs. 1 S. 1 geänd. durch VO v. 06.08.1931, RGBl. I 1931, 433.

entfernt werden.[93] Die Konkursantragspflicht sei daher als Ergänzung zu den übrigen normierten – dem Gläubigerschutz dienenden – Kapitalaufbringungs- und Kapitalerhaltungsregeln zu verstehen, durch die die Haftungsprivilegierung der GmbH-Gesellschafter überhaupt erst gerechtfertigt werde.[94] Handele es sich jedoch bei der gesetzlich normierten Insolvenzantragspflicht um ein Instrument des Gläubigerschutzes, müsse ein Verstoß gegen dieses Gebot auch zivilrechtlich effektiv sanktioniert werden, was bei einer Begrenzung des Ersatzes des den Neugläubigern entstehenden Schadens auf den Quotenschaden bei gleichzeitigem Ausschluss der Ersatzpflicht für weitere Individualschäden jedoch nicht gewährleistet sei.[95] Einer solchen Auslegung des § 64 Abs. 1 GmbHG in seiner Fassung vom 06.08.1931[96] stehe auch nicht entgegen, dass der Schadensersatzanspruch der Altgläubiger auf den Ersatz des ihnen entstandenen Quotenschadens begrenzt sei. Die Begrenzung des Schadensersatzes der Altgläubiger finde ihre Rechtfertigung einzig in dem Umstand, dass jedem Geschädigten der, aber auch nur der, ihm kausal auf der Pflichtverletzung – Verstoß gegen das in § 64 Abs. 1 GmbHG in seiner Fassung vom 06.08.1931[97] – beruhende Schaden zu ersetzen sei. Eine Ungleichbehandlung der beiden Gläubigergruppen sei daher nicht erkennbar.[98] Schließlich liege die Ursache für den, den Neugläubigern entstandenen, (Vertrauens-) Schaden[99] gerade in dem Verstoß gegen die Schutzvorschrift des § 64 Abs. 1 GmbHG in der Fassung vom 06.08.1931[100].[101]

Abschließend stelle die Haftung für den Geschäftsführer keine unzumutbare Belastung dar, da diese zunächst ein entsprechendes Verschulden erfordere, das sich an der Sorgfalt eines ordentlichen Geschäftsleiters orientiere. Die Einhaltung dieser Sorgfalt sei jedoch für einen seriösen Geschäftsleiter selbstverständlich.[102]

---

93 BGHZ 126, 181 (194, 196, 197) unter Verweis auf Hachenburg/*Ulmer*, GmbHG, § 64, Rn. 1.
94 BGHZ 126, 181 (197) unter Verweis auf *K. Schmidt*, NJW 1993, 2934.
95 BGHZ 126, 181 (197).
96 § 64 GmbHG neu gefasst durch Gesetz v. 25.03.1930, RGBl. I 1930, 93 (94); Abs. 1 S. 1 geänd. durch VO v. 06.08.1931, RGBl. I 1931, 433.
97 § 64 GmbHG neu gefasst durch Gesetz v. 25.03.1930, RGBl. I 1930, 93 (94); Abs. 1 S. 1 geänd. durch VO v. 06.08.1931, RGBl. I 1931, 433.
98 BGHZ 126, 181 (193).
99 So ausdrücklich BGHZ 126, 181 (201).
100 § 64 GmbHG neu gefasst durch Gesetz v. 25.03.1930, RGBl. I 1930, 93 (94); Abs. 1 S. 1 geänd. durch VO v. 06.08.1931, RGBl. I 1931, 433.
101 BGHZ 126, 181 (193).
102 BGHZ 126, 181 (199).

Zusammenfassend lässt sich also festhalten, dass nach dem Urteil des Bundesgerichtshofs vom 06.06.1994[103] den Neugläubigern der ihnen durch Verstoß gegen die Konkursantragspflicht entstandene Vertrauensschaden zu ersetzen ist. Dies jedoch nur insoweit, als der Schaden nicht durch die auf ihn entfallende Konkursquote gedeckt ist.[104]

cc) Urteil des Bundesgerichtshofs vom 05.02.2007, BGHZ 171, 46

In seinem Urteil vom 05.02.2007[105] zu § 64 Abs. 1 GmbHG in der Fassung vom 05.10.1994[106] bestätigt der zweite Zivilsenat des Bundesgerichtshofs zunächst den in BGHZ 126, 181 aufgestellten Grundsatz, wonach die Neugläubiger der Gesellschaft Anspruch auf Ersatz des ihnen entstandenen vollen Schadens haben, der ihnen durch eine verspätete Stellung des Insolvenzantrages entsteht.[107] Bei Beantwortung dieser Frage sei rechtsdogmatisch nicht entscheidend der persönliche Schutzbereich, sondern vielmehr Art und Umfang des entstandenen Schadens,[108] also der sachliche Schutzbereich der Insolvenzantragspflicht.[109] Unter teilweiser Aufhebung der im Urteil BGHZ 126, 181 (201) aufgestellten Grundsätze urteilt der zweite Zivilsenat des Bundesgerichtshofs jedoch ferner, *„dass die Höhe des Ersatzanspruches eines Neugläubigers nicht unter Abzug der auf ihn entfallenden und erst nach Abschluss des Insolvenzverfahrens über das Vermögen der Gesellschaft feststehenden Insolvenzquote zu errechnen ist.“*[110] Er begründet diese Änderung seiner Rechtsprechung damit, dass es den Neugläubigern nicht zugemutet werden könne, mit der Geltendmachung ihres Schadensersatzanspruchs bis zum Abschluss des Insolvenzverfahrens zu warten. Vielmehr könnten sie gegenüber dem ersatzpflichtigen Geschäftsführer den Ersatz des vollen negativen Interesses verlangen, müssten diesem jedoch im Gegenzug entsprechend § 255 BGB die ihm zustehende Insolvenzforderung abtreten.[111]

---

103 BGHZ 126, 181.
104 BGHZ 126, 181 (201).
105 BGHZ 171, 46.
106 BGBl. I 1994, 2911.
107 BGHZ 171, 46 (51); Die Konkursordnung wurde ersetzt durch die gem. Art. 110 EGInsO zum 01.01.1999 in Kraft getretene Insolvenzordnung (InsO), BGBl. I 1994, 2866, zuletzt geändert durch Art. 19 des Gesetzes vom 20.12.2011, BGBl. I 2011, 2854.
108 BGHZ 171, 46 (51).
109 Im Einzelnen siehe § 2 A.I.
110 BGHZ 171, 46 (54 f.).
111 BGHZ 171, 46 (55).

dd) Urteil des Bundesgerichtshofs vom 14.05.2012, NZG 2012, 864

In Fortführung seiner Rechtsprechung zu der in § 64 Abs. 1 GmbHG a.F.[112] statuierten Insolvenzantragspflicht qualifiziert der zweite Zivilsenat des Bundesgerichtshofs in seiner Entscheidung vom 14.05.2012[113] wie selbstverständlich auch § 15a Abs. 1 S. 1 InsO als Schutzgesetz i.S.v. § 823 Abs. 2 BGB. Er nimmt insofern ausdrücklich Bezug auf seine Urteile vom 16.12.1958[114], 06.06.1994[115] und 05.02.2007[116] und bestätigt gleichzeitig nochmals, dass das Verbot der Insolvenzverschleppung zum einen der Erhaltung des Gesellschaftsvermögens, zum anderen jedoch auch dazu dient, insolvenzreife Gesellschaften mit beschränktem Haftkapital vom Rechtverkehr fernzuhalten, um die Schädigung von Gläubigern der Gesellschaft zu verhindern. Was den Schutz der Neugläubiger anbelange, so diene die in § 64 Abs. 1 GmbHG a.F. und § 15a Abs. 1 S. 1 InsO statuierte Insolvenzantragspflicht dem Zweck, die Neugläubiger davor zu bewahren, einer insolvenzreifen Gesellschaft noch Geld- oder Sachkredit zu gewähren und dadurch Schaden zu erleiden.[117]

2. Das wissenschaftliche Schrifttum

Die absolut herrschende Meinung des wissenschaftlichen Schrifttums stimmt dem Bundesgerichtshof in seiner Auffassung, dass es sich bei der in § 64 Abs. 1 GmbHG a.F. bzw. § 15a Abs. 1 S. InsO statuierten Insolvenzantragspflicht um ein Schutzgesetz i.S.v. § 823 Abs. 2 BGB handelt, zu.[118]

---

112 Im Folgenden wird darauf verzichtet, zwischen den einzelnen Fassungen der Vorschrift des § 64 Abs. 1 GmbHG a.F. zu differenzieren und einheitlich von „*§ 64 Abs. 1 GmbHG a.F.*" gesprochen.

113 BGH, NZG 2012, 864.

114 BGHZ 29, 100.

115 BGHZ 126, 181.

116 BGHZ 171, 46.

117 BGH, NZG 2012, 864.

118 Baumbach/Hueck/*Haas*, § 64, Rn. 145; *Biehl*, Geschäftsführer- und Gesellschafterhaftung wegen Insolvenzverschleppung in der GmbH, S. 98, 101 ff.; Braun/*Bußhardt*, § 15a, Rn. 45; *Eckhoff*, Die Haftung der Geschäftsleiter gegenüber den Gläubigern der Gesellschaft wegen Insolvenzverschleppung, S. 134 ff.; HambKomm/*A. Schmidt*, Anh zu § 35 InsO, Kapitel H., Rn. 39; *Kleindiek* in: Lutter/Hommelhoff, Anh zu § 64, Rn. 80; KPB/*Steffek*, § 15a, Rn. 93 ff.; *Leithaus* in: Andres/Leithaus, § 15a, Rn. 1, 11; Michalski-*Nerlich*, Anh. § 64, Rn. 40; MüKo-GmbHG/*Müller*, § 64, Rn. 199 ff.; *Poertzgen*, Organhaftung wegen Insolvenzverschleppung, S. 254 ff.; *ders.* ZInsO 2007, 574 (575); *ders.* NZI 2015, 91 (92); *ders.*, ZInsO 2016, 1182 (1188); *Porzelt*, Die Außen- und Innenhaftung im Recht der GmbH, Rn. 69; Saenger/Inhester/*Kolmann*,

Eine Mindermeinung[119] in der rechtwissenschaftlichen Literatur jedoch verneint die Qualifizierung der (nunmehr) in § 15a Abs. 1 InsO statuierten Insolvenzantragspflicht als Schutzgesetz i.s.v. § 823 Abs. 2 BGB.

So bestreitet zunächst *Altmeppen*[120] die Schutzgesetzeigenschaft der Insolvenzantragspflicht in Gänze. Zur Begründung führt er zunächst in Anlehnung an die Entscheidung des Reichsgerichts vom 04.02.1910[121] an, dass die Vorschrift des § 64 Abs. 2 GmbHG a.F. überflüssig sei, wenn eine Außenhaftung gem. § 823 Abs. 2 BGB eingreifen würde.[122] Darüber hinaus sei dem Reichsgericht auch in seiner Auffassung zuzustimmen, dass die zivilrechtliche Folge der Pflichtverletzung des Geschäftsführers – Nichtstellen oder verspätetes Stellen des Insolvenzantrages – in § 64 Abs. 2 GmbHG a.F.[123] (abschließend) geregelt sei. Die dort statuierte Haftung des Geschäftsführers für nach Eintritt der Insolvenzreife geleistete Zahlungen solle gerade einen Quotenschaden verhindern.[124] Dies ergebe sich aus einem systematischen Vergleich zu § 43 GmbHG, der auch lediglich einen Anspruch der Gesellschaft gegenüber dem Geschäftsführer für den Fall von Verletzungen insbesondere der §§ 41, 42 GmbHG statuiere.[125]

Abschließend scheide eine Qualifizierung der Insolvenzantragspflicht als Schutzgesetz i.s.v. § 823 Abs. 2 BGB auch deshalb aus, weil eine Klausel, die die Allgemeinheit schütze, nicht als Schutzgesetz tauge, da es kein Schutzgesetz zugunsten der Allgemeinheit gäbe.[126]

Nach *Altmeppen* haftet der Geschäftsführer der GmbH für Schäden aufgrund verzögerter oder unterlassener Insolvenzantragsstellung vielmehr allein nach der nunmehr in § 64 S. 1 GmbHG geregelten Erstattungspflicht, die einen

---

Vorb vor § 64, Rn. 216, 218; *Schober*, Die Haftung des GmbH-Gesellschafters für die Verursachung der Unternehmensinsolvenz, S. 75; Scholz/*K. Schmidt*, § 64, Rn. 175; *Schroeders*, Die deliktische Teilnehmerhaftung des GmbH-Gesellschafters wegen Einflussnahme auf die Geschäftsführung, S. 119 ff.; Ulmer/*Casper*, § 64, Rn. 156 ff.; *Wicke*, § 64, Rn. 11.

119 *Altmeppen* in: Roth/Altmeppen, § 64, Rn. 35 ff.; *ders./Wilhelm*, NJW 1999, 673 (679); *ders.*, ZIP 2001, 2201 (2205); *Ulmer*, ZIP 1993, 769 (771 f.), der die Qualifizierung als Schutzgesetz zumindest hinsichtlich der Neugläubiger ablehnt.

120 *Altmeppen* in: Roth/Altmeppen, § 64, Rn. 35 ff.; *ders./Wilhelm*, NJW 1999, 673 (679); *ders.*, ZIP 2001, 2201 (2205).

121 RGZ 73, 30.

122 *Altmeppen/Wilhelm*, NJW 1999, 673 (679); so auch *Fleck*, GmbHR 1974, 224 (234 f.).

123 Jetzt § 64 S. 1 GmbHG.

124 *Altmeppen*, ZIP 2001, 2201 (2205).

125 *Altmeppen/Wilhelm*, NJW 1999, 673 (679).

126 *Altmeppen*, ZIP 2001, 2201 (2205).

Schadensersatzanspruch normiere, wobei es sich jedoch um einen Schaden der Gläubigergemeinschaft handele.[127]

Ulmer hingegen beschränkt den Charakter der Insolvenzantragspflicht als Schutzgesetz i.S.v. § 823 Abs. BGB lediglich hinsichtlich der Neugläubiger.[128] Nach seiner Auffassung reicht der persönliche Schutzbereich der in § 64 Abs. 1 GmbHG a.F. statuierten Insolvenzantragspflicht auch hinsichtlich der Neugläubiger lediglich so weit, als dass diesen – ebenso wie den Altgläubigern – nach den Grundsätzen des Urteils des Bundesgerichtshofes vom 16.12.1958[129] lediglich der ihnen entstandene Quotenschaden erstattet werden soll. Würde man den Neugläubigern nämlich auch den Schaden ersetzen, der ihnen dadurch entsteht, dass sie mit der insolvenzreifen Gesellschaft kontrahieren, werde der Schutzbereich des § 64 Abs. 1 GmbHG a.F. in persönlicher Hinsicht überdehnt. Denn in diesem Fall wäre Adressat der Schutzrichtung der Insolvenzantragspflicht aus Sicht von Ulmer nicht mehr eine abgrenzbare Gruppe, sondern der „Rechtsverkehr schlechthin und damit letztlich die Allgemeinheit.“[130] Dies führe dazu, dass § 64 Abs. 1 GmbHG a.F. nicht Schutzgesetz i.S.v. § 823 Abs. 2 BGB zu Gunsten der Neugläubiger hinsichtlich deren negativen Interesses sein könne. Schließlich sei anerkannt, dass sich Schutzgesetze „durch den ihnen eigentümlichen Individualschutzaspekt von Rechtsnormen zum Schutz der Allgemeinheit unterscheiden.“[131] Aus diesem Grund bedürfe es einer Eingrenzung des persönlichen Schutzbereiches auf eine individualisierbare Personengruppe, wie sie die Gläubiger der Gesellschaft mit bereits bestehenden Forderungen darstellen würden.[132] Die Neugläubiger würden auch nicht dann zu einer abgrenzbaren Gruppe, wenn man hinsichtlich der Entstehung des Schadens darauf abstellen würde, dass dieser nicht bereits durch den Vertragsschluss mit der insolvenzreifen Gesellschaft, sondern erst durch das Gewähren von Waren- oder Geldkredit infolge des Vertragsschlusses entstehe. Denn die Pflicht zur Vorleistung des Neugläubigers sei regelmäßig schon im jeweiligen Vertrag, sei es Kauf-, Dienstleistungs- oder Darlehensvertrag, angelegt, die beim späteren Vollzug des Vertrages ohne weitere Einflussnahme des Geschäftsführers der insolvenzreifen Gesellschaft kausal zum Eintritt des Schadens führe.[133]

---

127 Altmeppen in: Roth/Altmeppen, § 64, Rn. 33 ff.; ders., ZIP 2001, 2201 (2206 f.).
128 Ulmer, ZIP 1993, 769 (771 f.).
129 BGHZ 29, 100.
130 Ulmer, ZIP 1993, 769 (771).
131 Ulmer, ZIP 1993, 769 (771).
132 Ulmer, ZIP 1993, 769 (771).
133 Ulmer, ZIP 1993, 769 (771 f.).

3. Stellungnahme

Der nunmehr gefestigten Rechtsprechung des Bundesgerichtshofs und der herrschenden Meinung in der Literatur, die die vormals in § 64 Abs. 1 GmbHG a.F. und nunmehr in § 15a Abs. 1 S. 1 InsO statuierte Insolvenzantragspflicht als Schutzgesetz i.s.v. § 823 Abs. 2 BGB qualifizieren, ist zuzustimmen. Die von den Kritikern geäußerten Einwände lassen sich mit guten Argumenten entkräften.

Zunächst ist dem Urteil des Bundesgerichtshofs vom 16.12.1958[134] in seinem Grundgedanken, dass es sich bei der Insolvenzantragspflicht um ein Schutzgesetz i.s.v. § 823 Abs. 2 BGB handelt, beizupflichten. In Ermangelung von Anhaltspunkten in Wortlaut und historischer Entwicklung der Insolvenzantragspflicht[135] ist bei dieser Beurteilung auf den Sinn und Zweck der Insolvenzantragspflicht abzustellen. Diese dient zunächst dazu, die Gläubiger der Gesellschaft im Falle der Insolvenzreife der Gesellschaft vor einer weiteren Verkürzung der zur Verteilung zur Verfügung stehenden Masse zu schützen.[136] Der zweite Zivilsenat des Bundesgerichtshofs hat insofern zutreffend ausgeführt, dass gerade die (Alt-) Gläubiger der Gesellschaft Schäden erleiden, wenn der gem. § 15a Abs. 1 S. 1 InsO zu stellende Insolvenzantrag verspätet gestellt wird, da eine persönliche Haftung der Gesellschafter für Verbindlichkeiten der Gesellschaft eben nicht gegeben ist.[137] Dementsprechend sind die Altgläubiger in den persönlichen Schutzbereich der Insolvenzantragspflicht einbezogen.

Auch der mit den Entscheidungen im Verfahren des Bundesgerichtshofes II ZR 292/91[138] eingeleiteten und mit BGHZ 171, 46 endgültig judizierten Erweiterung des Schutzbereiches der Insolvenzantragspflicht auf die Neugläubiger der Gesellschaft ist beizupflichten, so dass diesen ihr voller Vertrauensschaden zu erstatten ist. Denn die in § 15a Abs. 1 S. 1 InsO statuierte Insolvenzantragspflicht soll nach ihrem Sinn und Zweck auch dazu dienen, insolvenzreife Gesellschaften vom Geschäftsverkehr fernzuhalten und so verhindern, dass Gläubiger der Gesellschaft weiter durch die Gewährung von Sach- oder Geldkrediten geschädigt oder gefährdet werden, indem Gesellschaften mit beschränkter Haftung aus dem

---

134 BGHZ 29, 100.

135 Vgl. hierzu *Poertzgen*, Organhaftung wegen Insolvenzverschleppung, S. 188 ff., S. 199; so auch *Bork*, ZGR 1995, 505 (513).

136 Begr. RegE MoMiG, BT-Drucks. 16/6140, S. 55; BGHZ 29, 100 (103); BGH 126, 181 (190 ff.); Baumbach/Hueck/*Haas*, § 64, Rn. 145; MüKo-GmbHG/*Müller*, § 64, Rn. 57; Saenger/Inhester/*Kolmann*, Vorb vor § 64, Rn. 121; Ulmer/*Casper*, § 64, Rn. 4.

137 BGHZ 29, 100 (103).

138 BGH, ZIP 1993, 763; BGH, ZIP 1993, 1543; BGHZ 126, 181.

Rechtsverkehr entfernt werden.[139] Dies haben seit der Statuierung der Insolvenzantragspflicht durch das MoMiG[140] auch die Kritiker der BGH-Rechtsprechung zu akzeptieren, da der Gesetzgeber auch diesen Schutzzweck der Insolvenzantragspflicht mit Verabschiedung des MoMiG gebilligt hat. Dieser war nämlich bereits ausdrücklich in der Begründung des Regierungsentwurfes[141] benannt und ist mit Verabschiedung des Gesetzes durch den Gesetzgeber bestätigt worden.[142] Gegen den Anspruch der Neugläubiger auf Ersatz ihres negativen Interesses spricht auch nicht, dass die Neugläubiger gegenüber den Altgläubigern bevorzugt würden, so dass ein Verstoß gegen das Gebot der par conditio creditorum gerade nicht vorliegt.[143] Denn wie der Bundesgerichtshof zutreffend ausführt, ist eine Ungleichbehandlung der beiden Gläubigergruppen nicht zu erkennen. Schließlich bekommen beide den ihnen kausal auf der Pflichtverletzung – der verspäteten Stellung des Insolvenzantrags – entstandenen Schaden ersetzt.[144] Somit führt der Ersatz des den Neugläubigern entstehenden Vertrauensschadens letztendlich dazu, dass unterschiedliche Sachverhalte nicht ungerechtfertigt gleich behandelt, sondern anhand den allgemeinen schadensersatzrechtlichen Grundsätzen – Ersatz eines aufgrund einer Pflichtverletzung kausal entstandenen Schadens – beurteilt werden.[145] Schließlich greift auch nicht der von *Canaris* vorgebrachte Einwand, die strafrechtliche Sanktionsnorm des § 84 GmbHG a.F. begrenze den Schutzzweck der zivilrechtlichen Insolvenzantragspflicht, was dazu führe, dass auch den Neugläubigern nur der ihnen entstandene Quotenschaden zu ersetzen sei.[146] Denn § 84 GmbHG a.F. solle, und somit auch § 64 GmbHG a.F., lediglich vor Minderungen der Haftungsmasse und somit dem Eintritt eines Quotenschadens schützen, was bereits durch § 64 Abs. 2 GmbHG a.F. deutlich werde.[147] *Canaris* berücksichtigt insofern nicht, dass nicht § 64 GmbHG a.F.

---

139   BGHZ 126, 181 (194, 196, 197); Baumbach/Hueck/*Haas*, § 64, Rn. 145; *Kleindiek* in: Lutter/Hommelhoff, Anh zu § 64, Rn. 83; MüKo-GmbHG/*Müller*, § 64, Rn. 57; Michalski *Nerlich*, Anh § 64, Rn. 4; Saenger/Inhester/*Kolmann*, Vorb vor § 64, Rn. 121; Ulmer/*Casper*, § 64, Rn. 5;

140   Gesetz zur Modernisierung des GmbH-Rechts und zur Bekämpfung von Missbräuchen (MoMiG), BGBl. I 2008, 2026.

141   Begr. RegE MoMiG, BT-Drucks. 16/6140, S. 55.

142   So auch *Schroeders*, Die deliktische Teilnehmerhaftung des GmbH-Gesellschafters wegen Einflussnahme auf die Geschäftsführung, S. 120.

143   In diese Richtung aber *K. Schmidt*, NJW 1993, 2934.

144   BGHZ 171, 46 (51 f.); *Bork*, ZGR 1995, 505 (517).

145   So auch *Goette*, DStR 1994, 1048 (1052).

146   *Canaris*, JZ 1993, 649 (650 ff.).

147   *Canaris*, JZ 1993, 649 (650 f.).

anhand der Strafvorschrift des § 84 GmbHG a.F. auszulegen ist, sondern vielmehr die Strafvorschrift an die zivilrechtliche Haftungsnorm anknüpft.[148] Auch der Einwand, die Haftung für fahrlässig verursachte Vermögensschäden werde unzulässig erweitert,[149] vermag nicht zu überzeugen, da auch die entsprechenden Strafvorschriften[150] eine Fahrlässigkeitshaftung vorsehen.[151]

Gleichwohl ist die Einbeziehung der Neugläubiger und des ihnen entstehenden Vertrauensschadens in den Schutzbereich der Insolvenzantragspflicht rechtsdogmatisch, entgegen der von *Bork*[152] geäußerten Auffassung, nicht im Rahmen des Umfangs des personellen Schutzbereichs, sondern vielmehr im Rahmen der Frage der Reichweite des sachlichen Schutzbereiches zu verorten.[153] *Bork* lässt insofern ungewürdigt, dass den Neugläubigern nämlich nur der Schaden ersetzt werden soll, der ihnen gerade „*dadurch entsteht, dass sie in Rechtsbeziehungen zu der insolvenzreifen GmbH getreten sind.*"[154]

Abschließend verdient auch die Entscheidung des Bundesgerichtshofs vom 05.02.2007[155] Zustimmung. Dem Bundesgerichtshof ist aus Gründen eines effektiven Gläubigerschutzes darin zuzustimmen, dass es den Neugläubigern nicht zuzumuten ist, mit der Geltendmachung ihres Schadensersatzanspruches bis zum Abschuss des Insolvenzverfahrens abzuwarten, da erst dann feststehe, welche Quote sie sich anrechnen lassen müssten. Aus diesem Grund ist es geboten, den Neugläubigern die Möglichkeit zu geben, den Ersatz ihres vollen negativen Interesses zu verlangen und dem Geschäftsführer in analoger Anwendung des § 255 BGB die den Neugläubigern zustehende Insolvenzforderung abzutreten.

Die an der Rechtsprechung des Bundesgerichtshofs geäußerte Kritik hingegen überzeugt nicht:

Zunächst ist der von *Altmeppen* vertretenen These entgegenzutreten, die Haftungsvorschrift des § 64 S. 1 GmbHG sei für den Fall der Qualifizierung der Insolvenzantragspflicht als Schutzgesetz überflüssig und aus diesem Grunde abschließend. *Altmeppen* lässt insofern unberücksichtigt, dass es sich bei dem Haftungstatbestand des § 64 S. 1 GmbHG um ein reines Instrument der Innenhaftung, also des Verhältnisses des Geschäftsführers zur Gesellschaft, handelt,

---

148 *Bork*, ZGR 1995, 505 (515).
149 *Canaris*, JZ 1993, 649 (651 f.).
150 § 84 Abs. 2 GmbHG a.F.; § 15a Abs. 4–6 InsO.
151 *Bork*, ZGR 1995, 505 (515); *Lutter*, DB 1994, 129 (135).
152 *Bork*, ZGR 1995, 505 (521).
153 BGHZ 171, 46 (51).
154 BGHZ 171, 46 (51).
155 BGHZ 171, 46.

was zur Folge hat, dass das Verhältnis der Gläubiger der Gesellschaft zu deren Geschäftsführern nicht geregelt ist.[156] Folglich ist von einer abschließenden Regelung gerade nicht auszugehen.[157] Gegen eine abschließende Regelung spricht auch der Umstand, dass die Erstattungspflicht für nach Insolvenzreife geleistete Zahlungen gem. § 64 S. 1 GmbHG auf die Regelung des Art. 241 Abs. 3 S. 2 AktG vom 18.07.1884[158] und letztendlich auf Art. 241 Abs. 2 S. 2 ADHGB 1869[159] zurückgeht,[160] so dass sich der damalige Gesetzgeber überhaupt keine Gedanken darüber machen konnte, ob die Regelung abschließend sein sollte, da § 823 Abs. 2 BGB erst zum 01.01.1900 in Kraft getreten ist.[161] Zuvor war die entsprechende Regelung bereits in § 64 Abs. 2 GmbHG 1892[162] kodifiziert.[163]

Sodann ist die von *Altmeppen*[164] und *Ulmer*[165] geäußerte Auffassung zu entkräften, die in § 15a Abs. 1 S. 1 InsO statuierte Insolvenzantragspflicht sei als Schutzgesetz i.S.v. § 823 Abs. 2 BGB ungeeignet, da diese die Allgemeinheit schütze. An dieser Stelle sei nochmals an die bereits oben dargelegten Voraussetzungen der Qualifizierung einer Norm als Schutzgesetz i.S.v. § 823 Abs. 2 BGB erinnert.[166] Erforderlich ist nach der höchstrichterlichen Rechtsprechung eine Norm, deren Regelung nach Zweck und Inhalt zumindest auch auf den Schutz von Individualinteressen vor einer näher bestimmten Art ihrer Verletzung ausgerichtet ist,[167] wobei es nicht ausreicht, dass der Individualschutz des jeweiligen Rechtsgutes nur als Reflex des Befolgens der Norm erreicht werden kann. Ausreichend ist jedoch, dass die Gewährleitung von Individualschutz eines von

---

156 Ulmer/*Casper*, § 64, Rn. 158.
157 Vgl. insofern auch RGZ 63, 324 (328); *Bork*, ZGR 1995, 505 (514); *Poertzgen*, Organhaftung wegen Insolvenzverschleppung, S. 248; Ulmer/*Casper*, § 64, Rn. 158; zur Frage der Qualifizierung des Anspruches aus § 64 S. 1 GmbHG siehe § 3 E.II.2.e)dd).
158 RGBl. 1884, 123 (163).
159 BGBl. NB (Norddeutscher Bund) 1869, 601 (452).
160 Vgl. hierzu eingehend *Bitter*, WM 2001, 666 (668).
161 *Bork*, ZGR 1995, 505 (513); MüKo-GmbHG/*Müller*, § 64, Rn. 200; Ulmer/*Casper*, § 64, Rn. 158.
162 RGBl. 1892, 477.
163 Unter Berufung auf dieselbe historische Entwicklung jedoch mit dem Schluss, dies spreche gegen die Qualifizierung der Insolvenzantragspflicht als Schutzgesetz i.S.v. § 823 Abs. 2 BGB: *Poertzgen*, Organhaftung wegen Insolvenzverschleppung, S. 256.
164 *Altmeppen*, ZIP 2001, 2201 (2205).
165 *Ulmer*, ZIP 1993, 769 (771).
166 Siehe § 2 A.I.
167 BGHZ 22, 293 (297); BGHZ 40, 306 (307); BGHZ 46, 17 (23); BGHZ 64, 232 (237).

mehreren Anliegen des Gesetzgebers ist, auch wenn der Hauptzweck der Norm im Schutz der Allgemeinheit liegt.[168]

Ausgehend von diesen von der Rechtsprechung entwickelten Erfordernissen ist zu konstatieren, dass die in § 15a Abs. 1 S. 1 InsO statuierte Insolvenzantragspflicht zwar, wie *Altmeppen* und *Ulmer* zutreffend ausführen, auch die Allgemeinheit[169] schützt, darüber hinaus jedoch zumindest auch den Schutz von Individualinteressen gewährt.

Dies gilt zunächst – unproblematisch – für die fest abgrenzbare Gruppe der Altgläubiger der Gesellschaft. Diese werden durch die Insolvenzantragspflicht davor geschützt, dass die zu ihrer Befriedigung zur Verfügung stehende Masse infolge weiterer Geschäftstätigkeit – sei es durch die Leistung von Zahlungen an einzelne Gläubiger oder durch die Begründung neuer Verbindlichkeiten[170] – geschmälert wird. Insofern handelt es sich bei dieser Schutzrichtung der Insolvenzantragspflicht – Schutz des Gläubigervermögens – nicht um einen Reflex, der durch die Befolgung der Norm erreicht wird,[171] sondern vielmehr um einen gezielt gewollten Schutz der Vermögensinteressen der Altgläubiger. Schließlich dient die Insolvenzantragspflicht der Verwirklichung des Grundsatzes der par conditio creditorum, wonach alle (Alt-) Gläubiger der Gesellschaft gleichmäßig befriedigt werden sollen.

Doch auch bei den Neugläubigern der Gesellschaft handelt es sich nicht, wie *Altmeppen* und *Ulmer* vertreten, um eine nicht abgrenzbare Gruppe, mit der Folge, dass „*der Rechtsverkehr schlechthin und damit letztlich die Allgemeinheit*"[172] von der Insolvenzantragspflicht geschützt werde. Denn geschützt werden nach der hier vertretenen Auffassung die Neugläubiger der Gesellschaft, die aufgrund vertraglicher Bindungen nach Insolvenzreife einen Schaden dadurch erlangen, dass sie mit der bereits insolvenzreifen Gesellschaft überhaupt noch kontrahieren und ihr auf Grundlage des noch geschlossenen Vertrages Sach- oder Gelddarlehen gewähren. Der den Neugläubigern entstehende Schaden hinsichtlich des negativen Interesses tritt folglich letztendlich erst mit der tatsächlichen Gewährung

---

168   BGHZ 12, 146 (148); BGHZ 100, 13 (14 f.).

169   Bei der „*Allgemeinheit*" handelt es sich, wie *K. Schmidt*, JZ 1978, 661 (663) zutreffend feststellt, um die Gesamtheit der aktuellen und potentiellen Gesellschaftsgläubiger.

170   Vgl. zum Streitstand, ob die Begründung neuer Verbindlichkeiten § 64 S. 1 GmbHG unterfällt BGHZ 138, 211 (216 f.); Baumbach/Hueck/*Haas*, § 64, Rn. 68; BeckOK GmbHG Ziemons/Jaeger/*Mätzig*, § 64, Rn. 10; *Kleindiek* in Lutter/Hommelhoff, § 64, Rn. 30; Saenger/Inhester/*Kolmann*, § 64, Rn. 40; Scholz/*K. Schmidt*, § 64, Rn. 33; *Wicke*, § 64, Rn. 20.

171   Vgl. BGHZ 100, 13 (19).

172   *Ulmer*, ZIP 1993, 769 (771).

des Darlehens zu Tage und gerade nicht, wie *Ulmer* meint, bereits mit Abschluss, sondern aufgrund[173] des geschlossenen Vertrages. Unerheblich ist daher die unzutreffende Auffassung, die Pflicht zur Vorleistung des Neugläubigers sei regelmäßig im abgeschlossenen Vertrag selbst angelegt. Insbesondere im Kaufrecht gilt, dass die wechselseitigen Leistungen Zug-um-Zug, §§ 433, 320 Abs. 1 BGB, auszutauschen sind.

Selbst wenn man jedoch nicht nur vertragliche, sondern auch deliktische Neugläubiger in den Schutzbereich der Insolvenzantragspflicht einbeziehen würde,[174] ließe sich hieraus nicht ein ausschließlicher Schutz der Allgemeinheit schließen. Denn auch bei diesen Neugläubigern würde es sich um eine in sich abgrenzbare Gruppe handeln, nämlich um solche Personen, die mit dem Wirkungskreis der insolventen Gesellschaft in Kontakt kommen und hierdurch einen Schaden erleiden. Es liegt auf der Hand, dass dies gerade nicht auf *„die Allgemeinheit"*, sondern auf einen abgrenzbaren Personenkreis zutreffen wird.[175]

4. Zwischenergebnis

Für den weiteren Gang der Untersuchung ist davon auszugehen, dass es sich bei der in § 15a Abs. 1 S. 1 InsO statuierten Insolvenzantragspflicht um ein Schutzgesetz i.S.v. § 823 Abs. 2 BGB für Alt- und Neugläubiger der Gesellschaft handelt. Dies war nach herrschender Meinung und höchstrichterlicher Rechtsprechung bereits für § 64 Abs. 1 GmbHG a.F. der Fall und muss spätestens in Anbetracht der eindeutigen gesetzgeberischen Materialien zu § 15a Abs. 1 S. 1 InsO[176] auch für die Neugläubiger gelten. Während der Geschäftsführer hinsichtlich der Altgläubiger den entstandenen Quotenschaden zu ersetzen hat, können die Neugläubiger die Erstattung des ihnen entstandenen Vertrauensschadens verlangen.

Wer im Hinblick auf die Geltendmachung der jeweiligen Schadensersatzansprüche aktivlegitimiert ist, insbesondere, ob auch der Schaden der Neugläubiger gem. § 92 InsO vom Insolvenzverwalter geltend zu machen ist, ist für die weitere Untersuchung unerheblich. Hinsichtlich des diesbezüglichen Streitstandes wird

---

173 BGHZ 171, 46 (51).

174 So *Kleindiek* in: Lutter/Hommelhoff, Anh zu § 64, Rn. 96; Michalski-*Nerlich*, Anh. § 64, Rn. 59 ff.; a.A. BGH ZIP 2005, 1734 (1738); Ulmer/*Casper*, § 64, Rn. 180; vermittelnd *Bork*, ZGR 1995, 505 (519), der den Sinn der Insolvenzantragspflicht darin sieht, vor typischen Schäden, die mit der Teilnahme der insolvenzreifen Gesellschaft im Wirtschaftsleben zusammenhängen, zu schützen.

175 In diese Richtung auch *Bork*, ZGR 1995, 505 (522) sowie *K. Schmidt*, JZ 1978, 661 (663).

176 Begr. RegE MoMiG, BT-Drucks. 16/6140, S. 55.

daher auf die höchstrichterliche Rechtsprechung[177] und die einschlägigen Kommentierungen in der rechtswissenschaftlichen Literatur[178] verwiesen.

II. Adressaten der Insolvenzverschleppungshaftung gem. § 823 Abs. 2 BGB i.V.m. § 15a Abs. 1 S. 1 InsO

1. Die primären Haftungsadressaten: Geschäftsführer und Liquidatoren

Die primären Adressaten der (GmbH-rechtlichen) Insolvenzverschleppungshaftung sind gem. § 15a Abs. 1 S. 1 InsO die ordnungsgemäß, d.h. durch wirksamen Beschluss der Gesellschafterversammlung gem. §§ 48, 46 Nr. 5 GmbHG, bestellten Geschäftsführer der GmbH.[179] Sie sind gem. § 35 Abs. 1 GmbHG die „*Mitglieder des Vertretungsorgans*" i.S.v. § 15a Abs. 1 S. 1 Alt. 1 InsO. Daneben sind auch die Liquidatoren der Gesellschaft, § 66 GmbHG, im Fall ihrer Abwicklung gem. § 15a Abs. 1 S. 1 Alt. 2 InsO zur Stellung des Insolvenzantrags verpflichtet, so dass auch sie konsequenterweise den Gläubigern der Gesellschaft entstehende Schäden nach den Grundsätzen der Insolvenzverschleppungshaftung zu ersetzen haben.[180]

a) Mehrere Geschäftsführer

Sind mehrere Geschäftsführer bestellt, ist jeder Geschäftsführer unabhängig von einer etwaigen internen Aufteilung der Zuständigkeiten, sei es eine – zulässige – räumliche Aufteilung der Leitung einzelner Standorte oder eine Aufteilung der Ressortzuständigkeiten, verpflichtet, die ihm obliegende Insolvenzantragspflicht zu erfüllen.[181] Dies hat aus Gründen eines effektiven

---

177 RGZ 97, 107 (108); BGHZ 126, 181 (190, 201); BGHZ 138, 211 (211, 214, 217); BGHZ 171, 46; BGHZ 175, 58.

178 Baumbach/Hueck/*Haas*, § 64, Rn. 189; Henssler/Strohn/*Arnold*, GmbHG § 64, Rn. 76, 83; *Kleindiek* in: Lutter/Hommelhoff, Anh zu § 64, Rn. 99 ff.; Michalski-*Nerlich*, Anh. § 64, Rn. 63; MüKo-GmbHG/*Müller*, § 64, Rn. 214 f.; *Poertzgen*, Organhaftung wegen Insolvenzverschleppung, S. 283 ff.; Saenger/Inhester/*Kolmann*, Vorb vor § 64, Rn. 246 ff.; Scholz/*K. Schmidt*, § 64, Rn, 196 ff.; Ulmer/*Casper*, § 64, Rn. 182 f.; *Wilhelm*, ZIP 1993, 1833 (1836).

179 Einhellige Meinung, vgl. nur Baumbach/Hueck/*Haas*, § 64, Rn. 149; Henssler/ Strohn/*Arnold*, InsO, § 15a, Rn. 5; *Kleindiek* in Lutter/Hommelhoff, Anh zu § 64, Rn. 51, 83.

180 Baumbach/Hueck/*Haas*, § 64, Rn. 149, Henssler/Strohn/*Arnold*, GmbHG, § 64, Rn. 71; *ders.*, InsO, § 15a, Rn. 5; *Kleindiek* in Lutter/Hommelhoff, Anh zu § 64, Rn. 83; Michalski-*Nerlich*, Anh. § 64, Rn. 11; MüKo-GmbHG/*Müller*, § 64, Rn. 60.

181 BGH, NJW 1994, 2149 (2150); *Altmeppen* in: Roth/Altmeppen, Vorb zu § 64, Rn. 50, 53, 71; Baumbach/Hueck/*Haas*, § 64, Rn. 150; *Biehl*, Geschäftsführer- und

Gläubigerschutzes und wegen der den einzelnen Geschäftsführer treffenden Strafandrohung des § 15a Abs. 4–6 InsO auch bei ausschließlicher Gesamtvertretungsberechtigung[182] für jeden einzelnen Geschäftsführer zu gelten.[183] Denn bei der Einhaltung dieser Pflicht handelt es sich für jeden der Geschäftsführer um seine originäre Pflicht, für eine gesetzmäßige Unternehmensleitung[184] Sorge zu tragen, so dass der nach interner Zuständigkeitsaufteilung im Innenverhältnis nicht zuständige Geschäftsführer seinen Mitgeschäftsführer jedenfalls engmaschig zu kontrollieren hat, um so ein gesetzmäßiges Handeln sicher zu stellen.[185] Hierdurch wird dem Grundsatz der Gesamtverantwortung Rechnung getragen.[186] Die Geschäftsführer haben in diesem Zusammenhang darauf zu achten, dass sich die wechselseitigen Überwachungspflichten in der Krise der Gesellschaft verdichten.[187] Ist einer der Geschäftsführer nicht in der Lage, dieser Überwachungspflicht nachzukommen, da ihm von dem für das Finanzressort zuständigen Mitgeschäftsführer die zur Überprüfung erforderlichen Unterlagen vorenthalten und eine Einsicht in diese verweigert wird, ist er verpflichtet, die Gesellschafterversammlung über dieses Verhalten zu unterrichten und die Erteilung von Weisungen gegenüber dem Mitgeschäftsführer zu erbitten. Durch eine Niederlegung des Amtes hingegen wird er sich nur unter besonderen Voraussetzungen[188] der Haftung entziehen können.[189]

Gesellschafterhaftung wegen Insolvenzverschleppung bei der GmbH, S. 22; *Brettner*, Die Strafbarkeit wegen Insolvenzverschleppung gem. § 15a InsO, S. 83; *Kleindiek* in Lutter/Hommelhoff, Anh zu § 64, Rn. 51; Michalski-*Nerlich*, Anh. § 64, Rn. 11; MüKo-GmbHG/*Müller*, § 64, Rn. 60; *Porzelt*, Die Außen- und Innenhaftung im Recht der GmbH, Rn. 79; Saenger/Inhester/*Kolmann*, Vorb § 64, Rn. 132; *K. Schmidt* in: K. Schmidt/Uhlenbruck, Die GmbH in Krise, Sanierung und Insolvenz, Rn. 11.12.

182 KG, NJW 1965, 2157 (2158); *Kleindiek* in Lutter/Hommelhoff, Anh zu § 64, Rn. 51; Scholz/*Bitter*, Vor § 64, Rn. 93.

183 So auch Hensler/Strohn/*Arnold*, InsO, § 15a, Rn. 5, jedoch ohne Begründung.

184 BGHZ 133, 370; BGH, GmbHR 1994, 460; *Schnorbus* in: Rowedder/Schmidt-Leithoff, § 43, Rn. 36.

185 BGH, NJW 1994, 2149 (2150).

186 Vgl. zum Grundsatz der Gesamtverantwortung *Kleindiek* in: Lutter/Hommelhoff, § 37; Rn. 30, § 43 Rn. 29; Scholz/*U. H. Schneider*, § 43, Rn. 35 ff.

187 BGHZ 133, 370 (zu § 266a StGB); *Kleindiek* in: Lutter/Hommelhoff, § 43, Rn. 32 ff.; Scholz/*U.H. Schneider*, § 43, Rn. 40.

188 Vgl. hierzu § 2 A.II.1.b).

189 A.A. *Porzelt*, Die Außen- und Innenhaftung im Recht der GmbH, Rn. 79, der in diesen Fällen pauschal eine Enthaftung durch Niederlegung des Amtes bejaht.

Die Antragsberechtigung des einzelnen, ansonsten etwaigen Zwängen der Gesamtvertretungsmacht unterliegenden, Geschäftsführers ergibt sich unmittelbar aus § 15 InsO, der eine besondere Form der Vertretungsbefugnis darstellt.[190] Der nur gesamtvertretungsberechtigte Geschäftsführer hat hierbei die Regelung des § 15 Abs. 2 InsO zu beachten, wonach er den Eröffnungsgrund glaubhaft zu machen hat, wenn er den Insolvenzantrag ohne die übrigen Mitglieder der Geschäftsführung stellt.[191] Die Glaubhaftmachung kann gem. § 4 InsO i.V.m. § 294 Abs. 1 ZPO auch durch Versicherung an Eides statt erfolgen.

b) Amtsniederlegung und Abberufung

Fraglich ist, wie sich eine Amtsniederlegung durch den Geschäftsführer bzw. dessen Abberufung durch die Gesellschafterversammlung gem. § 38 Abs. 1 GmbHG auf die Insolvenzantragspflicht des Geschäftsführers und damit auf seine Haftung gem. § 823 Abs. 2 GmbHG i.V.m. § 15a Abs. 1 S. 1 InsO auswirken.

aa) Keine Auswirkung auf bereits begründete Haftung

Für beide Fallgruppen – Amtsniederlegung und Abberufung – gilt, dass die Beendigung des Amtes keine Auswirkungen auf eine bereits begründete Insolvenzverschleppungshaftung des (ehemaligen) Geschäftsführers hat.[192] Denn der Geschäftsführer, der es pflichtwidrig und schuldhaft unterlassen hat, rechtzeitig den Antrag auf Eröffnung des Insolvenzverfahrens zu stellen, hat selbstverständlich für die kausal auf dieser Pflichtverletzung beruhenden Schäden einzustehen.[193] Für den Schaden der Altgläubiger bedeutet dies, dass der (ehemalige) Geschäftsführer diesen den ihnen entstandenen Quotenschaden zu erstatten hat.[194] Die Neugläubiger

---

190 MüKo-InsO/*Klöhn*, § 15, Rn. 2; Uhlenbruck/*Hirte*, § 15, Rn. 1; zum Konkursantragsrecht bereits KG, NJW 1965, 2157 (2158).

191 *Vallender* in: K. Schmidt/Uhlenbruck, Die GmbH in Krise, Sanierung und Insolvenz, Rn. 5.174.

192 Thüringer OLG, GmbHR 2002, 112; *Biehl*, Geschäftsführer- und Gesellschafterhaftung wegen Insolvenzverschleppung bei der GmbH, S. 24; HambKomm/*Linker*, § 15a, Rn. 11; *Kleindiek* in: Lutter/Hommelhoff, Anh zu § 64, Rn. 104.

193 Baumbach/Hueck/*Haas*, § 64, Rn. 151; *Poertzgen*, Organhaftung wegen Insolvenzverschleppung, S. 173 f.: *M. Schmidt-Leithoff/ Schneider* in: Rowedder/Schmidt-Leithoff, Vor § 64, Rn. 74; *H. Schneider/U.H. Schneider*, GmbHR 1980, 4 (5); *Scholz/K. Schmidt* § 64, Rn. 171; *Trölitzsch*, GmbHR 1995, 857 (860).

194 So auch Ulmer/*Casper*, § 64, Rn. 189, wenn auch mit der ausschließlich an der Pragmatik anknüpfenden Begründung, der Umfang der Haftung beruhe darauf, dass eine Differenzierung der Quotenverschlechterung nach verschiedenen Zeitphasen

hingegen können, wie auch gegenüber dem Geschäftsführer, dessen Amt nicht vor Eintritt des Schadens geendet hat, den Ersatz des ihnen entstandenen Vertrauensschadens verlangen. Die Haftung ist insbesondere entgegen einer in der rechtswissenschaftlichen Literatur vertretenen Auffassung[195] nicht auf solche Schäden begrenzt, die zwischen der Pflichtverletzung (Nichtstellen des Insolvenzantrages) und der Beendigung der Geschäftsführerstellung entstehen.[196] Zwar verweist *Kolmann*[197] in diesem Zusammenhang zutreffend auf eine Entscheidung des Bundesgerichtshofs vom 25.07.2005[198], doch ergibt sich aus dieser Entscheidung gerade nicht, dass die Haftung auf solche Schäden begrenzt sein soll, die bis zur Beendigung des Geschäftsführeramtes entstehen. Der Bundesgerichtshof führt in seiner Entscheidung nämlich zutreffend aus, *„dass die reine Kausalitätsbetrachtung ihre Grenzen unter anderem am Schutzzweck der verletzten Norm findet"*.[199] Dies führe im Rahmen der Insolvenzverschleppungshaftung dazu, dass sowohl objektiver als auch subjektiver Tatbestand im Zeitraum des zum Schaden führenden Vertragsschlusses zwischen der Gesellschaft und dem Neugläubiger vorliegen müsse.[200] Dies bedeutet für den (ehemaligen) Geschäftsführer der GmbH, dass die Verschleppung der Insolvenz objektiv nicht bei Eintritt des Schadens beseitigt sein darf[201] und dem Geschäftsführer darüber hinaus in subjektiver Hinsicht Fahrlässigkeit vorgeworfen werden kann. Hierzu ist es erforderlich, dass der (ehemalige) Geschäftsführer den drohenden Erfolg seines Unterlassens voraussehen und vermeiden konnte,[202] wobei hierbei, da es sich um eine zivilrechtliche Haftung handelt, ein objektiv abstrakter Maßstab anzulegen ist.[203] Für den Fall der Haftung des Altgeschäftsführers für Neugläubigerschäden ist folglich maßgeblich, ob der Geschäftsführer bereits im Zeitpunkt der unterlassenen Insolvenzantragsstellung oder im Zeitraum bis zur Beendigung seiner Organstellung voraussehen konnte, dass es abstrakt zu weiteren Vertragsabschlüssen zwischen der insolvenzreifen GmbH und Neugläubigern der

---

kaum möglich sei. Entscheidend ist vielmehr die Frage, ob die Schäden kausal auf der Pflichtverletzung beruhen.

195 Saenger/Inhester/*Kolmann*, Vorb. zu § 64, Rn. 160; Ulmer/*Casper*, § 64, Rn. 189.
196 So auch *Trölitzsch*, GmbHR 1995, 857 (860), wenn auch mit einer von der hier vertretenen Auffassung abweichenden Begründung.
197 Saenger/Inhester/*Kolmann*, Vorb vor § 64, Rn. 160.
198 BGHZ 164, 50.
199 BGHZ 164, 50 (56).
200 BGHZ 164, 50 (56).
201 BGHZ 164, 50 (55 f.).
202 BGH, NJW-RR 1996, 981.
203 BGHZ 106, 323; BGHZ 113, 297 (303 f.); BGH, NJW 2001, 1786 (1787).

Gesellschaft kommen wird. Dies wird man bei einer am Markt werbenden Gesellschaft regelmäßig bejahen müssen. Unerheblich ist in diesem Zusammenhang[204] für die Haftung des (ehemaligen) Geschäftsführers die Frage, ob er bei bereits begründeter Haftung nach seinem Ausscheiden zusätzlich verpflichtet ist, etwaige verbleibende Geschäftsführer, seinen Nachfolger oder im Falle der Führungslosigkeit der Gesellschaft die Gesellschafter anzuhalten, den erforderlichen Insolvenzantrag zu stellen.[205] Selbstverständlich sollte der ausgeschiedene Geschäftsführer ein eigenes Interesse an einer entsprechenden Antragsstellung oder einer erfolgreichen Sanierung haben, um die Entstehung weiterer kausaler Schäden, für die er nach obigen Erwägungen letztendlich mit haftet, zu vermeiden.

bb) Auswirkungen bei noch nicht begründeter Haftung

Problematisch ist indes, welche Auswirkungen Abberufung und Amtsniederlegung haben, wenn diese in einem Zeitpunkt erfolgen, in dem die Gesellschaft zwar bereits überschuldet und/oder zahlungsunfähig ist, die Pflicht zur Antragsstellung jedoch zum einen – beispielsweise wegen aussichtsreicher Sanierungsmöglichkeiten – noch innerhalb der von § 15a Abs. 1 S. 1 InsO vorgegebenen Frist abgewendet oder zum anderen eingehalten werden kann. Spannungen und Haftungsrisiken ergeben sich in diesem Zeitraum für die Geschäftsführer der Gesellschaft insbesondere dann, wenn mehrere Geschäftsführer oder der Geschäftsführer und die Gesellschafterversammlung keine Einigkeit über mögliche Sanierungskonzepte erzielen können.

(1) Niederlegung des Amtes durch den Geschäftsführer

Weitgehende Einigkeit besteht im rechtswissenschaftlichen Schrifttum, teilweise gestützt auf eine Entscheidung des zweiten Strafsenats des Bundesgerichtshofs vom 14.12.1951[206] sowie obergerichtliche Rechtsprechung[207] dahingehend, dass sich der Geschäftsführer einer bereits insolvenzreifen GmbH seiner Verantwortung, gem. § 15a Abs. 1 S. 1 InsO den erforderlichen Insolvenzantrag zu stellen oder aber sich für einen aussichtsreichen Sanierungsversuch zu entscheiden, nicht dadurch entziehen kann, dass er sein Amt niederlegt.[208] Vielmehr ist er

---

204 Anders für den Fall der noch nicht begründeten Haftung; siehe hierzu die Ausführungen im folgenden Gliederungspunkt.
205 So Hachenburg/Ulmer, § 64, Rn. 9.
206 BGH, NJW 1952, 554.
207 Thüringer OLG, GmbHR 2002, 112.
208 Hachenburg/Ulmer, § 64, Rn. 9; *Kleindiek* in: Lutter/Hommelhoff, Anh zu § 64, Rn. 104; Scholz/*K. Schmidt*, § 64, Rn. 171; *M. Schmidt-Leithoff/ Schneider* in: Rowed-

nach der Niederlegung seines Amtes verpflichtet, auf verbleibende Geschäftsführer, seinen Nachfolger oder im Falle der Führungslosigkeit der Gesellschaft auf die Gesellschafter dahingehend einzuwirken, dass diese den erforderlichen Insolvenzantrag fristgerecht stellen.[209] Nicht durchgreifen kann der von einem Teil des rechtswissenschaftlichen Schrifttums[210] vorgebrachte Einwand, für eine solche Verpflichtung sei spätestens seit der Einführung der subsidiären Antragspflicht der Gesellschafter gem. § 15a Abs. 3 InsO durch das MoMiG[211] kein Raum. Diese Ansicht lässt nämlich unberücksichtigt, dass es aufgrund von Sinn und Zweck der Insolvenzantragspflicht – Gläubigerschutz durch Entfernen insolventer Gesellschaften mit beschränkter Haftung aus dem Rechtsverkehr –[212] von elementarer Bedeutung ist, dass sich die Geschäftsführer der GmbH nicht der Haftung wegen Insolvenzverschleppung entziehen können, indem sie ihr Amt bei Eintritt der Insolvenzreife niederlegen.[213] Darüber hinaus ist zu beachten, dass die Pflicht der Gesellschafter, im Fall der Führungslosigkeit der Gesellschaft gem. § 15a Abs. 3 InsO Insolvenzantrag zu stellen, nur greift, wenn sie Kenntnis von der Führungslosigkeit und vom Vorliegen des Insolvenzgrundes haben.[214]

Hintergrund dieser Überlegungen ist, dass die Amtsniederlegung durch den Geschäftsführer nach der Rechtsprechung des Bundesgerichtshofs[215] und der herrschenden Meinung des rechtswissenschaftlichen Schrifttums[216] regelmäßig wirksam ist, sofern sie nicht zur Unzeit oder rechtsmissbräuchlich erfolgt, mit

---

der/Schmidt-Leithoff, Vor § 64, Rn. 74; Ulmer/*Casper*, § 64, Rn. 38; a.A. Baumbach/Hueck/*Haas*, § 64, Rn. 151.

209 Hachenburg/*Ulmer*, § 64, Rn. 9; *Kleindiek* in: Lutter/Hommelhoff, Anh zu § 64, Rn. 104; Scholz/*K. Schmidt*, § 64, Rn. 171; *M. Schmidt-Leithoff/ Schneider* in: Rowedder/Schmidt-Leithoff, Vor § 64, Rn. 74; Ulmer/*Casper*, § 64, Rn. 38.

210 *Biehl*, Geschäftsführer- und Gesellschafterhaftung wegen Insolvenzverschleppung bei der GmbH, S. 24; *Haas/Kolmann/Pauw* in: Gottwald, Insolvenzrechtshandbuch, § 92, Rn. 76; *Saenger/Inhester/Kolmann*, Vorb vor § 64, Rn. 159.

211 Gesetz zur Modernisierung des GmbH-Rechts und zur Bekämpfung von Missbräuchen (MoMiG), BGBl. I 2008, 2026.

212 Siehe § 2 A.I.3.

213 A.A. *Haas/Kolmann/Pauw* in: Gottwald, Insolvenzrechtshandbuch, § 92, Rn. 76.

214 Ulmer/*Casper*, § 64 Rn. 38, der mit entsprechender Begründung jedoch die Unwirksamkeit der Amtsniederlegung begründet, was abzulehnen ist.

215 BGHZ 78, 82 (92); BGHZ 121, 257 (262).

216 *Kleindiek* in: Lutter/Hommelhoff, § 38, Rn. 41 ff.; Scholz/*K. Schmidt*, § 64, Rn. 170; Scholz/*U. H. Schneider/S. H. Schneider*, § 38, Rn. 85 ff.; einschränkend *Trölitzsch*, GmbHR 1995, 857 (860), der das Vorliegen eines wichtigen Grundes für erforderlich hält.

der Folge, dass der ehemalige Geschäftsführer nicht mehr zur Antragsstellung gem. § 15 Abs. 1 InsO berechtigt ist. Von einer rechtsmissbräuchlichen Niederlegung kann auszugehen sein, wenn der einzige Geschäftsführer, der gleichzeitig Mehrheitsgesellschafter ist, sein Amt niederlegt ohne gleichzeitig einen neuen Geschäftsführer zu bestellen. [217]

Dieser Auffassung ist – mit Einschränkungen – zuzustimmen. Auch hier gilt, dass die mit dem MoMiG[218] einhergegangene Ersatzzuständigkeit der Gesellschafter bei Führungslosigkeit gem. § 35 Abs. 1 S. 2, Abs. 2 S. 2 GmbHG und gem. § 15a Abs. 3 InsO eine andere Auffassung nicht rechtfertigt, da die vorgenannten Regelungen zu einer Erweiterung des Verkehrsschutzes und nicht lediglich zu einem Austausch der Haftungs- bzw. Zustellungsadressaten führen sollten.[219]

Von einer Amtsniederlegung zur Unzeit wird man jedoch nicht ausgehen können, wenn die Antragsfrist des § 15a Abs. 1 S. 1 InsO noch nicht abgelaufen ist und gleichzeitig die Überlegungen der Geschäftsführer bzw. der Geschäftsführung und der Gesellschafterversammlung über eine mögliche Sanierung noch nicht abgeschlossen sind.[220] Zum einen wäre der Geschäftsführer im Falle von Meinungsverschiedenheiten über im Raum stehende Sanierungsmöglichkeiten gezwungen, vor seiner Amtsniederlegung Insolvenzantrag zu stellen und somit ggf. aussichtsreiche Sanierungsversuche im Keim zu ersticken.[221] Zum anderen ist durch die Antragspflicht der verbleibenden Geschäftsführer bzw. die subsidiäre Antragspflicht der Gesellschafter aus Gesichtspunkten des Gläubigerschutzes sichergestellt, dass sich entweder die verbleibende Geschäftsführung oder aber die Gesellschafterversammlung mit der Frage der Sanierungsmöglichkeit und den Antragspflichten des § 15a InsO befassen und somit in die (Haftungs-) Verantwortung eintreten.[222] Folglich ist in diesen Fällen von der Wirksamkeit der Amtsniederlegung auszugehen, so dass der Geschäftsführer eigentlich verpflichtet wäre, die verbliebenen Geschäftsführer oder im Falle der

217 OLG Köln, NZG 2008, 340 (341); FK-InsO/*Schmerbach*, § 15, Rn. 22.
218 Gesetz zur Modernisierung des GmbH-Rechts und zur Bekämpfung von Missbräuchen (MoMiG), BGBl. I 2008, 2026.
219 So auch OLG München, GmbHR 2012, 796 f.; *Kleindiek* in: Lutter/Hommelhoff, § 38, Rn 42 zur Problematik bei der Einpersonen-GmbH.
220 Hachenburg/*Ulmer*, § 64, Rn. 5; *Kleindiek* in: Lutter/Hommelhoff, Anh zu § 64, Rn. 105; Scholz/*Tiedemann/Rönnau*, § 84, Rn. 30 f.; Ulmer/*Casper*, § 64, Rn. 38.
221 *Kleindiek* in: Lutter/Hommelhoff, Anh zu § 64, Rn. 105; in diese Richtung wohl auch *Brettner*, Die Strafbarkeit wegen Insolvenzverschleppung gem. § 15a InsO, S. 82.
222 *Kleindiek* in: Lutter/Hommelhoff, Anh zu § 64, Rn. 105.

Führungslosigkeit die Gesellschafterversammlung zur Stellung des Insolvenz-antrages anzuhalten.

Ein weiteres Einwirken auf die verbliebene Geschäftsführung bzw. die Gesell-schafterversammlung, den aus Sicht des ehemaligen Geschäftsführers bei Schei-tern der angedachten Sanierungsmaßnahmen erforderlichen Insolvenzantrag zu stellen, erschiene jedoch sinnlos, da nicht davon auszugehen ist, dass sich die verbliebene Geschäftsführung bzw. die Gesellschafterversammlung nach der Amtsniederlegung von den bereits vorgebrachten Argumenten des ehemaligen Geschäftsführers überzeugen lassen würden.[223]

(2) Abberufung des Geschäftsführers gem. § 38 Abs. 1 GmbHG

Auch für den Fall der sofortigen Abberufung des Geschäftsführers gem. § 38 Abs. 1 GmbHG vor Ablauf der Antragsfrist lässt sich die Frage der Antrags-pflicht dergestalt beantworten, dass der abberufene Geschäftsführer nicht ver-pflichtet ist, auf die verbliebene Geschäftsführung einzuwirken.[224] Denn dieser hat sich seiner Verantwortung gerade nicht durch eigenes Handeln entzogen, so dass eine Haftung bereits aus diesem Grunde nicht interessengerecht er-scheint.[225] Darüber hinaus gilt auch in diesem Fall, dass ein weiteres Einwirken auf die Gesellschafterversammlung, die die Absetzung beschlossen hat, kaum Aussicht auf Erfolg verspricht.

2. Der sog. faktische Geschäftsführer als Adressat der Insolvenzverschleppungshaftung

Nach wie vor umstritten ist, ob, und wenn ja, unter welchen Voraussetzungen der sog. faktische Geschäftsführer Adressat der Insolvenzverschleppungshaf-tung gem. § 823 Abs. 2 BGB i.V.m. § 15a Abs. 1 S. 1 InsO sein kann.

Zu unterscheiden ist im Rahmen der Diskussion zwischen dem fehlerhaft bestellten Geschäftsführer, der in Unkenntnis des Mangels seiner Bestellung tatsächlich die Geschäfte der Gesellschaft (mit Billigung der Gesellschafterver-sammlung) führt und dem ehemaligen Geschäftsführer, der nach seiner Abbe-rufung oder Niederlegung des Amtes die Geschäfte der Gesellschaft fortführt bzw. demjenigen, der ohne förmlichen Bestellungsakt tatsächlich Aufgaben der Geschäftsführung wahrnimmt.

---

223 Mit gleichem Ergebnis, jedoch ohne Begründung: Hachenburg/*Ulmer*, § 64, Rn. 9.

224 *Kleindiek* in: Lutter/Hommelhoff, Anh zu § 64, Rn. 105; *Porzelt*, Die Außen- und Innenhaftung im Recht der GmbH, Rn. 70.

225 *M. Schmidt-Leithoff/ Schneider* in: Rowedder/Schmidt-Leithoff, Vor § 64, Rn. 75.

a) Fehlerhaft bestellter Geschäftsführer

Weitgehende Einigkeit besteht zwischen Rechtsprechung[226] und rechtswissenschaftlichem Schrifttum,[227] dass der Geschäftsführer, der aufgrund eines formellen, jedoch nichtigen, Bestellungsbeschlusses als Geschäftsführer für die Gesellschaft tätig geworden ist, der Haftung als Geschäftsführer unterliegt und somit auch tauglicher Adressat der Insolvenzverschleppungshaftung gem. § 823 Abs. 2 BGB i.V.m. § 15a Abs. 1 S. 1 InsO ist. In Betracht kommen als praxisrelevante Nichtigkeitsgründe – die bloße Anfechtbarkeit des (dann noch wirksamen)[228] Bestellungsaktes genügt nicht –, insbesondere die Amtsuntauglichkeit gem. § 6 Abs. 2 S. 2 Nr. 3 lit. a), b) GmbHG bei vorherigen insolvenzrelevanten Straftaten,[229] die Bestellung durch das unzuständige Organ[230] oder beispielsweise die Bestellung durch die Gesellschafterversammlung, zu der nicht sämtliche Gesellschafter eingeladen wurden.[231] Zur Begründung wird ausgeführt, dass sich derjenige, der sich trotz unwirksamer Bestellung wie ein Geschäftsführer aufführt – also wie ein wirksam bestelltes Organ tätig wird – nicht der Haftung (wegen Insolvenzverschleppung) entziehen können soll, indem er sich auf die Unwirksamkeit des Bestellungsaktes beruft.[232] Dieser Auffassung ist vor dem Hintergrund des bereits dargelegten Sinn und Zwecks der Insolvenzantragspflicht aus Gesichtspunkten des Gläubigerschutzes zuzustimmen. Fraglich ist allenfalls, wie sich dieses Ergebnis auch rechtsdogmatisch untermauern lässt.

---

226 RGSt 16, 269 (271) zur entsprechenden Fallkonstellation bei der Strafbarkeit gem. § 283 StGB; BGHZ 129, 30; Thüringer OLG, GmbHR 2002, 112.

227 *Fleischer*, GmbHR 2011, 337 (338); *Haas*, DStR 1998, 1359 (1361); *Kleindiek* in: Lutter/Hommelhoff, Anh zu § 64, Rn. 59; MüKo-GmbHG/*Müller*, § 64, Rn. 61; *M. Schmidt-Leithoff/ Schneider* in: Rowedder/Schmidt-Leithoff, Vor § 64, Rn. 43; Scholz/*K. Schmidt*, § 64, Rn. 153; Scholz/*U.H. Schneider*, § 43, Rn. 17, 22; *Schürnbrand*, Organschaft im Recht der privaten Verbände, S. 268; vgl. zur Strafbarkeit des faktischen Geschäftsführers *Brettner*, Die Strafbarkeit wegen Insolvenzverschleppung gemäß § 15a InsO, S. 85.

228 Vgl. *Bayer* in: Lutter/Hommelhoff, Anh zu § 47, Rn. 1 ff., 38; Scholz/*K. Schmidt*, § 45, Rn. 93 ff., § 46, Rn. 78; *Strohn*, DB 2011, 158.

229 OLG Naumburg, GmbHR 2000, 378 (379 f.); *Fleischer*, GmbHR 2011, 337 (338); *Kleindiek* in: Lutter/Hommelhoff, § 6, Rn. 12; *Strohn*, DB 2011, 158.

230 *Fleischer*, GmbHR 2011, 337 (338); Scholz/*K. Schmidt*, § 45, Rn. 71 unter Verweis auf OLG Hamm, GmbHR 1992, 071 für den Fall der Abberufung des Geschäftsführers durch ein unzuständiges Organ; *Strohn*, DB 2011, 158.

231 BGHZ 36, 207 (211); *Fleischer*, GmbHR 2011, 337 (338); *Strohn*, DB 2011, 158.

232 *Ehricke*, Das abhängige Konzernunternehmen in der Insolvenz, S. 230; *Strohn*, DB 2011, 158 (159).

Eine Auffassung im rechtswissenschaftlichen Schrifttum will in diesem Zusammenhang auf die in § 15 Abs. 3 HGB normierte positive Publizität des Handelsregisters abstellen.[233] Dieser Ansatz erscheint vor dem Hintergrund, dass die Eintragung des Geschäftsführers in das Handelsregister nicht konstitutiver Natur ist,[234] problematisch und ist daher abzulehnen.[235] Ferner spricht auch der Umstand, dass es bei der Insolvenzverschleppungshaftung nicht auf Rechtsscheinsgesichtspunkte, sondern vielmehr auf die Frage der Gefährdung des Schutzzwecks des § 15a Abs. 1 S. 1 InsO ankommt,[236] gegen ein Abstellen auf § 15 Abs. 3 HGB. Der nicht eingetragene unwirksam bestellte Geschäftsführer, der sein „Amt" angetreten hat, gefährdet die Einhaltung der Insolvenzantragsfrist jedoch ebenso wie der Geschäftsführer, dessen Organstellung im Handelsregister eingetragen ist.

Nach anderer Auffassung hingegen soll es in Anlehnung an die Lehre von der fehlerhaften Gesellschaft maßgeblich darauf ankommen, ob der fehlerhaft bestellte Geschäftsführer die fehlerhafte Bestellung dadurch in Vollzug setzt, dass er exakt so tätig wird wie für den Fall der wirksamen Bestellung,[237] so dass dann – zumindest die organschaftlichen Pflichten betreffend – eine wirksame Organstellung des fehlerhaft bestellten Geschäftsführers begründet wird.[238] Dieser Auffassung ist zuzustimmen. Denn nur so wird dem Bedürfnis Rechnung getragen, die Verantwortlichkeiten der Gesellschaft nach innen und außen rechtssicher

---

233 Scholz/K. Schmidt, § 46, Rn. 78.

234 BGH, GmbHR 1996, 49; OLG Hamburg, NZG 2000, 698; OLG Köln, GmbHR 1996, 155; Geißler, GmbHR 2003, 1106 (1110); Kleindiek in: Lutter/Hommelhoff, § 39, Rn. 1.

235 Geißler, GmbHR 2003, 1106 (1110); gegen ein Abstellen auf § 15 HGB im Allgemeinen auch Nadwornik, De facto und shadow directors im englisch-deutschen Rechtsvergleich, S. 61ff.

236 Ehricke, Das abhängige Konzernunternehmen in der Insolvenz, S. 246; Fleischer, GmbHR 2011, 337 (342); Grigoleit, Gesellschafterhaftung für interne Einflussnahme im Recht der GmbH, S. 117; Haas, NZI 2006, 494 (499), Saenger/Inhester/Kolmann, Vorb vor § 64, Rn. 138; Strohn, DB 2011, 158 (163).

237 Geißler, GmbHR 2003, 1106 (1110); Schürnbrand, Organschaft im Recht der privaten Verbände, S. 268 f.; Stein, ZHR 1984, 207 (222); Strohn, DB 2011, 158 (159); vgl. auch Schroeders, Die deliktische Teilnehmerhaftung des GmbH-Gesellschafters wegen Einflussnahme auf die Geschäftsführung, S. 83 f.

238 Vgl. Stein, Das faktische Organ, S. 129, die sich darüber hinaus auch für eine uneingeschränkte Handlungsbefugnis ausspricht; vgl. auch BGH, NZG 2013, 720 (722), zum Vorstand der AG, der bei Beteiligung eines unwirksam bestellten Aufsichtsratsmitglieds an der Vorstandswahl „hinsichtlich seiner Vergütung und seiner Befugnis zur Geschäftsführung durch die Grundsätze über die fehlerhafte Bestellung geschützt" ist.

zu gestalten.[239] Denn der fehlerhaft Bestellte ist in der Regel bei Ausübung der Geschäftsführertätigkeit für eine Vielzahl von Maßnahmen verantwortlich, die entweder direkt, so zum Beispiel bei der Vertretung der Gesellschaft, oder aber mittelbar, beispielsweise die Erteilung von Vollmachten, das Außenverhältnis der Gesellschaft zum Rechtsverkehr betreffen und beim Offenkundigwerden des fehlerhaften Bestellungsaktes kaum sinnvoll rückabgewickelt werden können.[240] Dieses Ergebnis ließe sich zwar auch über § 15 Abs. 3 HGB bzw. nach den zur Duldungs- und Anscheinsvollmacht entwickelten Grundsätzen lösen,[241] doch handelt es sich bei der Haftung für durch Insolvenzverschleppung verursachte Schäden, wie dargelegt, gerade nicht um eine Haftung aus Rechtsscheinsgesichtspunkten. Darüber hinaus bedeutet die Auferlegung der Haftung wegen Insolvenzverschleppung für den fehlerhaft Bestellten auch keine unzumutbare Belastung, da er schließlich die ihm angetragene Aufgabe bewusst übernommen hat, indem er die Bestellung angenommen und sich so *„den entsprechenden Pflichten eines Geschäftsführers unterworfen hat.‟*[242]

Bedenken gegen die Haftung des fehlerhaft bestellten Geschäftsführers werden jedoch für die Fälle angemeldet, in denen der zu bestellende Geschäftsführer nicht voll geschäftsfähig ist, vgl. § 6 Abs. 2 S. 1, S. 2 Nr. 1 GmbHG.[243] Diese Bedenken greifen durch. Mit den Schutzvorschriften des BGB zugunsten Geschäftsunfähiger ist es nicht zu vereinbaren, einen auch nur beschränkt Geschäftsfähigen der Haftung wegen Insolvenzverschleppung zu unterziehen. Bei der hier diskutierten Haftung wegen Insolvenzverschleppung gem. § 823 Abs. 2 BGB i.V.m. § 15a Abs. 1 S. 1 InsO handelt es sich um eine deliktsrechtliche Haftung, so dass die Haftungsbeschränkungen des § 828 BGB zugunsten dieser fehlerhaft bestellten Geschäftsführer greifen.

b) Geschäftsführertätigkeit ohne formellen Bestellungsakt

Nach wie vor höchst umstritten ist die Frage der Haftung des faktischen Geschäftsführers ohne formellen Bestellungsakt im Allgemeinen und insbesondere dessen Haftung für durch Insolvenzverschleppung verursachte Schäden. Un-

---

239 *Stein*, ZHR 1984, 207 (221).

240 *Schürnbrand*, Organschaft im Recht der privaten Verbände, S. 268 f.

241 So *Kleindiek* in: Lutter/Hommelhoff, Vor § 35, Rn. 9.

242 *Schürnbrand*, Organschaft im Recht der privaten Verbände, S. 268.

243 Baumbach/Hueck/*Zöllner/Noack*, § 43, Rn. 2; *Kleindiek* in: Lutter/Hommelhoff, § 43, Rn. 2; Michalski-*Ziemons*, § 43, Rn. 18; zum Ausschluss der Lehre vom fehlerhaften Bestellungsverhältnis gegenüber Minderjährigen im Allgemeinen vgl. *Nadwornik*, De facto und shadow directors im englisch-deutschen Rechtsvergleich, S. 83 f.

einigkeit besteht sowohl hinsichtlich der Frage, unter welchen Voraussetzungen überhaupt eine faktische Geschäftsführung *„im eigentlichen Sinne"*[244] angenommen werden kann als auch dahingehend, ob, und wenn ja wie, eine Haftung des faktischen Geschäftsführers für Insolvenzverschleppungsschäden begründet werden kann.

aa) Maßgeblicher Anknüpfungspunkt

Beim Versuch, die aufgeworfenen Fragen zu beantworten, ist zunächst zu klären, von welchem maßgeblichen Anknüpfungspunkt auszugehen ist. Die Diskussion um den faktischen Geschäftsführer einer GmbH als Adressat der Insolvenzantragspflicht wird sowohl in strafrechtlicher, § 15a Abs. 4–6 InsO, als auch in zivilrechtlicher Hinsicht, § 823 Abs. 2 BGB i.V.m. § 15a Abs. 1 S. 1 InsO, geführt.

Insofern bestünde zunächst die Möglichkeit, für die strafrechtliche Sanktionierung der nicht fristgerechten Stellung des Insolvenzantrages gem. § 15a Abs. 4–6 InsO und für die zivilrechtliche Haftung gem. § 823 Ab. 2 BGB i.V.m. § 15a Abs. 1 S. 1 InsO Kriterien für ein einheitliches Rechtsinstitut des faktischen Geschäftsführers aufzustellen.[245]

Dieser Anknüpfungspunkt wäre jedoch mit – unüberbrückbaren – Schwierigkeiten verbunden:

Gewichtige Stimmen des rechtswissenschaftlichen Schrifttums[246] wenden nach wie vor gegen die gefestigte strafrechtliche Rechtsprechung des Bundesgerichtshofs[247] ein, dass eine Ausdehnung der GmbH- und insolvenzrechtlichen Strafvorschriften auf den faktischen Geschäftsführer dem verfassungsrechtlichen Analogieverbot gem. Art. 103 Abs. 2 GG widerspreche. Es erscheint tatsächlich zweifelhaft, ob der Begriff des faktischen Geschäftsführers in Anbetracht der vielfältigen Rechtsprechung sowie der im rechtswissenschaftlichen Schrifttum geführten Diskussion zu seinen Anforderungen hinreichend bestimmt ist.[248] Unabhängig, wie man diese Frage beantwortet, macht sie doch deutlich, dass es

---

244 Vgl. zu dieser Formulierung Baumbach/Hueck/*Haas*, § 64, Rn. 16.

245 *Weimar*, GmbHR 1997, 473 (476).

246 *Geißler*, GmbHR 2003, 1106 (1108 f.); *Kaligin*, BB 1983, 790; HK-InsO/*Ransiek*, § 15a, Rn. 42; *Kleindiek* in: Lutter/Hommelhoff, § 84, Rn. 7; Saenger/Inhester/*Kolmann*, § 84, Rn. 9.

247 BGHSt 21, 101 (103); BGHSt 31, 118 (121); BGH, NJW 2005, 2285; BGH, NZG 2015, 246; zustimmend Baumbach/Hueck/*Haas*, § 84, Rn. 16; Michalski-*Dannecker*, § 84, Rn. 20.

248 Die Bestimmtheit bejahend: *Ehricke*, Das abhängige Konzernunternehmen in der Insolvenz, S. 232.

Schwierigkeiten bereitet, einheitliche Abgrenzungskriterien für den strafrechtlichen wie zivilrechtlichen Bereich aufzustellen.[249] Zum einen dürften die im
Zusammenhang mit Art. 103 Abs. 2 GG geäußerten Bedenken für die zivilrechtliche Bestimmung faktischer Geschäftsführung ohne Belang sein,[250] da es
sich bei dem in Art. 103 Abs. 2 GG statuierten Grundsatz nullum crimen sine
lege certa um ein Gebot an den Gesetzgeber handelt, seinen Willen hinsichtlich
der Voraussetzungen strafrechtlich relevanten Verhaltens so genau wie möglich
zum Ausdruck zu bringen[251] und den zivilrechtlichen Gesetzgeber somit nicht
tangiert. Zum anderen sind die unterschiedlichen Zielrichtungen von strafrechtlicher Sanktion und zivilrechtlicher Haftung zu beachten. Während nämlich das
Strafrecht im Verhältnis des Staates zum Bürger verbotenes Verhalten sanktioniert, geht es bei der zivilrechtlichen Haftung aus Insolvenzverschleppung um
einen Ausgleich der entstandenen Schäden, mithin um einen wirtschaftlichen
Ausgleich unter Privaten.[252]

Scheidet die Möglichkeit, Kriterien für ein einheitliches Institut des faktischen
Geschäftsführers aufzustellen demnach aus, stellt sich im Anschluss die Frage,
ob die Kriterien für die Figur des faktischen Geschäftsführers allgemein für das
Strafrecht auf der einen Seite und das Zivilrecht auf der anderen Seite festzulegen
sind oder aber die Figur des faktischen Geschäftsführers einzelfallspezifisch, also
anhand der konkret anzuwenden Norm, bestimmt werden soll.[253] Die besseren
Gründe sprechen hierbei dafür, die Figur des faktischen Geschäftsführers unter
Bezugnahme auf die jeweils konkret anzuwendende Einzelnorm zu definieren und
die bei der Auslegung auftretenden Fragestellungen somit als Normanwendungs-
probleme zu verstehen.[254] Denn nur so wird dem vom Gesetzgeber hinsichtlich der
jeweiligen Norm – beispielsweise §§ 43, 64 GmbHG, § 15a Abs. 1 InsO – intendierten Zweck hinreichend Rechnung getragen, was bei einer, wiederum zwangsläufig

249 *Geißler*, GmbHR 2003, 1106 (1109); *Weimar*, GmbHR 1997, 473 (476).

250 *Ehricke*, Das abhängige Konzernunternehmen in der Insolvenz, S. 232; *Fleischer*,
GmbHR 2011, 337 (340); *Strohn*, DB 2011, 158 (164); *Wimmer-Leonhardt*, Konzernhaftungsrecht, S. 401.

251 NK-StGB-*Hassemer/Kargl*, § 1, Rn. 14. ff.

252 *Ehricke*, Das abhängige Konzernunternehmen in der Insolvenz, S. 232 f.; *Vuia*, Die
Verantwortlichkeit von Banken in der Krise von Unternehmen, S. 249.

253 Vgl. hierzu auch *Weimar*, GmbHR 1997, 473 (476).

254 *Ehricke*, Das abhängige Konzernunternehmen in der Insolvenz, S. 243, 245; *Sandhaus*, Der Kreditgeber als faktischer Geschäftsführer einer GmbH, S. 62; *Schürnbrand*, Organschaft im Recht der privaten Verbände, S. 299; *Stein*, ZHR 1984, 207
(221, 231 ff.); *Sorge*, Die Haftung faktischer Geschäftsleiter in der Krise der Gesellschaft, S. 97 ff; *Strohn*, DB 2011, 158 (160); *Weimar*, GmbHR 1997, 473 (477).

verallgemeinernden, Definierung des faktischen Geschäftsführers für sämtliche zivil- bzw. strafrechtliche Regelungen nicht der Fall wäre. Unerheblich ist in diesem Zusammenhang der Einwand, die am Einzelfall und dem jeweiligen Normzweck orientierte Betrachtungsweise sei nicht mit Sinn und Zweck der §§ 15 Abs. 1 S. 1, 18 Abs. 3 InsO – Klärung der Frage, ob aufgrund eines zulässigen Insolvenzantrags das Insolvenzverfahren zu eröffnen ist – zu vereinbaren.[255] Auf Sinn und Zweck der §§ 15 Abs. 1 S. 1, 18 Abs. 3 InsO kommt es bei der Frage, unter welchen Voraussetzungen eine Haftung wegen Insolvenzverschleppung des faktischen Geschäftsführers anzunehmen ist, nämlich nicht an. Maßgeblich ist allein der Zweck der in § 15 a Abs. 1 S. 1 InsO statuierten Insolvenzantragspflicht. Zwar mag mit der vorzunehmenden Einzelfallbetrachtung ein gewisses Maß an Rechtsunsicherheit einhergehen, doch ist dies zugunsten der Sicherung des Schutzzwecks der jeweils betroffenen Norm hinzunehmen.[256]

Dementsprechend ist die Frage der Haftung eines faktischen Geschäftsführers für durch Insolvenzverschleppung verursachte Schäden ebenso anhand dem bereits oben dargelegten Sinn und Zweck des § 15a Abs. 1 S. 1 InsO – Schutz der Alt- und Neugläubiger der Gesellschaft durch rechtzeitige Einleitung des Insolvenzverfahrens[257] – zu erörtern wie auch die an die Qualifizierung einer handelnden Person als faktischer Geschäftsführer zu stellenden Voraussetzungen.

Bereits an dieser Stelle soll vorweggenommen werden, dass nach der hier vertretenen Auffassung ein grundsätzliches Bedürfnis besteht, die Geschicke der Gesellschaft leitende Personen jedenfalls dann als faktische Geschäftsführer einer GmbH im Sinne der Insolvenzverschleppungshaftung zu qualifizieren, wenn diese dergestalt Einfluss auf die Geschäfte der Gesellschaft nehmen, dass der von § 15a Abs. 1 S. 1 InsO intendierte Gläubigerschutz gefährdet ist und die fraglichen Maßnahmen als geschäftsführende Maßnahmen anzusehen sind. Welche Maßnahmen als typischerweise geschäftsführende zu qualifizieren sind und welches Ausmaß sie annehmen müssen, um eine faktische Geschäftsführung zu rechtfertigen, soll im Folgenden ebenso erörtert werden, wie die Frage, welche haftungsbegründende Pflichtverletzung dem faktischen Geschäftsführer vorgeworfen werden soll. Hierbei soll auf die von der Rechtsprechung gemachten Vorgaben eingegangen werden, wobei selbstverständlich auch von den Strafgerichten[258] aufgestellte Maßgaben Berücksichtigung finden sollen, sofern sie mit dem Sinn und Zweck des

---

255 So aber *Haas*, DStR 1998, 1359 (1360).
256 So auch *Sorge*, Die Haftung faktischer Geschäftsleiter in der Krise der Gesellschaft, S. 98.
257 HK-InsO/*Kleindiek*, § 15a, Rn.1.
258 Beispielsweise die in BayObLG, NJW 1997, 1936 genannten Maßgaben.

§ 15a Abs. 1 S. 1 InsO in Einklang stehen.[259] Ferner sollen auf Grundlage der gewonnenen Erkenntnisse die Haftungsrisiken einzelner Personengruppen im Umfeld der Geschäftsführung der GmbH untersucht werden. Das Augenmerk soll hier insbesondere auf den sog. *„Schattengeschäftsführer"*, auf die Geschäftsführung beeinflussende Gesellschafter, auf externe Berater der Geschäftsführung sowie auf Gläubiger der Gesellschaft, insbesondere Banken, gelenkt werden.

bb) Entwicklung der Rechtsprechung

Auch die Rechtsprechung des Bundesgerichtshofs befasst sich mit der Definition der Figur des faktischen Geschäftsführers ausschließlich in Bezug zu konkreten Haftungstatbeständen, insbesondere zu § 43 GmbHG sowie § 64 Abs. 1 GmbHG a.F.[260]

In seiner ersten zivilrechtlichen Entscheidung zur Insolvenzverschleppungshaftung eines faktischen Geschäftsführers vom 24.10.1973[261] hat der achte Zivilsenat des Bundesgerichtshofs eine Haftung des faktischen, also ohne formellen Bestellungsakt die Geschäfte führenden, Geschäftsführers gem. § 823 Abs. 2 BGB i.V.m. § 64 Abs. 1 GmbHG a.F. unter Bezugnahme auf die strafrechtliche Rechtsprechung[262] in Betracht gezogen, jedoch im Ergebnis verneint, da der damalige Beklagte die diesbezüglichen Voraussetzungen nicht erfüllte. Maßgeblich sei nicht, wie groß der Einfluss auf die Geschäftsführung sei, sondern ob der Beklagte *„selbst wie ein Geschäftsführer die Geschäfte der GmbH geführt hat."*[263] Nachdem der achte Zivilsenat die Haftung eines faktischen Geschäftsführers für Insolvenzverschleppungsschäden erwogen und erste Anforderungen hierfür formuliert hatte, bestätigte der zweite Zivilsenat in seiner Entscheidung vom 09.07.1979[264] zu § 92 Abs. 2 AktG a.F.[265] diese Anforderungen. Darüber hinaus deutete dieser jedoch an, zur Annahme einer faktischen Geschäftsführung sei es ferner erforderlich, dass der bestellte Geschäftsführer *„aus der ihm gesetzlich zugewiesenen Geschäftsführung … verdrängt …"*[266] werde und sich der faktische Geschäftsführer an seine Stelle setze.

---

259 *Ehricke*, Das abhängige Konzernunternehmen in der Insolvenz, S. 245.
260 So auch *Strohn*, DB 2011, 158 (160); vgl. auch die Darstellung in MüKo-GmbHG/ *Fleischer*, § 42, Rn. 223.
261 BGH, WM 1973, 1354.
262 BGHSt 3, 32.
263 BGH, WM 1973, 1354 (1355).
264 BGHZ 75, 96 (106).
265 § 92 Abs. 2 AktG a.F. regelte die Insolvenzantragspflicht für den Vorstand der AG.
266 BGHZ 75, 96 (106).

Dem Erfordernis des Vorliegens letzterer Voraussetzung – Verdrängung des bestellten Geschäftsführers aus seiner Position – erteilt der zweite Zivilsenat in seiner Grundsatzentscheidung zu § 64 Abs. 1 GmbHG a.F. vom 21.03.1988[267] sodann eine Absage. Er stellt diesbezüglich klar, dass es einer *„einer essentiellen Verdrängung der Geschäftsführung aus ihrer gesetzlichen Stellung"*[268] nicht bedürfe. Denn der Grund für die Haftung desjenigen, der die Geschäfte der Gesellschaft, ohne dazu berufen zu sein, wie ein Geschäftsführer führt, liege darin, dass dieser aufgrund des Schutzzweckes der Insolvenzantragspflicht auch wie ein Geschäftsführer haften müsse. Hierzu sei jedoch die Verdrängung des eigentlich bestellten Geschäftsführers nicht erforderlich, da die Vertretung der GmbH auf dem Prinzip der Fremdorganschaft beruhe und die GmbH somit stets auch mehrere Geschäftsführer haben könne. Folglich müsse es ausreichen, *„daß der Betreffende in maßgeblichem Umfang Geschäftsführungsfunktionen übernommen hat, wie sie nach Gesetz und Gesellschaftsvertrag für den Geschäftsführer oder Mitgeschäftsführer kennzeichnend sind."*[269] Entscheidend für die Qualifizierung des Handelnden als faktischer Geschäftsführer im Rahmen der Insolvenzverschleppungshaftung sei daher *„eine materielle Betrachtung ..., die aufgrund einer Gesamtschau darauf abstellt, ob der Betreffende die Geschicke der Gesellschaft – und zwar nicht nur durch interne Einwirkung auf die satzungsmäßigen Geschäftsführer, sondern durch eigenes, auch nach außen hervortretendes, üblicherweise der Geschäftsführung zuzurechnendes Handeln – so maßgeblich in die Hand genommen hat, daß ihm auch die Verantwortung für die rechtzeitige Stellung des Konkursantrages zufällt."*[270]

Der Bundesgerichtshof hat die vorgenannten Voraussetzungen für das Vorliegen faktischer Geschäftsführung, insbesondere das Erfordernis eines nach außen hervortretenden Handelns sowie die Maßgeblichkeit einer Gesamtschau, in der Folge für § 64 Abs. 2 GmbHG a.F.,[271] die Haftung gem. § 43 Abs. 2 GmbHG[272] sowie die Haftung gem. § 823 Abs. 2 BGB i.V.m. § 266 StGB[273] bestätigt. Ihm sind in der Zwischenzeit mehrere Oberlandesgerichte[274] gefolgt, so dass festgehalten werden kann, dass sich eine gefestigte Rechtsprechung etabliert hat, die unter

---

267 BGHZ 104, 44 (47).
268 BGHZ 104, 44 (47).
269 BGHZ 104, 44 (47 f.).
270 BGHZ 104, 44 (48).
271 BGH, GmbHR 2005, 1187 (1188 f.).
272 BGHZ 150, 61 (69).
273 BGH, ZIP 2005, 1414 (1415).
274 OLG Thüringen, GmbHR 2002 112 (113); OLG Stuttgart, GmbHR 2005, 106 (107).

den skizzierten Voraussetzungen die Haftung faktischer Geschäftsführer für durch Insolvenzverschleppung verursachte Schäden bejaht.

Der Umstand, dass der Bundesgerichtshof die in seiner Grundsatzentscheidung zur Insolvenzverschleppungshaftung vom 21.03.1988[275] aufgestellten Voraussetzungen für die Annahme einer faktischen Geschäftsführung auf weitere Haftungstatbestände übertragen hat, gibt jedoch Anlass, die aufgestellten Voraussetzungen für die Haftung faktischer Geschäftsführer für durch Insolvenzverschleppung kausal verursachte Schäden zu hinterfragen. Denn der Versuch, einen einheitlichen Begriff eines faktischen Geschäftsführers im Sinne eines Rechtsinstituts zu definieren, ist, wie oben bereits dargelegt, abzulehnen, da er die unter Umständen unterschiedlichen Schutzzwecke der betroffenen Haftungstatbestände nicht hinreichend differenziert berücksichtigen kann.

Dementsprechend sollen in der Folge die unterschiedlichen vom Bundesgerichtshof aufgestellten tatbestandlichen Anforderungen der faktischen Geschäftsführung kritisch hinterfragt und die hierbei gewonnenen Erkenntnisse auf konkrete Fallbeispiele angewandt werden.

cc) Tatbestandliche Anforderungen

Der Bundesgerichtshof hat in seiner Grundsatzentscheidung vom 21.03.1988[276] die tatbestandlichen Anforderungen, die zur Qualifizierung eines faktischen Geschäftsführers erfüllt sein müssen, benannt. Demnach soll derjenige als faktischer Geschäftsführer zu qualifizieren sein, der ohne formellen Bestellungsakt – nicht nur durch internes Einwirken, sondern durch eigenes, auch *nach außen* hervortretendes – Handeln, Geschäftsführungsaufgaben *maßgeblich wahrnimmt*, ohne dass es erforderlich wäre, weitere, formell ordnungsgemäß bestellte Geschäftsführer, zu verdrängen.[277] Zu beachten ist jedoch, dass *juristische Personen* von vornherein ausscheiden sollen, da Geschäftsführer der Gesellschaft gem. § 6 Abs. 2 S. 1 GmbHG nur eine natürliche, unbeschränkt geschäftsfähige Person sein kann.[278] Was nach dem Gesetz jedoch für das rechtlich dem geschäftsführenden Organ angehörigen Mitglied gelte, müsse auch bei der Beurteilung, ob jemand faktischer Geschäftsführer sei, berücksichtigt werden.[279] Daneben wird

---

275 BGHZ 104, 44.
276 BGHZ 104, 44.
277 BGHZ 104, 44 (48).
278 BGHZ 150, 61 (68).
279 BGHZ 150, 61 (68).

von den Strafgerichten gefordert, der faktische Geschäftsführer müsse mit der *Zustimmung der Gesellschafter* tätig werden.[280]

(1) Maßgeblicher Einfluss auf Aufgaben der Geschäftsführung

Zentrale Anforderung an die Qualifizierung einer für die Gesellschaft handelnden Person als faktischer Geschäftsführer im Rahmen der Insolvenzverschleppungshaftung ist das Erfordernis maßgeblichen Einflusses auf Aufgabenbereiche der Geschäftsführung.[281] Fraglich ist jedoch nach wie vor, auf welche Aufgabenbereiche der potentielle Adressat der Insolvenzverschleppungshaftung in welchem Umfang Einfluss nehmen muss, um als faktischer Geschäftsführer qualifiziert werden zu können.[282]

(a) Aufgaben der Geschäftsführung

Es stellt sich somit zunächst die Frage, auf welche Bereiche der Geschäftsführung der faktische Geschäftsführer maßgeblichen Einfluss haben muss. Von einem maßgeblichen Einfluss auf die Geschäftsführung wird man jedenfalls nur dann sprechen können, wenn der Kernbereich der Geschäftsführung betroffen ist. Denn kennzeichnend für die Tätigkeit der Geschäftsführung sind sämtliche originären Führungsfunktionen – die Geschäftsführer üben die unternehmerische Initiativ- und Entscheidungsmacht aus – wie die Unternehmensplanung, -koordinierung und -kontrolle, die Besetzung von Führungspositionen in der Gesellschaft und das Führen der Geschäftsbücher.[283] Nur hinsichtlich desjenigen, der mit diesen organspezifischen Funktionen betraut ist, kann vor dem Hintergrund des Schutzzweckes der Insolvenzantragspflicht ein Bedürfnis bestehen, eine Haftung für durch Insolvenzverschleppung verursachte Schäden zu begründen; derjenige hingegen, der lediglich damit befasst ist, das Alltagsgeschäft der GmbH als letztendlich von Weisungen der Geschäftsführung Abhängiger abzuwickeln, ist nicht mit originären Aufgaben der Geschäftsführung befasst, so dass eine Haftung nicht geboten erscheint.[284]

---

280   BGHSt 3, 32 (37); BGHSt 21, 101 (103); BGH, NStZ 2000, 34 (35).
281   BGHZ 104, 44 (48); BGHZ 150, 61 (69).
282   Dieses Problem erkennend auch *Fleischer*, GmbHR 2011, 337 (341); *Weimar*, GmbHR 1997, 473 (475).
283   Vgl. hierzu *Kleindiek* in: Lutter/Hommelhoff, § 37, Rn. 3 ff.; *Sandhaus*, Der Kreditgeber als faktischer Geschäftsführer einer GmbH, S. 81 ff.
284   *Schürnbrand*, Organschaft im Recht der privaten Verbände, S. 307 f; *Strohn*, DB 2011, 158 (160).

Das Bayerische Oberste Landesgericht hat in seinem Urteil vom 20.02.1997[285] acht Kernbereiche der Geschäftsführung, nämlich die Unternehmensorganisation, die Einstellung von Mitarbeitern, die Gestaltung der Geschäftsbeziehungen zu Vertragspartnern, die Verhandlung mit Kreditgebern, die Bestimmung der Gehaltshöhe, die Entscheidung der Steuerangelegenheiten, die Steuerung der Buchhaltung und die Bestimmung der Unternehmenspolitik benannt und ausgeführt, von einer faktischen Geschäftsführung sei dann auszugehen, wenn der Handelnde mindestens sechs dieser acht Bereiche übernommen habe.[286]

Dem Bayerischen Obersten Landesgericht ist zunächst insofern zuzustimmen, dass es sich bei den genannten Aufgabenbereichen – sicherlich – mit Ausnahme der Bestimmung der Unternehmenspolitik –[287] um solche handelt, die klassischerweise der Geschäftsführung zuzuordnen sind. Als zu pauschal, und insofern wiederum den Problemen der Normanwendung im Einzelfall nicht gerecht werdend, ist jedoch der Rückschluss zu kritisieren, es sei zur Annahme einer faktischen Geschäftsführung erforderlich, dass der Betreffende sechs dieser Aufgabenbereiche übernommen habe, zumal sich eine abschließende Auflistung in Anbetracht der umfangreichen Verantwortung der Geschäftsführung ohnehin verbietet.[288] Denn der Betreffende kann den Schutzzweck des § 15a Abs. 1 S. 1 InsO auch bereits dann erheblich gefährden, wenn er mit hinreichender Intensität nur auf einzelne Kernbereiche der Geschäftsführung wie beispielsweise die Finanzen der Gesellschaft Einfluss nimmt. Anhaltspunkte für weitere Maßnahmen, die in der jeweiligen Gesellschaft als originäre Aufgaben der Geschäftsführung anzusehen sind, können sich im konkreten Fall insbesondere aus der Satzung der Gesellschaft ergeben. Nimmt der potentiell faktische Geschäftsführer Aufgaben war, die nach den Regelungen der Satzung ausdrücklich der

---

285 BayObLG, NJW 1997, 1936.
286 BayObLG, NJW 1997, 1936.
287 Die Vorgabe der Unternehmenspolitik fällt den Gesellschaftern und nicht der Geschäftsführung zu: BGH, GmbHR 1991, 197; OLG Düsseldorf, ZIP 1984, 1479; *Goette*, DStR 1998, 938 (940, 942); *Kleindiek* in: Lutter/Hommelhoff, § 37, Rn. 8; MüKo-GmbHG/*Stephan/Tieves*, § 37, Rn. 62 ff., 132; *Sandhaus*, Der Kreditgeber als faktischer Geschäftsführer einer GmbH, S. 86, Scholz/U. H. Schneider/U. H. Schneider, § 37, Rn. 6 ff.; a.A. Baumbach/Hueck/*Zöllner/Noack*, § 37, Rn. 14; *Baukelmann* in: Rowedder/Schmidt-Leithoff, § 37, Rn. 8; Saenger/Inhester/*Lücke/Simon*, § 37, Rn. 4.
288 So auch *Sandhaus*, Der Kreditgeber als faktischer Geschäftsführer einer GmbH, S. 96; *Strohn*, DB 2011, 158 (164); vgl. auch MüKo-GmbHG/*Fleischer*, § 43, Rn. 228.

Geschäftsführung vorbehalten sind, so ist dies bei seiner Qualifizierung als faktischer Geschäftsführer zu berücksichtigen.[289]

(b) Keine Verdrängung des bestellten Geschäftsführers erforderlich

Ohne Einschränkungen zuzustimmen ist der Rechtsprechung des Bundesgerichtshofs[290] sowie der herrschenden Meinung in der rechtswissenschaftlichen Literatur,[291] dass eine Verdrängung der gesetzlichen Geschäftsführung durch den faktischen Geschäftsführer nicht erforderlich ist, um den erforderlichen maßgeblichen Einfluss bejahen zu können. Der Gegenauffassung,[292] die eine Verdrängung oder gar die Ausschaltung des bestellten Geschäftsführers verlangt, ist entgegenzuhalten, dass es gerade nicht darauf ankommt, Haftungslücken zu schließen,[293] sondern vielmehr vom Schutzzweck der Insolvenzantragspflicht auszugehen ist. Dieser ist jedoch bereits dann gefährdet, wenn der Betreffende maßgeblichen Einfluss auf die Geschäftsführung ausübt, auch ohne diese zu verdrängen.[294] Denn hat der potentielle faktische Geschäftsführer maßgeblichen Einfluss auf den bestellten Geschäftsführer bzw. die Führung der Geschäfte, kann er seinen Einfluss – beispielsweise durch direkte Aufforderung, keinen Insolvenzantrag zu stellen oder durch das Vorenthalten oder Manipulieren erforderlicher Informationen – dergestalt geltend machen, dass er den bestellten Geschäftsführer von der Stellung des Insolvenzantrages abhält. Um solche Verhaltensweisen steuernd einzudämmen und, sofern die Haftungsandrohung eine entsprechende Abschreckung nicht zu gewährleisten vermag, für einen effektiven Ausgleich der durch die Insolvenzverschleppung entstandenen Schäden Sorge zu tragen, ist es erforderlich, die vollständige Verdrängung des bestellten Geschäftsführers nicht zur Voraussetzung für die

---

289 *Geißler*, GmbHR 2003, 1106 (1111).

290 BGHZ 104, 44 (48); bestätigt durch BGH, ZInsO 2016, 806 (807); OLG Köln, GmbHR 2012, 1358.

291 Baumbach/Hueck/*Haas*, § 64, Rn. 18, 172; *Fleischer*, AG 2004, 517 (525); *ders.*, GmbHR 2011, 338 (341); *Geißler*, GmbHR 2003, 1106 (1111); Henssler/Strohn/*Arnold*, GmbHG § 64, Rn. 8; *Kleindiek* in: Lutter/Hommelhoff, § 43, Rn. 3; Saenger/Inhester/*Kolmann*, Vorb vor § 64, Rn. 137; Scholz/*K. Schmidt*, § 64, Rn. 153; *Schürnbrand*, Organschaft im Recht der privaten Verbände, S. 310; *Sorge*, Die Haftung faktischer Geschäftsleiter in der Krise der Gesellschaft, S. 100 ff.; *Strohn*, DB 2011, 158 (160).

292 Hachenburg/*Mertens*, § 43, Rn. 7; *Stein*, Das faktische Organ, S. 184.

293 So aber Hachenburg/*Mertens*, § 43, Rn. 7; *Stein*, Das faktische Organ, S. 184.

294 *Fleischer*, AG 2004, 517 (525); *ders.*, GmbHR 2011, 337 (341); *Schürnbrand*, Organschaft im Recht der privaten Verbände, S. 310.

Haftung des faktischen Geschäftsführers zu machen.[295] Hinzu kommt, dass auch für den Fall mehrerer wirksam bestellter Geschäftsführer – selbst bei Aufteilung der Ressorts –[296] eine Haftungsbeschränkung nur auf den mit den Finanz- und Buchhaltungsaufgaben betrauten Geschäftsführer ausscheidet. Hieraus folgt, dass auch neben einem faktischen Geschäftsführer weitere – ordnungsgemäß bestellte oder auch faktische – existieren können.[297]

(c) Tätigwerden im Außenverhältnis

Nach wie vor umstritten ist die Frage, ob es zur Ausübung eines maßgeblichen Einflusses auf die Geschäftsführung eines Handelns im Außenverhältnis bedarf oder ob ein lediglich gesellschaftsinternes Einwirken auf die Geschäftsführung hierfür ausreicht. Der Bundesgerichtshof[298] und, ihm zustimmend, ein Teil des rechtswissenschaftlichen Schrifttums[299] verlangt in gefestigter Rechtsprechung ein Auftreten als Geschäftsführer im Außenverhältnis. Dieser (strikten) Auffassung wird von der herrschenden Meinung des wissenschaftlichen Schrifttums[300] mit Recht entgegengetreten. *Kleindiek* ist insofern zuzustimmen, dass ein Han-

---

295 *Fleischer*, AG 2004, 517 (525); *ders.*, GmbHR 2011, 337 (341); *Schürnbrand*, Organschaft im Recht der privaten Verbände, S. 310.

296 Im Einzelnen siehe § 2 A.II.1.a).

297 *Sorge*, Die Haftung faktischer Geschäftsleiter in der Krise der Gesellschaft, S. 101; *Strohn*, DB 2011, 158 (160).

298 BGHZ 104, 44 (48); BGHZ 150, 61 (69) zur Haftung gem. § 43 GmbHG; BGH, GmbHR 2005 1126 (1127) zur Haftung gem. § 43 GmbHG und § 823 Abs. 2 BGB i.V.m. § 266 StGB; BGH, GmbHR 2005, 1187 (1188); BGH, NZG 2008, 468 zu § 64 Abs. 2 GmbHG a.F.; BGH, ZInsO 2016, 806 (807) zur Haftung gem. § 43 GmbHG.

299 *Baumbach/Hueck/Zöllner/Noack*, § 43, Rn. 3; *Biehl*, Geschäftsführer- und Gesellschafterhaftung wegen Insolvenzverschleppung in der GmbH, S. 51; *Cahn*, ZGR 2003, 298 (314 f.) zu § 43 GmbHG; *Schroeders*, Die deliktische Teilnehmerhaftung des GmbH-Gesellschafters wegen Einflussnahme auf die Geschäftsführung, S. 45; differenzierend *Geißler*, GmbHR 2003, 1106 (1111 f.); *Redeker*, DZWIR 2005, 497 (499); *Strohn*, DB 2011, 158 (161 f.).

300 *Ehricke*, Das abhängige Konzernunternehmen in der Insolvenz, S. 246; *Fleischer*, GmbHR 2011, 337 (342); *Grigoleit*, Gesellschafterhaftung für interne Einflussnahme im Recht der GmbH, S. 117; *Haas*, NZI 2006, 494 (497); *Kleindiek* in: Lutter/Hommelhoff, § 43, Rn. 4; MüKo-GmbHG/Fleischer, § 43, Rn. 231 ff.; Casanova/Inhester/ Kolmann, Vorb vor § 64, Rn. 138; *Sandhaus*, Der Kreditgeber als faktischer Geschäftsführer einer GmbH, S. 137; *Scholz/Schneider*, § 43, Rn. 28c; *Schürnbrand*, Organschaft im Recht der privaten Verbände, S. 307 f.; *Sorge*, Die Haftung faktischer Geschäftsleiter in der Krise der Gesellschaft, S. 105 ff.; *Ulmer/Casper*, § 64, Rn. 40.

deln im Außenverhältnis zwar behilflich sein kann,[301] die handelnde Person als faktischen Geschäftsführer zu qualifizieren, es sich jedoch keineswegs um ein zwingend zu erfüllendes Merkmal handelt.[302] Zwar ist dem Bundesgerichtshof zuzugestehen, dass die nach außen gerichtete Tätigkeit – also die Vertretung und Repräsentierung der Gesellschaft nach außen – typischerweise durch die Geschäftsführung wahrgenommen wird.[303] Er lässt jedoch unberücksichtigt, dass, wie bereits ausgeführt,[304] eine mögliche Ressortaufteilung bei mehreren Geschäftsführern nichts an der Haftung jedes einzelnen Geschäftsführers ändert.[305] Dementsprechend haftet auch derjenige Geschäftsführer, der ausschließlich interne Aufgaben wahrnimmt, für durch eine nicht rechtzeitige Stellung des Insolvenzantrags verursachte Schäden. Warum dies bei der Beurteilung, ob ein Handelnder als faktischer Geschäftsführer zu qualifizieren ist, anders sein soll, erschließt sich – wiederum insbesondere aus Gründen des Gläubigerschutzes – nicht.[306] Denn ob die Einflussnahme auf die Geschäftsführung auch im Außenverhältnis erkennbar wird, spielt für die Frage, ob durch die Einflussnahme Interessen der Gläubiger beeinträchtigt werden, keine Rolle.[307] Des Weiteren drängt sich der Verdacht auf, dass die Rechtsprechung das Kriterium des Auftretens im Außenverhältnis anhand des Rechtsgedankens des Vertrauensschutzes entwickelt hat.[308] § 15a Abs. 1 S. 1 InsO ist jedoch von seinem Sinn und Zweck nicht darauf ausgerichtet, Vertrauensschutz zu gewährleisten,[309] sondern insolvenzreife Gesellschaften mit beschränkter Haftung vom Markt zu entfernen.

Es bleibt somit festzuhalten, dass ein Tätigwerden im Außenverhältnis nicht zwingend erforderlich ist, um einen maßgeblichen Einfluss auf die Geschäftsführung bejahen zu können. Dieses kann jedoch bei der vorzunehmenden Gesamtschau eine Rolle spielen. Hinsichtlich einzelner Fallgestaltungen interner

---

301 So wohl auch *Ehricke*, Das abhängige Konzernunternehmen in der Insolvenz, S. 246.
302 *Kleindiek* in: Lutter/Hommelhoff, § 43, Rn. 4.
303 So auch *Sorge*, Die Haftung faktischer Geschäftsleiter in der Krise der Gesellschaft, S. 105.
304 Siehe § 2 A.II.1.a).
305 *Sorge*, Die Haftung faktischer Geschäftsleiter in der Krise der Gesellschaft, S. 105.
306 *Schürnbrand*, Organschaft im Recht der privaten Verbände, S. 307 f.
307 *Fleischer*, GmbHR 2011, 337 (342); *Sorge*, Die Haftung faktischer Geschäftsleiter in der Krise der Gesellschaft, S. 106.
308 *Sorge*, Die Haftung faktischer Geschäftsleiter in der Krise der Gesellschaft, S. 106.
309 *Ehricke*, Das abhängige Konzernunternehmen in der Insolvenz, S. 246; *Fleischer*, GmbHR 2011, 337 (342); *Grigoleit*, Gesellschafterhaftung für interne Einflussnahme im Recht der GmbH, S. 117; *Haas*, NZI 2006, 61; *ders.*, NZI 2006, 494 (499); Saenger/Inhester/*Kolmann*, Vorb vor § 64, Rn. 138; *Strohn*, DB 2011, 158 (163).

Einflussnahme sei auf die unten folgenden Ausführungen zu Einzelfallgestaltungen verwiesen.[310]

(d) Dauer der Einflussnahme

Bislang nicht höchstrichterlich entschieden[311] ist die Frage, von welchem zeitlichen Umfang der Einfluss des Handelnden auf die Geschäftsführung sein muss, um einen maßgeblichen Einfluss bejahen zu können. Ein erster Ansatz findet sich in der Entscheidung des zweiten Zivilsenats des Bundesgerichtshofs vom 27.06.2005[312], in der dieser die Auffassung vertritt, es sei eine Tätigkeit von *„nachhaltiger"* Prägung erforderlich, woraus unter Umständen darauf geschlossen werden könnte, dass die Einflussnahme über eine gewisse Dauer erfolgen muss.

In diese Richtung hatte das OLG Brandenburg bereits in einem Urteil vom 15.11.2000[313] im Rahmen der Haftung nach § 64 Abs. 2 GmbHG a.F. einen Zeitraum von elf Wochen, in der der als sog. *„Krisenmanager"* tätige Beklagte mit der Verwaltung eines Liquiditätskredits sowie der Gewinnung von Investoren befasst war, nicht ausreichen lassen, um einen maßgeblichen Einfluss auf die Geschäftsführung zu bejahen.

Auch das überwiegende wissenschaftliche Schrifttum[314] pflichtet dieser Auffassung bei und stellt jedoch gleichzeitig zutreffend fest, dass die Dauer der Einflussnahme wiederum nur ein Element der vorzunehmenden Gesamtschau sein kann.[315] Diese differenzierende Auffassung verdient Zustimmung. Zwar mag eine nur punktuelle Einflussnahme auf die Geschäftsführung in der Regel noch nicht ausreichen, um von einem maßgeblichen Einfluss sprechen zu können und so den Schutz der Gläubigerinteressen in der Krise der Gesellschaft und somit den Zweck des § 15a Abs. 1 S. 1 InsO zu gefährden. Doch kann auch eine Vielzahl von Maßnahmen während eines kurzen Zeitraums oder auch nur eine einzelne einschneidende Maßnahme zu einer nachhaltigen, ja maßgeblichen

---

310 Siehe unten § 2 A.II.2.b)dd).

311 Insbesondere offengelassen in BGHZ 75, 96 (107).

312 BGH, ZIP 2005, 1414, (1415).

313 OLG Brandenburg, NZG 2001, 807 (808).

314 *Fleischer*, GmbHR 2011, 337 (341 f.); *Geißler*, GmbHR 2003, 1106 (1111); *Schürnbrunn*, Organischaft im Recht der privaten Verbände, S. 313; *Strohn*, DB 2011, 159 (162).

315 *Sorge*, Die Haftung faktischer Geschäftsleiter in der Krise der Gesellschaft, S. 142; *Strohn*, DB 2011, 1158 (162); vgl. zum schweizerischen Recht *Bertschinger*, FS Forstmoser, 455 (459).

Einflussnahme auf die Geschäftsführung führen.[316] Nicht gefolgt werden kann vor diesem Hintergrund der geforderten Einschränkung, dies solle für einen nur interimsweise eingesetzten Unternehmensleiter nicht gelten.[317]

Betrachtet man auf Grundlage des zuvor Festgestellten nochmals oben zitiertes Urteil des OLG Bandenburg vom 15.11.2000[318], so fällt auf, dass auch dieses seine Entscheidung gerade nicht ausschließlich mit dem in den Entscheidungsgründen genannten Zeitraum von elf Wochen begründet,[319] sondern das Zeitmoment vielmehr als eines von mehreren Kriterien in der vorzunehmenden Gesamtschau begreift.[320]

(e) Zwischenergebnis

Entsprechend obigen Ausführungen lässt sich also festhalten, dass es stets anhand des konkreten Einzelfalls unter Berücksichtigung des Schutzzweckes des § 15a Abs. 1 S. 1 InsO zu beurteilen ist, ob Personen einen so maßgeblichen Einfluss auf die Geschäftsführung einnehmen, dass sie als faktischer Geschäftsführer im Sinne der Insolvenzverschleppungshaftung qualifiziert werden können. Anhaltspunkte bieten hier sicherlich die in der Rechtsprechung[321] genannten Tätigkeiten. So werden insbesondere die Kontrolle des Einflussnehmenden über den Personal- und Finanzbereich[322], insbesondere das Vorliegen einer Bankvollmacht und das Führen von Kreditverhandlungen[323] für eine faktische Geschäftsführung sprechen, wobei – wie bereits ausgeführt – das Gesamterscheinungsbild maßgeblich ist und die bloße Verfügungsmöglichkeit über das Bankkonto der Gesellschaft sicherlich

---

316 *Fleischer*, GmbHR 2011, 37 (342); *Grigoleit*, Gesellschafterhaftung für interne Einflussnahme im Recht der GmbH, S. 118; *Redeker*, DZWIR 2005, 497 (499); *Schilling*, FS Hefermehl 1976, S. 385 f; *Schürnbrand*, Organschaft im Recht der privaten Verbände, S. 312; *Servatius*, Gläubigereinfluss durch Covenants, S. 361; *Strohn*, DB 2011, 158 (162); in diese Richtung auch *Sandhaus*, Der Kreditgeber als faktischer Geschäftsführer einer GmbH, S. 117.

317 So aber *Geißler*, GmbHR 2003, 1106 (1111).

318 OLG Brandenburg, NZG 2001, 807 (808).

319 So aber verstehen wohl *Haas/Kolmann/Pauw* in: Gottwald, Insolvenzrechtshandbuch, § 92, Rn. 47 die Entscheidungsgründe.

320 OLG Brandenburg, NZG 2001, 807 (808).

321 BGHZ 104, 44 (49); BGH, ZIP 2005, 1414 (1415); BGH, GmbHR 2005, 1187 (1188); BGH, NZG 2008, 468; BayObLG, NJW 1997, 1936.

322 BGHZ 104, 44 (48 f.); BGH, GmbHR 2005, 1187 (1188); OLG Köln, GmbHR 2012, 1358 (1360) zur Abwicklung des Zahlungsverkehrs der Gesellschaft über das Privatkonto eines Kommanditisten.

323 BGHZ 104, 44 (49).

ebenso wenig ausreicht, um die Stellung als faktischer Geschäftsführer zu begründen[324] wie die Ausübung reiner Routineangelegenheiten.[325]

(2) Billigung der Tätigkeit durch die Gesellschaft

Ein großer Teil des rechtswissenschaftlichen Schrifttums[326] hält es, gestützt von der Rechtsprechung der Strafsenate des Bundesgerichtshofs,[327] für die Qualifizierung der handelnden Person als faktischer Geschäftsführer für erforderlich, dass dieser mit Zustimmung, zumindest jedoch mit Billigung der Gesellschaft bzw. des für die Bestellung des Geschäftsführers zuständigen Organs Einfluss auf die Geschäftsführung genommen hat. Zur Begründung wird ausgeführt, dass zum einen die einseitige Anmaßung von Leitungsmacht eine Organstellung nicht begründen könne[328] und zum anderen über die Duldung der Einflussnahme durch die Gesellschaft die Zurechnung des Verhaltens an die Gesellschaft erst ermöglicht werde.[329] Ferner könne jemand, dessen Handeln nicht von den Gesellschaftern geduldet würde, nicht die Pflicht haben, über die Frage zu entscheiden, ob die Eröffnung des Insolvenzverfahrens beantragt wird oder nicht.[330]

Fraglich ist, ob der wohl herrschenden Lehre vor dem oben dargelegten Grundsatz, die Qualifizierung des faktischen Geschäftsführers als Normanwendungsproblem zu verstehen, in dieser Begründung gefolgt werden kann. Diese Frage ist zu verneinen.[331]

Zunächst erweckt das Argument, die einseitige Anmaßung von Leitungsmacht könne eine Organstellung nicht begründen, den Eindruck, als rühre es von der Frage her, unter welchen Voraussetzungen eine strafrechtliche Verantwortlichkeit des auf die Geschäftsführung Einflussnehmenden wegen Insolvenzverschleppung begründet werden kann.[332] Schließlich hat der Bundesgerichtshof

---

324 BGH, NZG 2008, 468.
325 BGHZ 104, 44 (49).
326 Baumbach/Hueck/*Haas*, § 64, Rn. 17; *Geißler*, GmbHR 2003, 1106 (1108); Hachenburg/*Mertens*, § 43, Rn. 7; Hachenburg/*Ulmer*, § 64, Rn. 11; *Kleindiek* in: Lutter/Hommelhoff, § 43, Rn. 3; Saenger/Inhester/*Kolmann*, Vorb vor § 64, Rn. 135; *Weimar*, GmbHR 1997, 473 (474).
327 BGHSt 3, 32 (38); BGHSt 21, 101 (104); BGH, NStZ 2000, 34 (35).
328 BGHSt 46, 62 (65); Baumbach/Hueck/*Haas*, § 64, Rn. 17.
329 *Geißler*, GmbHR 2003, 1106 (1108).
330 *Strohn*, DB 2011, 158 (163).
331 So auch *Jakobi*, ZInsO 2012, 1576 (1577); *Nadwornik*, De facto und shadow directors im englisch-deutschen Rechtsvergleich, S. 115; *Sorge*, Die Haftung faktischer Geschäftsleiter in der Krise der Gesellschaft, S. 126.
332 So auch *Jakobi*, ZInsO 2012, 1576 (1577).

in seiner Entscheidung vom 24.06.1952[333] gerade mit der Begründung, das bloße Einverständnis der Gesellschafter zur Ausübung der Geschäftsführertätigkeit reiche für eine *„tatsächliche Organbestellung"* aus, die strafrechtliche Verantwortlichkeit des nicht förmlich bestellten Geschäftsführers gerechtfertigt. Handelt es sich jedoch bei dem geforderten Erfordernis lediglich um die dogmatische Rechtfertigung, für die strafrechtliche Verantwortung auf einen förmlichen Bestellungsakt zu verzichten,[334] kann dieses Erfordernis nicht zwingend auf die Definition des faktischen Geschäftsführers bei der Frage der Haftung für Insolvenzverschleppungsschäden übertragen werden.[335] Darüber hinaus stellt auch das bloße Einverständnis der Gesellschaft(er) mit der Tätigkeit des Handelnden keinen Bestellungsakt dar.[336]

Ferner vermag auch die von Rechtsscheingesichtspunkten geprägte Argumentation, es bedürfe einer Zurechnung des Verhaltens des Handelnden zur Gesellschaft, nicht zu überzeugen. Wie bereits im Rahmen der Frage, ob es eines Tätigwerdens im Außenverhältnis bedarf, erörtert, kommt es weder bei der Figur des faktischen Geschäftsführers im Allgemeinen noch bei der Frage der Haftung wegen Insolvenzverschleppung auf Gesichtspunkte des Vertrauensschutzes an.[337] Für die persönliche Haftung des faktischen Geschäftsführers ist eine etwaige Zurechnung seines Handelns zur Gesellschaft überhaupt nicht erforderlich.[338]

Vom Grundsatz her zuzustimmen ist dem von *Strohn*[339] unternommenen Versuch, die aufgeworfene Problematik des Erfordernisses der Zustimmung

---

333 BGHSt 3, 32 (38).
334 Vgl. *Stein*, ZHR 1984, 207 (216).
335 Vgl. OLG Köln, GmbHR 2012, 1358 (1361), das ebenfalls bei der Qualifizierung des faktischen Geschäftsführers i.R.d. Haftung gem. § 64 S. 1 GmbHG auf die Unterschiede zwischen Zivil- und Strafrecht hinweist und im Ergebnis das Erfordernis der Zustimmung der Gesellschafter für die Haftung des faktischen Geschäftsführers gem. § 64 S. 1 GmbHG verneint.
336 So auch *Nadwornik*, De facto und shadow directors im englisch-deutschen Rechtsvergleich, 115; Schürnbrand, Organschaft im Recht der privaten Verbände, S. 306.
337 *Ehricke*, Das abhängige Konzernunternehmen in der Insolvenz, S. 246; *Fleischer*, GmbHR 2011, 337 (342); *Grigoleit*, Gesellschafterhaftung für interne Einflussnahme im Recht der GmbH, S. 117; *Haas*, NZI 2006, 494 (499); Saenger/Inhester/*Kolmann*, Vorb vor § 64, Rn. 138; *Strohn*, DB 2011, 158 (163).
338 Michalski-*Nerlich*, Anh. § 64, Rn. 13; *Schürnbrand*, Organschaft im Recht der privaten Verbände, S. 307; *Sorge*, Die Haftung faktischer Geschäftsleiter in der Krise der Gesellschaft, S. 123.
339 *Strohn*, DB 2011, 158 (162 f.)

der Gesellschaft normspezifisch zu lösen. Im Ergebnis ist ihm jedoch zu widersprechen, wenn er argumentiert, jemand, dessen Handeln den Gesellschaftern unbekannt sei, könne nicht die Pflicht haben, über die Frage zu entscheiden, ob Insolvenzantrag gestellt werde oder nicht. Zum einen ist dieser Argumentation entgegenzuhalten, dass die Gesellschafter gerade keinen rechtlich bindenden Einfluss auf den Geschäftsführer ausüben können, den erforderlichen Insolvenzantrag nicht zu stellen,[340] so dass es unerheblich ist, ob den Gesellschaftern das Handeln des faktischen Geschäftsführers bekannt ist oder nicht. Zum anderen intendiert die Haftung gem. § 823 Abs. 2 BGB i.V.m. § 15a Abs. 1 S. 1 InsO den Schutz der Gläubiger der Gesellschaft und nicht den der Gesellschafter,[341] so dass nicht ersichtlich ist, aus welchem Grund diese Haftung gegenüber den Gläubigern von der Kenntnis der Gesellschafter abhängig sein soll. Vielmehr gilt, dass derjenige, der die Geschäfte einer Gesellschaft faktisch führt, sich seiner Haftung nicht dadurch entziehen können soll, indem er einwendet, er habe die Leitung der Gesellschaft usurpiert.[342]

(3) Juristische Person als faktischer Geschäftsführer

Gestützt auf § 6 Abs. 2 S. 1 GmbHG vertreten der Bundesgerichtshof[343] und Teile des rechtswissenschaftlichen Schrifttums[344] die Auffassung, faktischer Geschäftsführer könnten nur natürliche Personen sein, so dass eine Haftung juristischer Personen als faktischer Geschäftsführer wegen Insolvenzverschleppung ausscheide. Denn was nach den gesetzlichen Vorschriften für das ordnungsgemäße Mitglied der Geschäftsführung gelte, sei auch für die Beurteilung maßgebend, ob jemand als faktischer Geschäftsführer in Betracht komme.[345]

---

340 *Kleindiek* in: Lutter/Hommelhoff, § 37, Rn. 5; Michalski-*Nerlich*, Anh. § 64, Rn. 37; *M. Schmidt-Leithoff/ Schneider* in: Rowedder/Schmidt-Leithoff, Vor § 64, Rn. 53; Scholz/*K. Schmidt*, § 64, Rn. 168; Ulmer/*Casper*, § 64, Rn. 37.

341 Dies gilt zumindest hinsichtlich solcher Ansprüche, die aus dem Mitgliedschaftsverhältnis stammen; Baumbach/Hueck/*Haas*, § 64, Rn. 148; *Kleindiek* in: Lutter/Hommelhoff, Anh zu § 64, Rn. 82; MüKo-GmbHG/*Müller*, § 64, Rn. 202; *M. Schmidt-Leithoff/Schneider* in: Rowedder/Schmidt-Leithoff, § 64 Rn. 77; Scholz/*K. Schmidt*, § 64, Rn. 178; *Wagner/Bronny*, ZInsO 2008, 622 (624).

342 Scholz/*K. Schmidt*, § 64, Rn. 153; vgl. auch *Schroeders*, Die deliktische Teilnehmerhaftung des GmbH-Gesellschafters wegen Einflussnahme auf die Geschäftsführung, S. 88 ff.

343 BGHZ 150, 61 (68) zur Haftung nach § 43 GmbHG sowie § 64 Abs. 2 GmbHG a.F.

344 Baumbach/Hueck/*Zöllner/Noack*, § 43, Rn. 3; *Kleindiek* in: Lutter/Hommelhoff, § 43, Rn. 5; *Redeker*, DZWIR 2005, 497 (500); *Strohn*, DB 2011, 158 (163).

345 BGHZ 150, 61 (68).

Dieses strikte Abstellen auf die Regelung des § 6 Abs. 2 S. 1 GmbHG erscheint jedoch nicht konsequent. Zunächst dürfte Einigkeit darüber bestehen, dass derjenige, der aufgrund der in § 6 Abs. 2 S. 2 Nr. 2, 3 GmbHG genannten Gründe amtsunfähig ist, nicht nur wegen seiner Amtsunfähigkeit als faktischer Geschäftsführer ausscheidet, wenn er die übrigen Voraussetzungen faktischer Geschäftsführung erfüllt.[346] Es ist daher nicht zu erklären, warum auf der einen Seite das Vorliegen der Amtsunfähigkeit gem. § 6 Abs. 2 S. 2 Nr. 2, 3 GmbHG der Qualifizierung als faktischer Geschäftsführer nicht entgegenstehen soll und auf der anderen Seite das Erfordernis des § 6 Abs. 2 S. 1 GmbHG für eine entsprechende Qualifizierung unabdingbar sein soll.[347] Die Regelung des § 6 Abs. 2 S. 1 GmbHG wurde mit der GmbH-Novelle 1980 eingeführt. Sie geht zurück auf das entsprechende für den Vorstand der Aktiengesellschaft bereits zum damaligen Zeitpunkt in § 76 Abs. 3 AktG geregelte Erfordernis[348] und soll die persönliche Verantwortung auch des GmbH-Geschäftsführers für die ihm zukommenden gesetzlichen Pflichten hervorheben,[349] die jedoch gerade nur eine natürliche Person tragen kann.[350] Nur mit der persönlichen Verantwortung ist sichergestellt, dass die mit den gesetzlichen Pflichten verbundenen Haftungsvorschriften präventive Wirkung haben.[351] Ist ein etwaiger Schaden, beispielsweise durch das nicht rechtzeitige Stellen des Insolvenzantrags, jedoch bereits eingetreten, so ist dieser präventive Aspekt der persönlichen Verantwortung fehlgeschlagen, so dass es, um den von § 15a Abs. 1 S. 1 InsO intendierten Gläubigerschutz nicht zu gefährden, geboten ist, auch sich Geschäftsführungsmaßnahmen anmaßende juristische Personen für Insolvenzverschleppungsschäden haften zu lassen.[352] Sieht man nämlich – zu Recht – den Grund der Haftung faktischer Geschäftsführer in der Okkupierung der Geschäftsführung, ist kein Grund ersichtlich, juristische Personen von der Insolvenzverschleppungshaftung zu befreien.[353]

---

346 So auch MüKo-GmbHG/*Fleischer*, § 43, Rn. 235; *Sorge*, Die Haftung faktischer Geschäftsleiter in der Krise der Gesellschaft, S. 128.

347 *Fleischer*, GmbHR 2011, 337 (343); *Sorge*, Die Haftung faktischer Geschäftsleiter in der Krise der Gesellschaft, S. 129; *Strohn*, DB 2011, 158 (163); *Wimmer-Leonhardt*, Konzernhaftungsrecht, S. 401.

348 Vgl. BegrRegE v. 15.12.1977, BT-Drucks. 8/1347, S. 31.

349 MüKo-GmbHG/*Goette*, § 6, Rn. 18.

350 MüKo-AktG/*Spindler*, § 76, Rn. 105.

351 So auch *Schürnbrand*, Organschaft im Recht der privaten Verbände, S. 305.

352 *Schürnbrand*, Organschaft im Recht der privaten Verbände, S. 305; *Sorge*, Die Haftung faktischer Geschäftsleiter in der Krise der Gesellschaft, S. 130.

353 *Fleischer*, AG 2004, 517 (526); *ders.*, GmbHR 2011, 337 (343); MüKo-GmbHG/ *Fleischer*, § 43, Rn. 235; *Schürnbrand*, Organschaft im Recht der privaten Verbände,

Ein effektiver Schutz der Gläubiger der Gesellschaft lässt sich auch nicht dadurch erreichen, die gesetzlichen Vertreter der die Geschäftsführung okkupierenden juristischen Person als Haftungsadressaten in Anspruch zu nehmen.[354] Zwar dürfte es zutreffen, dass der gesetzliche Vertreter, der für die juristische Person tätig ist, sich wegen seiner Haftung als faktischer Geschäftsführer gem. § 670 BGB schadlos halten kann und dieser Aufwendungsersatzanspruch sodann der Pfändung unterliegt.[355] Nicht gelöst wird hierdurch jedoch die Schwierigkeit, die dadurch entsteht, dass das alleinige Handeln einer einzelnen natürlichen Person unter Umständen nur im Zusammenspiel Einflussnahmen weiterer natürlicher Personen, die alle für die fragliche juristische Person handeln, ausreicht, um diese als faktischen Geschäftsführer qualifizieren zu können.[356] Dieses Problem lässt sich nur dadurch lösen, sämtliche Einflussnahmen der für die juristische Person handelnden natürlichen Personen in einer Gesamtschau zu bewerten.[357]

Unabhängig davon besteht selbstverständlich die Möglichkeit, jede einzelne handelnde natürliche Person als faktischen Geschäftsführer zu qualifizieren, wenn sie in ihrer Person alle hierfür erforderlichen Voraussetzungen erfüllt, so dass auch das Organ der juristischen Person wiederum als faktischer Geschäftsführer und somit als Adressat der Insolvenzverschleppungshaftung in Betracht kommt.[358]

dd) Faktische Geschäftsführung in der Praxis – Einzelfälle

Anhand der entwickelten Kriterien sollen nun in der Praxis vorkommende Fallgestaltungen untersucht werden, in denen die Beteiligten als faktische Geschäftsführer im Rahmen der Insolvenzverschleppungshaftung in Betracht kommen.

S. 305; mit ähnlicher Argumentation zur Haftung gem. § 43 GmbHG, *Burgard*, NZG 2002, 606 (608).

354 So aber *Redeker*, DZWIR 2005, 497 (500); *Strohn*, DB 2011, 158 (163).

355 *Sandhaus*, Der Kreditgeber als faktischer Geschäftsführer einer GmbH, S. 146; *Strohn*, DB 2011, 158 (163).

356 So auch *Nadwornik*, De facto und shadow directors im englisch-deutschen Rechtsvergleich, S. 117.

357 Vgl. auch *Sandhaus*, Der Kreditgeber als faktischer Geschäftsführer einer GmbH, S. 153.

358 Vgl. auch *Sandhaus*, Der Kreditgeber als faktischer Geschäftsführer einer GmbH, S. 155.

(1) Der sog. Schattengeschäftsführer

In der Praxis treten Fallgestaltungen auf, in denen Dritte von vornherein nicht formell als Geschäftsführer der Gesellschaft bestellt werden können oder sollen. Zu denken ist hier insbesondere an Situationen, in denen der Dritte (häufig Alleingesellschafter) aus den in § 6 Abs. 2 S. 2 Nr. 2, 3 GmbHG genannten Gründen nicht als formeller Geschäftsführer fungieren kann.[359] Ferner kann ein Auftreten im Außenverhältnis als Geschäftsführer aus Haftungsgründen oder aus Geheimhaltungsgründen, um etwaige Nachteile im Geschäftsverkehr zu vermeiden, nicht erwünscht sein.[360] Praxisrelevant ist darüber hinaus das weitere Einwirken von Patriarchen in Familienunternehmen auf die Geschäftsführung nach deren Ausscheiden aus dem Unternehmen.[361] In den genannten Fällen ist es erforderlich, einen sog. Strohmann zu installieren, der formell als Geschäftsführer bestellt, ins Handelsregister eingetragen wird und die Gesellschaft im Außenverhältnis rein formal vertritt. Die eigentlichen geschäftsführenden Entscheidungen jedoch werden von dem hinter dem Strohmann agierenden sog. Schattengeschäftsführer getroffen.

Nach der Rechtsprechung des Bundesgerichtshofs[362], der ein nach außen hervortretendes Handeln verlangt, ist der sog. Schattengeschäftsführer nicht als faktischer Geschäftsführer i.S.d. Insolvenzverschleppungshaftung zu qualifizieren. Es ist bereits oben[363] dargelegt worden, dass diese Auffassung abzulehnen ist. Das drastische Beispiel desjenigen, der hinter einem vorgeschobenen Strohmann als Drahtzieher im Hintergrund fungiert, indem er alle maßgeblichen Entscheidungen der Geschäftsführung trifft und an den Strohmann zur Ausführung delegiert, zeigt deutlich, dass das vom Bundesgerichtshof aufgestellte Erfordernis eines nach außen hervortretenden Handelns nicht aufrechterhalten werden kann. Der Bundesgerichtshof stellt zutreffend fest, dass *„der Grund für die Haftung des tatsächlichen Geschäftsführers ... letztlich darin (liegt), daß derjenige, der ohne dazu berufen zu sein, wie ein Geschäftsführer handelt, auch die Verantwortung eines Geschäftsführers tragen und wie ein solcher haften muß, wenn nicht*

---

359 Vgl. hierzu die bei *Naumann*, ZInsO 75 (76), und *K. Schmidt*, Gesellschaftsrecht, § 14 III.4.a, aufgeführten Fallbeispiele.
360 *Geißler*, GmbHR 2003, 1106 (1107).
361 *Strohn*, DB 2011, 158 (161).
362 BGHZ 104, 44 (48); BGHZ 150, 61 (69) zur Haftung gem. § 43 GmbHG; BGH, GmbHR 2005 1126 (1127) zur Haftung gem. § 43 GmbHG und § 823 Abs. 2 BGB i.V.m. § 266 StGB; BGH, GmbHR 2005, 1187 (1188); BGH, NZG 2008, 468 zu § 64 Abs. 2 GmbHG a.F.
363 Siehe § 2 A.II. 2.b)cc)(1)(c).

der Schutzzweck des Gesetzes gefährdet werden soll."[364] Der geschilderte Fall des sog. Schattengeschäftsführers zeigt jedoch, dass derjenige, der im Hintergrund sämtliche Fäden in der Hand hält, den Schutzzweck des § 15a Abs. 1 S. 1 InsO nicht minder gefährdet als ein offen nach außen Handelnder. Denn dieser wird in Folge der tatsächlichen internen Geschäftsführung nicht nur regelmäßig die finanzielle Lage der Gesellschaft – und somit die Frage, ob Insolvenzreife besteht oder nicht – umfassend beurteilen können, sondern gleichzeitig aufgrund der internen Einwirkung auf den formell bestellten Geschäftsführer auch dessen Handeln – oder im Fall des zu stellenden Insolvenzantrages dessen Unterlassen – maßgeblich beeinflussen. Folglich ist auch der sog. Schattengeschäftsführer als faktischer Geschäftsführer i.s.d. § 15a Abs. 1 S. 1 InsO und somit als tauglicher Adressat der Insolvenzverschleppungshaftung zu qualifizieren,[365] der neben dem eingesetzten Strohmann haftet. Eine gleich adäquate Sicherung des Schutzzwecks des § 15a Abs. 1 S. 1 InsO lässt sich auch nicht über eine Teilnehmerhaftung nach § 830 Abs. 2 BGB erreichen, da diese eine vorsätzliche rechtswidrige Haupttat des bestellten Geschäftsführers voraussetzt[366] und ein – bewusst oder unbewusst – über die finanzielle Situation der Gesellschaft falsch informierter Geschäftsführer unter Umständen den erforderlichen Vorsatz nicht aufweist.

(2) Leitende Angestellte, insbesondere Prokuristen

Nicht selten nehmen leitende Angestellte, insbesondere solche, denen Prokura gem. § 58 ff. HGB erteilt ist, Aufgaben wahr, die Einfluss auf die Geschäftsführung haben, so dass sich die Frage stellt, ob diese als Adressaten der Insolvenzverschleppungshaftung in Betracht kommen. Dies ist insofern zu verneinen, als dass sich eine solche Haftung jedenfalls nicht alleine aufgrund der ihnen erteilten Prokura ergibt.[367] Denn die Tätigkeit von leitenden Angestellten – auch Prokuristen – zeichnet sich in der Regel dadurch aus, dass sie von den Weisungen der Geschäftsführung abhängig sind und darüber hinaus die Entscheidungen der Geschäftsführung vorbereiten und getroffene Entscheidungen – weisungs-

---

364   BGHZ 104, 44 (47 f.).
365   So auch *Fleischer*, AG 2004, 517 (525); *ders.*, GmbHR 2011, 337 (342); *Kleindiek* in: Lutter/Hommelhoff, § 43, Rn. 4; Saenger/Inhester/*Kolmann*, Vorb vor § 64, Rn. 138; *Schürnbrand*, Organschaft im Recht der privaten Verbände, S. 309; mit Einschränkung zustimmend *Naumann*, ZInsO 2006, 75 (76), der darauf abstellen will, ob die Einflussnahme im Innenverhältnis das Handeln der Gesellschaft nach außen prägt.
366   Siehe § 2 C.I.2.
367   OLG Düsseldorf, GmbHR 1993, 159 für die Haftung nach § 64 Abs. 2 GmbHG a.F.; *Strohn*, DB 2011, 158 (164).

gebunden von der Geschäftsführung – ausführen.[368] Hinzukommt, dass sie in aller Regel nicht die zur Beurteilung der wirtschaftlichen Lage der Gesellschaft erforderliche Gesamtübersicht haben.[369]

Auf der anderen Seite besteht jedoch die Möglichkeit, dass leitende Angestellte und insbesondere Prokuristen nach den oben aufgestellten Kriterien als faktische Geschäftsführer i.S.d. Insolvenzverschleppungshaftung zu qualifizieren sind.[370] Hierzu bedarf es auch nicht, wie ein Teil des rechtswissenschaftlichen Schrifttums[371] fordert, dass die leitenden Angestellten eine *„nachhaltige Machtposition gewinnen, die ihren Einfluss auf die Geschäftsführung nachhaltig sichert.“*[372] Es ist nicht ersichtlich, warum im Rahmen der Qualifizierung von leitenden Angestellten als faktischer Geschäftsführer eine Einflussnahme auf die Geschäftsführung von gewisser Dauer erforderlich sein soll. Auch hier kann eine Vielzahl von Maßnahmen während eines kurzen Zeitraums oder auch nur eine einzelne einschneidende Maßnahme zu einer nachhaltigen, maßgeblichen Einflussnahme auf die Geschäftsführung führen.[373]

(3) Gesellschafter

Da nach der hier vertretenen Auffassung ein Auftreten im Außenverhältnis nicht zwingend erforderlich ist, um einflussnehmende Personen als faktische Geschäftsführer i.S.d. Insolvenzverschleppungshaftung zu qualifizieren, stellt sich konsequenterweise die Frage, unter welchen Voraussetzungen Einflussnahmen der Gesellschafter dazu führen, dass diese als faktische Geschäftsführer zu qualifizieren sind. Die Beantwortung dieser Frage hat insbesondere auch für Muttergesellschaften Bedeutung, die Einfluss auf die Geschäftsführung ihrer Tochtergesellschaft nehmen, da, wie gezeigt, auch juristische Personen als faktische Geschäftsführer und somit als taugliche Haftungsadressaten der Insolvenzverschleppungshaftung in Betracht kommen.

---

368 *Fleischer*, AG 2004, 517 (526); *Sandhaus*, Der Kreditgeber als faktischer Geschäftsführer einer GmbH, S. 98 f.; *Sorge*, Die Haftung faktischer Geschäftsleiter in der Krise der Gesellschaft, S. 152; *Weyand*, ZInsO 2015, 1773 (1776 f.).

369 *Stein*, ZHR 1984, 207 (233).

370 BGHZ 125, 366 (368 f.); BGH, GmbHR 2001, 771 (773) zur Haftung nach § 823 Abs. 2 BGB i.V.m. § 266 StGB und gem. § 43 GmbHG; LG Stade, ZInsO 2010, 1797 (1798 f.); *Strohn*, DB 2011, 158 (164).

371 *Stein*, ZHR 1984, 207 (233).

372 *Stein*, ZHR 1984, 207 (233).

373 Siehe oben § 2 A.II.2.b)cc)(1)(d).

(a) Abwägung des Schutzzwecks der Insolvenzantragspflicht mit dem Kompetenzgefüge der GmbH

Neben dem Schutzzweck der Insolvenzantragspflicht gilt es, das GmbH-rechtliche Kompetenzgefüge, also die Beziehung zwischen Gesellschafterver-sammlung und Geschäftsführung, gegeneinander abzuwägen.[374] Während es im Sinne des mit § 15a Abs. 1 S. 1 InsO intendierten Gläubigerschutzes wäre, jegliche maßgeblichen und nachhaltigen Einflussnahmen der Gesellschafter ausreichen zu lassen, um diese als faktische Geschäftsführer zu qualifizieren, lässt sich eine solche uneingeschränkte Wertung nicht mit den in § 37 Abs. 1 GmbHG statuierten Weisungsmöglichkeiten der Gesellschafter gegenüber der Geschäftsführung in Einklang bringen. Entgegen dem Vorstand der AG, der die Gesellschaft gem. § 76 Abs. 1 AktG eigenverantwortlich zu leiten hat, gibt § 37 Abs. 1 GmbHG den Gesellschaftern der GmbH nämlich die Möglich-keit, durch entsprechende Weisungen erheblichen Einfluss auf die Geschäfts-führung auszuüben. Hierzu bedarf es in der mehrgliedrigen Gesellschaft eines Beschlusses der Gesellschafterversammlung.[375] In der Einmann-GmbH kann die Weisung gar ohne entsprechenden Beschluss durch den Gesellschafter erfolgen;[376] entsprechendes gilt für den Treugeber, der über einen oder meh-rere Treuhandgesellschafter 100 % der Anteile hält, da es reine Förmelei wäre, wenn der Treugeber die Treuhänder anweisen müsste, ihrerseits der Geschäfts-führung Weisungen zu erteilen.[377] Ist es den Gesellschaftern jedoch nach dem gesetzlichen Leitbild der GmbH gestattet, durch Weisungen Einfluss auf die Geschäftsführung zu nehmen, folgt hieraus, dass sie vom Grundsatz her nicht als faktische Geschäftsführer und somit auch nicht als Adressaten der Insolvenzverschleppungshaftung in Betracht kommen.[378] Denn derjenige, der

---

374 So auch *Geißler*, GmbHR 2003, 1106 (1112); *Haas*, NZI 2006, 494 (498).

375 *Geißler*, GmbHR 2003, 1106 (1112); *Kleindiek* in: Lutter/Hommelhoff, § 37, Rn. 17; *Sandhaus*, Der Kreditgeber als faktischer Geschäftsführer einer GmbH, S. 101; *Schürnbrand*, Organschaft im Recht der privaten Verbände, S. 316.

376 BGHZ 119, 257 (261); OLG Köln, GmbHR 1995, 449 (450), GmbHR 2001, 73 (74); OLG Stuttgart, GmbHR 2000, 1048 (1049); *Geißler*, GmbHR 2003, 1106 (1112); *Kleindiek* in: Lutter/Hommelhoff, § 43, Rn. 40; Scholz/*Schneider*, § 43, Rn. 140; *Sand-haus*, Der Kreditgeber als faktischer Geschäftsführer einer GmbH, S. 101; *Schürn-brand*, Organschaft im Recht der privaten Verbände, S. 316.

377 BGHZ 119, 257 (261 f.); *Strohn*, DB 2011, 158 (162).

378 *Fleischer*, GmbHR 2011, 337 (345); *Geißler*, GmbHR 2003, 1106 (1112); *Redeker*, DZWIR 2005, 497 (501); *Schürnbrand*, Organschaft im Recht der privaten Verbände, S. 316; *Strohn*, DB 2011, 158 (161 f.).

berechtigt ihm gesetzlich eingeräumte Rechte wahrnimmt, kann nicht gleichzeitig einer zivilrechtlichen Haftung aus Delikt gegenüber Gläubigern der Gesellschaft unterworfen sein. Ihn trifft allenfalls eine Haftung aus Verletzung von Treupflichten[379] oder aus dem Rechtsinstitut des existenzvernichtenden Eingriffs[380].[381]

(b) Haftung bei Überschreitung der Weisungsrechte

Aus oben Gesagtem folgt, dass eine Haftung der Gesellschafter aus Insolvenzverschleppung als faktische Geschäftsführer jedoch dann in Betracht kommen kann, wenn diese die ihnen gesetzlich eingeräumten Weisungsrechte gegenüber der Geschäftsführung überschreiten.[382] Zu denken ist in diesem Zusammenhang an Weisungen der Gesellschafter, die Pflichten betreffen, hinsichtlich derer ein Weisungsrecht ausdrücklich nicht besteht und an Weisungen des Mehrheitsgesellschafters, die dieser ohne den formalen Weg über die Gesellschafterversammlung direkt gegenüber der Geschäftsführung ausspricht.

Wie bereits ausgeführt, ist die in § 15a Abs. 1 S. 1 InsO statuierte Insolvenzantragspflicht der Geschäftsführer der Dispositionsbefugnis der Gesellschafter entzogen, da es sich bei dieser um eine auch dem öffentlichen Interesse dienende Regelung handelt, mit der Folge, dass Weisungen der Gesellschafter, den erforderlichen Insolvenzantrag nicht zu stellen, unwirksam sind.[383]

Gleichwohl wird eine entsprechende Weisung der (Mehrheits-) Gesellschafter – oder zumindest der beschlussfähigen Mehrheit – rein faktisch erheblichen Druck auf die Geschäftsführer ausüben, da diese für den Fall, dass sie sich der Weisung widersetzen und den gesetzlich vorgeschriebenen Insolvenzantrag stel-

---

379 Vgl. hierzu Baumbach/Hueck/*Fastrich*, § 13, Rn. 54 ff.; *Bayer* in: Lutter/Hommelhoff, § 14, Rn. 29 ff.; Michalski-*Lieder*, § 13, Rn. 131 ff.; Scholz/*Emmerich*, § 13, Rn. 36 ff.

380 Vgl. hierzu Baumbach/Hueck/*Fastrich*, § 13, Rn. 57 ff.; *Bayer* in: Lutter/Hommelhoff, § 13, Rn. 29 ff.; Michalski *Lieder*, § 13, Rn. 420 ff.; Scholz/*Bitter*, § 13, Rn. 152 ff.

381 So auch Baumbach/Hueck/*Zöllner/Noack*, § 43, Rn. 3; *Geißler*, GmbHR 2003, 1106 (1112).

382 MüKo-GmbHG/*Fleischer*, § 43, Rn. 240; *Redeker*, DZWIR 2005, 497 (501 f.); *Strohn*, DB 2011, 158 (161 f.); *Sandhaus*, Der Kreditgeber als faktischer Geschäftsführer einer GmbH, S. 122 f.; *Sorge*, Die Haftung faktischer Geschäftsleiter in der Krise der Gesellschaft, S. 108, 147 f.

383 BGH, DStR 2001, 1537; *Haas/Kolmann/Pauw* in: Gottwald, Insolvenzrechtshandbuch, § 92, Rn. 69; *Kleindiek* in: Lutter/Hommelhoff, Anh zu § 64, Rn. 105; Michalski-*Nerlich*, Anh. § 64, Rn. 11; Saenger/Inhester/*Kolmann*, Vorb vor § 64, Rn. 161; *M. Schmidt-Leithoff Schneider* / in: Rowedder/Schmidt-Leithoff, Vor § 64, Rn. 53; Scholz/*K. Schmidt*, § 64, Rn. 168; Ulmer/*Casper*, § 64, Rn. 74.

len, mit ihrer Abberufung und somit mit wirtschaftlichen Nachteilen rechnen müssen.[384] Hieraus folgt, dass diese unzulässige Einflussnahme geeignet ist, die von § 15a Abs. 1 S. 1 InsO zu schützenden Gläubigerinteressen zu gefährden, so dass die Qualifizierung der Gesellschafter als faktische Geschäftsführer und somit als taugliche Adressaten der Insolvenzverschleppungshaftung gerechtfertigt ist.[385] Denn wer sich in einer solchen Machtposition anmaßt, die Entscheidung zu treffen, ob Insolvenzantrag zu stellen ist oder nicht und diese Entscheidung auch durchzusetzen versucht, nimmt die Geschicke der Gesellschaft so maßgeblich in die Hand, dass ihn auch die Verantwortung für die rechtzeitige Stellung des Insolvenzantrages treffen muss.[386] Der vorgenannte Sachverhalt zeigt im Übrigen auch, dass es gerechtfertigt ist, auf das Erfordernis eines Tätigwerdens nach außen und eines dauerhaften Einflusses auf die Geschäftsführung zu verzichten. Denn auch die einmalige – rechtswidrige – interne Weisung der Gesellschafter an die Geschäftsführer, den erforderlichen Insolvenzantrag nicht zu stellen, gefährdet die Interessen der Gläubiger erheblich.

Fraglich ist, ob eine faktische Geschäftsführung i.S.d. Insolvenzverschleppungshaftung für den Mehrheitsgesellschafter auch dann in Betracht kommt, wenn er direkt – ihrem Inhalt nach zulässige – Weisungen an die Geschäftsführer erteilt, ohne diese mit den Minderheitsgesellschaftern abgestimmt oder einen Beschluss in der Gesellschafterversammlung herbeigeführt zu haben. Denn auch in diesem Fall überschreitet er die innere Kompetenzordnung der Gesellschaft, so dass von einer ordnungsgemäßen Ausübung des Weisungsrechts nicht die Rede sein kann, da schließlich die Gesellschafterversammlung für die Erteilung entsprechender Weisungen zuständig ist.[387] Im Rahmen der Diskussion einer Haftung des an der Gesellschafterversammlung vorbeiagierenden Mehrheitsgesellschafters gem. § 43 Abs. 2 GmbHG wird im rechtswissenschaftlichen Schrifttum[388] die Auffassung vertreten, dieser sei als faktischer Geschäftsführer zu qualifizieren, wenn er durch die erteilten Weisungen die Geschäftsführung

384 *Strohn*, DB 2011, 158 (161).

385 *Geißler*, GmbHR 2003, 1106 (1112); *Strohn*, DB 2011, 158 (161); für die Haftung gem. § 43 GmbHG mit ähnlicher Argumentation: *Haas*, NZI 2006, 494 (498).

386 Vgl. BGHZ 104, 44 (48); die Anweisung des Minderheitsgesellschafters, den erforderlichen Insolvenzantrag nicht zu stellen, kann zur Haftung gem. §§ 823 Abs. 2, 830 Abs. 2 BGB i.V.m. § 15a Abs. 1 S. 1 InsO führen, hierzu siehe unten § 2 C II 1 a), S.144 zur Anstiftung und § 2 C.II.2.a), S.150 ff. zur Beihilfe.

387 *Geißler*, GmbHR 2003, 1106 (1112); *Kleindiek* in: Lutter/Hommelhoff, § 37, Rn. 17; *Schürnbrand*, Organschaft im Recht der privaten Verbände, S. 316.

388 *Fleischer*, GmbHR 2011, 338 (345); *Strohn*, DB 2011, 158 (164).

maßgeblich steuert. Es ist nur konsequent, diese Grundsätze auf die Situation des § 15a Abs. 1 S. 1 InsO zu übertragen. Aufgrund des Schutzzwecks der Insolvenzantragspflicht ist es, wie gezeigt, geboten, das Merkmal des Tätigwerdens nach außen nicht als zwingend zu erfüllendes Erfordernis zur Qualifizierung der einflussnehmenden Person als faktischer Geschäftsführer aufzustellen. Im Wege einer Ausnahme von diesem Grundsatz ließen sich allenfalls rechtmäßige, also dem Kompetenzgefüge der GmbH entsprechende, Weisungen der Gesellschafter so behandeln, dass sie eine Haftung des Gesellschafters aufgrund ihrer lediglich gesellschaftsinternen Einordnung nicht begründen, um so dem GmbH-rechtlichen Kompetenzgefüge Rechnung zu tragen. Der Mehrheitsgesellschafter, der die Zuständigkeit der Gesellschafterversammlung umgeht, durchbricht jedoch das innergesellschaftliche Kompetenzgefüge, so dass es einer Einschränkung des Grundsatzes *„Kein Erfordernis des Tätigwerdens im Außenverhältnis"* nicht bedarf. Hieran ändert auch der Umstand, dass der Mehrheitsgesellschafter die Minderheitsgesellschafter in der Gesellschafterversammlung überstimmen könnte, nichts.[389] Schließlich wird durch die Umgehung der Gesellschafterversammlung das Recht der Minderheitsgesellschafter auf Teilnahme an der Versammlung[390] verletzt.[391]

Es bleibt somit zunächst festzuhalten, dass interne Weisungen der (Mehrheits-)Gesellschafter an die Geschäftsführer, den erforderlichen Insolvenzantrag nicht zustellen, zum einen für die Geschäftsführer unbeachtlich sind und darüber hinaus zur Haftung des die entsprechende Weisung Erteilenden als faktische Geschäftsführer wegen Insolvenzverschleppung führen. Ferner sind (Mehrheits-) Gesellschafter, die (den Kernbereich der Geschäftsführung betreffende) Weisungen unter Missachtung der Gesellschafterversammlung direkt an die Geschäftsführer richten, nicht von der GmbH-rechtlichen Kompetenzordnung geschützt, so dass auch in diesen Fällen an dem Grundsatz festzuhalten ist, dass es zur Qualifizierung als faktischer Geschäftsführer i.S.d. Insolvenzverschleppungshaftung nicht zwingend eines Tätigwerdens nach außen bedarf.

---

389 So auch *Fleischer*, GmbHR 2011, 338 (345); *Strohn*, DB 2011, 158 (161); a.A. OLG München, BKR 2010, 505 (509).

390 Baumbach/Hueck/*Zöllner*, § 48, Rn. 6 ff.; *Bayer* in: Lutter/Hommelhoff, § 48, Rn. 2 ff.; Michalski-*Römermann*, § 48, Rn. 30 ff.; Scholz/*Seibt*, § 48, Rn. 13 ff.

391 So auch *Fleischer*, GmbHR 2011, 337 (345); *Sandhaus*, Der Kreditgeber als faktischer Geschäftsführer einer GmbH, S. 124; *Strohn*, DB 2011, 158 (161).

(c) Haftung bei engmaschigen Weisungen

Die beiden unter lit. (b) dargestellten Situationen haben gemeinsam, dass es sich jeweils um rechtswidrige Weisungen der Gesellschafter handelt. Es stellt sich die Frage, ob auch rechtmäßige Weisungen der Gesellschafter zu einer Qualifizierung als faktischer Geschäftsführer i.S.d. Insolvenzverschleppungshaftung führen können.

Ein Teil des rechtswissenschaftlichen Schrifttums bejaht diese Möglichkeit für den Fall, dass die Geschäftsführer von den Gesellschaftern zum reinen Exekutivorgan ohne eigenen Entscheidungsspielraum herabgestuft werden, indem diesen mit engmaschigen Weisungen von Seiten der Gesellschafter Vorgaben in allen Belangen der Geschäftsführung gemacht werden.[392] Zur Begründung wird ausgeführt, dass der ausschließlich Weisungen der Gesellschafter ausführende Geschäftsführer zur Marionette degradiert werde, die eigentlich für die als Schattengeschäftsführer agierenden Gesellschafter handele.[393] Die Diskussion entzündet sich an der höchst umstrittenen Frage, ob die Gesellschafter überhaupt berechtigt sind, die Geschäftsführer zum reinen Exekutivorgan zu degradieren.[394] Diese Frage muss jedoch zur Lösung des hier aufgeworfenen Problems nicht beantwortet werden. Vielmehr sind auch in diesem Zusammenhang Sinn und Zweck der Insolvenzantragspflicht und das ggf. auch engmaschige Weisungsrecht der Gesellschafter gegeneinander abzuwägen. Zunächst ist festzustellen, dass auch im Fall engmaschiger Weisungen der Gesellschafter das nicht unerhebliche Risiko besteht, dass der bestellte Geschäftsführer der ihm obliegenden Insolvenzantragspflicht nicht nachkommt.[395] Denn es besteht die Gefahr, dass die Gesellschafter dem Geschäftsführer zur Beurteilung der finanziellen Situation der Gesellschaft erforderliche Informationen vorenthalten, so dass dieser überhaupt nicht in der Lage ist, die Entscheidung über die Stellung

---

392 *Ehricke*, Das abhängige Konzernunternehmen in der Insolvenz, S. 239 ff.; *Sorge*, Die Haftung faktischer Geschäftsleiter in der Krise der Gesellschaft, S. 115; *Wimmer-Leonhardt*, Konzernhaftungsrecht, S. 399 f.; in diese Richtung wohl auch *Geißler*, GmbHR 2003, 1106 (1112).

393 *Redeker*, DZWIR 2005, 497 (501); *Sorge*, Die Haftung faktischer Geschäftsleiter in der Krise der Gesellschaft, S. 115; *Wimmer-Leonhardt*, Konzernhaftungsrecht, S. 399.

394 Eine entsprechende Beschränkung der Geschäftsführer entgegen der wohl herrschenden Meinung verneinend Baumbach/Hueck/*Zöllner/Noack*, § 37, Rn. 21; *Kleindiek* in: Lutter/Hommelhoff, § 37, Rn. 18a, jeweils m.w.N. zur wohl herrschenden Meinung.

395 *Wimmer-Leonhardt*, Konzernhaftungsrecht, S. 400.

des Insolvenzantrags zu treffen.[396] Demgegenüber steht das Bedürfnis der Gesellschafter, die ihnen gesetzlich eingeräumten Weisungsrechte gegenüber den Geschäftsführern auszuüben. Mit der Ausübung der Geschäftsführung gehen jedoch Pflichten wie die des § 15a Abs. 1 S. 1 InsO einher, die das in § 13 Abs. 2 GmbHG statuierte Haftungsprivileg rechtfertigen. Wäre es den Gesellschaftern durch Ausübung des Weisungsrechtes faktisch möglich, tatsächlich die Geschäfte der Gesellschaft eigenhändig durch den bestellten Geschäftsführer zu führen, ohne den Pflichten der Geschäftsführung, also insbesondere der Insolvenzantragspflicht, zu unterliegen, wäre die Haftungsprivilegierung gem. § 13 Abs. 2 GmbH nicht mehr gerechtfertigt, da die Gesellschafter, ohne Haftungsrisiken ausgesetzt zu sein, die Geschäfte auf Kosten der Gläubiger der Gesellschaft führen könnten.[397] Wer als Gesellschafter also den bestellten Geschäftsführer durch das Erteilen engmaschiger Weisungen zum bloßen Exekutivorgan – quasi zur Marionette – degradiert, ist als faktischer Geschäftsführer i.S.d. Insolvenzverschleppungshaftung zu qualifizieren.[398]

Sofern eine weitere Auffassung des rechtswissenschaftlichen Schrifttums[399] unter Verweis auf die Rechtsprechung des Bundesgerichtshofs[400] die Haftung der Gesellschafter in dem genannten Fall ablehnt, so kann ihr bereits aus oben genannten Gründen nicht gefolgt werden. Darüber hinaus lässt diese Auffassung den Umstand ungewürdigt, dass der Bundesgerichtshof die Haftung in den fraglichen Fällen lediglich unter Verweis auf das von ihm geforderte Tätigwerden nach außen verneint hat. Dass dieses Merkmal nicht zwingend erfüllt sein muss, um einen Einflussnehmenden als faktischen Geschäftsführer i.S.d. Insolvenzverschleppungshaftung zu qualifizieren, wurde bereits oben dargelegt, so dass zu konstatieren ist, dass engmaschige Weisungen der Gesellschafterversammlung, die den Geschäftsführer zum reinen Exekutivorgan im Sinne einer Marionette machen, geeignet sind, die Gesellschafter als faktische Geschäftsführer i.S.d. Insolvenzverschleppungshaftung zu qualifizieren.

---

396 In diese Richtung, wenn auch ohne weitere Begründung, *Ehricke*, Das abhängige Konzernunternehmen in der Insolvenz, S. 240.

397 *Ehricke*, Das abhängige Konzernunternehmen in der Insolvenz, S. 239 f.; *Sorge*, Die Haftung faktischer Geschäftsleiter in der Krise der Gesellschaft, S. 115.

398 A.A. *Sandhaus*, Der Kreditgeber als faktischer Geschäftsführer einer GmbH, S. 105 ff.

399 *Fleischer*, GmbHR 2011, 337 (345); *Schürnbrand*, Organschaft im Recht der privaten Verbände, S. 317 f.; *Strohn*, DB 2011, 158 (161 f.).

400 BGHZ 150, 61 (69); BGH, ZIP 2005, 1414 (1415).

(d) Eigenhändige Wahrnehmung von Aufgaben der Geschäftsführung

In Anbetracht obiger Ausführungen gilt, dass eine faktische Geschäftsführer-stellung eines Gesellschafters in jedem Fall auch dann zu bejahen ist, wenn die-ser die Geschäfte der Gesellschaft in persona in großem Umfang führt[401] und so die bestellten Geschäftsführer übergeht. Als mögliche haftungsbegründende Beispiele kommen die Abwicklung des gesamten Zahlungsverkehrs der Gesell-schaft über ein dem Zugriff der Geschäftsführer entzogenes Privatkonto,[402] das Führen von Sanierungsverhandlungen und der Abschluss von Vergleichsver-einbarungen mit Gläubigern in Betracht.[403] Denn nimmt der Gesellschafter die Führung der Geschäfte selbst in die Hand, kommt es auf eine Abwägung der innergesellschaftlichen Kompetenzordnung mit dem Schutzzweck der Insolvenzantragspflicht überhaupt nicht mehr an; schließlich bewegt sich der Gesellschafter nicht mehr im Bereich der innergesellschaftlichen Kompetenz-ordnung.[404]

(4) Kreditgeber, insbesondere Banken

In Zeiten der Unternehmenskrise ist es üblich, dass Kreditgeber, insbesondere Banken, die Gewährung weiterer (Sanierungs-)Darlehen davon abhängig ma-chen, dass ihnen ein gewisser Einfluss auf die Geschäftsführung der Gesellschaft eingeräumt wird. In Betracht kommen seitens der Gesellschaft eingeräumte Informationsrechte in Bezug auf betriebswirtschaftliche Schlüsselgrößen, das Recht der Kreditgeber, an Sitzungen der Geschäftsführung oder Gesellschafter-versammlungen teilzunehmen bis hin zur Übernahme der Finanzangelegen-heiten der Gesellschaft sowie dem Führen von Verhandlungen mit anderen Gläubigern der Gesellschaft.[405] Als weitere Maßnahmen ist insbesondere an das Anraten der Bank, externe Berater hinzuzuziehen sowie nahezu tägliche Konsul-tationen zwischen dem Kreditinstitut und der Geschäftsführung zu denken.[406]

---

401 Ehricke, Das abhängige Konzernunternehmen in der Insolvenz, S. 245; Fleischer, GmbHR 2011, 227 (345); Schürnbrand, Organschaft im Recht der privaten Verbände, S. 318.; Sorge, Die Haftung faktischer Geschäftsleiter in der Krise der Gesellschaft, S. 114.

402 Vgl. OLG Köln, GmbHR 2012, 1358 (1360) in Verbindung mit Personalentschei-dungen und Auftreten nach außen.

403 Vgl. Ehricke, Das abhängige Konzernunternehmen in der Insolvenz, S. 245 mit Ver-weis auf BGH, NJW 1997, 66 (67 f.).

404 Ehricke, Das abhängige Konzernunternehmen in der Insolvenz, S. 245.

405 Fleischer, GmbHR 2011, 337 (344).

406 Vgl. Engelke, Die Bank, 1998, 431.

In Anbetracht dieser vielfältigen Einflussmöglichkeiten stellt sich die Frage, wann die Einflussnahme des Kreditgebers dazu führt, dass dieser die Geschicke der Gesellschaft *„so maßgeblich in die Hand genommen hat, daß ihm auch die Verantwortung für die rechtzeitige Stellung des Insolvenzantrages zufällt."*[407] Dass auch Kreditinstitute als juristische Personen als faktische Geschäftsführer i.S.d. Insolvenzverschleppungshaftung in Betracht kommen, ist bereits dargelegt worden.

Im rechtswissenschaftlichen Schrifttum gibt es unterschiedliche Ansätze, unter welchen Voraussetzungen die Einflussnahme von Kreditgebern dazu führt, dass diese als faktische Geschäftsführer i.S.d. Insolvenzverschleppungshaftung zu qualifizieren sind. Während der überwiegende Teil[408] als maßgebliches Kriterium darauf abstellen will, ob der Kreditgeber in die korporative Sphäre der Gesellschaft eindringt, also organtypische Entscheidungsbefugnisse wahrnimmt, will eine andere Auffassung[409] von einer faktischen Geschäftsführung des Kreditgebers ausgehen, wenn dieser einen Einfluss nimmt, der mit der für Organmitglieder maßgeblichen Sorgfalt eines ordentlichen Geschäftsmannes nicht zu vereinbaren ist.

Das von der zweiten Auffassung[410] genannte Kriterium der Sorgfalt eines ordentlichen Geschäftsmannes ist abzulehnen. Diese Auffassung lässt nämlich ungewürdigt, dass die Interessen des Kreditgebers und die der kreditnehmenden Gesellschaft diametral voneinander abweichen. Handelt es sich beim Kreditgeber um eine juristische Person, sind dessen (organschaftlich) handelnden Personen primär den Interessen des Kreditgebers verpflichtet, so dass diese bereits aus diesem Grund nicht auf die Interessen der Gesellschaft oder auf die Interessen weiterer Gläubiger Rücksicht nehmen können, ohne sich im Innenverhältnis gegenüber dem Kreditgeber haftbar zu machen.

Somit verbleibt die Frage zu klären, wann die Einflussnahme von Kreditgebern die Schwelle organtypischer Entscheidungsbefugnisse so erheblich überschreitet, um als faktischer Geschäftsführer und somit als tauglicher Haftungsadressat der Insolvenzverschleppungshaftung qualifiziert zu werden. Auch hierbei sind, wie bei der Qualifizierung von Weisungen der Gesellschafter, die gesetzlichen Rechte und Pflichten bzw. die Interessen der Kreditgeber gegen

---

407 BGHZ 104, 44 (48).
408 *Fleischer*, AG 2004, 517 (526); *ders.*, DStR 2006, 1507 (1514), *ders.*, GmbHR 2011, 337 (344); *Maurenbrecher*, AJP 1998, 1327 (1335 ff.); *Schürnbrand*, Organschaft im Recht der privaten Verbände, S. 313 f.; *Strohn*, DB 2011, 158 (163).
409 *Servatius*, Gläubigereinfluss durch Covenants, S. 364.
410 *Servatius*, Gläubigereinfluss durch Covenants, S. 364.

den Schutzzweck der Insolvenzantragspflicht abzuwägen. Der grundsätzlichen Ablehnung einer Haftung von Kreditgebern wegen Insolvenzverschleppung ist jedenfalls zu widersprechen, da die Argumentation, der Kreditgeber „zahle im Ergebnis an sich selbst"[411] etwaige Schäden der übrigen Gläubiger ausblendet.[412]

(a) Überprüfung der wirtschaftlichen Lage der Gesellschaft

Regelmäßig machen Kreditgeber die Gewährung von Darlehen davon abhängig, dass ihnen die Gesellschaft vor Gewährung des Darlehens umfangreiche Informationen hinsichtlich ihrer wirtschaftlichen Lage gewährt, um die Bonität der Gesellschaft hinreichend beurteilen zu können. Gleichzeitig lassen sie sich bei Vertragsabschluss umfangreiche Informations- und Inspektionsrechte für den Zeitraum während der Laufzeit des Darlehens einräumen. Im rechtswissenschaftlichen Schrifttum[413] herrscht Einigkeit, dass die Einräumung solcher Informationsrechte ebenso wenig ausreicht, um eine Position als faktischer Geschäftsführer zu begründen, wie der Umstand, dass der Kreditgeber die Vergabe des Darlehens von der Einhaltung bestimmter betriebswirtschaftlicher Schlüsselgrößen abhängig macht. Diese Beurteilung ergibt sich zunächst aus § 18 Abs. 1 KWG, der Kreditinstitute grundsätzlich verpflichtet, sich bei Darlehen, die 750.000 € oder 10 % des haftenden Eigenkapitals der Gesellschaft überschreiten, die wirtschaftlichen Verhältnisse des Kreditnehmers, insbesondere durch die Vorlage von Jahresabschlüssen, vor der Kreditvergabe und auch während der Laufzeit des Darlehens offenlegen zu lassen und zu überprüfen.[414] Dieses rechtlich verpflichtende Handeln[415] kann jedoch nicht gleichzeitig eine deliktische Haftung gem. § 823 Abs. BGB i.V.m. § 15a Abs. 1 S. 1 InsO zur Folge haben.[416] Entsprechendes muss auch für die Forderung des Kredit-

---

411 So *Himmelsbach/Achsnick*, NZI 2003, 355 (358).

412 So auch *Sandhaus*, Der Kreditgeber als faktischer Geschäftsführer einer GmbH, S. 257.

413 *Fleischer*, AG 2004, 517 (526); *ders.*, DStR 2006, 1507 (1514), *ders.*, GmbHR 2011, 337 (344); *Himmelsbach/Achsnick*, NZI 2003, 355 (356 f.); *Maurenbrecher*, AJP 1998, 1327 (1336); *Sandhaus*, Der Kreditgeber als faktischer Geschäftsführer einer GmbH, S. 265; *Schürnbrand*, Organschaft im Recht der privaten Verbände, S. 313; *Sorge*, Die Haftung faktischer Geschäftsleiter in der Krise der Gesellschaft, S. 155; *Strohn*, DB 2011, 158 (163).

414 *Bock* in: Boos/Fischer/Schulte-Mattler, § 18, Rn. 43 ff; *Himmelsbach/Achsnick*, NZI 2003, 355 (356).

415 Ein Verstoß gegen die Pflichten aus § 18 KWG stellt gem. § 56 Abs. 3 Nr. 4 KWG eine Ordnungswidrigkeit dar.

416 So auch *Himmelsbach/Achsnick*, NZI 2003, 355 (356); *Weyand*, ZInsO 2015, 1773 (1777).

gebers nach Informationen bei unterhalb der Grenzen des § 18 Abs. 1 S. 1 KWG liegenden Darlehen gelten. Denn alleine dadurch, dass der Kreditgeber die Gewährung von Darlehen von der Überprüfung der Bonität des Kreditnehmers abhängig macht, trifft er noch keine für das Organ des Kreditnehmers, die Geschäftsführung der Gesellschaft, typische Entscheidungen.[417] Vielmehr nimmt er ausschließlich eigene berechtigte Interessen war, um die für den Kreditgeber typische Entscheidung treffen zu können. Ferner ergibt sich aus der bloßen Wahrnehmung dieser Informationsrechte keine Gefährdung des Schutzzwecks der Insolvenzantragspflicht.

Die Schwelle organtypischer Entscheidungsbefugnisse überschreitet der Kreditgeber ebenfalls nicht, indem er sich das Recht einräumen lässt, regelmäßig an Sitzungen der Geschäftsführung oder der Gesellschafterversammlung teilnehmen zu können.[418] Gleiches gilt für regelmäßige Rücksprachen der Geschäftsführung mit dem Kreditgeber vor wichtigen Unternehmensentscheidungen. Denn auch in diesen beiden Fällen verbleibt die Entscheidungsgewalt bei der Geschäftsführung,[419] so dass eine Gefährdung des Schutzzwecks des § 15a Abs.1 S. 1 InsO ausscheidet.

(b) Einflussnahme auf Besetzung der Geschäftsführung

In manchen Fällen machen Kreditgeber die Vergabe (weiterer) Darlehen von personellen Veränderungen in der Geschäftsführung der Gesellschaft abhängig. Möglich ist das Verlangen, einen geeigneten Sanierungsberater hinzuzuziehen oder gar einen unliebsamen Geschäftsführer auszutauschen.[420]

Im rechtswissenschaftlichen Schrifttum wird bei entsprechenden Einflussnahmen des Kreditgebers das Vorliegen einer faktischen Geschäftsführung generell abgelehnt,[421] ohne jedoch die erforderlichen Besonderheiten des Einzelfalls zu berücksichtigen.

Zuzustimmen ist der zitierten Auffassung insoweit, als dass die Forderung des Kreditgebers an die Gesellschaft, einen unabhängigen Sanierungsberater hinzuzuziehen, nicht zu einem maßgeblichen Einfluss des Kreditgebers auf die

---

417 *Fleischer*, AG 2004, 517 (526); *ders.*, DStR 2006, 1507 (1514), *ders.*, GmbHR 2011, 337 (344); *Himmelsbach/Achsnick*, NZI 2003, 355 (356 f.); *Maurenbrecher*, AJP 1998, 1327 (1336); *Strohn*, DB 2011, 158 (163).

418 Vgl. zum schweizerischen Recht *Bertschinger*, FS Forstmoser, 455 (471).

419 *Fleischer*, AG 2004, 517 (526); *ders.*, DStR 2006, 1507 (1514), *ders.*, GmbHR 2011, 337 (344).

420 Vgl. beispielhaft zum Abberufungsverlangen der kreditgebenden Bank als Voraussetzung der Verlängerung einer lebenswichtigen Kreditlinie BGH, ZIP 2007, 119.

421 *Fleischer*, DStR 2006, 1507 (1514), *ders.*, GmbHR 2011, 337 (344); *Schürnbrand*, Organschaft im Recht der privaten Verbände, S. 313.

Geschäftsführung führt, selbst wenn dieser in persona durch sein Handeln als faktischer Geschäftsführer zu qualifizieren ist.[422] Anders kann die Situation jedoch dann zu beurteilen sein, wenn der Kreditgeber verlangt, einen in seinem Lager stehenden – gegebenenfalls auch selbständigen – Sanierungsberater hinzuzuziehen und dieser für die Unternehmensführung maßgebliche Entscheidungen trifft.[423] Sollte dieser Sanierungsberater nämlich direkt vom Kreditgeber beauftragt und auch vergütet werden und darüber hinaus auch von den Weisungen des Kreditgebers abhängig sein, nimmt der Kreditgeber über den von ihm quasi in der Geschäftsführung installierten Berater direkt Einfluss auf die maßgeblichen Entscheidungen der Geschäftsführung, so dass der Kreditgeber selbst – wie ein Schattengeschäftsführer – faktisch die Geschäfte führt.[424] Geriert sich der Kreditgeber jedoch als Schattengeschäftsführer, hat er maßgeblichen Einfluss darauf, ob die bestellten Geschäftsführer den erforderlichen Insolvenzantrag stellen, so dass er als faktischer Geschäftsführer zu qualifizieren ist.

Ferner besteht die Möglichkeit, dass der Sanierungsberater als Repräsentant des Kreditgebers i.S.d. § 31 BGB, der auf juristische Personen des Privatrechts und des öffentlichen Rechts anzuwenden ist,[425] anzusehen ist, so dass dieser auch aus diesem Rechtsgrund für vom Sanierungsberater verursachte Schäden verantwortlich sein kann[426] oder die Möglichkeit der Haftung des Kreditgebers gem. § 831 BGB für den Fall, dass die handelnde Person Verrichtungsgehilfe des Kreditgebers ist.[427]

Auch Situationen, in denen der Kreditgeber verlangt, die bestehende Geschäftsführung oder einzelne Mitglieder auszutauschen, sind differenziert zu

---

422 So auch *Sandhaus*, Der Kreditgeber als faktischer Geschäftsführer einer GmbH, S. 306.

423 Zur Frage, unter welchen Voraussetzungen Berater der Gesellschaft als faktische Geschäftsführer zu qualifizieren sind, siehe unten § 2 A.II.2.b)dd)(5).

424 So auch *Maurenbrecher*, AJP 1998, 1327 (1337) zur Entsendung eines weisungsgebundenen Vertreters in geschäftsführende Organe.

425 Vgl. MüKo-BGB/*Arnold*, § 31, Rn. 11 unter Verweis auf § 86 BGB für die Stiftung, auf § 89 BGB für die juristische Person öffentlichen Rechts, auf RG, JW 1930, 2967 für die AG, auf RGZ 91, 72 (75) für die GmbH, auf RGZ 110, 145 (147) und BGH, MDR 1959, 202 für die Genossenschaft.

426 Zu den weiteren Voraussetzungen der Repräsentantenhaftung vgl. MüKo-BGB/*Arnold*, § 31, Rn. 20 ff.; ablehnend *Engert*, Die Haftung für drittschädigende Kredite, S. 35 f.

427 Vgl. hierzu *Eidenmüller*, Unternehmenssanierung zwischen Bank und Gesetz, S. 381 f., Fn. 238; *Engert*, Die Haftung für drittschädigende Kreditgewährung, S. 35 f.

beurteilen. Im Grundsatz ist der im wissenschaftlichen Schrifttum[428] geäußerten Auffassung, das Verlangen des Austausches der Geschäftsführung könne noch nicht zu einer Qualifizierung als faktischer Geschäftsführer führen, zuzustimmen, da alleine durch dieses Verlangen der Schutzzweck des § 15a Abs. 1 S. 1 InsO noch nicht gefährdet wird. Bedenken sind jedoch angezeigt, wenn der bestellte Geschäftsführer bereits entschlossen ist, den nach § 15a Abs. 1 S. 1 InsO erforderlichen Insolvenzantrag zu stellen und der Kreditgeber in diesem Moment an die Gesellschafterversammlung herantritt und – bei gleichzeitigem Inaussichtstellen weitere Überbrückungskredite – fordert, die bestehende Geschäftsführung abzuberufen und neue Geschäftsführer zu bestellen. Denn in diesem Fall maßt sich der Kreditgeber an, die Entscheidung zu treffen, ob Insolvenzantrag zu stellen ist oder nicht und nimmt so die Geschicke der Gesellschaft so maßgeblich in die Hand, dass ihn auch die Verantwortung für die rechtzeitige Stellung des Insolvenzantrages treffen muss.[429] Dass der Schutzzweck des § 15a Abs. 1 S. 1 InsO in diesem Fall erheblich gefährdet ist, dürfte weiterer Begründungen nicht bedürfen.

(c) Einflussnahme auf finanzielle Entscheidungen

Darlehen gewährende Kreditinstitute haben, da in aller Regel auch zumindest ein Geschäftskonto bei ihnen unterhalten wird, Einfluss auf die Finanzangelegenheiten der Gesellschaft. Alleine aus dem Umstand der Kontoführung beim Kreditgeber wird sich eine faktische Geschäftsführung nicht ergeben. Die Grenze zur faktischen Geschäftsführung ist jedoch in all jenen Fällen überschritten, in denen der Kreditgeber organtypische Entscheidungen der Geschäftsführung für die Gesellschaft trifft[430] und so die bestellten Geschäftsführer zu reinen Befehlsempfängern degradiert.[431] Fraglich bleibt allein wiederum, wann diese Grenze überschritten ist.

Lässt sich der Kreditgeber hinsichtlich aller wichtigen Unternehmensentscheidungen und insbesondere hinsichtlich finanzieller Entscheidungen einen Genehmigungsvorbehalt einräumen, ist er unproblematisch als faktischer Ge-

---

428 *Fleischer*, DStR 2006, 1507 (1514 f.); *ders.*, GmbHR 2011, 337 (344); *Schürnbrand*, Organschaft im Recht der privaten Verbände, S. 313.

429 Vgl. BGHZ 104, 44 (48); so auch *Buchalik*, FS Metzeler, 225 (252).

430 *Fleischer*, DStR 2006, 1507 (1514 f.); *ders.*, GmbHR 2011, 227 (244); *Maurenbrecher*, AJP 1998, 1327 (1336).

431 *Strohn*, DB 2011, 158 (163 f.).

schäftsführer i.s.d. Insolvenzverschleppungshaftung zu qualifizieren.[432] Denn in diesem Fall übt der Kreditgeber die vollständige Kontrolle über den Zahlungsverkehr aus.[433] Gleiches gilt dann, wenn der Kreditgeber Vergleichsverhandlungen mit Drittgläubigern der Gesellschaft führt,[434] um hierdurch ggf. Forderungsverzichte oder Zahlungsaufschübe zu erreichen. Denn in beiden Fällen wird der Kreditgeber zum eigentlichen Träger wesentlicher unternehmerischer Entscheidungen der Gesellschaft, und zwar in einem Umfang, der ihm die Steuerung der Gesellschaft im Hinblick auf den evtl. zu stellenden Insolvenzantrag ermöglicht. Darüber hinaus sind weitere Einflussnahmen auf finanzielle Entscheidungen denkbar. Erhebliche Bedeutung haben Einflussnahmen der kreditgewährenden Bank auf finanzielle Verfügungen der Gesellschaft, um Verbindlichkeiten der Gesellschaft gegenüber Drittgläubigern zu begleichen. Zu unterscheiden ist hierbei zwischen Verfügungen, die durch von der vom Kreditgeber eingeräumten Kreditlinie gedeckt sind und solchen Verfügungen, die hierüber hinausgehen. Entscheidet der Kreditgeber innerhalb des Verfügungsrahmens eigenmächtig, dass von der Geschäftsführung beauftragte Kontoverfügungen nicht ausgeführt werden, greift er so maßgeblich in die Geschäftsführung der Gesellschaft ein, dass er als faktischer Geschäftsführer zu qualifizieren ist.[435] Denn die Entscheidung, welche Gläubiger der Gesellschaft befriedigt werden, stellt eine ureigene Entscheidung der Geschäftsführung dar, da hiervon unter Umständen abhängig ist, ob diese Gläubiger die Geschäftsbeziehung zur Gesellschaft aufrechterhalten und in Zukunft zum Betrieb des Unternehmens erforderliche Waren oder Rohstoffe liefern. Ein berechtigtes internes Interesse des Kreditgebers ist hierfür darüber hinaus nicht zu erkennen, da sich die Verfügung innerhalb des von ihm gewährten Kreditrahmens bewegt.

Differenzierter zu beurteilen sind Einflussnahmen des Kreditgebers auf Verfügungen, die über den gewährten Kreditrahmen hinausgehen. Ist die eingeräumte

---

432 So auch *Maurenbrecher*, AJP 1998, 1327 (1336); *Sandhaus*, Der Kreditgeber als faktischer Geschäftsführer einer GmbH, S. 304.

433 *Buchalik*, FS Metzeler, 225 (252).

434 *Fleischer*, AG 2004, 517 (527); *ders.*, GmbHR 2011, 337 (344); *Schürnbrand*, Organschaft im Recht der privaten Verbände, S. 314.; *Sorge*, Die Haftung faktischer Geschäftsleiter in der Krise der Gesellschaft, S. 155; anders noch BGHZ 75, 96 (106), wo zur Qualifizierung als faktischer Geschäftsführer noch die vollständige Verdrängung der bestellten Geschäftsführer verlangt worden war.

435 *Maurenbrecher*, AJP 1998, 1327 (1336); so auch *Himmelsbach/Achsnick*, NZI 2003, 355 (360) zur Qualifizierung des Kreditgebers als faktisches Organ i.S.v. § 138 Abs. 2 Nr. 1 InsO.

Kreditlinie überschritten und verweigert der Kreditgeber die Ausführung sämtlicher Verfügungen, so ist hierin noch keine Ausübung organschaftlicher Entscheidungen zu sehen. Vielmehr trifft er die kreditgebertypische Entscheidung, der Gesellschaft kein weiteres Darlehen zu gewähren.[436] Vorsicht ist auf Seiten des Kreditgebers jedoch dann geboten, wenn die Summe von gleichzeitig in Auftrag gegebenen Verfügungen die gewährte Kreditlinie überschreitet. Trifft der Kreditgeber autonom die Entscheidung darüber, welche Verfügungen ausgeführt werden und welche nicht, maßt er sich Entscheidungskompetenzen an, die nur der Geschäftsführung zustehen. Wenngleich auch einzelne Entscheidungen ausnahmsweise so maßgeblich in die Geschäftsführung eingreifen können, dass der Schutzzweck des § 15a InsO gefährdet ist,[437] wird eine einzelne, unter Umständen unbedarfte, Entscheidung darüber, welche Verfügung ausgeführt wird, in der Regel noch nicht zu einem maßgeblichen Einfluss auf die Geschäftsführung führen. Jedenfalls eine Häufung von entsprechenden Entscheidungen oder aber die Entscheidung über die Ausführung einer Zahlung in für die fragliche Gesellschaft beträchtlicher Höhe wird jedoch zwingend zu einer Qualifizierung des Kreditgebers als faktischer Geschäftsführer i.S.d. Insolvenzverschleppungs-haftung führen müssen.[438] Identisch ist die Situation zu bewerten, in der der Kreditgeber einzelne Verfügungen über den Kreditrahmen hinaus selektiv bei bereits überschrittenem Kreditrahmen billigt. Denn auch dann maßt er sich Entscheidungsbefugnisse an, die der Geschäftsführung obliegen. Darüber hinaus nimmt er steuernd Einfluss auf übrige Gläubiger der Gesellschaft, indem er beispielsweise Forderungen solcher Gläubiger der Gesellschaft zur Befriedigung freigibt, die entschlossen sind, gem. § 14 InsO Insolvenzantrag zu stellen, was gem. § 14 Abs. 1 InsO nicht mehr möglich ist, wenn der jeweilige Gläubiger keine offenen Forderungen gegen die Gesellschaft hat. Dieser ist dann nämlich nicht mehr Insolvenzgläubiger i.S.d. § 38 InsO.

(d) Zwischenergebnis

Als Zwischenergebnis bleibt festzuhalten, dass ein Kreditgeber immer dann als faktischer Geschäftsführer i.S.d. Insolvenzverschleppungs-haftung zu qualifizieren ist, wenn er – direkt oder indirekt – in die korporative Sphäre der Gesell-

---

436 *Himmelsbach/Achsnick*, NZI 2003, 355 (359).

437 So zum Beispiel, wenn über eine Verfügung an einen Hauptlieferanten der Gesellschaft entschieden wird, dessen Lieferung für die Fortführung der Geschäfte von essentieller Bedeutung ist.

438 In diese Richtung auch *Himmelsbach/Achsnick*, NZI 2003, 355 (360).

schaft eindringt, indem er für die Geschäftsführung der Gesellschaft typische Entscheidungen trifft und hierdurch den Schutzzweck des § 15a Abs. 1 S. 1 InsO gefährdet.[439] Kreditgebertypische Maßnahmen, wie die Wahrnehmung bzw. Erfüllung gewährter Informationsrechte und -pflichten stellen weder organtypische Entscheidungen dar noch gefährden sie den Schutzzweck der Insolvenzantragspflicht, so dass eine Qualifizierung als faktischer Geschäftsführer nicht geboten ist. Haftungsrisiken ergeben sich jedoch bei Einflussnahmen auf die personelle Besetzung der Geschäftsführung und die Finanzangelegenheiten der Gesellschaft. Hier gilt es für den Kreditgeber zum einen dafür Sorge zu tragen, dass durch die Beeinflussung von Personalentscheidungen in der Geschäftsführung nicht die Stellung eines erforderlichen Insolvenzantrags verhindert wird und zum anderen der Geschäftsführung obliegende Entscheidungen hinsichtlich des Ausgleichs von Verbindlichkeiten der Gesellschaft autonom getroffen werden.

(5) Berater

In der Krise der Gesellschaft ist es üblich, dass die Geschäftsführung der Gesellschaft, häufig auf entsprechende Weisung der Gesellschafterversammlung, externe (Sanierungs-)Berater hinzuzieht, um die Krise zu überwinden. In Betracht kommt insbesondere die Beauftragung von Steuerberatern, Wirtschaftsprüfern und Rechtsanwälten. Diese haben häufig die Aufgabe, ein Sanierungskonzept zu erstellen und / oder Verhandlungen mit Lieferanten und Kreditgebern zu begleiten, um bei diesen verloren gegangenes Vertrauen zurückzugewinnen.[440]

Entscheidend für die Qualifizierung des Beraters als faktischer Geschäftsführer i.S.d. Insolvenzverschleppungshaftung ist, ob dieser bei der Ausübung seiner Tätigkeit einen so maßgeblichen Einfluss auf die Geschäftsführung hat, *„daß ihm auch die Verantwortung für die rechtzeitige Stellung des Insolvenzantrages zufällt."*[441] Ein solcher Einfluss wird jedenfalls so lange zu verneinen sein, wie der Berater der Geschäftsführung tatsächlich nur Ratschläge erteilt und ihnen hierdurch eine Grundlage für die von der Geschäftsführung zu treffenden Entscheidungen schafft.[442] Erteilt der Berater nämlich nur Ratschläge, trifft er keine

---

439   In diese Richtung auch *Ehricke*, Das abhängige Konzernunternehmen in der Insolvenz, S. 247, der ebenfalls die alleinige Verletzung der Kompetenz der ordentlichen Geschäftsführer nicht ausreichen lassen will, um faktische Geschäftsführung zu bejahen.

440   Vgl. hierzu das Beispiel bei *Reck*, ZInsO 2000, 121 (126).

441   BGHZ 104, 44 (48).

442   *Fleischer*, AG 2004, 517 (527); *ders.*, GmbHR 2011, 337 (344); in diese Richtung auch *Sorge*, Die Haftung faktischer Geschäftsleiter in der Krise der Gesellschaft, S. 153.

Entscheidungen, so dass die Entscheidungsbefugnis bei den Geschäftsführern verbleibt.

Risiken ergeben sich für den Berater jedoch dann, wenn er die Leitung des Unternehmens selbst in die Hand nimmt, indem er Entscheidungen nicht nur vorbereitet, sondern selbständig trifft und so die Geschicke der Gesellschaft tatsächlich führt.[443] Denn in diesem Fall agiert er wie ein bestellter Geschäftsführer, wobei eine einzelne Entscheidung – je nach ihrer Qualität – ausreichen kann, keinesfalls jedoch ausreichen muss,[444] um den für die Bejahung einer faktischen Geschäftsführerstellung erforderlichen Einfluss begründen zu können. Zwar kann auch eine einzelne Entscheidung gravierenden Einfluss auf die Geschäftsführung haben,[445] doch ist dies keineswegs zwingend, gerade wenn es sich um eine untergeordnete Entscheidung handelt, die keine Gefährdung des Sinn und Zwecks des § 15a Abs. 1 InsO darstellt.

Der Berater hat somit bei Ausübung seiner Tätigkeit darauf zu achten, dass er die Entscheidung über die von ihm aufgezeigten Handlungsalternativen der Geschäftsführung überlässt, wobei er sich der Dynamik, dass sich die Erteilung von Ratschlägen fließend in deren faktischer Durchsetzung fortsetzen kann,[446] bewusst sein sollte. Im Übrigen hat der Berater abzuwägen, ob er sich der Haftung wegen Anstiftung oder Beihilfe zur Insolvenzverschleppung gem. §§ 823 Abs. 2, 830 Abs. 2 BGB i.V.m. § 15a Abs. 1 InsO aussetzt.

ee) Der Einwand fehlender Antragsberechtigung

Gem. § 15 Abs. 1 S. 1 InsO ist zur Stellung des Insolvenzantrags einer juristischen Person neben den Gläubigern der Gesellschaft jedes Mitglied des Vertretungsorgans sowie der Liquidator der Gesellschaft berechtigt. Der sog. faktische Geschäftsführer ist als Antragsberechtigter nicht ausdrücklich genannt.

Im rechtswissenschaftlichen Schrifttum wird daher gegen die Haftung des faktischen Geschäftsführers für durch nicht rechtzeitige Stellung des Insolvenzantrags verursachte Schäden eingewandt, diesem fehle die nach § 15 Abs. 1

---

443 *Fleischer*, AG 2004, 517 (527); *ders.*, GmbHR 2011, 337 (344); *Müller-Feldhammer*, NJW 2008, 1777 (1782); *Schürnbrand*, Organschaft im Recht der privaten Verbände, S. 313, Fn. 229; *Strohn*, DB 2011, 158 (164); so auch BGHZ 135, 260 zu der Frage, wann eine unzulässige Mitwirkung des Wirtschaftsprüfers i.S.v. § 319 Abs. 2 Nr. 5 HGB a.F. (jetzt § 319 Abs. 3 Nr. 3 lit. a) HGB) wegen Mitwirkens bei der Erstellung der Bücher vorliegt.

444 So aber *Müller-Feldhammer*, NJW 2008, 1777 (1782).

445 Siehe oben § 2 A.II.2.b)cc)(1)(d).

446 Auf dieses Risiko hinweisend *Bales*, ZInsO 2010, 2073.

InsO erforderliche Berechtigung, Insolvenzantrag zu stellen; wer jedoch nicht berechtigt sei, einen zulässigen Insolvenzantrag zu stellen, dem könne auch nicht der Vorwurf gemacht werden, den Antrag nicht rechtzeitig gestellt zu haben, so dass eine Haftung im Ergebnis ausscheide.[447] Andere Stimmen gehen hiermit insoweit konform, dass auch sie eine Antragsberechtigung verneinen, dieses Problem jedoch dadurch umgehen, indem sie dem faktischen Geschäftsführer die Pflicht auferlegen, Sorge dafür zu tragen, dass die tatsächlichen Antragsberechtigten ihrer Insolvenzantragspflicht nachkommen.[448]

Demgegenüber bejahen wiederum andere Stimmen,[449] zum Teil gestützt auf die Gesetzgebungsmaterialien des MoMiG[450], sowie offenbar auch die Rechtsprechung des Bundesgerichtshofs[451] ein unmittelbares Insolvenzantragsrecht und dementsprechend auch eine direkte Antragspflicht des faktischen Geschäftsführers.

(1) Grammatikalische Auslegung

Gegen die Berechtigung des faktischen Geschäftsführers, Insolvenzantrag zu stellen, wird zunächst der Wortlaut der §§ 15 Abs. 1 S. 1, 15a Abs. 1 S. 1 InsO angeführt, nach dem zur Stellung des Insolvenzantrags berechtigt bzw. verpflich-

---

447 Baumbach/Hueck/*Haas*, § 64, Rn. 237 ff.; *Haas/Hossfeld* in: Gottwald, Insolvenzrechtshandbuch, (4. Auflage 2010), § 92, Rn. 44, 81; *Haas*, DStR 1998, 1359 (1360); *ders.*, DStR 2003, 423 (423 f.); *M. Schmidt-Leithoff/ Schneider* in: Rowedder/Schmidt-Leithoff, Vor § 64, Rn. 43; *Schürnbrand*, Organschaft im Recht der privaten Verbände, S. 300 ff.; ein Antragsrecht i.R.d. Diskussion um eine Strafbarkeit des faktischen Geschäftsführers ebenfalls verneinend *Brettner*, Die Strafbarkeit wegen Insolvenzverschleppung gemäß § 15a InsO, S. 106.

448 *Bitter*, ZInsO 2010, 1561 (1572); KPB/*Steffek*, § 15a, Rn. 30; MüKo-GmbHG/*Müller*, § 64, Rn. 61; MüKo-InsO/*Klöhn*, § 15, Rn. 11; *ders.*, § 15a, Rn. 75; *Nauschütz*, NZG 2005, 921 (922); *Noack/Bunke*, WuB II C. § 64 GmbHG 2.05; *Porzelt*, Die Außen- und Innenhaftung im Recht der GmbH, Rn. 503; Scholz/*Bitter*, Vor § 64, Rn. 91; Scholz/*K. Schmidt*, § 64, Rn. 154; *Stein*, ZHR 1984, 207 (231); *Strohn*, DB 2011, 158 (165).

449 *Brand/Brand*, NZI 2010, 712 (714); FK-InsO/*Schmerbach*, § 15, Rn. 18 f.; *Gundlach/Müller*, ZInsO 2011, 1055; Hensler/Strohn/*Arnold*, InsO, § 15a, Rn. 5; HK-InsO/*Kleindiek*, § 15a, Rn. 10 m.V.a. HK-InsO/*Sternal*, § 15, Rn. 10; *Kleindiek* in: Lutter/Hommelhoff, Anh zu § 64, Rn. 59; *Mitter* in: Haarmeyer/Wutzke/Förster, § 15, Rn. 17; Saenger/Inhester/*Kolmann*, Vorb vor § 64, Rn. 134; *Weimar*, GmbHR 1997, 473 (477).

450 Gesetz zur Modernisierung des GmbH-Rechts und zur Bekämpfung von Missbräuchen (MoMiG), BGBl. I 2008, 2026.

451 BGHZ 104, 44; BGHZ 150, 61; BGH, GmbHR 2005, 1187 setzen ein entsprechendes Insolvenzantragsrecht voraus.

tet sind *„jedes Mitglied des Vertretungsorgans"*, § 15 Abs. 1 S. 1 InsO, bzw. *„die Mitglieder des Vertretungsorgans"*, § 15a Abs. 1 S. 1 InsO.[452] Bei der Beurteilung der Antragsberechtigung soll somit offenbar maßgeblich auf die Befugnis des faktischen Geschäftsführers, die Gesellschaft zu vertreten, abgestellt werden. Die Befugnis, die Gesellschaft im Außenverhältnis zu vertreten, könne jedoch nicht allein durch die Ausübung von Machteinfluss begründet werden.[453] Diese Argumentation überzeugt nicht. Zwar ist anerkannt, dass es sich bei dem in § 15 Abs. 1 S. 1 InsO statuierten Antragsrecht der bestellten Geschäftsführer um eine besondere gesetzliche Form der Vertretungsbefugnis handelt, so dass den handelnden Personen das Antragsrecht im Namen der Gesellschaft und nicht im eigenen Namen zusteht.[454] Zu beachten ist jedoch, dass im Falle der Führungslosigkeit der Gesellschaft auch den Gesellschaftern, korrespondierend zu deren Antragspflicht gem. § 15a Abs. 3 InsO, gem. § 15 Abs. 1 S. 2 InsO ein eigenes Antragsrecht – und somit die Vertretung der Gesellschaft hinsichtlich des Insolvenzantrags – eingeräumt wird, obwohl diese selbst im Fall der Führungslosigkeit die Gesellschaft nach den GmbH-rechtlichen Regelungen nur insoweit vertreten, als dass dieser gegenüber Willenserklärungen abgegeben oder Schriftstücke zugestellt werden, § 35 Abs. 1 S. 2 GmbHG.[455] Insofern stellt die von *Schmahl*[456] aufgestellte These, faktische Zustände müssten eine umfassende Vertretungsmacht begründen, einen Zirkelschluss dar. Es geht nicht darum, ob der faktische Geschäftsführer im Allgemeinen berechtigt ist, die Gesellschaft zu vertreten, sondern darum, ob ihm hinsichtlich des Insolvenzantrags eine solche Vertretungsbefugnis eingeräumt wird. Dies ist mit Hilfe der teleologischen sowie der systematischen und historischen Auslegung zu ermitteln.

(2) Teleologische Auslegung[457] – Abwägung

In Ergänzung zur grammatischen Auslegung wird die Ablehnung des Insolvenzantragsrechts des faktischen Geschäftsführers mit dem Sinn und Zweck der

---

452   MüKo-InsO (2.Auflage)/*Schmahl*, § 15, Rn. 68; MüKo-InsO/*Klöhn*, § 15, Rn. 11; *M. Schmidt-Leithoff/Schneider* in: Rowedder/Schmidt-Leithoff, Vor § 64, Rn. 43.
453   MüKo-InsO (2. Auflage)/*Schmahl*, § 15, Rn. 68.
454   KG, OLGZ 1965, 166 (170); LG Berlin, KTS 1974, 182 f; Braun/*Bußhardt*, § 15, Rn. 5; MüKo-InsO/*Klöhn*, § 15, Rn. 11; so wohl auch Uhlenbruck/*Hirte*, § 15, Rn. 1, der die Antragsberechtigung als Teil des Eigenantrags des Schuldners begreift.
455   So auch *Horstkotte*, ZInsO 2009, 209 (213).
456   MüKo-InsO (2. Auflage)/*Schmahl*, § 15, Rn. 68.
457   Entgegen der nach der juristischen Auslegungslehre angezeigten Reihenfolge – grammatische, systematische, historische und teleologische Auslegung, vgl. *Larenz/*

§§ 15, 15a InsO begründet. Insbesondere *Haas*[458] wendet ein, ein etwaiges Recht des faktischen Geschäftsführers, Insolvenzantrag zu stellen, sei nicht mit dem Sinn und Zweck von §§ 15, 15a InsO zu vereinbaren. Dieser liege nämlich darin, innerhalb eines kurzen Zeitraums die Frage zu beantworten, ob aufgrund eines zulässigen[459] Insolvenzantrags das Insolvenzverfahren eröffnet werde[460] und ob vorläufige Sicherungsmaßnahmen i.S.d. § 21 InsO getroffen werden müssen.[461] Die kurzfristige Entscheidung über die Antragsberechtigung sei dem Insolvenzgericht im Falle des faktischen Geschäftsführers jedoch überhaupt nicht möglich, da dieser die einzelnen Voraussetzungen seiner Stellung als faktischer Geschäftsführer kaum glaubhaft darlegen und das Insolvenzgericht diese in angemessenem Zeitrahmen überhaupt nicht überprüfen könne.[462]

Diese Einwände greifen im Ergebnis jedoch nicht durch.[463] Zunächst ist zu erörtern, welche Anforderungen an die Darlegung der faktischen Geschäftsführung durch den Antragssteller zu stellen sind. Zu verweisen ist auf die

---

Canaris, Methodenlehre, S. 141 ff. – soll von dieser aus Zwecken der Übersichtlichkeit der Darstellung bewusst abgewichen werden.

458 Baumbach/Hueck/*Haas*, § 64, Rn. 238; *Haas/Hossfeld* in: Gottwald, Insolvenzrechtshandbuch, (4. Auflage 2010), § 92, Rn. 44; *Haas*, DStR 1998, 1359 (1360); *ders.*, DStR 2003, 423 f. und ihm in dieser Argumentation folgend MüKo-InsO/*Klöhn*, § 15, Rn. 11; *Schürnbrand*, Organschaft im Recht der privaten Verbände, S. 300; *Strohn*, DB 2011, 158 (165); nunmehr für eine Antragsrecht des faktischen Geschäftsführers *Haas/Kolmann/Pauw* in: Gottwald, Insolvenzrechtshandbuch, § 92, Rn. 51.

459 Die Frage der Zulässigkeit ist vom Insolvenzgericht von Amts wegen zu prüfen, ohne dass dieses eigene Ermittlungen anstellen muss, vgl. Uhlenbruck/*Wegener*, § 13, Rn. 142.

460 Baumbach/Hueck/*Haas*, § 64, Rn. 238; *Haas/Hossfeld* in: Gottwald, Insolvenzrechtshandbuch, (4. Auflage 2010), § 92, Rn. 44; *Haas*, DStR 1998, 1359 (1360); *ders.*, DStR 2003, 423 f.; MüKo-InsO/*Klöhn*, § 15, Rn. 11; *Schürnbrand*, Organschaft im Recht der privaten Verbände, S. 300; *Strohn*, DB 2011, 158 (165).

461 *Schürnbrand*, Organschaft im Recht der privaten Verbände, S. 300.

462 Baumbach/Hueck/*Haas*, § 64, Rn. 238; *Haas/Hossfeld* in: Gottwald, Insolvenzrechtshandbuch, (4. Auflage 2010), § 92, Rn. 44; *Haas*, DStR 1998, 1359 (1360); *ders.*, DStR 2003, 423 f.; MüKo-InsO/*Klöhn*, § 15, Rn. 11; *Nadwornik*, De facto und shadow directors im englisch-deutschen Rechtsvergleich, S. 120 f.; *Sandhaus*, Der Kreditgeber als faktischer Geschäftsführer einer GmbH, S. 190; *Schürnbrand*, Organschaft im Recht der privaten Verbände, S. 300; *Strohn*, DB 2011, 158 (165); *Vallender*, MDR 1999, 280 (282).

463 A.A. *Biehl*, Geschäftsführer- und Gesellschafterhaftung wegen Insolvenzverschleppung in der GmbH, S. 56.

Grundsatzentscheidung des Bundesgerichtshofs vom 12.12.2002,[464] wonach u.a. erforderlich ist, dass der Schuldner Tatsachen in substantiierter und nachvollziehbarer Form darlegt, die wesentliche Merkmale eines Eröffnungsgrundes erkennen lassen. Schlüssigkeit hingegen soll noch nicht erforderlich sein.

Folglich ist zu konstatieren, dass vom Antragssteller nicht wird verlangt werden können, seine Stellung als faktischer Geschäftsführer in Form eines Strengbeweises zu beweisen.[465] Vielmehr muss es ausreichen, dass der faktische Geschäftsführer seine Stellung in der Gesellschaft – wie auch der alleine (von mehreren) handelnde Geschäftsführer und der Gesellschafter im Falle der Führungslosigkeit der Gesellschaft – glaubhaft macht, § 4 InsO i.V.m. § 294 ZPO.[466] Schließlich ist nicht einzusehen, warum es bei dem Antrag eines Gläubigers der Gesellschaft, eines Gesellschafters der Gesellschaft bei Führungslosigkeit und bei dem Antrag nur eines von mehreren Geschäftsführern ausreichen soll, dass diese die Voraussetzungen ihrer Antragsberechtigung nur glaubhaft machen müssen[467] und der faktische Geschäftsführer im Gegensatz den Strengbeweis zu führen haben soll.[468] Zur Glaubhaftmachung steht dem Geschäftsführer somit insbesondere die Abgabe einer Versicherung an Eides statt zur Verfügung, § 294 Abs. 1 ZPO.

Zwar mögen an die Glaubhaftmachung hohe Anforderungen zu stellen sein, um rechtsmissbräuchliche Antragsstellungen[469] zu verhindern; dies führt jedoch nicht zum Entstehen einer Haftungslücke.[470] Denn entgegen *Strohn* ist es dem faktischen Geschäftsführer versagt, sich im Fall der Verwerfung des Antrags durch das Insolvenzgericht aufgrund unzureichender Darlegungen darauf zu berufen, er habe einen Insolvenzantrag gestellt, um so der Haftung wegen Insol-

---

464 BGHZ 153, 205; vgl. zu den Übrigen Zulässigkeitsvoraussetzungen des Insolvenz-antrags *Vallender* in: K. Schmidt/Uhlenbruck, Die GmbH in Krise Sanierung und Insolvenz, Rn. 5.170 ff.

465 *Gundlach/Müller*, ZInsO 2011, 1055 (1056); *Strohn*, DB 2011, 158 (165); u.A. Baum-bach/Hueck/*Haas*, § 64, Rn, 172; *Haas/Kolmann/Pauw* in: Gottwald, Insolvenz-rechtshandbuch, § 92, Rn. 51.

466 FK-InsO/*Schmerbach*, § 15, Rn. 19; *Gundlach/Müller*, ZInsO 2011, 1055 (1056); *Strohn*, DB 2011, 158 (165).

467 Entsprechendes ergibt sich für den Gläubiger aus § 14 Abs. 1 S. 1 InsO, den Gesell-schafter aus § 15 Abs. 2 S. 2 InsO und den einzeln auftretenden Geschäftsführer § 15 Abs. 2 S. 1 InsO.

468 *Gundlach/Müller*, ZInsO 2011, 1055 (1056).

469 Beispielsweise, um die Rechtsfolgen der §§ 88, 89 InsO herbeizuführen oder aber im Fall der sog. Firmenbestattung, vgl. AG Duisburg, NZI 2007, 354.

470 So aber *Strohn*, DB 2011, 158 (165).

venzverschleppung zu entgehen. So genügt ein (faktischer) Geschäftsführer der ihm gem. § 15a Abs. 1 S. 1 InsO obliegenden Pflicht zur Insolvenzantragsstellung nur dann, wenn er einen zulässigen Antrag stellt, denn auch der unzulässige Antrag führt unter Umständen zu einer Verzögerung über die Entscheidung der Eröffnung des Verfahrens bzw. über vorläufige Sicherungsmaßnahmen.[471] Genügt er diesen Anforderungen nicht, wird das Insolvenzgericht ihm gem. § 4 InsO i.V.m. § 139 ZPO einen entsprechenden Hinweis erteilen, da der Amtsermittlungsgrundsatz gem. § 5 InsO nicht gilt, wenn es um die Beurteilung der Zulässigkeit des Insolvenzantrags geht.[472] Nimmt der faktische Geschäftsführer diesen Hinweis nicht zum Anlass, den von ihm gestellten Antrag zu ergänzen, wird sein Antrag als unzulässig verworfen. Mit dem Einwand, seine Haftung sei ausgeschlossen, weil er bereits einen Insolvenzantrag gestellt habe, kann er dann konsequenterweise nicht mehr gehört werden, zumal ihm nach der Verwerfung seines Antrags auch noch die sofortige Beschwerde zusteht.[473]

Steht demnach fest, dass der faktische Geschäftsführer seine Stellung in der Gesellschaft nicht zu beweisen, sondern nur glaubhaft zu machen hat, bleibt zu konstatieren, dass die Überprüfung der Voraussetzungen der faktischen Geschäftsführung das Insolvenzgericht nicht vor größere Schwierigkeiten stellt, als es auch bei der Frage der Führungslosigkeit der Gesellschaft zu bewältigen hat. Denn auch die Beantwortung der Frage, ob die Gesellschaft führungslos ist, ist unter Umständen mit erheblichen Schwierigkeiten[474] verbunden.[475]

Abschließend sind auch Bedenken hinsichtlich des von *Haas* ausschließlich gewählten Anknüpfungspunktes – Prämisse der kurzfristigen Entscheidung über die Verfahrenseröffnung – angezeigt. *Haas* unterlässt es nämlich, den Schutzzweck des § 15a Abs. 1 S. 1 InsO – Schutz der Gläubiger vor Insolvenzverschleppungsschäden – mit in seine Überlegungen einzubeziehen. Im Interesse

---

471 Baumbach/Hueck/*Haas*, § 64, Rn. 157; *Haas/Kolmann/Pauw* in: Gottwald, Insolvenzrechtshandbuch, § 92, Rn. 79; HK-InsO/*Kleindiek*, § 15a, Rn. 15; Saenger/Inhester/ *Kolmann*, Vorb vor § 64, Rn. 170 ff.; *M. Schmidt-Leithoff/ Schneider* in: Rowedder/ Schmidt-Leithoff, Vor § 64, Rn. 71; *Schmittmann*, NZI 2007, 356 (357); Scholz/ *K. Schmidt*, § 64, Rn. 166.

472 OLG Zweibrücken, NZI 2001, 32 (33); LG Stendal, NZI 2008, 44 f.; *Haas/Kolmann/ Pauw* in: Gottwald, Insolvenzrechtshandbuch, § 92, Rn. 51; HambKomm/*Linker*, § 13, Rn. 27; *M. Schmidt-Leithoff/ Schneider* in: Rowedder/Schmidt Leithoff, Vor § 64, Rn. 71; Uhlenbruck/*Wegener*, § 13, Rn. 142.

473 Braun/*Bußhardt*, § 13, Rn. 25.

474 Vgl. zum Begriff der Führungslosigkeit i.S.d. § 15a Abs. 3 InsO § 2 B.I.

475 *Brand/Brand*, NZI 2010, 712 (714).

des Gläubigerschutzes ist es angezeigt, dem faktischen Geschäftsführer ein Antragsrecht gem. § 15 Abs. 1 S. 1 InsO zuzubilligen. Im Gegensatz zu demjenigen Geschäftsführer, der sein Amt bei bereits eingetretener Insolvenzreife der Gesellschaft niedergelegt hat, und der nach der hier vertretenen Auffassung (lediglich) verpflichtet ist, auf die zum Zeitpunkt der Amtsniederlegung zur Antragsstellung Verpflichteten einzuwirken,[476] hat der faktische Geschäftsführer nach wie vor erheblichen Einfluss auf die Fortführung der Geschäfte. Würde man dem faktischen Geschäftsführer in dieser Situation lediglich die Pflicht auferlegen, den bestellten Geschäftsführer zur Stellung des Insolvenzantrags zu veranlassen,[477] wäre hierdurch kein hinreichender Gläubigerschutz gewährleistet. Zum einen wäre der faktische Geschäftsführer nicht gehindert, während des Entscheidungsprozesses des bestellten Geschäftsführers, die Geschäfte fortzuführen und so für eine Vergrößerung bereits entstandener Schäden und auch neue Schäden zu sorgen. Zum anderen mag der faktische Geschäftsführer zwar einen erheblichen Einfluss auf die Führung der Geschäfte haben, doch ist nicht zwingend erforderlich, dass er die tatsächlich bestellten Geschäftsführer wie Marionetten steuert, so dass die Möglichkeit besteht, dass sich diese – aus welchen Gründen auch immer – weigern, den von ihnen geforderten Insolvenzantrag zu stellen. Eine rechtliche Handhabe, den bestellten Geschäftsführer zur Stellung des Insolvenzantrags zu zwingen, hat der faktische Geschäftsführer jedenfalls nicht.[478] Abschließend dürfte es sich ex post nicht immer zweifelsfrei aufklären lassen, ob, und wenn ja wann, der faktische Geschäftsführer hinreichend auf den bestellten Geschäftsführer eingewirkt hat.[479] An ein hinreichendes Einwirken auf den bestellten Geschäftsführer müssten jedenfalls hohe Anforderungen gestellt werden. Aufgrund des Einflusses des faktischen Geschäftsführers würde man von diesem verlangen müssen, dem bestellten Geschäftsführer einen vollständig vorbereiteten Insolvenzantrag sowie die zur Beurteilung der wirtschaftlichen Lage der Gesellschaft erforderlichen Informationen zur Verfügung zu stellen. Eine bloße pro forma erfolgende Aufforderung würde dem Schutzzweck der Insolvenzantragspflicht nicht gerecht.

---

476 Siehe oben § 2 A.II.1.b)bb)(1).
477 *Bitter*, ZInsO 2010, 1561 (1572); KPB/*Steffek*, § 15a, Rn. 34; MüKo-GmbHG/*Müller*, § 64, Rn. 61; MüKo-InsO/*Klöhn*, § 15, Rn. 11; *ders.*, § 15a, Rn. 75; *Nauschütz*, NZG 2005, 921 (922); Scholz/*Bitter*, Vor § 64, Rn. 94; Scholz/*K. Schmidt*, § 64, Rn. 154; *Stein*, ZHR 1984, 207 (231); *Strohn*, DB 2011, 158 (165).
478 So zutreffend Baumbach/Hueck/*Haas*, § 64, Rn. 240; *Schürnbrand*, Organschaft im Recht der privaten Verbände, S. 301.
479 So zutreffend Baumbach/Hueck/*Haas*, § 64, Rn. 240.

(3) Systematische und historische Auslegung

Auch die systematische Auslegung der §§ 15 Abs. 1 S. 1, 15a Abs. 1 S. 1 InsO spricht dafür, dem faktischen Geschäftsführer das Recht zur Stellung des Insolvenzantrags zuzusprechen. So hat der Gesetzgeber mit Verabschiedung des MoMiG[480] in §§ 15 Abs. 1 S. 2, 15a Abs. 3 InsO statuiert, dass im Fall der Führungslosigkeit der Gesellschaft „*auch*" die Gesellschafter zur Stellung des Insolvenzantrags berechtigt, § 15 Abs. 1 S. 2 InsO, und verpflichtet, § 15a Abs. InsO, sind. Die Verwendung des Wortes „*auch*" in § 15a Abs. 3 InsO bezieht sich nach den Gesetzgebungsmaterialien des MoMiG[481] ausdrücklich auf die Verpflichtung des faktischen Geschäftsführers, im Fall der Insolvenzreife der Gesellschaft Insolvenzantrag zu stellen.[482] Schließlich ist nach der Begründung zu § 15a Abs. 3 InsO[483] eindeutig hervorgehoben, dass „*durch die … vorgesehene Regelung zur Fallgruppe der führungslosen Gesellschaft … die Rechtsprechung zum faktischen Geschäftsführer und die weitere Rechtsentwicklung hierzu nicht berührt*"[484] werden.[485] Gegen diese Auslegung kann auch nicht eingewandt werden, das Wort „*auch*" könne sich ebenfalls auf die in § 15 Abs. 1 S. 2 InsO erwähnten Gläubiger oder auf fehlerhaft bestellte Geschäftsführer beziehen.[486] Zum einen lässt sich die Ergänzung des Wortes „*auch*" nicht isoliert an der Regelung in § 15 Abs. 1 S. 2 InsO bewerten. Vielmehr ist die Verwendung des Wortes „*auch*" in § 15a Abs. 3 InsO zu berücksichtigen. Denn „*der Pflicht jedes Gesellschafters zur Stellung eines Insolvenzantrags korrespondiert die Änderung in Nummer 2, wonach gemäß § 15 Abs. 1 S. 2 InsO auch jedem Gesellschafter persönlich das Recht zur Stellung des Insolvenzantrags nach § 15 Abs. 1 InsO zusteht.*"[487] Das Wort „*auch*" in § 15a Abs. 3 InsO kann sich jedoch gerade nicht auf die Gläubiger der Gesellschaft beziehen, da diese einer Antragspflicht überhaupt nicht unterliegen. Zum anderen hat die

---

480 Gesetz zur Modernisierung des GmbH-Rechts und zur Bekämpfung von Missbräuchen (MoMiG), BGBl. I 2008, 2026.
481 Begr. RegE MoMiG, BT-Drucks. 16/6140, S. 55 f.
482 A.A. *Sandhaus*, Der Kreditgeber als faktischer Geschäftsführer einer GmbH, S. 188.
483 Begr. RegE MoMiG, BT-Drucks. 16/6140, S. 56.
484 Begr. RegE MoMiG, BT-Drucks. 16/6140, S. 56.
485 FK-InsO/*Schmerbach*, § 15, Rn. 19; Henssler/Strohn/*Arnold*, InsO § 15a, Rn. 5; *Kleindiek* in: Lutter/Hommelhoff, Anh zu § 64, Rn. 59, Jaeger/Müller/*Kohmann*, Vorb vor § 64, Rn. 134.
486 So aber *M. Schmidt-Leithoff/Schneider* in: Rowedder/Schmidt-Leithoff, Vor § 64, Rn. 43.
487 Begr. RegE MoMiG, BT-Drucks. 16/6140, S. 56.

bei Verabschiedung des MoMiG[488] existierende Rechtsprechung[489] ausdrücklich schon den ohne formellen Bestellungsakt handelnden faktischen Geschäftsführer als Adressat der Insolvenzverschleppungshaftung angesehen, so dass sich das Wort „auch" eben nicht nur auf das Antragsrecht fehlerhaft bestellter Geschäftsführer bezieht.

(4) Zwischenergebnis

Teleologische sowie systematische und historische Auslegung der §§ 15 Abs. 1 S. 2, 15a Abs. 3 InsO haben gezeigt, dass auch der faktische Geschäftsführer zur Stellung des Insolvenzantrags verpflichtet und auch berechtigt ist. Die aufgrund des Wortlautes gegen die Antragsberechtigung angeführten Bedenken greifen nicht durch. Bei Stellung des Insolvenzantrags hat er seine Antragsberechtigung und somit seine Stellung als faktischer Geschäftsführer ebenso glaubhaft zu machen wie gem. § 15 Abs. 2 InsO das Vorliegen eines Insolvenzgrundes. Dies kann durch Vorlage geeigneter Dokumente, jedoch insbesondere durch die Abgabe einer, die Voraussetzungen der faktischen Geschäftsführung detailliert beschreibenden, Versicherung an Eides statt erfolgen, § 4 InsO i.V.m. § 294 Abs. 1 ZPO. Anknüpfungspunkt der Haftung des faktischen Geschäftsführers wegen Insolvenzverschleppung ist somit – ebenso wie beim bestellten Geschäftsführer – der Vorwurf, nicht rechtzeitig den erforderlichen Insolvenzantrag gestellt zu haben.

ff) Zwischenergebnis

Die Untersuchung hat gezeigt, dass auch der ohne formellen Bestellungsakt tätig gewordene faktische Geschäftsführer Adressat der Insolvenzverschleppungshaftung gem. § 823 Abs. 2 BGB i.V.m. § 15a Abs. 1 S. 1 InsO ist. Ihm obliegt es, in den Fällen eingetretener Zahlungsunfähigkeit i.S.v. § 17 InsO und eingetretener Überschuldung i.S.v. § 19 InsO gem. § 15a Abs. 1 S. 1 InsO den erforderlichen Insolvenzantrag zu stellen.

Um sich haftungsrechtlich vollständig abzusichern, sollte der faktische Geschäftsführer, parallel zur eigenen Antragsstellung, auf den bestellten Geschäftsführer oder im Falle der Führungslosigkeit der Gesellschaft auf die Gesellschafter einwirken und versuchen, diese ebenfalls zur Stellung des Insolvenzantrags anzuhalten. Hierbei sollte er ihnen sämtliche Unterlagen zur Verfügung stellen, die

---

488 Gesetz zur Modernisierung des GmbH-Rechts und zur Bekämpfung von Missbräuchen (MoMiG), BGBl. I 2008, 2026.
489 BGH, WM 1973, 1354 (1355); BGHZ 75, 96 (106); BGHZ 104, 44 (47 f.); BGH, ZIP 2005, 1550.

diese benötigen, um die wirtschaftliche Situation der Gesellschaft zu beurteilen und einen zulässigen Insolvenzantrag zu stellen. Diese Maßnahmen sollten gerichtsfest dokumentiert werden.

c) Fortführung der Geschäftsführertätigkeit nach Beendigung des Amtes

Neben der Tätigkeit des fehlerhaft bestellten Geschäftsführers und eines solchen, der ohne formellen Bestellungsakt die Leitung der Gesellschaft übernommen hat, gilt es abschließend, die Insolvenzverschleppungshaftung solcher Geschäftsführer zu erörtern, die nach Beendigung ihrer Organstellung, sei es nach Abberufung, Niederlegung oder der Verurteilung wegen einer Straftat der in § 6 Abs. 2 GmbHG aufgeführten Straftaten, ihre Geschäftsführertätigkeit weiter fortführen.

Einigkeit besteht im rechtswissenschaftlichen Schrifttum,[490] dass auch diese Geschäftsführer bei Missachtung der in § 15a Abs. 1 S. 1 InsO normierten Insolvenzantragspflicht für hierdurch entstandene Schäden zu haften haben. Während eine Auffassung[491] in diesem Zusammenhang, unter Verweis auf die Rechtsprechung des Bundesgerichtshofs, auf die Grundsätze des fehlerhaft bestellten Geschäftsführers[492] sowie die positive Publizität des Handelsregisters gem. § 15 HGB[493] abstellen will, begründet der überwiegende Teil des rechtswissenschaftlichen Schrifttums[494] die Haftung mit der Begründung, der auch nach Beendigung der Organstellung tätige Geschäftsführer sei als faktischer Geschäftsführer i.S.d. § 15a Abs. 1 S. 1 InsO zu qualifizieren.

Die zuletzt genannte Auffassung verdient Zustimmung. Zunächst stützt die zitierte Rechtsprechung die von *Strohn*[495] geäußerte Auffassung, es sei auf die Grundsätze des fehlerhaft bestellten Geschäftsführers bzw. die positive Publizität des Handelsregisters abzustellen, nicht. So befasst sich das zitierte Urteil des Bundesgerichtshofs vom 17.04.1967[496] mit dem Problemkreis des fehlerhaften Anstellungsverhältnisses und nicht mit dem faktischer Geschäftsführung. Darü-

---

490 Scholz/*K. Schmidt*, § 64, Rn. 170; *Stapper/Jacobi*, NJ 2010, 464 (465); *Strohn*, DB 2011, 158 (159); *Trölitzsch*, GmbHR 1995, 857 (859).
491 *Strohn*, DB 2011, 158 (159).
492 BGHZ 47, 341 (343).
493 BGH, ZIP 2005, 2255 (2257).
494 Scholz/*K. Schmidt*, § 64, Rn. 170; *Stapper/Jacobi*, NJ 2010, 464 (465); *Trölitzsch*, GmbHR 1995, 857 (859).
495 *Strohn*, DB 2011, 158 (159).
496 BGHZ 47, 341 (343).

ber hinaus stellt das ebenfalls zitierte Urteil vom 24.10.2005[497] entgegen *Strohn*[498] hinsichtlich der Haftung wegen Insolvenzverschleppung gerade nicht auf die positive Publizität des Handelsregisters gem. § 15 HGB, sondern auf die Stellung als faktischer Geschäftsführer ab. Der Bundesgerichtshof nimmt in seiner Entscheidung zwar zunächst Bezug auf die positive Publizität des Handelsregisters, wenn er ausführt, dass der Rechtsverkehr auf diese Publizität bei rechtsgeschäftlichen Handlungen des Geschäftsführers vertrauen kann. Ergänzend hierzu, so der Bundesgerichtshof, *„unterliegt der nach Bedingungseintritt tätig bleibende ‚faktische' Geschäftsführer dem Pflichtenkreis eines ordentlichen Geschäftsführers und haftet etwa bei einer Missachtung der Insolvenzantragspflicht (...)."*[499] Die dogmatische Begründung dieser Stellung als faktischer Geschäftsführer bleibt offen; die Stellung wird insbesondere nicht mit der positiven Publizität des Handelsregisters begründet.

Ein Abstellen auf die Stellung als faktischer Geschäftsführer ist nur konsequent, wenn man berücksichtigt, dass es im Rahmen der Insolvenzverschleppungshaftung nicht auf Rechtsscheinsgesichtspunkte, sondern vielmehr auf die Frage der Gefährdung des Schutzzwecks des § 15a Abs. 1 S. 1 InsO ankommt.[500] Folglich ist der Auffassung zuzustimmen, die den nach Beendigung der Organstellung noch tätigen Geschäftsführer als faktischen Geschäftsführer i.S.d. Insolvenzverschleppungshaftung qualifiziert und somit zum Adressaten der Insolvenzverschleppungshaftung macht.

3. Ergebnis

Als Adressaten der Insolvenzverschleppungshaftung gem. § 823 Abs. 2 BGB i.V.m. § 15a Abs. 1 S. 1 InsO stehen die bestellten Geschäftsführer, im Falle der Abwicklung der Gesellschaft die Liquidatoren, fehlerhaft bestellte Geschäftsführer und faktische Geschäftsführer fest.

Die Fallgruppe der faktischen Geschäftsführung birgt ein nicht zu unterschätzendes Haftungsrisiko insbesondere für den sog. Schattengeschäftsführer, die Gesellschafter, die die bestellten Geschäftsführer durch Ausübung ihres Wei-

---

497 BGH, ZIP 2005, 2255 (2257).
498 *Strohn*, DB 2011, 158 (159).
499 BGH, ZIP 2005, 2255 (2257).
500 *Ehricke*, Das abhängige Konzernunternehmen in der Insolvenz, S. 246; *Fleischer*, GmbHR 2011, 337 (342); *Grigoleit*, Gesellschafterhaftung für interne Einflussnahme im Recht der GmbH, S. 117; *Haas*, NZI 2006, 494 (499); Saenger/Inhester/*Kolmann*, Vorb vor § 64, Rn. 138; *Strohn*, DB 2011, 158 (163).

sungsrechts zu Marionetten degradieren sowie Berater und Kreditgeber. Sie alle haben bei ihrer Tätigkeit darauf zu achten, entweder nicht die Schwelle zur faktischen Geschäftsführung zu überschreiten oder aber über die wirtschaftlichen Verhältnisse der Gesellschaft so präzise informiert zu sein, dass ihnen die Beurteilung, ob Insolvenzantrag zu stellen ist, möglich ist. Haben sie solche Kenntnisse nicht oder werden ihnen erforderliche Informationen nicht gewährt, müssen sie sich über die ihnen drohenden Haftungsrisiken bewusst sein und ihre Einflussnahme nötigenfalls rechtzeitig beenden.

B. Insolvenzverschleppungshaftung gem. § 823 Abs. 2 BGB i.V.m. § 15a Abs. 3 InsO

Mit der Verabschiedung des MoMiG[501] hat der Gesetzgeber in § 15a Abs. 3 InsO eine subsidiäre Insolvenzantragspflicht der Gesellschafter eingeführt. Diese sind – jeder für sich – für den Fall der Führungslosigkeit der überschuldeten oder zahlungsunfähigen Gesellschaft persönlich verpflichtet, ihrerseits den Insolvenzantrag zu stellen, es sei denn, sie haben *„von der Zahlungsunfähigkeit und der Überschuldung oder der Führungslosigkeit keine Kenntnis."* Mit der Einführung dieser subsidiären Antragspflicht verfolgt der Gesetzgeber, im Zusammenspiel mit weiteren durch das MoMiG eingeführten Neuerungen, wie insbesondere §§ 6, 8 Abs. 4, 10 Abs. 1, 35 Abs. 1 S. 2 GmbHG, § 10 Abs. 2 InsO sowie § 15a HGB,[502] das allgemeine Ziel, *„Missbräuche durch sogenannte Firmenbestatter, die angeschlagene GmbHs durch Abberufung von Geschäftsführern und durch Aufgabe des Geschäftslokals einer ordnungsgemäßen Insolvenz und Liquidation zu entziehen suchen, … (zu bekämpfen)."*[503] In concreto soll die subsidiäre Insolvenzantragspflicht der Gesellschafter den, nach der bei Erlass des MoMiG[504] geltenden Rechtslage schon bestehenden, Gläubigerschutz stärken, indem die Umgehung der Antragspflicht verhindert und daneben ein Anreiz geschaffen wird, ordnungsgemäß aktionsfähige Geschäftsführer zu bestellen.

---

501 Gesetz zur Modernisierung des GmbH-Rechts und zur Bekämpfung von Missbräuchen (MoMiG), BGBl. I 2000, 2026.

502 Vgl. *Horstkotte*, ZInsO 2009, 209.

503 Begr. RegE MoMiG, BT-Drucks. 16/6140, S. 26.

504 Gesetz zur Modernisierung des GmbH-Rechts und zur Bekämpfung von Missbräuchen (MoMiG), BGBl. I 2008, 2026.

In Anbetracht dieses, vom Gesetzgeber intendierten Schutzzwecks besteht im rechtswissenschaftlichen Schrifttum[505] weitgehende Einigkeit, neben § 15a Abs. 1 S. 1 InsO auch § 15a Abs. 3 InsO als Schutzgesetz i.S.v. § 823 Abs. 2 BGB zu qualifizieren, so dass auch die Gesellschafter – im Falle der Führungslosigkeit der Gesellschaft – taugliche Adressaten der Insolvenzverschleppungshaftung sind. Ebenso wie der den erforderlichen Insolvenzantrag nicht rechtzeitig stellende Geschäftsführer sind die ihrer subsidiären Antragspflicht nicht genügenden Gesellschafter verpflichtet, den Altgläubigern den diesen entstandenen Quotenschaden und den Neugläubigern den entstandenen Vertrauensschaden zu ersetzen.[506] Zu beachten ist in diesem Zusammenhang jedoch, dass sich die Qualifizierung eines Gläubigers als Alt- oder Neugläubiger nach der den Gesellschafter treffenden subsidiären Antragspflicht richtet. Diese weicht von der entsprechenden Einordnung im Rahmen der Geschäftsführerhaftung dann ab, wenn der Geschäftsführer nach Eintritt der ihn treffenden Insolvenzantragspflicht im Namen der Gesellschaft vertragliche Bindungen eingeht und in der Folge sein Amt niederlegt, was zur Führungslosigkeit der Gesellschaft führt; verletzt der einzelne Gesellschafter die ihn sodann bei Führungslosigkeit gem. § 15a Abs. 3 InsO treffende Antragspflicht, ist dieser Gläubiger im Rahmen der den Geschäftsführer treffenden Insolvenzverschleppungshaftung als Neugläubiger und hinsichtlich der den Gesellschafter treffenden Haftung als Altgläubiger zu qualifizieren.[507] Denn Altgläubiger ist derjenige Gläubiger der Gesellschaft, der bereits zum Zeitpunkt, in dem der Insolvenzantrag hätte gestellt werden müssen, Gläubiger der Gesellschaft war.[508]

Uneinigkeit besteht hinsichtlich der Auslegung der einzelnen Voraussetzungen der subsidiären Insolvenzantragspflicht, die in diesem Kapitel erörtert werden sollen, um sodann wiederum für die Praxis relevante Anwendungsfälle aufzuzeigen.

---

505 *Berger*, ZInsO 2009, 1977 (1985); *Göcke*, ZInsO 2008, 1305 (1307); *Gundlach/Frenzel/Strandmann*, NZI 2008, 647; Henssler/Strohn/*Arnold*, GmbHG § 64, Rn. 70; HK-InsO/*Kleindiek*, § 15a, Rn. 24; *ders.* in: Lutter/Hommelhoff, Anh zu § 64, Rn. 80; *Konu/Topoglu/Calagno*, NZI 2010, 244 (245); *Marotzke*, ErbR 2010, 115 (116); Saenger/Inhester/*Kolmann*, Vorb vor § 64, Rn. 220; Ulmer/*Casper*, § 64, Rn. 212; *Wicke*, 64, Rn. 12.

506 So auch *Berger*, ZInsO 2009, 1977 (1986); Ulmer/*Casper*, § 64, Rn. 218.

507 So zutreffend *Berger*, ZInsO 2009, 1977 (1986).

508 Statt aller: *Kleindiek* in: Lutter/Hommelhoff, Anh zu § 64, Rn. 91.

I. Führungslosigkeit der Gesellschaft i.S.v. § 15a Abs. 3 InsO

Zentraler Anknüpfungspunkt für die subsidiäre Insolvenzantragspflicht der Gesellschafter gem. § 15a Abs. 3 InsO ist das Tatbestandsmerkmal der Führungslosigkeit der Gesellschaft. Der Zustand der Führungslosigkeit der Gesellschaft ist in § 10 Abs. 2 S. 2 InsO legaldefiniert. Demnach ist eine Gesellschaft, die juristische Person ist, führungslos, wenn sie keinen organschaftlichen Vertreter hat. Ergänzend definiert § 35 Abs. 1 S. 2 GmbHG den Tatbestand der Führungslosigkeit für die GmbH dergestalt, dass Führungslosigkeit anzunehmen ist, wenn die Gesellschaft keinen Geschäftsführer hat. Da diese Definitionen für den Anwendungsbereich der GmbH somit zum selben Ergebnis führen, ist es nicht erforderlich, die von *Berger* aufgeworfene Frage, ob im Rahmen von § 15a Abs. 3 InsO die insolvenzrechtliche oder aber die rechtsformspezifische Definition maßgeblich ist, [509] zu beantworten. Ohnehin bestimmt sich die Frage, ob die GmbH einen organschaftlichen Vertreter hat, nach den Grundsätzen des GmbHG.

1. Gesamtvertretung und Führungslosigkeit

Sind mehrere Geschäftsführer bestellt, so sind diese gem. § 35 Abs. 2 S. 1 GmbHG nur gemeinschaftlich zur Vertretung der Gesellschaft befugt, es sei denn, die Satzung sieht Einzelvertretungsberechtigung vor. Reduziert sich die Anzahl der Geschäftsführer – aus welchem Grund auch immer – auf einen verbleibenden Geschäftsführer, so wird die Gesellschaft, sofern die Satzung auch die Bestellung nur eines Geschäftsführers zulässt, von diesem in Alleinvertretungsmacht vertreten,[510] so dass die Gesellschaft denklogisch nicht führungslos i.S.v. §§ 10 Abs. 2 S. 2, 15a Abs. 3 InsO sein kann.[511]

Es besteht jedoch ferner die Möglichkeit, dass die Satzung explizit die sog. echte Gesamtvertretung durch mehrere Geschäftsführer oder die sog. unechte Gesamtvertretung durch einen Geschäftsführer gemeinschaftlich mit einem Prokuristen

---

509   *Berger*, ZInsO 2009, 1977 (1980).

510   BGH, GmbHR 2007, 824 (825); OLG Schleswig, GmbHR 2011, 253 (254 f.); *Kleindiek* in: Lutter/Hommelhoff, § 35, Rn. 26.

511   A.A. *Berger*, ZInsO 2009, 1977 (1980), der bereits in diesem Zusammenhang darauf abstellt, dass jeder Geschäftsführer einzeln unabhängig von einer angeordneten Gesamtvertretung verpflichtet und berechtigt ist, Insolvenzantrag zu stellen, vgl. hierzu § 2 A.II.1.a).

vorschreibt.[512] Da es sich bei der Stellung des Insolvenzantrags durch die Geschäftsführer rein formal gesehen um einen Eigenantrag der Gesellschaft i.S.d. § 15 Abs. 1 InsO und somit um eine Vertretungshandlung der Geschäftsführer handelt,[513] stellt sich somit die Frage, ob das Merkmal der Führungslosigkeit i.S.v. § 15a Abs. 3 InsO bereits dann erfüllt ist, wenn weniger als die in der Satzung zur Vertretung der Gesellschaft vorgeschriebene Anzahl an Geschäftsführern vorhanden sind oder ein zur Gesamtvertretung erforderlicher Prokurist fehlt. Auch in diesem Fall ist die Gesellschaft jedoch nicht führungslos i.S.v. § 15a Abs. 3 InsO.[514] Dies ergibt sich zum einen bereits aus dem Wortlaut der §§ 10 Abs. 2 InsO, 35 Abs. 1 S. 2 GmbHG, der *„keinen organschaftlichen Vertreter"* bzw. *„keinen Geschäftsführer"* voraussetzt. Hat die GmbH jedoch noch einen (bestellten)[515] Geschäftsführer, ist dieser organschaftlicher Vertreter, auch wenn er die Gesellschaft unter Umständen nicht wirksam rechtsgeschäftlich vertreten kann.

Zum anderen stellt § 15 InsO eine besondere Form der Vertretungsbefugnis dar, mit der Folge, dass jeder einzelne Geschäftsführer unabhängig von einer angeordneten Gesamtvertretung berechtigt und verpflichtet ist, den erforderlichen Insolvenzantrag allein zu stellen.[516] Folglich führt die Situation, in der nicht ausreichend Geschäftsführer gemessen an der von der Satzung vorgesehenen Zahl vorhanden sind, nicht zur Führungslosigkeit i.S.v. § 15a Abs. 3 InsO.[517]

2. Fehlerhaft bestellter Geschäftsführer

Fraglich ist, ob auch fehlerhafte, das heißt anfechtbare oder gar nichtige Bestellungsakte zur Führungslosigkeit der Gesellschaft i.S.v. § 15a Abs. 3 InsO führen. Unproblematisch zu verneinen ist diese Frage für lediglich anfechtbare

---

512 Die Regelung des § 35 Abs. 2 S. 1 GmbHG ist dispositiv. Zur echten und unechten Gesamtvertretung vgl. *Kleindiek* in: Lutter/Hommelhoff, § 35, Rn. 38 ff.

513 KG, OLGZ 1965, 166 (170); LG Berlin, KTS 1974, 182 f; Braun/*Bußhardt*, § 15, Rn. 5; MüKo-InsO/*Klöhn*, § 15, Rn. 2; so wohl auch Uhlenbruck/*Hirte*, § 15, Rn. 1, der die Antragsberechtigung als Teil des Eigenantrags des Schuldners begreift.

514 So auch – jedoch ohne Begründung – *Brettner*, Die Strafbarkeit wegen Insolvenzverschleppung gemäß § 15a InsO, S. 203.

515 Zu der Frage, welche Auswirkung ein nichtiger Bestellungsakt auf die Frage der Führungslosigkeit der Gesellschaft hat, vgl. § 2 B.I.2.

516 Vgl. hierzu § 2 A.II.1.a).

517 Ulmer/*Casper*, § 64, Rn. 215; in die gleiche Richtung *Berger*, ZInsO 2009, 1977 (1980), der mit gleicher Begründung zur Problematik bei gesetzlich angeordneter Gesamtvertretung Stellung nimmt.

Bestellungsakte, da ein nur anfechtbarer Bestellungsakt bis zu seiner Anfechtung wirksam bleibt.[518]

Streitig ist jedoch, ob auch ein durch nichtigen Bestellungsakt[519] *„bestellter"* Geschäftsführer der Führungslosigkeit i.S.v. § 15a Abs. 3 InsO entgegensteht. Während die wohl herrschende Meinung[520] im rechtswissenschaftlichen Schrifttum dies verneint, vertritt eine Mindermeinung[521] die Auffassung, bei einem nichtigen Bestellungsakt liege jedenfalls dann keine Führungslosigkeit vor, wenn der *„Bestellte"* mit Wissen der Gesellschafter für die Gesellschaft tätig war.

Auch wenn die letztgenannte Auffassung offenbar an die auch hier befürwortete Haftung des aufgrund nichtigen Bestellungsaktes unwirksam bestellten Geschäftsführers für Insolvenzverschleppungsschäden[522] anknüpft, ist sie im Ergebnis abzulehnen. Dogmatischer Anknüpfungspunkt für die Haftung des nicht wirksam bestellten, aber gleichwohl die Gesellschaft tatsächlich führenden *„Geschäftsführers"* ist die Invollzugsetzung der fehlerhaften Bestellung durch Aufnahme der Tätigkeit, um die – in der Praxis kaum zu gestaltende – Rückabwicklung einer Vielzahl von Geschäftsführungsmaßnahmen zu vermeiden. Gleichwohl führt die Invollzugsetzung der Tätigkeit nicht dazu, dass für die Gesellschaft ein Geschäftsführer wirksam bestellt worden ist. Gerade auf eine wirksame Bestellung stellen jedoch die Gesetzgebungsmaterialien ab, um den Zustand der Führungslosigkeit zu beenden.[523] Kann jedoch nach dem Willen des Gesetzgebers lediglich eine wirksame Bestellung den Zustand der Führungslosigkeit beheben, so kann auch lediglich eine wirksame Bestellung den Eintritt der Führungslosigkeit verhindern.

Hieran ändert auch der Umstand, dass die Gesellschafter häufig nur kapitalmäßig an der Gesellschaft beteiligt sind und daher die wirtschaftliche Lage der

---

518 So auch *Berger*, ZInsO 2009, 1977 (1981); *Biehl*, Geschäftsführer- und Gesellschafterhaftung wegen Insolvenzverschleppung bei der GmbH, S. 28; FK-InsO/*Schmerbach*, § 15, Rn. 43; *Schmahl*, NZI 2008, 6 (7); zur Wirksamkeit eines anfechtbaren Bestellungsaktes vgl. *Bayer* in: Lutter/Hommelhoff, Anh zu § 47, Rn. 1 ff., 38; Scholz/ *K. Schmidt*, § 45, Rn. 93 ff., § 46, Rn. 78; *Strohn*, DB 2011, 158.

519 Vgl. in § 2 A.II.2.a) die Beispiele zur Nichtigkeit des Bestellungsaktes.

520 Baumbach/Hueck/*Haas*, § 64, Rn. 228; *Biehl*, Geschäftsführer- und Gesellschafterhaftung wegen Insolvenzverschleppung bei der GmbH, S. 29; HK-InsO/*Kleindiek*, § 15a, Rn. 17; *Kleindiek* in: Lutter/Hommelhoff, § 35, Rn. 44; Saenger/Inhester/*Kolmann*, Vorb vor § 64, Rn. 170; Scholz/*K. Schmidt*, § 64, Rn. 157.

521 *Berger*, ZInsO 2009, 1977 (1981); *Brand/Brand*, NZI 2010, 712 (715); *Schmahl*, NZI 2008, 6 (7).

522 Vgl. § 2 A.II.2.a).

523 Begr. RegE MoMiG, BT-Drucks. 16/6140, S. 55.

GmbH nicht hinreichend einschätzen können ebenso wenig, wie der Sinn und Zweck des § 15a Abs. 3 InsO.[524] Denn die Insolvenzantragspflicht und somit das Risiko der Insolvenzverschleppungshaftung trifft die Gesellschafter nur für den Fall, dass ihnen die Insolvenzreife der Gesellschaft und deren Führungslosigkeit bekannt ist, auch wenn sie das Nichtvorliegen dieser Voraussetzungen darzulegen und zu beweisen haben.[525] Folglich sind sie keiner unkalkulierbaren Haftung ausgesetzt. Des Weiteren verkennen *Brand/Brand*[526], dass der Gesetzgeber mit der Einführung des § 15a Abs. 3 InsO nicht nur die Umgehung der Insolvenzantragspflicht verhindern, sondern gleichzeitig auch einen mittelbaren Anreiz schaffen wollte, ordnungsgemäß aktionsfähige Vertreter für die Gesellschaft zu bestellen.[527] Dieser mittelbare Zweck kann jedoch nur erfüllt werden, wenn ein fehlerhaft bestellter Geschäftsführer der Führungslosigkeit der Gesellschaft nicht entgegensteht, da nur so ein Anreiz für die Gesellschafter besteht, einen neuen Geschäftsführer zu bestellen.

3. Führungslosigkeit trotz faktischer Geschäftsführung

Diskussionen entzünden sich im rechtswissenschaftlichen Schrifttum auch an der Frage, ob ein faktischer Geschäftsführer ohne formellen Bestellungsakt (allein) der Führungslosigkeit der Gesellschaft entgegensteht. Während die herrschende Meinung[528] des rechtswissenschaftlichen Schrifttums die Gesellschaft auch unter der Leitung eines oder mehrerer faktischer Geschäftsführer ohne formellen Bestellungsakt als führungslos i.S.d. § 15a Abs. 3 InsO qualifiziert, verneint eine Mindermeinung[529] in diesem Fall die Führungslosigkeit der Gesellschaft.

Zur Begründung stellt die Mindermeinung wiederum auf den von § 15a Abs. 3 InsO intendierten Schutz der Gläubiger der Gesellschaft ab. Sie führt aus, dass die Gläubigerinteressen jedenfalls solange nicht beeinträchtigt seien, wie

---

524 So aber *Brand/Brand*, NZI 2010, 712 (715).
525 Hierzu weiter unten, siehe § 2 B.II.
526 So aber *Brand/Brand*, NZI 2010, 712 (715).
527 Begr. RegE MoMiG, BT-Drucks. 16/6140, S. 55.
528 Baumbach/Hueck/*Haas*, §64, Rn. 228; *Berger*, ZInsO 2009, 1977 (1981); *Brettner*, Die Strafbarkeit wegen Insolvenzverschleppung gemäß § 15a InsO, S. 203 f.; *Kleindiek* in Lutter/Hommelhoff, § 35, Rn. 44; *Passarge*, GmbHR 2010, 295 (297); Saenger/Inhester/*Kolmann*, Vorb vor § 64, Rn. 176; Scholz/*K. Schmidt*, § 64, Rn. 157.
529 *Brand/Brand*, NZI 2010, 712 (716); FK-InsO/*Schmerbach*, § 15, Rn. 43.

der faktische Geschäftsführer gewillt sei, das von ihm übernommene Amt ordnungsgemäß auszuüben.[530]

Diese Argumentation überzeugt nicht, so dass im Ergebnis der herrschenden Meinung zuzustimmen ist. Die von *Brand/Brand*[531] vertretene Auffassung wird der Intention des § 15a Abs. 3 InsO, für einen verbesserten Gläubigerschutz zu sorgen, nicht gerecht. Denn obige Ausführungen haben gezeigt, dass insbesondere Personen oder Institutionen, die als faktischer Geschäftsführer i.S.d. § 15a Abs. 1 S. 1 InsO zu qualifizieren sind, häufig Eigeninteressen verfolgen und so die Interessen der (übrigen) Gläubiger sehr wohl gefährden. Ferner haben die Ausführungen zur Haftung des faktischen Geschäftsführers gezeigt, dass deren Voraussetzungen mit Unsicherheiten verbunden sind.[532] Diese Unsicherheiten gingen im Falle der Haftung der Gesellschafter für Insolvenzverschleppungsschäden gem. § 823 Abs. 2 BGB i.V.m. § 15a Abs. 3 InsO zu Lasten des seinen Schaden geltend machenden Gläubigers, wenn die Existenz eines faktischen Geschäftsführers der Führungslosigkeit entgegenstünde. Denn bei dem Tatbestandsmerkmal der Führungslosigkeit der Gesellschaft handelt es sich um ein haftungsbegründendes Merkmal, für dessen Vorliegen der Gläubiger nach den allgemeinen Grundsätzen der Beweislast darlegungs- und beweisbelastet ist. Der insofern von *Brand/Brand* vertretene Auffassung, wonach sich die in § 15a Abs. 3 InsO statuierte Beweislastumkehr auch bereits auf das Merkmal der Führungslosigkeit beziehen soll[533] ist zu widersprechen, da sich die Beweislastumkehr ersichtlich nur auf die Exkulpationsmöglichkeit der Gesellschafter bezieht.

Ferner spricht auch der Wortlaut des § 15a Abs. 3 InsO dafür, dass die Existenz eines faktischen Geschäftsführers der Führungslosigkeit nicht entgegensteht. Der Gesetzgeber hat nämlich durch die Verwendung des Wortes „auch" in §§ 15 Abs. 1 S. 2, 15a Abs. 3 InsO deutlich gemacht, dass im Fall der Führungslosigkeit der Gesellschaft neben dem faktischen Geschäftsführer „auch" die Gesellschafter zur Stellung des Insolvenzantrags berechtigt, § 15 Abs. 1 S. 2 InsO, und verpflichtet, § 15a Abs. 3 InsO, sind.[534] Abschließend belegen auch die Gesetzgebungsmaterialien,[535] die wie dargelegt lediglich im Falle einer wirksamen Bestellung von einer Beendigung der Führungslosig-

---

530 *Brand/Brand*, NZI 2010, 712 (716).
531 *Brand/Brand*, NZI 2010, 712 (716).
532 So auch *Berger*, ZInsO 2009, 1977 (1901).
533 *Brand/Brand*, NZI 2010, 712 (716).
534 So auch *Biehl*, Geschäftsführer- und Gesellschafterhaftung wegen Insolvenzverschleppung bei der GmbH, S. 29.
535 Begr. RegE MoMiG, BT-Drucks. 16/6140, S. 55.

keit ausgehen, dass die lediglich faktische Geschäftsführung dem Merkmal der Führungslosigkeit nicht entgegensteht.

4. Keine Führungslosigkeit bei bloßer Unerreichbarkeit des bestellten Geschäftsführers und Nichtausübung des Amtes

Ein Teil des rechtswissenschaftlichen Schrifttums[536] plädiert dafür, das Tatbestandsmerkmal der Führungslosigkeit nicht nur als erfüllt anzusehen, wenn die Gesellschaft ohne organschaftlichen Vertreter ist, sondern auch auf Fälle auszudehnen, in denen der wirksam bestellte Geschäftsführer unerreichbar ist oder sich der Amtsausübung verweigert.

Zur Begründung stellt diese Auffassung zunächst auf den übergeordneten Schutzzweck des MoMiG[537] – Missbräuche durch Firmenbestatter zu bekämpfen[538] – ab, der leerlaufe, wenn man die tatsächliche Führungslosigkeit der Gesellschaft nicht ausreichen lassen würde, um Führungslosigkeit i.S.v. § 15a Abs. 3 InsO zu bejahen.[539] Schließlich sei es für Firmenbestattungen typisch, dass die Geschäftsführer alles daran setzen, nicht erreichbar zu sein, um sich so der Verantwortung zu entziehen und das Insolvenzverfahren sowie die Geltendmachung von Ansprüchen wegen Insolvenzverschleppung zu vermeiden.[540] Ein solches Verhalten habe der Gesetzgeber des MoMiG[541] jedoch ausdrücklich verhindern wollen, so dass die Gesellschaft auch als führungslos i.S.v. § 15a Abs. 3 InsO angesehen werden müsse, wenn der bestellte Geschäftsführer unerreichbar oder handlungsunwillig sei.[542] Gegen diese Auslegung spreche auch nicht der Wortlaut des § 10 Abs. 2 S. 2 InsO.[543] Das Wort „haben" spreche vielmehr dafür, dass

---

536 *Bauer*, Die GmbH in der Krise, Rn. 1459; *Gundlach/Frenzel/Strandmann*, NZI 2008, 647; *Mock*, EWiR 2009, 245 f.; *Passarge*, GmbHR 2010, 295 (298 ff.); *ders./Brete*, ZInsO 2011, 1293 (1297 ff.).

537 Gesetz zur Modernisierung des GmbH-Rechts und zur Bekämpfung von Missbräuchen (MoMiG), BGBl. I 2008, 2026.

538 Begr. RegE MoMiG, BT-Drucks. 16/6140, S. 26.

539 *Mock*, EWiR 2009 (245 (246); *Passarge*, GmbHR 2010, 295 (299 f.); *ders./Brete*, ZInsO 2011, 1293 (1297).

540 *Passarge*, GmbHR 2010, 295 (299 f.); *ders./Brete*, ZInsO 2011, 1293 (1297).

541 Gesetz zur Modernisierung des GmbH-Rechts und zur Bekämpfung von Missbräuchen (MoMiG), BGBl. I 2008, 2026.

542 *Passarge*, GmbHR 2010, 295 (299 f.); *ders./Brete*, ZInsO 2011, 1293 (1297).

543 So aber AG Hamburg, ZIP 2009, 333 unter Auslegung des Gesetzes anhand des *objektiven Empfängerhorizonts,* was ersichtlich keine zulässige Auslegungsmethode zur Auslegung von Rechtsnormen ist; vgl. zu den zulässigen Auslegungsmethoden *Larenz/Canaris*, Methodenlehre, S. 141 ff.

die Gesellschaft sowohl in rechtlicher als auch in tatsächlicher Hinsicht über keinen Geschäftsführer verfügen dürfe; abzustellen sei somit auf das tatsächliche Vorhandensein und zur Verfügung stehen eines Geschäftsführers, was nicht gegeben sei, wenn dieser unerreichbar oder Unwillens sei, die Geschäfte der Gesellschaft tatsächlich zu führen.[544]

Auch wenn zumindest der auf Sinn und Zweck des MoMiG[545] basierenden Argumentation auf den ersten Blick Richtiges abzugewinnen ist, kann der vorgenannten Auffassung de lege lata nicht zugestimmt werden, so dass im Ergebnis der herrschenden Meinung[546] im rechtswissenschaftlichen Schrifttum und der Rechtsprechung[547] zu folgen ist, die zur Bejahung der Führungslosigkeit der Gesellschaft die Unerreichbarkeit oder Handlungsunwilligkeit des bestellten Geschäftsführers nicht ausreichen lassen. Zunächst ist auch hier wiederum auf die Begründung des Regierungsentwurfs des MoMiG[548] zu verweisen, wonach für die Beurteilung der Führungslosigkeit i.S.v. § 15a Abs. 3 InsO maßgeblich sein soll, ob ein wirksam bestellter Geschäftsführer existiert. Ferner spricht auch die Genese des § 10 Abs. 2 S. 2 InsO gegen die Annahme der Führungslosigkeit bei lediglicher Unerreichbarkeit des Geschäftsführers. Der Referentenentwurf des MoMiG[549] sah zunächst vor, eine subsidiäre Insolvenzantragspflicht der Gesellschafter in § 64 GmbHG zu statuieren. Diese sollte die Gesellschafter *„im Fall der Führungslosigkeit der Gesellschaft (§ 35 Abs. 2 S. 4 GmbHG) oder bei unbekanntem Aufenthalt der Geschäftsführer..."*[550] treffen. Korrespondierend hierzu sollte jedem Gesellschafter in § 15 Abs. 1 InsO *„im Fall der Führungslosigkeit der Gesellschaft oder bei unbekanntem Aufenthalt der Vertreter..."*[551] ein entsprechendes

---

544 *Passarge*, GmbHR 2010, 295 (299 f.); *ders./Brete*, ZInsO 2011, 1293 (1297).

545 Gesetz zur Modernisierung des GmbH-Rechts und zur Bekämpfung von Missbräuchen (MoMiG), BGBl. I 2008, 2026.

546 Baumbach/Hueck/*Haas*, § 64, Rn. 229; *Berger*, ZInsO 2009, 1977 (1980 f.); Bork/Schäfer/*Jacoby*, § 35, Rn. 46; *Brettner*, Die Strafbarkeit wegen Insolvenzverschleppung gemäß § 15a InsO, S. 204 f.; Henssler/Strohn/*Oetker*, GmbHG § 35, Rn. 36; *Kleindiek* in: Lutter/Hommelhoff, § 35, Rn. 44; Oppenländer/Trölitzsch/*Jaeger*, § 19, Rn. 17b; *Römermann*, NZI 2010, 241 (242 f.); Saenger/Inhester/*Kolmann*, Vorb vor § 64, Rn. 176; Scholz/*K. Schmidt*, § 64, Rn. 157.

547 AG Hamburg, ZIP 2009, 333; AG Potsdam, ZInsO 2013, 515.

548 Begr. RegE MoMiG, BT-Drucks. 16/6140, S. 55.

549 RefE MoMiG v. 29.05.2006; der Volltext des Referentenentwurfs kann abgerufen werden unter www.beck-aktuell.beck.de/sites/default/files/rsw/upload/Beck_ Aktuell/referentenentwurfgmbh.pdf.

550 RefE MoMiG v. 29.05.2006, S. 7.

551 RefE MoMiG v. 29.05.2006, S. 20.

Insolvenzantragsrecht eingeräumt werden. Aus dieser Formulierung ergibt sich, dass bereits der Referentenentwurf den unbekannten Aufenthalt der Geschäftsführer nicht unter den Begriff der Führungslosigkeit subsumiert, sondern als alternative Tatbestandsvoraussetzung angesehen hat, bei deren Vorliegen jeden Gesellschafter ebenfalls die Insolvenzantragspflicht treffen sollte.[552] Dieses Verhältnis zwischen Unerreichbarkeit und Führungslosigkeit – Alternativität statt Hyperonomie – bestätigt der Gesetzgeber in der Begründung des Regierungsentwurfs mit den Worten: *„Die Antragspflicht schon im Vorfeld der Vertreterlosigkeit, wenn der Aufenthalt der Geschäftsführer für die Gesellschafter unbekannt ist, war im Referentenentwurf noch vorgesehen, ist aber wegen zu vieler Zweifelsfragen fallengelassen worden."*[553]

Hiermit hat der Gesetzgeber der Insolvenzantragspflicht für den Fall der Unerreichbarkeit des Geschäftsführers gleichzeitig eine deutliche Absage erteilt. In der Wahl des Wortes *„fallengelassen"* äußert sich nämlich nicht lediglich die *„Furcht vor einer unklaren Regelung"*[554] bzw. die Sorge vor einer Grauzone[555], sondern vielmehr die Entscheidung des Gesetzgebers, aus diesen Bedenken den Schluss zu ziehen, für den Fall der Unerreichbarkeit der Geschäftsführer keine Insolvenzantragspflicht der Gesellschafter anzuordnen.[556]

Abschließend versucht ein Teil des rechtswissenschaftlichen Schrifttums,[557] das Untertauchen des bestellten Geschäftsführers als konkludente Amtsniederlegung auszulegen, um so die Führungslosigkeit der Gesellschaft begründen zu können. So lasse der ohne Abgabe von Kontaktdaten untergetauchte Geschäftsführer durch sein Verhalten deutlich erkennen, dass er seine Verantwortlichkeit für die Geschicke der Gesellschaft aufgegeben habe; dies gelte selbstverständlich nicht für den erkrankten oder sich im Urlaub befindlichen Geschäftsführer,

---

552 A A *Passarge*, GmbHR 2010, 295 (299); *ders.*/*Brete*, ZInsO 2011, 1293 (1297), die ohne Berücksichtigung der Gesetzgebungsmaterialien davon ausgehen, die Unerreichbarkeit des Geschäftsführers stelle einen Unterfall der Führungslosigkeit dar.

553 Begr. RegE MoMiG, BT-Drucks. 16/6140, S. 55.

554 So aber *Passarge*, GmbHR 2010, 295 (299).

555 So aber *Passarge*/*Brete*, ZInsO 2011, 1293 (1298).

556 So auch AG Hamburg, ZIP 2009, 333; Baumbach/Hueck/*Haas*, § 64, Rn. 229; *Berger*, ZInsO 2009, 1977 (1980 f.); *Brettner*, Die Strafbarkeit wegen Insolvenzverschleppung gemäß § 15a InsO, S. 205; *Kleindiek* in: Lutter/Hommelhoff, § 35, Rn. 44; Oppenländer/Trölitzsch/*Jaeger*, § 19, Rn. 17b; *Römermann*, NZI 2010, 241 (242).

557 *Dahl*, NJW-Spezial 2009, 55; *Gehrlein*, BB 2008, 846 (848); *Passarge*, GmbHR 2010, 295 (298); *ders.*/*Brete*, ZInsO 2011, 1293 (1299).

denn dieser sorge als redlicher Geschäftsführer selbstverständlich für seine eigene Erreichbarkeit.[558]

Dieser Argumentation ist zunächst zuzugestehen, dass die Niederlegung des Geschäftsführeramtes von Seiten des Geschäftsführers selbstverständlich auch konkludent erklärt werden kann.[559] Denn die Amtsniederlegung kann formfrei[560] und im Übrigen gegenüber jedem einzelnen Gesellschafter[561] erklärt werden. Das bloße Abtauchen des Geschäftsführers jedoch stellt keine konkludente Erklärung dar, dass er das ihm übertragene Amt niederlege.[562] Vielmehr ist mit dem alleinigen Abtauchen überhaupt keine Erklärung verbunden.[563] Denn hierzu wäre es erforderlich, dass aus Sicht eines objektiven Dritten[564] ein entsprechender rechtsgeschäftlicher Wille aus dem Handeln[565] des Geschäftsführers oder anderen Indizien[566] erkennbar wäre. Somit bleibt im Ergebnis festzuhalten, dass das bloße Abtauchen des Geschäftsführers ohne das Hinzutreten weiterer Indizien – allein die Krise der Gesellschaft wird kein hinreichend eindeutiges Indiz sein – keine konkludente Niederlegung des Geschäftsführeramtes bedeutet und somit Führungslosigkeit i.s.v. § 15a Abs. 3 InsO zu verneinen ist.

5. Zwischenergebnis

Es bleibt festzuhalten, dass sich der Zustand der Führungslosigkeit (allein) danach beurteilt, ob die Gesellschaft aus Rechtsgründen ohne organschaftlichen Vertreter ist. Tatsächliche Gründe hingegen bleiben de lege lata bei der Beurteilung außen vor. Folglich führt die tatsächliche Unerreichbarkeit des wirksam bestellten Geschäftsführers nicht zur Führungslosigkeit der Gesellschaft i.S.v.

---

558 *Passarge*, GmbHR 2010, 295 (298); *ders./Brete*, ZInsO 2011, 1293 (1299).

559 *Berger*, ZInsO 2009, 1977 (1981); *Römermann*, NZI 2008, 641 (645 f.); *ders.*, NZI 2010, 241 (243).

560 BGHZ 121, 257 (262); Baumbach/Hueck/*Zöllner/Noack*, § 38, Rn. 86; *Kleindiek* in: Lutter/Hommelhoff, § 38, Rn. 41; Scholz/*U. H. Schneider/S. H Schneider*, § 38, Rn. 91.

561 BGHZ 149, 28 (31 f.); BGH, NJW-RR 2011, 1184; OLG Hamm, NZG 2010, 1114; *Altmeppen* in: Roth/Altmeppen, § 38, Rn. 79; Baumbach/Hueck/*Zöllner/Noack*, § 38, Rn. 86a; *Kleindiek* in: Lutter/Hommelhoff, § 38, Rn. 47.

562 So auch *Biehl*, Geschäftsführer- und Gesellschafterhaftung wegen Insolvenzverschleppung bei der GmbH, S. 31.

563 So auch *Breitner*, Die Strafbarkeit wegen Insolvenzverschleppung gemäß § 15a InsO, S. 205; *Römermann*, NZI 2008, 641 (646).

564 Vgl. MüKo-BGB/*Armbrüster*, Vorb § 116-§144, Rn. 6.

565 BayObLGZ 2000, 66 (69); MüKo-BGB/*Armbrüster*, Vor § 116-§144, Rn. 6.

566 MüKo-BGB/*Armbrüster*, Vor § 116-§144, Rn. 6.

§ 15a Abs. 3 InsO. Dieser Zustand führt jedoch, wie zu Unrecht kritisiert wird,[567] nicht zu intolerablen Lücken hinsichtlich des vom Gesetzgeber mit dem MoMiG beabsichtigten Schutzzwecks,[568] *„Missbräuche durch sogenannte Firmenbestatter, die angeschlagene GmbHs durch Abberufung von Geschäftsführern und durch Aufgabe des Geschäftslokals einer ordnungsgemäßen Insolvenz und Liquidation zu entziehen suchen, … (zu bekämpfen).“*[569] Denn im Gegensatz zur rechtswirksamen Abberufung des einzigen Geschäftsführers durch die Gesellschafter – bei der Führungslosigkeit der Gesellschaft i.S.v. § 15a Abs. 3 InsO zu bejahen ist – existiert bei der lediglich tatsächlichen Abwesenheit des Geschäftsführers noch ein für die Insolvenzantragsstellung primär Verantwortlicher, der auch als tauglicher Adressat der Insolvenzverschleppungshaftung zur Verfügung steht. Hinzukommt, dass die Gesellschafter, die ihren Geschäftsführer anweisen, unterzutauchen und so unmittelbar Einfluss auf die Stellung des Insolvenzantrags nehmen, nach der hier vertretenen Auffassung als faktischer Geschäftsführer i.S.d. § 15a Abs. 1 S. 1 InsO zu qualifizieren sind.[570] Abschließend werden professionelle Firmenbestattungen auch dadurch erschwert, dass bei Gläubigeranträgen gem. § 14 InsO zum einen die Zustellung an die Gesellschaften nunmehr bei Unerreichbarkeit der Geschäftsführer gem. § 8 InsO i.V.m. § 185 Nr. 2 ZPO öffentlich erfolgen kann[571] und zum anderen dadurch, dass die Anhörung der schuldnerischen GmbH gem. § 10 Abs. 2, Abs. 1 InsO unterbleiben kann, wenn der Aufenthalt des Geschäftsführers unbekannt ist. Führungslosigkeit ist somit beispielsweise anzunehmen, wenn der einzige Geschäftsführer abberufen wurde, sein Amt niedergelegt hat, seine Amtsfähigkeit gem. § 6 Abs. 2 GmbHG verliert, stirbt oder durch nichtigen Bestellungsakt bestellt wurde.

II. Das subjektive Element der Kenntnis

§ 15a Abs. 3 2. Hs. InsO beschränkt die Antragspflicht des Gesellschafters mit der Formulierung, *„es sei denn, … (er) hat von der Zahlungsunfähigkeit und der Überschuldung oder der Führungslosigkeit keine Kenntnis.“* Auch wenn die Formulierung von § 15a Abs. 3 2. Hs. InsO insofern nicht eindeutig ist, herrscht

---

567 Vgl. *Biehl*, Geschäftsführer- und Gesellschafterhaftung wegen Insolvenzverschleppung bei der GmbH, S. 31, der von einem *„stumpfen Schwert“* spricht.

568 So aber *Berger*, ZInsO 2009, 1977 (1980); *Passarge*, GmbHR 2010, 295 300); *Römermann*, NZI 2010, 41 (243).

569 Begr. RegE MoMiG, BT-Drucks. 16/6140, S. 26.

570 Vgl. § 2 A.II.2.b)dd)(3)(b).

571 Vgl. Begr. RegE MoMiG, BT-Drucks. 16/6140, S. 54.

im rechtswissenschaftlichen Schrifttum Einigkeit, dass die subsidiäre Insolvenzantragspflicht der Gesellschafter gem. § 15a Abs. 3 InsO nicht besteht, wenn der Gesellschafter vom Vorliegen des Insolvenzgrundes oder der Führungslosigkeit der Gesellschaft keine Kenntnis hat; alleine die Unkenntnis von einem der beiden Insolvenzgründe hingegen befreit den Gesellschafter nicht von seiner Antragspflicht.[572] Dem ist in Anbetracht der eindeutigen Gesetzesbegründung,[573] die von „Insolvenzgrund oder Führungslosigkeit" spricht, zuzustimmen.[574]

Mit der Formulierung „es sei denn…" hat der Gesetzgeber ferner zum Ausdruck gebracht, dass es dem jeweiligen Gesellschafter obliegt, seine Unkenntnis darzulegen und im Zweifelsfall auch zu beweisen.[575]

Umstritten ist jedoch nach wie vor, ob entgegen dem klaren Wortlaut des § 15a Abs. 3 2. Hs. InsO auch bloß fahrlässige Unkenntnis – also das Kennenmüssen von Insolvenzgrund und Führungslosigkeit– ausreichen soll, um dem Gesellschafter die ihm mögliche Entlastung zu verwehren. Die Lösung dieser Fragestellung gestaltet sich angesichts der Gesetzesbegründung schwierig. Auf der einen Seite wird zwar klargestellt: „Mit Kenntnis der Vorschrift ist positive Kenntnis gemeint; Kennenmüssen genügt grundsätzlich nicht."[576] – „Eine ausufernde Nachforschungspflicht wird dem einzelnen Gesellschafter hiermit nicht auferlegt."[577] Auf der anderen Seite soll es positiver Kenntnis gleichstehen, wenn sich der Gesellschafter bewusst der Kenntnis verschließt; zu berücksichtigen ist in diesem Zusammenhang, dass der Gesellschafter, der Kenntnis von der Führungslosigkeit hat, Anlass hat, weitere Nachforschungen hinsichtlich der wirtschaftlichen Verhältnisse anzustellen und andersherum, wobei der kleinbeteiligte Gesellschafter mit bis zu 10 %-iger Beteiligung keinen Anlass zu solchen Überlegungen haben soll.[578]

---

572 *Biehl*, Geschäftsführer- und Gesellschafterhaftung wegen Insolvenzverschleppung bei der GmbH, S. 33; Baumbach/Hueck/*Haas*, § 64, Rn. 235; *Kleindiek* in: Lutter/Hommelhoff, Anh zu § 64, Rn. 56; *Römermann*, NZI 2008, 641 (646); *ders.*, NZI 2010, 241 (244); Saenger/Inhester/*Kolmann*, Vorb vor § 64, Rn. 182; *M. Schmidt-Leithoff/ Schneider* in: Rowedder/Schmidt-Leithoff, Vor § 64, Rn. 65; Uhlenbruck/*Hirte*, § 15a, Rn. 63; *Gundlach* in: Gottwald, Insolvenzrechtshandbuch, § 7, Rn. 22.
573 Begr. RegE MoMiG, BT-Drucks. 16/6140, S. 55.
574 So auch *Hirte*, ZInsO 2008, 689 (701); *M. Schmidt-Leithoff/ Schneider* in: Rowedder/Schmidt-Leithoff, Vor § 64, Rn. 65, Fn. 211.
575 *Römermann*, NZI 2008, 641 (646); *Gundlach* in: Gottwald, Insolvenzrechtshandbuch, § 7, Rn. 23.
576 Begr. RegE MoMiG, BT-Drucks. 16/6140, S. 55 f.
577 Begr. RegE MoMiG, BT-Drucks. 16/6140, S. 55.
578 Begr. RegE MoMiG, BT-Drucks. 16/6140, S. 55.

Im Ergebnis ist jedoch der Auffassung, die das bloße Kennenmüssen für die Insolvenzantragspflicht der Gesellschafter ausreichen lässt,[579] zu widersprechen.[580] Denn der Gesetzgeber hat im weiteren Verlauf der Begründung zum Regierungsentwurf des MoMiG auf entsprechenden Vorschlag des Bundesrates[581] klargestellt, dass *„eine zusätzliche Ausdehnung des subjektiven Tatbestands auf die Fälle der groben Fahrlässigkeit ... entbehrlich (erscheint)."*[582] Darüber hinaus soll auch die benannte Nachforschungspflicht erst dann einsetzen, sobald hinsichtlich einer der beiden Alternativen des § 15a Abs. 3 2. Hs. InsO positive Kenntnis zu bejahen ist.

Es gilt somit letztlich die Frage zu beantworten, wo die Grenze zwischen sich bewusstem Verschließen und unschädlicher bloßer Fahrlässigkeit zu ziehen ist, zumal es für die Beurteilung der Kenntnis nicht auf die zutreffenden rechtlichen Rückschlüsse des Gesellschafters, sondern auf die Kenntnis von tatsächlichen Umständen, die auf die Zahlungsunfähigkeit, Überschuldung und Führungslosigkeit der Gesellschaft schließen lassen, ankommt.[583] Bei Berücksichtigung des Willens des Gesetzgebers, die fahrlässige Unkenntnis des Gesellschafters für dessen Antragspflicht nicht ausreichen zu lassen und Nachforschungen grundsätzlich für nicht erforderlich zu halten, wird man ein der positiven Kenntnis gleichstehendes bewusstes Verschließen von der Kenntnis erst dann annehmen können, wenn offensichtliche Anhaltspunkte für das Vorliegen eines Insolvenzgrundes oder der Führungslosigkeit vorliegen.[584]

III. Rechtsfolge: Antragspflicht

Ist die insolvente Gesellschaft nach den oben dargestellten Kriterien führungslos und erfüllt der einzelne Gesellschafter auch die subjektiven Voraussetzungen der Antragspflicht, ist jeder einzelne Gesellschafter gem. § 15a Abs. 3 InsO verpflich-

---

579   *Konu/Topoglu/Culcuyno*, NZI 2010, 344 (347 f.).

580   Im Ergebnis so auch Baumbach/Hueck/*Haas*, § 64, Rn. 236; *Berger*, ZInsO 2009, 1977 (1985 f.); *du Carrois*, ZInsO 2009, 373 (374); *Kleindiek* in: Lutter/Hommelhoff, Anh zu § 64, Rn. 56; Scholz/*K. Schmidt*, § 64, Rn. 159; *M. Schmidt-Leithoff/Schneider* in: Rowedder/Schmidt-Leithoff, Vor § 64, Rn. 65.

581   BR-Drucks. 354/07, S. 26.

582   Begr. RegE MoMiG, BT-Drucks. 16/6140, S. 78; so auch *Berger*, ZInsO 2009, 1977 (1985).

583   Begr. RegE MoMiG, BT-Drucks. 16/6140, S. 56; Baumbach/Hueck/*Haas*, § 64, Rn. 236; Scholz/*K. Schmidt*, § 64, Rn. 159; Ulmer/*Casper*, § 64, Rn. 216.

584   HK-InsO/*Kleindiek*, § 15a, Rn. 21; *Kleindiek* in: Lutter/Hommelhoff, Anh zu § 64, Rn. 56; Saenger/Inhester/*Kolmann*, Vorb vor § 64, Rn. 184.

tet, Insolvenzantrag zu stellen. Diese Pflicht der Gesellschafter endet dann, wenn ein neuer Geschäftsführer wirksam bestellt wird; die Antragspflicht geht dann auf diesen über, wobei die Befreiung der Gesellschafter von der Antragspflicht lediglich ex nunc wirkt, mit der Folge, dass eine bereits eingetretene Verletzung des § 15a Abs. 3 InsO nicht rückwirkend beseitigt wird.[585]

IV. Haftungsadressaten in der Praxis – Einzelfälle

1. Gesellschafter

Primäre Adressaten der subsidiären Insolvenzantragspflicht gem. § 15a Abs. 3 InsO und somit der entsprechenden Insolvenzverschleppungshaftung gem. § 823 Abs. 2 BGB i.V.m. § 15a Abs. 3 InsO sind die Gesellschafter der Gesellschaft.

a) Maßgeblicher Anknüpfungspunkt

Umstritten ist, wie die Gesellschafterstellung zu ermitteln ist. Während ein Teil des rechtswissenschaftlichen Schrifttums[586] zur Beurteilung der Gesellschafterstellung auf die materielle Rechtslage abstellen will, soll nach anderer Auffassung[587] die Gesellschafterliste, §§ 16, 40 GmbHG, maßgeblich sein. Vorzug gebührt der Auffassung, nach der sich der Gesellschafterstatus i.S.d. § 15a Abs. 3 InsO grundsätzlich[588] nach der Gesellschafterliste, §§ 16, 40 GmbHG,

---

585 Begr. RegE MoMiG, BT-Drucks. 16/6140, S. 55; *Haas/Kolmann/Pauw* in: Gottwald, Insolvenzrechtshandbuch, § 92, Rn. 75; *Kleindiek* in: Lutter/Hommelhoff, Anh zu § 64, Rn. 68; Saenger/Inhester/*Kolmann*, Vorb vor § 64, Rn. 186; Scholz/*K. Schmidt*, § 64, Rn. 157; die Frage der Geltung und des Beginns der dreiwöchigen Antragsfrist des § 15a Abs. 1 InsO soll auch im Rahmen der subsidiären Antragspflicht der Gesellschafter nicht erörtert werden, vgl. hierzu *Gundlach/Frenzel/Strandmann*, NZI 2008, 647 (648); *Kleindiek* in: Lutter/Hommelhoff, Anh zu § 64, Rn. 61, 68; Saenger/Inhester/*Kolmann*, Vorb vor § 64, Rn. 181 ff.

586 *Berger*, ZInsO 2009, 1977 (1982); *Brettner*, Die Strafbarkeit wegen Insolvenzverschleppung gemäß § 15a InsO, S. 188; Saenger/Inhester/*Kolmann*, Vorb vor § 64, Rn. 178; *M. Schmidt-Leithoff/Schneider* in: Rowedder/Schmidt-Leithoff, Vor § 64, Rn. 63.

587 Baumbach/Hueck/*Haas*, § 64, Rn. 231; *Horstkotte*, ZInsO 2009, 209 (214 f.); *Hassemann*, NZG 2009, 409 (410); HK-InsO/*Kleindiek*, § 15a, Rn. 10, *dav.* in: Lutter/Hommelhoff, Anh zu § 64, Rn. 51; KPB/*Steffek*, § 15a, Rn. 43; *Römermann*, NZI 2010, 241 (243); Scholz/*Seibt*, § 16, Rn. 37.

588 Ausnahmen ergeben sich bei der Frage, ob auch Erben eines verstorbenen Gesellschafters in der Gesellschafterliste eingetragen sein müssen, um als taugliche Adres-

bestimmt. Dies gilt nach vorzugswürdiger Auffassung sowohl für die geänderte Gesellschafterliste wie auch – über den Wortlaut des § 16 Abs. 1 GmbHG hinaus– für die ursprüngliche Gesellschafterliste,[589] da nach den Gesetzgebungsmaterialien zum MoMiG[590] *„künftig im Verhältnis zur GmbH nur der in der im Handelsregister aufgenommenen Gesellschafterliste Eingetragene als Gesellschafter (gilt)."*[591]

Zwar trifft es zu, dass der Eintragung in die Gesellschafterliste und ihrer Aufnahme in das Handelsregister hinsichtlich des Erwerbs des Geschäftsanteils gerade keine konstitutive Wirkung zukommt[592] und die Gesellschafterliste darüber hinaus dem ersten Anschein der Gesetzesbegründung – hier heißt es, dass dem Gesellschafter *„gegenüber der Gesellschaft erst mit Aufnahme der entsprechend geänderten Gesellschafterliste die Gesellschafterstellung zukommt"*[593] und ihm ohne die Eintragung und die Aufnahme der Liste in das Handelsregister *„die Ausübung seiner Mitgliedschaftsrechte verwehrt"*[594] bleibt – nach lediglich für das Rechtsverhältnis der Gesellschafter zur Gesellschaft maßgeblich ist.[595] Hieraus folgt jedoch nicht, dass für die Bestimmung der Gesellschafterstellung i.S.v. § 15a Abs. 3 InsO auf die materielle Rechtslage abzustellen wäre.[596] Zunächst gilt es, den von § 16 Abs. 1 GmbHG verfolgten Sinn und Zweck in die Beurteilung einzubeziehen. § 16 Abs. 1 GmbHG verfolgt nämlich den Zweck, *„neben dem konkreten Ziel der Missbrauchsbekämpfung auch dem allgemeinen Anliegen, Transparenz über die Anteilseignerstrukturen zu schaffen und Geldwäsche zu verhindern."*[597] Aus den Gesetzgebungsmaterialien geht somit hervor, dass die Gesellschafterliste

---

saten der Insolvenzantragspflicht gem. § 15a Abs. 3 InsO in Betracht zu kommen, vgl. hierzu unten § 2 B.IV.3.a).

589 Vgl. *Bayer* in: Lutter/Hommelhoff, § 16, Rn. 10; *Horstkotte*, ZInsO 2009, 209 (214).

590 Gesetz zur Modernisierung des GmbH-Rechts und zur Bekämpfung von Missbräuchen (MoMiG), BGBl. I 2008, 2026.

591 Begr. RegE MoMiG, BT-Drucks. 16/6140, S. 37.

592 Begr. RegE MoMiG, BT-Drucks. 16/6140, S. 37; so auch Baumbach/Hueck/*Fastrich*, § 16, Rn. 2; *Bayer* in: Lutter/Hommelhoff, § 16, Rn. 29; *Kort*, GmbHR 2009, 169 (173); *Wicke*, § 16, Rn. 1.

593 Begr. RegE MoMiG, BT-Drucks. 16/6140, S. 37

594 Vgl. Begr. RegE MoMiG, BT-Drucks. 16/6140, S. 37.

595 So auch *Goette*, Einführung in das neue GmbH-Recht, Rn. 73; *Kort*, GmbHR 2009, 169 (173); *Pentz* in: Roweder/Schmidt-Leithoff, § 16, Rn. 11 f.; Scholz/*Seibt*, § 16, Rn. 34.

596 So aber *Berger*, ZInsO 2009, 1977 (1982); Saenger/Inhester/*Kolmann*, Vorb vor § 64, Rn. 178.

597 Begr. RegE MoMiG, BT-Drucks. 16/6140, S. 37.

gerade nicht ausschließlich für die Rechtsbeziehungen der Gesellschafter zur Gesellschaft maßgeblich ist, sondern darüber hinaus auch Transparenz über die Anteilseigner verschaffen soll. Betrachtet man die Formulierung der Gesetzesbegründung „*Transparenz … zu schaffen und Geldwäsche zu verhindern.*"[598] isoliert, könnte hieraus geschlossen werden, die Schaffung der Transparenz diene ausschließlich der Bekämpfung von Geldwäsche. Eine solche Auslegung wird jedoch dem mit dem MoMiG[599] verfolgten Gesamtzweck nicht gerecht. Dieser besteht, wie bereits dargelegt, darin, „*Missbräuche durch sogenannte Firmenbestatter, die angeschlagene GmbHs durch Abberufung von Geschäftsführern und durch Aufgabe des Geschäftslokals einer ordnungsgemäßen Insolvenz und Liquidation zu entziehen suchen, … (zu bekämpfen).*"[600] und so den Gläubigerschutz zu stärken. Die subsidiäre Insolvenzantragspflicht und die hiermit korrespondierende Haftung der Gesellschafter erfüllt aus Sicht der Gläubiger jedoch nur dann effektiv ihren Zweck, wenn diese in der Lage sind, ohne größeren Aufwand, nämlich durch Einsichtnahme in die Gesellschafterliste, rechtssicher festzustellen, bei wem sie die ihnen entstandenen Verschleppungsschäden einfordern können.[601] Dieser Umstand spricht dafür, die Gesellschafterliste als maßgeblichen Anknüpfungspunkt für die Feststellung der Gesellschafter im Rahmen des § 15a Abs. 3 InsO anzusehen.

Doch selbst wenn § 16 Abs. 1 GmbHG lediglich für das Rechtsverhältnis des Gesellschafters zur Gesellschaft maßgeblich wäre, stünde dies der hier vertretenen Auffassung nicht entgegen. Auch beim Insolvenzantrag durch den einzelnen Gesellschafter handelt es sich nach richtiger Ansicht um einen Eigenantrag der Gesellschaft; der Gesellschafter stellt den Antrag stellvertretend für die insolvente Gesellschaft.[602] Folglich handelt es sich bei der Stellung des Insolvenzantrags um eine Handlung mit Bezug auf die Rechtsbeziehung vom Gesellschafter zur Gesellschaft, die durch die Eintragung in die Gesellschafterliste im Innenverhältnis legitimiert wird.[603] Denn nur der in der – im Handelsregister aufgenommenen – Gesellschafterliste eingetragene Gesellschafter ist, unabhängig von der

---

598   Begr. RegE MoMiG, BT-Drucks. 16/6140, S. 37.
599   Gesetz zur Modernisierung des GmbH-Rechts und zur Bekämpfung von Missbräuchen (MoMiG), BGBl. I 2008, 2026.
600   Begr. RegE MoMiG, BT-Drucks. 16/6140, S. 28.
601   In diese Richtung auch *Römermann*, NZI 2010, 241 (243).
602   Braun/*Bußhardt*, § 15, Rn. 5; *Horstkotte*, ZInsO 2009, 209 (212); MüKo-InsO/*Klöhn*, § 15, Rn. 2.
603   *Bayer* in: Lutter/Hommelhoff, § 16, Rn. 30; *Horstkotte*, ZInsO 2009, 209 214 f.).

materiellen Rechtslage,[604] berechtigt, die Vermögens- und Verwaltungsrechte geltend zu machen.[605]

Abschließend stützt auch die Personalkompetenz der Gesellschafter die hier vertretene Auffassung. Nach der Begründung des Regierungsentwurfes zum MoMiG soll durch die Einführung der subsidiären Insolvenzantragspflicht der Gesellschafter *„ein mittelbarer Anreiz geschaffen werden, wieder ordnungsgemäß aktionsfähige Vertreter für die juristische Person zu bestellen.“*[606] Eine entsprechende Initiative kann jedoch nur der Gesellschafter ergreifen, der in der im Handelsregister aufgenommenen Gesellschafterliste eingetragen ist; nur dieser kann seine mitgliedschaftlichen Rechte ausüben.

b) Kein Kleinbeteiligtenprivileg

Nach dem eindeutigen Wortlaut des § 15a Abs. 3 InsO trifft die subsidiäre Insolvenzantragspflicht jeden Gesellschafter, und zwar unabhängig von der Höhe seiner Beteiligung.[607] Für eine Privilegierung von Kleinbeteiligten bis zu einer Beteiligung von 10%, wie in § 39 Abs. 5 InsO vorgesehen, ist demnach im Rahmen des § 15a Abs. 3 InsO kein Raum, zumal der Gesetzgeber den Adressatenkreis der subsidiär Antragspflichtigen trotz entsprechender Forderungen im rechtswissenschaftlichen Schrifttum[608] nicht entsprechend eingeschränkt hat.[609]

604 *Bayer* in: Lutter/Hommelhoff, § 16, Rn. 26; Michalski-*Ebbing*, § 16, Rn. 23; MüKo-GmbHG/*Heidinger*, § 16, Rn. 2; Scholz/*Seibt*, § 16, Rn. 34.

605 *Bayer* in: Lutter/Hommelhoff, § 16, Rn. 36; Michalski-*Ebbing*, § 16, Rn. 23; MüKo-GmbHG/*Heidinger*, § 16, Rn. 5 ff.; Scholz/*Seibt*, § 16, Rn. 36.

606 Begr. RegE MoMiG, BT-Drucks. 16/6140, S. 55.

607 Baumbach/Hueck/*Haas*, § 64, Rn. 232; *Biehl*, Geschäftsführer- und Gesellschafterhaftung wegen Insolvenzverschleppung bei der GmbH, S. 35 ff.; *Haas/Kolmann/Pauw* in: Gottwald, Insolvenzrechtshandbuch, § 92, Rn. 73; HK-InsO/*Kleindiek*, § 15a, Rn. 18; *Kleindiek* in: Lutter/Hommelhoff, Anh zu § 64, Rn. 56; KPB/*Steffek*, § 15a, Rn. 42; Scholz/*K. Schmidt*, § 64, Rn. 158.

608 *Noack*, DB 2006, 1475 (1477); *K. Schmidt*, GmbHR 2007, 1072 (1078).

609 *Altmeppen* in: Roth/Altmeppen, Vorb zu § 64, Rn. 61; BeckOK GmbHG Ziemons/Jaeger/*Mätzig*, § 64, Rn. 138; *Haas/Kolmann/Pauw* in: Gottwald, Insolvenzrechtshandbuch, § 92, Rn. 73; KPB/*Steffek*, § 15a, Rn. 42; Scholz/*K. Schmidt*, § 64, Rn. 158; Ulmer/*Casper*, § 64, Rn. 213.

c) Kein Übergang der Verantwortlichkeit auf Mitglieder eines Aufsichtsrats

Fraglich ist, ob in Fällen, in denen die Gesellschaft über einen fakultativen oder obligatorischen Aufsichtsrat[610] verfügt, die gem. § 15a Abs. 3 InsO angeordnete subsidiäre Insolvenzantragspflicht anstelle der Gesellschafter die Mitglieder des Aufsichtsrats trifft. Ein Teil des rechtswissenschaftlichen Schrifttums bejaht diese Frage für den Fall des obligatorischen Aufsichtsrats[611] und in Fällen, in denen der Aufsichtsrat kraft Satzung für die Bestellung der Geschäftsführer zuständig ist[612] und führt zur Begründung an, § 15a Abs. 3 InsO sei als Korrelat der Bestellungsbefugnis anzusehen.[613]

Diese Auffassung ist mit der herrschenden Meinung[614] des rechtswissenschaftlichen Schrifttums abzulehnen. Zwar ist der erstgenannten Auffassung zuzugestehen, dass der Gesetzgeber des MoMiG[615] mit der Einführung der subsidiären Insolvenzantragspflicht der Gesellschafter in § 15a Abs. 3 InsO einen mittelbaren Anreiz schaffen wollte, die Führungslosigkeit der Gesellschaft so schnell wie möglich durch Bestellung eines neuen Geschäftsführers zu beseitigen.[616] Dies ist in den Fällen des obligatorischen Aufsichtsrats gem. § 6 Abs. 1 MitbestG und § 3 Abs. 1 MontanMitbestG sowie in den Fällen, in denen dem Aufsichtsrat durch die Satzung die Personalkompetenz eingeräumt wird, nicht den Gesellschaftern, sondern den entsprechenden Aufsichtsräten vorbehalten. Gleichwohl spricht sowohl der eindeutige Wortlaut des § 15a Abs. 3 InsO („*Gesellschafter*") als auch die Entstehungsgeschichte des MoMiG[617] gegen den Übergang der in § 15a Abs. 3

---

610 Zur Unterscheidung zwischen fakultativem und obligatorischem Aufsichtsrat siehe § 3 E.I.

611 Nerlich/Römermann/*Mönning*, § 15a, Rn. 36; *Poertzgen*, GmbHR 2007, 1258 (1260); dem obligatorischen Aufsichtsrat steht bei Anwendbarkeit des MitbestG und des MontanMitbestG über die Verweisungsnormen § 31 Abs. 1 MitbestG, § 12 Montan-MitbestG gem. § 84 AktG die Personalkompetenz zu.

612 Baumbach/Hueck/*Haas*, § 64, Rn. 233.

613 Baumbach/Hueck/*Haas*, § 64, Rn. 233.

614 BeckOK GmbHG Ziemons/Jaeger/*Mätzig*, § 64, Rn. 138; *Berger*, ZInsO 2009, 1977 (1982); *Brettner*, Die Strafbarkeit wegen Insolvenzverschleppung gemäß § 15a InsO, S. 197; HK-InsO/*Kleindiek*, § 15a, Rn. 19; KPB/*Steffek*, § 15a, Rn. 41; MüKo-InsO/*Klöhn*, § 15a, Rn. 94; *M. Schmidt-Leithoff/Schneider* in: Rowedder/Schmidt-Leithoff, Vor § 64, Rn. 66; Ulmer/*Casper*, § 64, Rn. 213; *Wälzholz*, DStR 2007, 1914 (1915).

615 Gesetz zur Modernisierung des GmbH-Rechts und zur Bekämpfung von Missbräuchen (MoMiG), BGBl. I 2008, 2026.

616 Begr. RegE MoMiG, BT-Drucks. 16/6140, S. 55.

617 Gesetz zur Modernisierung des GmbH-Rechts und zur Bekämpfung von Missbräuchen (MoMiG), BGBl. I 2008, 2026.

InsO statuierten Insolvenzantragspflicht auf die Mitglieder des Aufsichtsrats.[618] So ergibt sich aus der Beschlussempfehlung des Rechtsausschusses des Bundestages, dass die nach dem Regierungsentwurf in § 35 Abs. 1 GmbHG vorgesehene Ersatz-Vertretungsbefugnis der Aufsichtsratsmitglieder[619] letztendlich deshalb nicht gesetzlich statuiert wurde, um Schwierigkeiten zu verhindern und, um für einen Gleichlauf mit der Regelung des § 15a Abs. 3 InsO zu sorgen.[620] Dieser Empfehlung ist der Gesetzgeber gefolgt, woraus sich ergibt, dass eine subsidiäre Verpflichtung von Aufsichtsratsmitgliedern der GmbH zur Stellung des Insolvenzantrags anstelle der Gesellschafter nicht gewollt war.[621] Gleichwohl bestehen gute Gründe für eine de lege ferenda zu begrüßende Antragspflicht und dementsprechende Haftung von Aufsichtsratsmitgliedern, die einem – obligatorischen oder fakultativen – Aufsichtsrat mit Personalkompetenz angehören.[622] Nur diese sind in der Lage, die Führungslosigkeit der Gesellschaft zu beenden und so den mittelbaren Zweck der subsidiären Antragsverpflichtung[623] zu fördern.[624] Ferner wird es den Aufsichtsräten, die die Geschäftsführung originär zu kontrollieren haben,[625] weniger leicht gelingen, ihre Unkenntnis hinsichtlich Führungslosigkeit und Insolvenz der Gesellschaft zu beweisen und sich hierdurch zu entlasten,[626] so dass hierdurch die bereits gegenüber der Gesellschaft bestehende Haftung gem. § 52 Abs. 1 GmbHG, § 1 Abs. 1 Nr. 3 DrittelbG, § 25 Abs. 1 Nr. 2 MitBestG,

---

618 HK-InsO/*Kleindiek*, § 15a, Rn. 19; KPB/*Steffek*, § 15a, Rn. 41; *M. Schmidt-Leithoff/ Schneider* in: Rowedder/Schmidt-Leithoff, Vor § 64, Rn. 66; Ulmer/*Casper*, § 64, Rn. 213.

619 Begr. RegE MoMiG, BT-Drucks. 16/6140, S. 7.

620 BeschlEmpfehlung und Bericht des BT-RAussch zum RegE MoMiG, BT-Drucks. 16/9737, S. 56.

621 HK-InsO/*Kleindiek*, § 15a, Rn. 19; KPB/*Steffek*, § 15a, Rn. 41; Ulmer/*Casper*, § 64, Rn. 213.

622 In diese Richtung auch BeckOK GmbHG Ziemons/Jaeger/*Mätzig*, § 64, Rn. 138; KPB/*Steffek*, § 15a, Rn. 40; Ulmer/*Casper*, § 64, Rn. 213, die eine entsprechende Antragspflicht inkonsequenter Weise nur für den obligatorischen Aufsichtsrat mit Personalkompetenz fordern.

623 Begr. RegE MoMiG, BT-Drucks. 16/6140, S. 55.

624 So auch *Biehl*, Geschäftsführer- und Gesellschafterhaftung wegen Insolvenzverschleppung bei der GmbH, S. 43.

625 Vgl. hierzu § 3 E.II.1.a).

626 KPB/*Steffek*, § 15a, Rn. 40.

§ 3 Abs. 2 MontanMitbestG und § 18 Abs. 2 S. 3 KAGB i.V.m. §§ 116, 93 Abs. 2 AktG[627] ergänzt und der Gläubigerschutz gestärkt würde.

d) Juristische Personen als Gesellschafter

Nicht gesetzlich statuiert ist die Frage, wer Adressat der subsidiären Insolvenzantragspflicht gem. § 15a Abs. 3 InsO und der entsprechenden Insolvenzverschleppungshaftung gem. § 823 Abs. 2 BGB i.V.m. § 15a Abs. 3 InsO ist, wenn es sich bei dem Gesellschafter nicht um eine natürliche, sondern um eine juristische Person handelt. Ein Teil des rechtswissenschaftlichen Schrifttums vertritt die Auffassung, antragsverpflichtet sei allein die juristische Person, wobei es hinsichtlich der Kenntnis von Insolvenzgrund und Führungslosigkeit auf das Wissen der organschaftlichen Vertreter ankomme, was sich die juristische Person zuzurechnen zu lassen habe.[628] Zur Begründung stellt diese Auffassung darauf ab, dass § 15a Abs. 3 InsO keinen Durchgriff auf die organschaftlichen Vertreter der Gesellschafter-Gesellschaft anordne.[629] Dieser Auffassung ist mit der wohl herrschenden Meinung im rechtswissenschaftlichen Schrifttum zu widersprechen. Zwar trifft es zu, dass § 15a Abs. 3 InsO die organschaftlichen Vertreter der Gesellschafter-Gesellschaft nicht erwähnt, doch lässt sich deren Pflicht zur Stellung des erforderlichen Insolvenzantrags im Falle der Führungslosigkeit der Gesellschaft mit einer analogen Anwendung des § 15a Abs. 1 S. 2 InsO begründen.[630] Deren Voraussetzungen – Vorliegen einer planwidrigen Regelungslücke und Vergleichbarkeit der zu beurteilenden Sachverhalte, die in Folge der Ähnlichkeit gleich zu bewerten sind –[631] liegen vor. Zunächst lässt sich das Vorliegen einer planwidrigen Regelungslücke bejahen. Für die Frage der subsidiären Insolvenzantragspflicht von Gesellschaftern, die nicht natürliche, sondern juristische Person sind, existiert keine gesetzliche Regelung, so dass eine Regelungs-

---

627 Vgl. hierzu *Kleindiek* in: Lutter/Hommelhoff, Anh zu § 64, Rn. 84 unter Verweis auf RGZ 161, 129 ff.

628 *Berger*, ZInsO 2009, 1977 (1982); KPB/*Steffek*, § 15a, Rn. 44; so wohl auch *Kleindiek* in: Lutter/Hommelhoff, Anh zu § 64, Rn. 57.

629 KPB/*Steffek*, § 15a, Rn. 44.

630 Baumbach/Hueck/*Haas*, § 64, Rn. 233; BeckOK GmbHG *Mielmann*/Jaeger/*Mätwig*, § 64, Rn. 138; MüKo-InsO/*Klöhn*, § 15a, Rn. 85; Saenger/Inhester/*Kolmann* vor § 64, Rn. 178; *M. Schmidt-Leithoff*/*Schneider* in: Rowedder/Schmidt-Leithoff, Vor § 64, Rn. 63; Ulmer/*Casper*, § 64, Rn. 213.

631 Vgl. *Larenz/Canaris*, Methodenlehre, S. 191 ff, 202, 210, 232.

lücke zu bejahen ist. Diese ist auch planwidrig. Der Gesetzgeber des MoMiG[632] hat im Rahmen des § 15a Abs. 3 InsO offenbar den grundsätzlichen Gedanken der Insolvenzantragspflicht – Bannung der Gefahr der Fortführung der insolventen Gesellschafter zu Lasten der Gläubiger –[633] nicht vollständig zu Ende gedacht. Diese Gefahr soll nämlich durch eine persönliche Haftung natürlicher Personen eingedämmt werden. Aus diesem Grund soll im Fall der Führungslosigkeit der Gesellschaft die Insolvenzantragspflicht gem. § 15a Abs. 3 InsO auf die Gesellschafter übergehen, um so wiederum eine persönlich haftende Person zur Stellung des Insolvenzantrags oder zur Beendigung der Führungslosigkeit zu bewegen.[634] Würde jedoch lediglich die an der insolventen GmbH beteiligte juristische Person mit ihrem Gesellschaftsvermögen im Falle des unterbliebenen Gesellschafterantrags haftbar gemacht werden können, und nicht die für die Gesellschafter-Gesellschaft handelnden Organe persönlich, würde der durch die subsidiäre Antragspflicht verfolgte Zweck leerlaufen.

Eine vergleichbare Interessenlage ist bei der primären Insolvenzantragspflicht von Gesellschaften ohne Rechtspersönlichkeit, bei der kein persönlich haftender Gesellschafter eine natürliche Person ist,[635] festzustellen. Antragspflichtig sind hier gem. § 15a Abs. 1 S. 2 InsO die organschaftlichen Vertreter der zur Vertretung der Gesellschaft ermächtigten Gesellschafter; der Antragspflicht unterliegen somit die natürlichen Personen, die die Gesellschaft mittelbar vertreten.[636] Um auch bei der subsidiären Insolvenzantragspflicht gem. § 15a Abs. 3 InsO eine persönliche Haftung natürlicher Personen sicherzustellen, ist es angezeigt, auch den organschaftlichen Vertretern der Gesellschafter-Gesellschaft analog § 15a Abs. 1 S. 2 InsO im Fall der Führungslosigkeit die Insolvenzantragspflicht gem. § 15a Abs. 3 InsO aufzuerlegen, um entweder für die Beendigung der Führungslosigkeit zu sorgen oder aber den erforderlichen Insolvenzantrag zu stellen.

Hinsichtlich der für die subsidiäre Antragspflicht erforderlichen Kenntnis von Insolvenzgrund und Führungslosigkeit ist demnach selbstverständlich auch auf die Kenntnis der organschaftlichen Vertreter der Gesellschafter-Gesellschaft abzustellen.[637] Wird die Gesellschafter-Gesellschaft ihrerseits führungslos, so

---

632 Gesetz zur Modernisierung des GmbH-Rechts und zur Bekämpfung von Missbräuchen (MoMiG), BGBl. I 2008, 2026.

633 Vgl. MüKo-InsO/*Klöhn*, § 15a, Rn. 95.

634 Begr. RegE MoMiG, BT-Drucks. 16/6140, S. 55.

635 Klassisches Beispiel für eine solche Gesellschaft ist die GmbH & Co. KG.

636 Anschaulich in MüKo-InsO/*Klöhn*, § 15a, Rn. 95.

637 *M. Schmidt-Leithoff/Schneider* in: Rowedder/Schmidt-Leithoff, Vor § 64, Rn. 64.

obliegt die Insolvenzantragspflicht wiederum den nach § 15a Abs. 3 InsO Verantwortlichen.[638]

2. Insolvenzverwalter von insolventen Gesellschaftern

In der Rechtspraxis ist es nicht ausgeschlossen, dass über das Vermögen des gem. § 15a Abs. 3 InsO antragspflichtigen Gesellschafters ebenfalls bereits das Insolvenzverfahren eröffnet worden ist oder während der Phase der Führungslosigkeit eröffnet wird. Es stellt sich in diesem Fall die Frage, ob auch der Insolvenzverwalter des Gesellschafters als tauglicher Adressat der subsidiären Insolvenzantragspflicht gem. § 15a Abs. 3 InsO in Betracht kommt. Zu verneinen ist eine entsprechende Pflicht jedenfalls dann, wenn die Satzung der Gesellschaft für den Fall der Insolvenz wirksame Einziehungs- oder Zwangsabtretungsklauseln vorsieht, mit denen die Gesellschafterstellung des insolventen Gesellschafters beendet wird.[639] Lediglich in Fällen, in denen ein Schutz der Gesellschaft vor insolvenzbedingtem Fremdeinfluss nicht wirksam in der Satzung geregelt ist, kommt eine subsidiäre Antragspflicht des Insolvenzverwalters gem. § 15a Abs. 3 InsO in Betracht.[640] Eine solche kann sich allenfalls aus den dem Insolvenzverwalter gem. § 80 Abs. 1 InsO eingeräumten Verwaltungs- und Verfügungsrechten ergeben, da § 80 Abs. 1 InsO keine dingliche Wirkung zukommt, so dass der Insolvenzverwalter nicht selbst Gesellschafter der Gesellschaft wird; vielmehr bleibt der Insolvenzschuldner Inhaber seines Vermögens.[641] Dementsprechend ist dann von einer dem Insolvenzverwalter obliegenden subsidiären Insolvenzantragspflicht gem. § 15a Abs. 3 InsO auszugehen, wenn die Stellung des erforderlichen Insolvenzantrags von der auf ihn übergegangenen Verwaltungsbefugnis gedeckt ist. Nach – zutreffender – einhelliger Meinung gehen die mitgliedschaftlichen Verwaltungsrechte des insolventen Gesellschafters gem. § 80 Abs. 1 InsO auf den Insolvenzverwalter über.[642] Maßgeblich ist somit, ob

---

638 MüKo-InsO/*Klöhn*, § 15a, Rn. 85; *M. Schmidt-Leithoff/Schneider* in: Rowedder/Schmidt-Leithoff, Vor § 64, Rn. 64; Ulmer/*Casper*, § 64, Rn. 213.

639 Vgl. hierzu *Heckschen* in: Reul/Heckschen/Wienberg, Kapitel N., Rn. 70 ff.

640 So auch *Göcke*, ZInsO 2008, 1305.

641 *Bayer* in: Lutter/Hommelhoff, § 15, Rn. 102; *Bergmann*, ZInsO 2004, 225 (227); Braun/*Kroth*, § 80, Rn. 11; *Göcke*, ZInsO 2008, 1305; KPB/*Lüke*, § 80, Rn. 5; MüKo-GmbHG/*Reichert/Weller*, § 13, Rn. 330; Nerlich/Römermann/*Wittkowski/Kruth*, § 80, Rn. 18.

642 OLG München, ZInsO 2010, 1744; *Altmeppen* in: Roth/Altmeppen, § 15, Rn. 64; Baumbach/Hueck/*Fastrich*, § 15, Rn. 64; *Bayer* in: Lutter/Hommelhoff, § 15, Rn. 102; MüKo-GmbHG/*Reichert/Weller*, § 15, Rn. 556.

auch die Pflicht zur Stellung des Insolvenzantrags von der Verwaltungsbefugnis des Insolvenzverwalters gedeckt ist. Diese Frage ist anhand von Sinn und Zweck der §§ 15a Abs. 3, 80 Abs. 1 InsO zu beantworten. Nach dem Sinn und Zweck von § 15a Abs. 3 InsO spielt es keine Rolle, ob nun der Gesellschafter, über dessen Vermögen das Insolvenzverfahren eröffnet worden ist, oder aber der Insolvenzverwalter subsidiär verpflichtet ist, den erforderlichen Insolvenzantrag zu stellen. In beiden Fällen träfe den jeweils Antragspflichtigen eine persönliche Haftung. Zwar hat der Insolvenzverwalter öffentliche-rechtliche Pflichten grundsätzlich zu Lasten der Masse zu erfüllen, doch wird eine verschuldete Insolvenzverschleppung, die zu Lasten der Insolvenzgläubiger zu einer Verkürzung der Masse führt, nicht mit der Sorgfalt eines ordentlichen und gewissenhaften Insolvenzverwalters zu vereinbaren sein. Entscheidend ist somit auf Sinn und Zweck des § 80 Abs. 1 InsO abzustellen.[643] Sinn und Zweck des § 80 Abs. 1 InsO liegen darin, eine möglichst hohe Befriedigung der Gläubiger der Gesellschaft sicherzustellen und Einwirkungsmöglichkeiten des Insolvenzschuldners zu Lasten der Masse zu unterbinden.[644] Beließe man vor diesem Hintergrund jedoch die Befugnis zur Stellung des Insolvenzantrags im Falle der Führungslosigkeit der Gesellschaft, § 15 Abs. 1 S. 2 InsO, beim insolventen Gesellschafter, wäre dieser in der Lage, unmittelbaren Einfluss auf die Werthaltigkeit des Gesellschaftsanteils und so auf den Wert der Insolvenzmasse zu nehmen.[645] Dementsprechend ist es erforderlich, allein dem Insolvenzverwalter des insolventen Gesellschafters die Antragsberechtigung gem. § 15 Abs. 1 S. 2 InsO zuzusprechen. Spiegelbildlich muss diesem jedoch dann ebenfalls die in § 15a Abs. 3 InsO statuierte subsidiäre Insolvenzantragspflicht auferlegt werden.[646]

Dieses Ergebnis wird wiederum gestützt von der Intention des Gesetzgebers,[647] durch die Einführung der subsidiären Insolvenzantragspflicht gem. § 15a Abs. 3 InsO auf Seiten der Gesellschafter einen mittelbaren Anreiz zu schaffen, *„wieder ordnungsgemäß aktionsfähige Vertreter für die juristische Person zu bestellen."*[648]

---

643 So auch *Bergmann*, ZInsO 2004, 225 (227); *Göcke*, ZInsO 2008, 1305 (1307); *Gundlach/Müller*, ZInsO 2011, 900 (901).

644 *Bergmann*, ZInsO 2004, 225 (227); Braun/*Kroth*, § 80, Rn. 1; *Göcke*, ZInsO 2008, 1305 (1307); KPB/*Lüke*, § 80, Rn. 2; MüKo-InsO/*Ott/Vuia*, § 80, Rn. 1.

645 *Göcke*, ZInsO 2008, 1305 (1307).

646 *Göcke*, ZInsO 2008, 1305 (1307); in der Sache mit identischem Ergebnis *Gundlach/Müller*, ZInsO 2011, 900 (902), die die Rechtsfolgen des § 80 Abs. 1 InsO als *„faktische Gesellschafterstellung"* bezeichnen.

647 So auch *Gundlach/Müller*, ZInsO 2011, 900 (902).

648 Begr. RegE MoMiG, BT-Drucks. 16/6140, S. 55.

Eine entsprechende Initiative kann im Fall der Insolvenz des Gesellschafters ausschließlich der Insolvenzverwalter ergreifen, da auch das Stimmrecht des Gesellschafters gem. § 80 Abs. 1 InsO auf ihn übergeht.[649] Auf die streitige Frage, ob der Insolvenzverwalter bei der Ausübung seines Stimmrechts beschränkt sein soll, wenn der Inhalt der Beschlussfassung seinem Inhalt nach aus der Zuständigkeit des Insolvenzverwalters ausscheidet oder dem gesellschaftsrechtlichen und nicht dem vermögensrechtlichen Bereich zuzuordnen ist,[650] kommt es vorliegend nicht an, da der Insolvenzverwalter jedenfalls bei der Ausübung des Stimmrechts im Rahmen der Berufung oder Abberufung des Geschäftsführers erheblichen Einfluss auf die wirtschaftliche Entwicklung der Gesellschaft und somit auf den Wert des Gesellschaftsanteils des Gesellschafters nimmt.

Folglich bleibt zu konstatieren, dass im Fall der Insolvenz des an der insolvenzreifen und führungslosen Gesellschaft beteiligten Gesellschafters der Insolvenzverwalter des Gesellschafters der richtige Adressat der subsidiären Insolvenzantragspflicht gem. § 15a Abs. 3 InsO und somit auch der hierauf begründeten Insolvenzverschleppungshaftung ist.[651] Ein Erfordernis, dem Insolvenzverwalter eine Beurteilungsfrist von einem Monat einzuräumen, in der er sich unter erleichterten Voraussetzungen auf die Unkenntnis von Insolvenzreife und Führungslosigkeit der Gesellschaft berufen können soll,[652] besteht nicht, da § 15a Abs. 3 InsO keine zeitliche Begrenzung für die Unkenntnis von Führungslosigkeit und Insolvenzreife statuiert.[653]

3. Erben

a) Maßgeblicher Anknüpfungspunkt

Nach der hier vertretenen Auffassung ergibt sich die Gesellschafterstellung im Rahmen des § 15a Abs. 3 InsO grundsätzlich aus der im Handelsregister auf-

---

649 OLG München, ZInsO 2010, 1744; Baumbach/Hueck/*Zöllner/Noack*, § 47, Rn. 42; *Bergmann*, ZInsO 2004, 225 (227); *Gundlach/Müller*, ZInsO 2011, 900 (902); *Heckschen* in: Reul/Heckschen/Wienberg, Kapitel N., Rn. 22 ff.; *ders.*, ZIP 2010, 1319 (1320).

650 Zum Streitstand vgl. *Bergmann*, ZInsO 2004, 225 (228 f.); *Heckschen* in: Reul/Heckschen/Wienberg, Kapitel N., Rn. 22 ff.; *ders.*, ZIP 2010, 1319 (1320).

651 Baumbach/Hueck/*Haas*, § 64, Rn. 233; *Berger*, ZInsO 2009, 1977 (1982); *Brettner*, Die Strafbarkeit wegen Insolvenzverschleppung gemäß § 15a InsO, S. 189; *Göcke*, ZInsO 2008, 1305 (1307 f.); *Gundlach/Müller*, ZInsO 900 (902); HambKomm/*Linker*, § 15a, Rn. 23; HK-InsO/*Kleindiek*, § 15a, Rn. 18; *Römermann*, NZI 2010, 241 (243).

652 So aber *Göcke*, ZInsO 2008, 1305 (1307).

653 *Römermann*, NZI 2010, 241 (243).

genommenen Gesellschafterliste, § 16 Abs. 1 GmbHG. Fraglich ist, ob dies in letzter Konsequenz auch für die Erben eines Gesellschafters gilt, die mit dem Tod des Gesellschafters im Wege der Universalsukzession gem. §§ 1922, 1967 BGB, § 15 Abs. 1 GmbHG, den Gesellschaftsanteil des Verstorbenen erwerben.

Grundsätzlich ist es so, dass auch die Erben des verstorbenen Gesellschafters im Verhältnis zur Gesellschaft erst dann die mitgliedschaftlichen Rechte erwerben, wenn sie nach dem von § 40 GmbHG vorgeschriebenen Verfahren in die Gesellschafterliste eingetragen worden sind und diese im Handelsregister aufgenommen worden ist.[654] Mit der herrschenden Meinung im rechtswissenschaftlichen Schrifttum ist jedoch zu konstatieren, dass es für die Verpflichtung des Erben zur Stellung des Insolvenzantrags gem. § 15a Abs. 3 InsO aus Gründen des Gläubigerschutzes nicht auf dessen Eintragung in die im Handelsregister aufgenommene Gesellschafterliste ankommen kann.[655] So bereitet die Eintragung des Erben bei der führungslosen GmbH in die Gesellschafterliste in der Praxis nicht unerhebliche Schwierigkeiten. Schließlich ist der gem. § 40 Abs. 1 GmbHG zur Einreichung der Gesellschafterliste berufene Geschäftsführer bei der führungslosen GmbH gerade nicht existent. Die Zuständigkeit des Notars zur Einreichung einer Gesellschafterliste gem. § 40 Abs. 2 GmbHG hingegen ist nur dann gegeben, wenn dieser an der Veränderung in den Personen der Gesellschafter i.S.d. § 40 Abs. 1 S. 1 GmbHG mitgewirkt hat. Dies ist jedoch beim Erwerb des Gesellschaftsanteils im Wege der erbrechtlichen Universalsukzession fraglich. So ergibt sich bereits aus der Begründung des Regierungsentwurfs zu § 40 Abs. 2 GmbHG, dass eine Mitwirkung des Notars i.S.d. § 40 Abs. 2 GmbHG im Fall der Universalsukzession zu verneinen ist mit der Folge, dass die Einreichungspflicht gem. § 40 Abs. 1 GmbHG beim Geschäftsführer verbleibt.[656] Zwar ließe sich diese Problematik umgehen, wenn man die Beurkundung des Erbscheinantrags durch den Notar als (mittelbare) Mitwirkung an der Veränderung der Beteili-

---

654 OLG Naumburg, ZIP 2016, 2217 (2219 ff.); Baumbach/Hueck/*Fastrich*, § 16, Rn. 17; *Bayer* in: Lutter/Hommelhoff, § 16, Rn. 43; Michalski-*Ebbing*, § 16, Rn. 96; MüKo-GmbHG/*Heidinger*, § 16, Rn. 145 f.; Scholz/*Seibt*, § 16, Rn. 41; *Wicke*, § 16, Rn. 6; *Wolff*, BB 2010, 454 (456) unter Berufung auf die vom Gesetzgeber des MoMiG bewusst gewählte Formulierung „*Erwerber*", unter die auch der gesetzliche Erwerb zu subsumieren ist; a.A. *Altmeppen* in: Roth/Altmeppen, § 16, Rn. 21 f.

655 Baumbach/Hueck/*Haas*, § 64, Rn. 231; HK-InsO/*Kleindiek*, § 15a, Rn. 18; *Marotzke*, ErbR 2010, 115 (116); Saenger/Inhester/*Kolmann*, Vorb vor § 64, Rn. 178; Uhlenbruck/*Hirte*, § 15a, Rn. 62; undifferenziert *Römermann*, NZI 2010, 241 (243).

656 Begr. RegE MoMiG, BT-Drucks. 16/6140, S. 44; so auch MüKo-GmbHG/*Heidinger*, § 40, Rn. 180.

gungsverhältnisse ansehen würde;[657] diese Auffassung ist jedoch abzulehnen, da die materiell-rechtliche Veränderung der Beteiligungsverhältnisse bei der Beurkundung durch den Erbfall kraft Gesetz bereits eingetreten ist und der Erbschein lediglich dem Nachweis der bereits eingetretenen Erbfolge dient.[658] Kann bei der Universalsukzession kraft gesetzlicher Erbfolge im Fall der Führungslosigkeit der Gesellschaft jedoch faktisch kein Erbe in die Gesellschafterliste eingetragen werden, ist es erforderlich, dem Erben die Insolvenzantragspflicht gem. § 15a Abs. 3 InsO schon dann aufzuerlegen, wenn er noch nicht in der Gesellschafterliste i.s.v. § 16 Abs. 1 InsO eingetragen ist, um ein Leerlaufen der subsidiären Insolvenzantragspflicht zu vermeiden.[659] Gleiches muss in Fällen gewillkürter Erbfolge gelten, an denen ein Notar beteiligt ist. Zwar mag in Fällen gewillkürter Erbfolge eine Mitwirkung des Notars i.s.v. § 40 Abs. 2 GmbHG unter Umständen zu bejahen sein,[660] doch besteht auch in diesen Fällen das erhebliche Risiko, dass der Notar keine Kenntnis vom Eintritt des Erbfalls erlangt und so eine (zeitnahe) Einreichung einer aktualisierten Gesellschafterliste unterbleibt.[661] Zur Sicherung eines effektiven Gläubigerschutzes ist folglich auch in diesen Fällen nicht die Gesellschafterliste, sondern die materiell-rechtliche Stellung des Erben für dessen Qualifikation als Gesellschafter i.s.v. § 15a Abs. 3 InsO maßgeblich. Seine Antragsberechtigung, die zur Zulässigkeit seines Antrags erforderlich ist, kann der Erbe durch Vorlage der den verstorbenen Gesellschafter ausweisenden Gesellschafterliste sowie durch Vorlage eines auf ihn lautenden Erbscheins oder der für Erteilung des Erbscheins gem. §§ 2354, 2356 BGB erforderlichen Urkunden glaubhaft machen.

b) Materiell-rechtliche Stellung als Erbe / Gesellschafter

Nach obigen Feststellungen ist der endgültige Erbe des Gesellschafters, der die Erbschaft gem. § 1943 BGB angenommen oder nicht in der Frist des § 1944 BGB wirksam ausgeschlagen hat, ohne weiteres tauglicher Adressat der in § 15a Abs. 3 InsO statuierten subsidiären Insolvenzantragspflicht und der hiermit korrespondierenden Haftung für Insolvenzverschleppungsschäden gem. § 823 Abs. 2 BGB i.V.m. § 15a Abs. 3 InsO.

---

657 So *Vossius*, DB 2007, 2299 (2304); *Wicke*, § 40, Rn. 14.

658 *Apfelbaum*, notar 2008, 160 (170); Bork/Schäfer/*Wachter*, § 40, Rn. 41; *Wachter*, ZNotP 2008, 378 (390).

659 HK-InsO/*Kleindiek*, § 15a, Rn. 18; *Marotzke*, ErbR 2010, 115 (116).

660 Vgl. hierzu die Beispiele in BeckOK GmbHG Ziemons/Jaeger/*Heilmeier*, § 40, Rn. 92 ff; MüKo-GmbHG/*Heidinger*, § 40, Rn. 180 ff.

661 MüKo-GmbHG/*Heidinger*, § 40, Rn. 183.

Fraglich ist jedoch, ob auch der vorläufige Erbe, der das ihm gem. §§ 1942 Abs. 1, 1943 BGB zustehende Ausschlagungsrecht noch nicht ausgeübt hat, Adressat der subsidiären Insolvenzantragspflicht gem. § 15a Abs. 3 InsO ist. Diese Frage wird von einem Teil des rechtswissenschaftlichen Schrifttums verneint.[662] Zur Begründung wird auf die höchstrichterliche Rechtsprechung[663] zu einer entsprechenden Problemstellung im Zusammenhang mit der Insolvenzantragspflicht des vorläufigen Erben gem. § 1980 BGB verwiesen, wonach der vorläufige Erbe sich nicht um den Nachlass kümmern muss, solange er die Erbschaft nicht angenommen hat, mit der Folge, dass ihm auch nicht die Insolvenzantragspflicht im Falle der Zahlungsunfähigkeit oder der Überschuldung des Nachlasses gem. § 1980 Abs. 1 BGB obliegt.[664] Entsprechendes müsse auch im Rahmen des § 15a Abs. 3 InsO gelten, zumal sich ein für die Antragspflicht erforderliches Antragsrecht des vorläufigen Erben weder aus den Regelungen zum Nachlassinsolvenzverfahren, §§ 316 f. InsO, noch aus § 1959 Abs. 2 BGB ableiten lasse.[665] Im Ergebnis sei der vorläufige Erbe *„noch kein vollwertiger Gesellschafter i.S.d. das Insolvenzantragsrecht regelnden § 15 Abs. 1 S. 2 InsO"*,[666] so dass er nicht antragspflichtig werden könne. Dieser Auffassung ist zu widersprechen, da sie zum einen fehlerhaft das Antragsrecht des vorläufigen Erben als eine der Antragspflicht vorgelagerte Frage versteht und zum anderen nicht berücksichtigt, dass auch der noch nicht in die Gesellschafterliste eingetragene endgültige Erbe nicht *„vollwertiger Gesellschafter"* ist, da ihm, wie gezeigt, die Mitgliedschaftsrechte erst dann zustehen, wenn er in die in das Handelsregister aufgenommene Gesellschafterliste eingetragen ist.

Der richtige Anknüpfungspunkt für die Frage, ob den vorläufigen Erben des verstorbenen Gesellschafters die Insolvenzantragspflicht gem. § 15a Abs. 3 InsO trifft, ist im Schutzzweck des § 15a Abs. 3 InsO zu sehen. Die Insolvenzantragspflicht gem. § 15a Abs. 1 S. 1 InsO und auch die subsidiäre Insolvenzantragspflicht gem. § 15a Abs. 3 InsO verfolgen den Zweck, die Gläubiger der Gesellschaft im Falle der Insolvenzreife der Gesellschaft vor einer weiteren Verkürzung der zur Verteilung zur Verfügung stehenden Masse zu schützen.[667] Gleichzeitig sollen

---

662 Marotzke, *ErbR* 2010, 115 (117); sympathisierend MüKo-InsO/*Klöhn*, § 15a, Rn. 86.
663 BGH, NJW 2005, 756.
664 So auch OLG Köln, NZI 2012, 1030 (1031); BeckOK BGB Bamberger/ Roth/*Lohmann*, § 1980, Rn. 5; *W. Schlüter* in: Erman, § 1980, Rn. 5.
665 *Marotzke*, ErbR 2010, 115 (117 f.).
666 *Marotzke*, ErbR 2010, 115 (118).
667 Begr. RegE MoMiG, BT-Drucks. 16/6140, S. 55; BGHZ 29, 100 (103); BGHZ 126, 181 (190 ff.); Baumbach/Hueck/*Haas*, § 64, Rn. 145; MüKo-GmbHG/*Müller*, § 64,

insolvenzreife Gesellschaften vom Geschäftsverkehr ferngehalten werden, um so zu verhindern, dass Gläubiger der Gesellschaft weiter durch die Gewährung von Sach- oder Geldkrediten geschädigt oder gefährdet werden, indem Gesellschaften mit beschränkter Haftung aus dem Rechtsverkehr entfernt werden.[668]

Dieser Schutzzweck wäre gefährdet, wenn man den Erben erst nach Ablauf der, gem. § 1944 Abs. 2 BGB mit Kenntnis des Erbfalls und des Berufungsgrundes beginnenden, sechswöchigen Ausschlagungsfrist des § 1944 Abs. 1 BGB, der subsidiären Insolvenzantragspflicht des § 15a Abs. 3 InsO unterwerfen würde, da bis zu diesem Zeitpunkt im Falle tätiger Prokuristen durchaus die Möglichkeit besteht, dass die Gesellschaft nach wie vor am Geschäftsleben teilnimmt.[669] Bezieht man wie namhafte Stimmen des wissenschaftlichen Schrifttums nicht nur vertragliche, sondern auch deliktische Neugläubiger in den Schutzbereich der Insolvenzantragspflicht ein,[670] ergäbe sich auch für diese – unabhängig von der Gewährung von Sach- oder Geldkrediten – während der sechswöchigen Ausschlagungsfrist durch die Betriebsfortführung die Möglichkeit deliktischer Schädigungen.

Dieses Ergebnis steht auch in Einklang mit den erbrechtlichen Vorschriften zur Ausschlagung des Erbes. Der Erbe rückt mit dem Erbfall gem. §§ 1922, 1967 BGB in die Rechte des Erblassers ein, ist jedoch bis zur Ausschlagung der Erbschaft oder vor Ablauf der Ausschlagungsfrist[671] vor einer gerichtlichen Inanspruchnahme hinsichtlich etwaiger Nachlassverbindlichkeiten gem. § 1958 BGB geschützt. Bei der Pflicht, gem. § 15a Abs. 3 InsO den erforderlichen Insolvenzantrag zu stellen, handelt es sich jedoch nicht um eine gerichtliche Inanspruchnahme des Erben, sondern um eine Handlungspflicht, die solange fortbesteht,

---

Rn. 57; Saenger/Inhester/*Kolmann*, Vorb vor § 64, Rn. 121; Ulmer/*Casper*, § 64, Rn. 4.

668 BGHZ 126, 181 (194, 196, 197); Baumbach/Hueck/*Haas*, § 64, Rn. 145; *Kleindiek* in: Lutter/Hommelhoff, Anh zu § 64, Rn. 93; MüKo-GmbHG/*Müller*, § 64, Rn. 57; Michalski-*Nerlich*, Anh. § 64, Rn. 4; Saenger/Inhester/*Kolmann*, Vorb vor § 64, Rn. 121; Ulmer/*Casper*, § 64, Rn. 5.

669 A.A. *Marotzke*, ErbR 2010, 115 (118), der diese zeitliche Begrenzung offenbar für ausreichend erachtet.

670 So *Kleindiek* in: Lutter/Hommelhoff, Anh zu § 64, Rn. 76; Michalski-*Nerlich*, Anh. § 64, Rn. 59 ff.; *Poertzgen*, Organhaftung wegen Insolvenzverschleppung, S. 316 f.; *Porzelt*, Die Außen- und Innenhaftung im Recht der GmbH, Rn. 86; a.A. BGH ZIP 2005, 1734 (1738); Ulmer/*Casper*, § 64, Rn. 180; vermittelnd *Bork*, ZGR 1995, 505 (519), der den Sinn der Insolvenzantragspflicht darin sieht, vor typischen Schäden, die mit der Teilnahme der insolvenzreifen Gesellschaft im Wirtschaftsleben zusammenhängen, zu schützen.

671 MüKo-BGB/*Leipold*, § 1958, Rn. 8.

bis entweder die Insolvenzreife der Gesellschaft oder die Führungslosigkeit beseitigt ist[672] oder aber ein anderer Gesellschafter einen zulässigen Insolvenzantrag gestellt hat. Denn folgt man der zutreffenden Auffassung, nach der der Insolvenzantrag eines Geschäftsführers die übrigen Geschäftsführer von ihrer Antragspflicht befreit,[673] muss auch der Insolvenzantrag eines Gesellschafters zugunsten der übrigen Gesellschafter wirken. Die Antragspflicht trifft somit originär den Erben.

Letztendlich wird auch der vorläufige Erbe durch die ihn nach hier vertretener Auffassung treffende subsidiäre Insolvenzantragspflicht gem. § 15a Abs. 3 InsO nicht über Gebühr belastet, ist auch diese Haftung doch wie gezeigt von seiner positiven Kenntnis des Insolvenzgrundes und der Führungslosigkeit abhängig.[674]

Ist somit zu konstatieren, dass auch der vorläufige Erbe als Gesellschafter i.S.d. § 15a Abs. 3 InsO zu qualifizieren ist, bleibt ebenfalls festzuhalten, dass er auch gem. § 15 Abs. 1 S. 2 InsO zur Antragsstellung berechtigt ist. Seine Berechtigung kann er, wie auch der endgültige Erbe, durch Vorlage der den verstorbenen Gesellschafter ausweisenden Gesellschafterliste sowie durch Vorlage der für Erteilung des Erbscheins gem. §§ 2354, 2356 BGB erforderlichen Urkunden glaubhaft machen. Einen Erbschein wird er – zumindest nach anwaltlicher Beratung – nicht vorlegen, da die höchstrichterliche Rechtsprechung bereits den Antrag auf Erteilung des Erbscheins als konkludente Annahme der Erbschaft i.S.d. § 1943 BGB wertet,[675] so dass ihm eine Ausschlagung der Erbschaft in der Folge nicht mehr möglich wäre.

c) Mehrere Erben – Erbengemeinschaft

Aufgrund des Schutzzwecks der subsidiären Insolvenzantragspflicht gem. § 15a Abs. 3 InsO ist auch der einzelne Erbe einer Erbengemeinschaft i.S.v. § 2032 BGB, bei der gem. § 2040 BGB grundsätzlich nur sämtliche Erben gemeinschaftlich über das Erbe und somit auch über den GmbH-Anteil des Erblassers verfügen können, zur Stellung des Insolvenzantrags verpflichtet und berechtigt.[676] Denn es liegt gerade im Interesse der Gläubiger, dass über das Vermögen der insolventen Gesellschaft das Insolvenzverfahren eröffnet wird. Um dieses Ziel möglichst

---

672 Begr. RegE MoMiG, BT-Drucks. 16/6140, S. 55; *Kleindiek* in: Lutter/Hommelhoff, Anh zu § 64, Rn. 68.

673 Vgl. *Kleindiek* in: Lutter/Hommelhoff, Anh zu § 64, Rn. 58.

674 MüKo-InsO/*Klöhn*, § 15a, Rn. 86.

675 BGH, NJW 2006, 3064.

676 *Marotzke*, ErbR 2010, 115 (118 f.); MüKo-InsO/*Klöhn*, § 15a, Rn. 86.

effektiv zu erreichen, berechtigt und verpflichtet der Gesetzgeber im Rahmen des § 15a Abs. 1 S. 1 InsO jeden Geschäftsführer unabhängig von einer etwaigen Gesamtvertretungsmacht, § 15 Abs. 1 S. 1 InsO, und im Rahmen des § 15a Abs. 3 InsO jeden einzelnen Gesellschafter, § 15 Abs. 1 S. 2 InsO, den erforderlichen Insolvenzantrag zu stellen. Eine vergleichbare Situation hat der Gesetzgeber im Rahmen des Nachlassinsolvenzverfahrens, § 1980 BGB, geregelt. Aus der dieses Verfahren betreffenden Verfahrensvorschrift des § 317 Abs. 1 InsO ergibt sich, dass jeder einzelne Erbe berechtigt – und dementsprechend konsequenterweise auch verpflichtet – ist, den erforderlichen Nachlassinsolvenzantrag zu stellen. Insofern scheint der Gesetzgeber die Problematik der eine Erbengemeinschaft treffenden subsidiären Insolvenzantragspflicht im Rahmen des § 15a Abs. 3 InsO übersehen zu haben, so dass eine Auslegung des § 15a Abs. 3 InsO anhand des in § 317 Abs. 1 InsO statuierten Rechtsgedanken geboten erscheint, um dem Schutzzweck des § 15a Abs. 3 InsO hinreichend Rechnung zu tragen.[677]

Unerheblich ist demnach, ob es sich bei Stellung des erforderlichen Insolvenzantrags um eine notwendige Maßnahme zur Verwaltung des Nachlasses i.S.v. § 2038 Abs. 1 S. 2 Hs. 2 BGB handelt,[678] was jedoch zu verneinen ist, da es sich bei der Stellung des Insolvenzantrags über das Vermögen der GmbH bereits nicht um die „Verwaltung des Nachlasses" handelt; schließlich gehören zum Nachlass nicht Aktiva und Passiva der GmbH, sondern die vererbte Beteiligung des Erblassers an der GmbH.[679]

d) Keine Anwendung von § 139 Abs. 4 HGB

Ein Teil des rechtswissenschaftlichen Schrifttums fordert, auf den gem. § 15a Abs. 3 InsO antragspflichtigen Erben den Rechtsgedanken des § 139 Abs. 4 HGB anzuwenden.[680] Diese Forderung ist abzulehnen, da der Sinn und Zweck des § 139 Abs. 4 HGB den gem. § 15a Abs. 3 InsO zur Stellung des Insolvenzantrags verpflichteten Erben nicht tangiert.[681] § 139 Abs. 4 HGB soll dem Erben eines persönlich haftenden Gesellschafters eine Alternative dazu bieten, entweder aus der Gesellschaft auszuscheiden oder aber wie der Erblasser der vollen persönlichen Haftung zu unterliegen.[682] Eine solche Entscheidung wird vom Erben des

---

677 So auch *Marotzke*, ErbR 2010, 115 (118 f.); zustimmend MüKo-InsO/*Klöhn*, § 15a, Rn. 86.
6/8 So aber an *Currois*, ZInsO 2009 373 (374).
679 *Marotzke*, ErbR 2010, 115 (119), Fn. 13.
680 Uhlenbruck/*Hirte*, § 15a, Rn. 62.
681 Baumbach/Hueck/*Haas*, § 64, Rn. 231;MüKo-InsO/*Klöhn*, § 15a, Rn. 86.
682 Henssler/Strohn/*Klöhn*, HGB, § 139, Rn. 1; Oetker/*Kamanabrou*, § 139, Rn. 65.

GmbH-Gesellschafters i.R.d. § 15a Abs. 3 InsO jedoch gerade nicht verlangt; dieser hat lediglich den erforderlichen Insolvenzantrag zu stellen, sobald er von der Führungslosigkeit der Gesellschaft und dem Vorliegen eines Insolvenzgrundes Kenntnis hat.[683]

e) Keine Antragspflicht des Nachlasspflegers

Gem. § 1960 Abs. 1 BGB hat das Nachlassgericht für die Sicherung des Nachlasses zu sorgen, soweit hierfür ein Bedürfnis besteht. In diesem Zusammenhang hat es insbesondere die Möglichkeit, für den vorläufigen Erben einen Nachlasspfleger zu bestellen, § 1960 Abs. 2 BGB.

Fraglich ist, ob auch dieser vom Gericht bestellte Nachlasspfleger Adressat der subsidiären Insolvenzantragspflicht gem. § 15a Abs. 3 InsO ist. Zwar bestehen hierfür aus Gesichtspunkten des Gläubigerschutzes gute Gründe, doch ist eine entsprechende Insolvenzantragspflicht des Nachlasspflegers aufgrund von Sinn und Zweck der Nachlasspflegschaft abzulehnen.[684] Denn auch wenn die Bestellung eines Nachlasspflegers ebenfalls auf Antrag eines Gläubigers erfolgen kann, § 1961 BGB, dient sie primär dem Zweck, den Nachlass zu sichern und zu verwalten, um dem Erben den Nachlass in seinem ursprünglichen Zustand zu erhalten.[685] Folglich ist der Nachlasspfleger schon bereits den Nachlassgläubigern nicht verpflichtet, den gegebenenfalls gem. § 1980 BGB erforderlichen Insolvenzantrag den Nachlass betreffend zu stellen.[686] Erst recht wird man dann keine Antragspflicht i.R.d. § 15a Abs. 3 InsO bejahen können, zumal – rein theoretisch – die Antragspflicht des vorläufigen Erben fortbesteht. Eine Verdrängung des Erben aus seiner Antragsberechtigung ist gerade nicht gegeben.[687] Dies ergibt sich bereits aus der Rechtsstellung des Nachlasspflegers, der Vertreter des vorläufigen Erben ist.[688]

f) Antragspflicht von Nachlassinsolvenzverwalter, Nachlassverwalter und Testamentsvollstrecker

Ebenso wie im Fall der Insolvenz des Gesellschafters gehen auch bei angeordneter Nachlassinsolvenz, Nachlassverwaltung und Testamentsvollstreckung

---

683 MüKo-InsO/Klöhn, § 15a, Rn. 86.
684 Marotzke, ErbR 2010, 115 (119); MüKo-InsO/Klöhn, § 15a, Rn. 86; a.A. ohne Begründung du Carrois, ZInsO 2009, 373 (374).
685 BGH, NJW 2005, 756 (758); MüKo-BGB/Leipold, § 1960, Rn. 1.
686 BGH, NJW 2005, 756 (758); Marotzke, ErbR 2010, 115 (119).
687 So auch Marotzke, ErbR 2010, 115 (119 f.).
688 MüKo-BGB/Leipold, § 1960, Rn. 48.

sämtliche Verwaltungs- und Verfügungsrechte auf den Nachlassinsolvenzverwalter, den Nachlassverwalter sowie den Testamentsvollstrecker über. Für den Nachlassinsolvenzverwalter ergibt sich diese Rechtsfolge aus § 80 Abs. 1 InsO, für den Nachlassverwalter aus §§ 1984 Abs. 1, 1985 Abs. 1 BGB[689] sowie für den Testamentsvollstrecker aus §§ 2205, 2211 BGB.[690] Hieraus folgt, dass diese auch die sich aus der Gesellschafterstellung des Erblassers ergebenden gesellschaftsrechtlichen Mitgliedschaftsrechte ausüben.[691]

Gleichwohl verneint ein Teil des rechtswissenschaftlichen Schrifttums einen entsprechenden Übergang der Insolvenzantragspflicht auf Nachlassinsolvenzverwalter, Nachlassverwalter und Testamentsvollstrecker.[692] Zur Begründung wird eine teleologische Reduktion der §§ 80 InsO, 2211 BGB und 1984 Abs. 1 S. 1 BGB ins Feld geführt; die Antragsberechtigung des Erben wiederum soll über eine analoge Anwendung des § 317 Abs. 3 InsO *„konstruiert"* werden.[693] Dies sei erforderlich, da zum Nachlass des verstorbenen Gesellschafters nicht das Vermögen der GmbH, sondern lediglich der Geschäftsanteil gehöre.[694]

Dieser Auffassung ist entgegenzutreten. Beließe man nämlich die Befugnis zur Stellung des Insolvenzantrags im Falle der Führungslosigkeit der Gesellschaft gem. § 15 Abs. 1 S. 2 InsO beim Erben des Gesellschafters, wäre dieser in der Lage, unmittelbaren Einfluss auf die Werthaltigkeit des Gesellschaftsanteils und so auf den Wert des Nachlasses zu nehmen.[695] Darüber hinaus erscheint es rechtsdogmatisch fraglich, zunächst durch die teleologische Reduktion der den Übergang der Verwaltungsbefugnis anordnenden Regelungen eine Regelungslücke zu konstruieren, um diese sodann im Wege der analogen Anwendung des § 317 Abs. 3 InsO wieder zu schließen. Eine für die analoge Anwendung des § 317 Abs. 3 InsO erforderliche Planwidrigkeit der Regelungslücke wäre jedenfalls nicht gegeben.

Abschließend bleibt daher zu konstatieren, dass auch Nachlassinsolvenzverwalter, Nachlassverwalter und Testamentsvollstrecker Adressaten der in § 15a

---

689 Vgl. MüKo-BGB/*Küpper*, § 1984, Rn. 2.

690 Vgl. MüKo-BGB/*Zimmermann*, § 2205, Rn. 1.

691 Vgl. für den Nachlassverwalter MüKo-BGB/*Küpper*, § 1985, Rn. 6; *Horn* in: Erman, § 1985, Rn. 3 und für den Testamentsvollstrecker MüKo-BGB/*Zimmermann*, § 2205, Rn. 51 f.; *M. Schmidt* in: Erman, § 2205, Rn. 36.

692 *Marotzke*, ErbR 2010, 115 (119 f.), MüKo-InsO/*Köhn*, § 15, Rn. 06.

693 *Marotzke*, ErbR 2010, 115 (120).

694 *Marotzke*, ErbR 2010, 115 (119).

695 Vgl. zur Parallelsituation bei der Insolvenz des Gesellschafters *Göcke*, ZInsO 2008, 1305 (1307).

Abs. 3 InsO statuierten Insolvenzantragspflicht und somit auch der i.V.m. § 823 Abs. 2 BGB bestehenden Insolvenzverschleppungshaftung sind.

C. Die Haftung des Teilnehmers gem. §§ 823 Abs. 2, 830 Abs. 2 BGB i.V.m. § 15a Abs. 1, Abs. 3 InsO

Auch Einflussnahmen auf die Geschäftsführer, die sich unterhalb der aufgezeigten Erfordernisse zur Qualifizierung des Einflussnehmenden als faktischer Geschäftsführer bewegen, können zur Haftung für durch Insolvenzverschleppung verursachte Schäden führen. In diesen Fällen ist regelmäßig an eine Haftung des Einflussnehmenden als Anstifter oder Gehilfe des (faktischen) Geschäftsführers gem. §§ 823 Abs. 2, 830 Abs. 2 BGB i.V.m. § 15a Abs. 1 S. 1 InsO zu denken. Möglich ist ebenfalls eine Haftung als Anstifter oder Gehilfe des subsidiär antragspflichtigen Gesellschafters gem. §§ 823 Abs. 2, 830 Abs. 2 BGB i.V.m. § 15a Abs. 3 InsO, wobei Einflussnahmen auf die Gesellschafter in der Praxis eine eher untergeordnete Rolle spielen dürften.

Als potentielle Adressaten der Teilnehmerhaftung kommen – wie bei der Frage, wer als faktischer Geschäftsführer i.s.d. Insolvenzverschleppungshaftung zu qualifizieren ist – Gesellschafter, leitende Angestellte, Gläubiger der Gesellschaft sowie professionelle Berater in Betracht.

I. Anknüpfungspunkt: Die unerlaubte Handlung

1. Allgemeines

Anknüpfungspunkt der Haftung als Anstifter oder Gehilfe ist die *„unerlaubte Handlung"* des Haupttäters. § 830 Abs. 2 BGB nimmt insofern Bezug auf § 830 Abs. 1 S. 1 BGB, indem er Anstifter und Gehilfen einem Mittäter gleichstellt. Unerlaubte Handlung bei der in dieser Untersuchung gegenständlichen Insolvenzverschleppungshaftung ist die unterlassene Stellung des erforderlichen Insolvenzantrags und somit der Verstoß gegen § 15a Abs. 1 S. 1, Abs. 3 InsO. Denn gem. § 823 Abs. 2 BGB ist eine unerlaubte Handlung insbesondere beim Verstoß gegen ein Schutzgesetz zu bejahen.[696] *Bayer/Lieder* stellen insofern zutreffend fest, dass bei der Frage, auf welchen rechtlichen Tatbestand die zu erörternde Haftung von Anstifter und Gehilfe Bezug zu nehmen ist, in Rechtsprechung[697] und rechtswissenschaftlichem Schrifttum[698] verschiedene Anspruchsgrund-

---

696   *Wagner*, ZInsO 2009, 449 (450).
697   Vgl. beispielhaft BGHZ 164, 50 (57).
698   Vgl. beispielhaft *Wagner*, ZInsO 2009, 449 (450).

lagen miteinander vermengt werden.[699] So ergibt sich eine mögliche Haftung aus §§ 823 Abs. 2, 830 Abs. 2 BGB i.V.m. § 15a Abs. 1 S. 1 InsO bzw. § 15a Abs. 3 InsO, aus §§ 823 Abs. 2, 830 Abs. 2 BGB i.V.m. § 15a Abs. 4–6 InsO sowie aus § 823 Abs. 2 BGB i.V.m. §§ 15a Abs. 4–6 InsO, 26, 27 StGB.[700]

Für die weitere Untersuchung soll in konsequenter Fortsetzung der bisherigen Ausführungen an die Anspruchsgrundlage §§ 823 Abs. 2, 830 Abs. 2 BGB i.V.m. § 15a Abs. 1 S. 1, Abs. 3 InsO angeknüpft werden, wenngleich auch die Strafvorschriften des § 15a Abs. 4–6 InsO als Schutzgesetz i.S.v. § 823 Abs. 2 BGB zu qualifizieren sein werden.[701] Hintergrund der Wahl dieses Anknüpfungspunktes sind die bereits oben[702] dargelegten verfassungsrechtlichen Zwänge des Art. 103 Abs. 1 GG im Rahmen der Auslegung des § 15a Abs. 4–6 InsO, die dem von § 15a Abs. 1 S. 1, Abs. 3 InsO intendierten zivilrechtlichen Schutzzweck nicht gerecht werden.

Der Vollständigkeit halber soll erwähnt werden, dass es sich sowohl bei § 15a Abs. 1 S. 1 InsO als auch bei § 15a Abs. 3 InsO um sog. Sonderdelikte handelt, denen als Täter nur die dort aufgeführten Personen, Mitglieder des Vertretungsorgans bzw. Gesellschafter, unterliegen; gleichwohl verbleibt auch bei Sonderdelikten die Möglichkeit von Anstiftung und Beihilfe, was sich bereits aus § 28 StGB ergibt.[703]

2. Erfordernis der vorsätzlichen unerlaubten Handlung

Nach der höchstrichterlichen Rechtsprechung[704] sowie der herrschenden Meinung im rechtswissenschaftlichen Schrifttum[705] richten sich die Voraussetzungen für die zivilrechtliche Teilnahme an einer unerlaubten Handlung gem.

---

699   *Bayer/Lieder*, WM 2006, 1 (9).

700   *Bayer/Lieder* zu den Vorgängervorschriften des § 15a InsO (§§ 64 Abs. 1, 84 Abs. 1 Nr. 2 GmbHG a.F.).

701   Vgl. zu § 84 Abs. 1 Nr. 2 GmbHG a.F. *Altmeppen* in: Roth/Altmeppen, 5. Auflage 2005, § 84, Rn. 20 m.w.N. auf die h.M.

702   Vgl. § 2 A.II.2.b)aa).

703   BGHZ 164, 50 (57); *Bayer/Lieder*, WM 2006, 1 (8); *Ehricke*, ZGR 2000, 351 (356); *Froehner*, ZInsO 2011, 1617; Ulmer/*Casper*, § 64, Rn. 207; *Wegner*, wistra 2004, 273 (274); die von *Lange*, DStR 2007, 954 vorgebrachten Einwände greifen somit nicht durch.

704   BGHZ 63, 124 (126); BGHZ 89, 383 (389); BGHZ 137, 89 (102); BGHZ 164, 50 (57); BGH, NJW 2004, 3423 (3425).

705   BeckOK BGB Bamberger/Roth/*Spindler*, § 830, Rn. 10 f.; MüKo-BGB/*Wagner*, § 830, Rn. 9; *Schiemann* in: Erman, § 830, Rn. 3; *Schneider*, GmbHR 2011, 685 (687).

§ 830 BGB nach den für das Strafrecht entwickelten Grundsätzen, so dass es für eine Haftung von Anstifter und Gehilfen einer vorsätzlichen rechtswidrigen unerlaubten Handlung des Haupttäters bedarf. Für den Anstifter folgt dies aus § 26 StGB, für den Gehilfen aus § 27 Abs. 1 StGB.

Gerade im Zusammenhang mit der Haftung von Anstiftern und Gehilfen für durch Insolvenzverschleppung verursachte Schäden plädiert ein Teil des rechtswissenschaftlichen Schrifttums dafür, auf das Erfordernis einer Vorsatztat zu verzichten und auch eine fahrlässige oder gar eine schuldlose Tat des Haupttäters als Anknüpfungspunkt ausreichen zu lassen.[706] Das den strafrechtlichen Wertungen entnommene Erfordernis der vorsätzlichen Haupttat könne nicht auf die zivilrechtliche Haftung von Anstifter und Gehilfen übernommen werden.[707] Dies folge bereits aus den unterschiedlichen Zielrichtungen von strafrechtlicher Sanktion und zivilrechtlicher Haftung.[708] Während das Strafrecht im Verhältnis des Staates zum Bürger verbotenes Verhalten sanktioniert, geht es bei der zivilrechtlichen Haftung aus Insolvenzverschleppung um einen Ausgleich der entstandenen Schäden, mithin um einen wirtschaftlichen Ausgleich unter Privaten.[709] Im Ergebnis könne so auch in Fällen, in denen der Einflussnehmende den Geschäftsführer über dessen Antragspflicht täusche oder in einem bereits vorhandenen Irrtum belasse, eine Haftung des Einflussnehmenden über § 830 Abs. 2 BGB begründet werden.[710]

Zwar mag der dargelegten Auffassung vor dem Hintergrund des Schutzzwecks der Insolvenzantragspflicht Positives abzugewinnen sein, doch vermag sie im Ergebnis nicht zu überzeugen. Bei § 830 BGB handelt es sich um das zivilrechtliche Pendant zu §§ 25–27 StGB.[711] Dies ergibt sich aus der Intention des historischen Gesetzgebers, der insbesondere die zivilrechtliche Haftung hinsichtlich des Straftatbestandes der Beteiligung an einer Schlägerei (damals:

---

706 *Ehricke*, ZGR 2000, 351 (358 ff.); *Hommelhoff/Schwab*, FS Kraft, 263 (269 f.); *Karollus*, ZIP 1995, 269 (273); *Konow*, GmbHR 1975, 104 (106 f.); *Kübler*, ZGR 1995, 481 (503); *Larenz/Canaris*, Lehrbuch des Schuldrechts Band II/2, S. 569; *Porzelt*, Die Außen- und Innenhaftung im Recht der GmbH, Rn. 152; *K. Schmidt*, JZ 1978, 661 (666); *Scholz/K. Schmidt*, § 64, Rn. 211; *Schroeders*, Die deliktische Teilnehmerhaftung des GmbH-Gesellschafters wegen Einflussnahme auf die Geschäftsführung, S. 201ff.; *Stein*, Das faktische Organ, S. 162; sympathisierend *Haas*, DStR 1998, 1359 (1362).

707 *Ehricke*, ZGR 2000, 351 (358 f.); *Hommelhoff/Schwab*, FS Kraft, 263 (270).

708 *Ehricke*, ZGR 2000, 351 (358 f.)

709 *Ehricke*, ZGR 2000, 351 (358 f.)

710 *Konow*, GmbHR 1975, 104 (107).

711 BeckOK BGB Bamberger/Roth/*Spindler*, § 830, Rn. 10 f.; MüKo-BGB/*Wagner*, § 830, Rn. 3.

Raufhandel) zugunsten des Opfers, das die erlittenen Verletzungen nicht den einzelnen Tätern zuordnen kann, erleichtern wollte[712] und somit die zivilrechtliche Teilnehmerhaftung an die im Strafrecht geltende Verantwortlichkeit anknüpft, wonach Anstifter, Gehilfen und Täter in gleichem Umfang für die Tat verantwortlich sind.[713] Für diesen vom historischen Gesetzgeber beabsichtigten grundsätzlichen Gleichlauf von zivilrechtlicher und strafrechtlicher Verantwortlichkeit ist es mithin unerheblich, dass die §§ 26, 27 StGB in ihrer jetzigen Fassung erst durch das 2. Gesetz zur Reform des Strafrechts[714] im Jahr 1975 in Kraft getreten sind.[715]

Hinzukommt, dass es einer Abkehr vom Erfordernis der vorsätzlichen Haupttat als Anknüpfungspunkt für die Haftung von Anstifter und Gehilfe gerade im Rahmen der Insolvenzverschleppungshaftung nicht bedarf. Denn Fallgestaltungen, in denen der Einflussnehmende in Kenntnis der Sach- und Rechtslage den Geschäftsführer über dessen Antragspflicht täuscht, lassen sich interessengerecht darüber lösen, den Einflussnehmenden als faktischen Geschäftsführer i.S.d. Insolvenzverschleppungshaftung, namentlich als sog. Schattengeschäftsführer, zu qualifizieren,[716] zumal, wie gezeigt, ein Auftreten des Einflussnehmenden nach außen hierfür nicht erforderlich ist.[717] Erst recht bestehen bei einer fahrlässigen Insolvenzverschleppung durch den antragspflichtigen Geschäftsführer keine Haftungslücken, da dieser auch im Fall der Fahrlässigkeit für durch die Insolvenzverschleppung verursachte Schäden haftet[718] und die Kenntnis des Gesellschafters von Führungslosigkeit und Insolvenzreife der Gesellschaft im Rahmen

---

712 Motive zu dem Entwurf eines Bürgerlichen Gesetzbuchs für das Deutsche Reich, Amtliche Ausgabe, Band II, S. 738 (zu § 714); Protokolle der Kommission für die zweite Lesung des Entwurfs des Bürgerlichen Gesetzbuchs, Band II S. 606 (zu § 714); MüKo-BGB/*Wagner*, § 830, Rn. 2; *Schiemann* in: Erman, § 830, Rn. 4.

713 MüKo-BGB/*Wagner*, § 830, Rn. 3.

714 BGBl. I 1969, S. 717.

715 A.A. *Schroeders*, Die deliktische Teilnehmerhaftung des GmbH-Gesellschafters wegen Einflussnahme auf die Geschäftsführung, S. 202 ff.

716 So auch *Bayer/Lieder*, WM 2006, 1 (9); Saenger/Inhester/*Kolmann*, Vorb vor § 64, Rn. 261; dies scheint auch *Konow*, GmbHR 1975 104 (107) zu erkennen, nennt er den durch Täuschung Einflussnehmenden doch „*faktischen Täter*".

717 Vgl. § 2 A.II.2.b)cc)(1)(c).

718 BGHZ 75, 96 (111); BGHZ 126, 181 (199), OLG Celle, NZG 2003, 730 (732); OLG Düsseldorf, GmbHR 1999, 479 (480 f.); Thüringer OLG, GmbHR 2002, 112; KG, NZG 2000, 141 (142); Baumbach/Hueck/*Haas*, § 64, Rn. 167; *Haas*, DStR 2003, 423 (426 f.); *Kleindiek* in: Lutter/Hommelhoff, Anh zu § 64, Rn. 86; Scholz/*K. Schmidt*, § 64, Rn. 179; Ulmer/*Casper*, § 64, Rn. 161.

des § 15a Abs. 3 InsO vermutet wird. Darüber hinaus kommt hinsichtlich des Einflussnehmenden auch eine Haftung nach den Grundsätzen über den existenzvernichtenden Eingriff oder gem. § 826 BGB im Allgemeinen in Betracht.[719] Es bleibt somit festzuhalten, dass es für die Haftung sowohl des Anstifters als auch des Gehilfen für Insolvenzverschleppungsschäden einer vorsätzlichen Haupttat bedarf,[720] die in Anlehnung an die einschlägigen strafrechtlichen Vorschriften, §§ 26, 27 Abs. 1 StGB, auch rechtswidrig erfolgt sein muss.

II. Teilnahmehandlung

Die Frage, welche Einflussnahmen auf die Geschäftsführung bzw. die Gesellschafter als taugliche Teilnahmehandlungen i.s.d. § 830 Abs. 2 BGB in Betracht kommen, ist entsprechend obigen Feststellungen ebenfalls nach strafrechtlichen Kriterien zu beurteilen. Im weiteren Verlauf soll wiederum anhand von Fallgestaltungen aus der Praxis aufgezeigt werden, welche Handlungen zu einer Haftung gem. §§ 823 Abs. 2, 830 Abs. 2 BGG i.V.m. § 15a Abs. 1, Abs. 3 InsO führen können.

1. Anstiftung

Tathandlung der Anstiftung ist das vorsätzliche Bestimmen eines anderen zu dessen vorsätzlicher und rechtswidriger Haupttat, § 26 StGB. Von einem solchen Bestimmen ist dann auszugehen, wenn beim Haupttäter durch die Handlung des Einflussnehmenden der Tatentschluss hervorgerufen wird.[721]

---

719 Vgl. *Bayer/Lieder*, WM 2006, 1 (9) ; *Froehner*, ZInsO 2011, 1617 (1618), MüKo-BGB/ *Wagner*, § 830, Rn. 34 und Ulmer/*Casper*, § 64, Rn. 207.

720 BGHZ 164, 50 (57); *Altmeppen*, in: Roth/Altmeppen, Vorb zu § 64, Rn. 141; *ders.*, ZIP 1997, 1173 (1182); Haumbach/Hueck/*Haas*, § 64, Rn. 242, *Bayer/Lieder*, WM 2006, 1 (9); *Biehl*, Geschäftsführer- und Gesellschafterhaftung wegen Insolvenzverschleppung in der GmbH, S. 157 f.; *Froehner*, ZInsO 2011, 1617 (1618); Hachenburg/*Ulmer*, § 64, Rn. 75; Henssler/Strohn/*Arnold*, GmbHG § 64, Rn. 71; HK-InsO/*Kleindiek*, § 15a, Rn. 27; Michalski-*Nerlich*, Anh. § 64, Rn. 87; MüKo-GmbHG/*Müller*, § 64, Rn. 217; Saenger/Inhester/*Kolmann*, Vorb vor § 64, Rn. 261; *Sundermeier/Gruber*, DStR 2000, 929 (935); Ulmer/*Casper*, § 64, Rn. 207; *Wagner*, ZInsO 2009, 449 (452); *Zugehör*, NZI 2008, 652 (659).

721 BGHSt 9, 370 (379); BGHSt 45, 373 ff.; BGH, NStZ 2000, 421; *Kühl* in: Lackner/Kühl, § 26, Rn. 2; MüKo-StGB/*Joecks*, § 26, Rn. 26; Schönke/Schröder/ *Heine/Weißer*, § 26, Rn. 2; *Schroeders*, Die deliktische Teilnehmerhaftung des GmbH-Gesellschafters wegen Einflussnahme auf die Geschäftsführung, S. 218.

Teile des rechtswissenschaftlichen Schrifttums fordern, für die Haftung gem. § 830 Abs. 2 BGB – und somit auch für die Haftung des Anstifters – eine fahrlässige Teilnahme an der Haupttat ausreichen zu lassen.[722] Zur Begründung wird ausgeführt, das dem Strafrecht entnommene Vorsatzerfordernis auf Seiten des Teilnehmers sei hinsichtlich der zivilrechtlichen Haftung nicht interessengerecht.[723] Diese Argumentation überzeugt nicht, da der Verzicht auf das Vorsatzerfordernis beim Teilnehmer dazu führen würde, die Haftung des Teilnehmers ausufern zu lassen.[724] Darüber hinaus zeichnet sich insbesondere der Anstifter dadurch aus, eine fremde Tat als eigene zu wollen,[725] was sich mit einer fahrlässigen Begehung nicht in Einklang bringen lässt.[726] Somit bleibt festzuhalten, dass für eine Haftung des Teilnehmers – also auch des Anstifters – gem. § 830 Abs. 2 BGB eine vorsätzliche Teilnahmehandlung erforderlich ist.

a) Einflussnahme der Gesellschafter

Das rechtswissenschaftliche Schrifttum bejaht das für den objektiven Tatbestand der Anstiftung erforderliche Hervorrufen des Tatentschlusses auf Seiten des noch unentschlossenen Geschäftsführers insbesondere bei, wenngleich nicht bindenden, Weisungen der Gesellschafter, den gem. § 15a Abs. 1 S. 1 InsO erforderlichen Insolvenzantrag nicht zu stellen.[727] Dieser Auffassung ist zuzustimmen, wenngleich entsprechende Weisungen des Mehrheitsgesellschafters oder mehrerer Gesellschafter, die gemeinsam die zur Beschlussfassung in der Gesellschafterversammlung erforderliche Mehrheit innehaben, nach der hier vertretenen Auffassung[728] zu einer Qualifizierung als faktischer Geschäftsführer führen, sodass es eines Rückgriffs auf die Regelung des § 830 Abs. 2 BGB nicht bedarf. Relevanz im Rahmen des § 830 Abs. 2 BGB hat hingegen ein entsprechendes Abstimmungsverhalten

---

722 *Karollus*, ZIP 1995, 269 (273), Fn. 52; *Hommelhoff/Schwab*, FS Kraft, 263 (269).

723 *Karollus*, ZIP 1995, 269 (273), Fn. 52; *Hommelhoff/Schwab*, FS Kraft, 263 (270).

724 *Ehricke*, ZGR 2000, 351 (357); MüKo-BGB/*Wagner*, § 830, Rn. 43; in diese Richtung auch *Schroeders*, Die deliktische Teilnehmerhaftung des GmbH-Gesellschafters wegen Einflussnahme auf die Geschäftsführung, S. 263, die ein „subjektives Band" zwischen Haupttäter und Teilnehmer für erforderlich hält.

725 *Ehricke*, ZGR 2000, 351 (357); *Larenz/Canaris*, Lehrbuch des Schuldrechts Band II/2, S. 567 f.

726 *Ehricke*, ZGR 2000, 351 (357).

727 *Altmeppen* in: Roth/Altmeppen, Vorb zu § 61, Rn. 111; *Ehricke*, ZGR 2000, 351 (354 ff.); *Haas/Kolmann/Pauw* in: Gottwald, Insolvenzrechtshandbuch, § 92, Rn. 152; Saenger/Inhester/*Kolmann*, Vorb vor § 64, Rn. 261; *Uhlenbruck*, DStR 1991, 351 (352) für Einflussnahmen auf den Vorstand der AG; Ulmer/*Casper*, § 64, Rn. 207.

728 Vgl. § 2 A.II.2.b)dd)(3)(b).

des Minderheitsgesellschafters in der Gesellschafterversammlung, der sich mit seinem Petitum im Rahmen der Abstimmung nicht durchsetzen kann; zwar wird der Minderheitsgesellschafter in Ermangelung einer dem Mehrheitsgesellschafter vergleichbaren Machtstellung nicht in der Lage sein, den Geschäftsführer faktisch anzuweisen, den nach § 15a Abs. 1 S. 1 InsO erforderlichen Insolvenzantrag nicht zu stellen, doch ist davon auszugehen, dass eine entsprechende Ausübung des Stimmrechts des Minderheitsgesellschafters geeignet ist, den erforderlichen Tatentschluss beim Geschäftsführer hervorzurufen.[729] Gleiches gilt für außerhalb der Gesellschafterversammlung gegenüber dem Geschäftsführer geäußerte Anregungen bzw. Erwartungen.

b) Einflussnahme von Beratern

Sich in der Krise befindende Gesellschaften lassen sich in der Praxis häufig von ihren vertrauten Beratern, insbesondere Steuerberatern, Wirtschaftsprüfern, Unternehmensberatern oder Rechtsanwälten begleiten, um die Krise der Gesellschaft zu überwinden. Beginnt die Beratung erst bei bereits eingetretener Insolvenzreife der Gesellschaft oder tritt die Insolvenzreife während der bereits laufenden Sanierungsberatung ein, stellt sich die Frage, inwiefern einzelne Maßnahmen der Beratung als Anstiftung i.S.d. § 830 Abs. 2 BGB anzusehen sind und somit zur Haftung des Beraters gem. §§ 823 Abs. 2, 830 Abs. 2 BGB i.V.m. § 15a Abs. 1 S. 1, Abs. 3 InsO führen.

Keine vorsätzlich zur Insolvenzverschleppung anstiftende Handlung wird man darin sehen können, dass der jeweilige Berater Handlungsalternativen aufzeigt, um das Vorliegen des Insolvenzgrundes oder im Falle des § 15a Abs. 3 InsO die Führungslosigkeit der Gesellschaft mit zulässigen Mitteln zu beseitigen.[730] Als mögliche Handlungsalternativen zur Beseitigung der Insolvenzreife der Gesellschaft erscheinen insbesondere die Erhöhung des Stammkapitals von Seiten der Gesellschafter und der Versuch denkbar, die Gläubiger der Gesellschaft zu Forderungsverzichten zu bewegen.[731] Entscheiden sich die Geschäftsführung oder die subsidiär antragspflichtigen Gesellschafter für eine der vom Berater aufgezeigten Handlungsmöglichkeiten und führen diese nicht zum gewünschten Erfolg, ist zunächst der objektive Tatbestand der Anstiftung zu bejahen, da der

729 *Altmeppen* in: Roth/Altmeppen, Vorb zu § 64, Rn. 141; Saenger/Inhester/*Kolmann*, Vorb vor § 64, Rn. 261.

730 *Bales*, ZInsO 2010, 2073 (2075); *Brettner*, Die Strafbarkeit wegen Insolvenzverschleppung gemäß § 15a InsO, S. 178; *Ehlers*, DStR 1999, 461 (462); *Reck*, ZInsO 2000, 121 (122); *Uhlenbruck/Leibner*, KTS 2004, 505 (519).

731 *Reck*, ZInsO 2000, 121 (122).

Berater mit Aufzeigen der Handlungsmöglichkeiten beim Geschäftsführer bzw. den Gesellschaftern den Entschluss hervorgerufen hat, zumindest vorerst keinen Insolvenzantrag zu stellen. Mehr als fraglich ist in diesen Fällen jedoch, ob der jeweilige Berater den Tatentschluss auch vorsätzlich hervorgerufen hat. Die Rechtsprechung des Bundesgerichtshofs verlangt zur Bejahung des Vorsatzes des Teilnehmers *„neben der Kenntnis der Tatumstände wenigstens in groben Zügen den jeweiligen Willen der einzelnen Beteiligten, die Tat gemeinschaftlich mit anderen auszuführen oder sie als fremde Tat zu fördern."*[732] An einem solchen Willen wird es dem Berater, der dem Geschäftsführer wertneutral unterschiedliche zulässige Möglichkeiten aufzeigt, die Krise der Gesellschaft mit zulässigen Mitteln zu beenden, regelmäßig fehlen.[733] Denn auch wenn sich der Berater bewusst sein wird, dass sich der Geschäftsführer oder die subsidiär antragspflichtigen Gesellschafter für die Wahrnehmung einer der von ihm aufgezeigten Handlungsmöglichkeiten entscheiden, stehen für den jeweiligen Berater geltende Berufspflichten der Annahme eines entsprechenden Vorsatzes entgegen.[734] So sind Rechtsanwälte gem. § 43 S. 1 BRAO, Steuerberater gem. § 57 Abs. 1 StBerG und Wirtschaftsprüfer gem. § 43 Abs. 1 WiPrO verpflichtet, ihren Beruf gewissenhaft auszuüben. Hierzu gehört es auch, die sich in der Krise befindliche Gesellschaft über mögliche Handlungsalternativen aufzuklären.[735] Kommen sie dieser Pflicht nach, so wird man davon ausgehen müssen, dass ihr Handlungswille lediglich auf die pflichtgemäße Berufsausübung gerichtet war und gerade nicht auf das Handeln des Beratenen auf Grundlage der aufgezeigten Handlungsalternativen einzuwirken.[736]

Geht die Beratung jedoch über das Aufzeigen von Handlungsalternativen hinaus, indem der jeweilige Berater die Empfehlung ausspricht, die Gesellschaft zu sanieren und auf die eigentlich nach § 15a Abs. 1 S. 1, Abs. 3 InsO gebotene

---

732 BGHZ 137, 89 (102); BGH, NJW 2004, 3423 (3425); im Ergebnis ebenfalls zustimmend BGH, NJW-RR 2005, 556 (557); MüKo-BGB/*Wagner*, § 830, Rn. 37.

733 *Uhlenbruck/Leibner*, KTS 2004, 505 (519).

734 *Bales*, ZInsO 2010, 2073 (2075); *Reck*, ZInsO 2000, 121 (122).

735 *Bales*, ZInsO 2010, 2073 (2075); *Reck*, ZInsO 2000, 121 (122); a.A. zur Haftung des Steuerberaters *Brettner*, Die Strafbarkeit wegen Insolvenzverschleppung gemäß § 15a InsO, S. 178; vgl. allgemein zur Pflicht der umfassenden Beratung einschließlich des Aufzeigens von Handlungsalternativen für den Rechtsanwalt Gehrlein, Anwalts- und Steuerberater Haftung, S. 25 f., dann für den Steuerberater Anwalts- und Steuerberaterhaftung, S. 51 und *Schmitz/Lorey/Harder*, Berufsrecht und Haftung der Wirtschaftsprüfer, S. 301, sofern der Steuerberater auf dem Gebiet des Steuerrechts berät.

736 So für die Beratung des Rechtsanwalts im Rahmen der Beihilfe bereits RGSt 37, 321 (323).

Stellung des Insolvenzantrags zu verzichten, obwohl aufgrund objektiver Kriterien absehbar ist, dass die Sanierung der Gesellschaft nicht oder nicht in der Dreiwochenfrist des § 15a Abs. 1 InsO realisierbar ist,[737] wird eine vorsätzliche Anstiftungshandlung des Beraters zu bejahen sein.[738] Denn in diesen Fällen nimmt er bewusst lenkenden Einfluss auf die Entscheidung der Geschäftsführer bzw. der subsidiär antragspflichtigen Gesellschafter, die Insolvenzantragspflicht nicht zu erfüllen, so dass Vorsatz zu bejahen ist.[739] Etwas anderes gilt jedoch für die Empfehlung des Beraters an die Gesellschafter der führungslosen Gesellschaft, die Führungslosigkeit durch Bestellung eines neuen Geschäftsführers zu beenden und so der subsidiären Antragspflicht gem. § 15a Abs. 3 InsO zu entgehen. Denn diese Möglichkeit ist in der Gesetzesbegründung ausdrücklich vorgesehen.[740]

Abschließend wird im rechtswissenschaftlichen Schrifttum die Frage erörtert, ob (bedingter) Vorsatz des Beraters zu bejahen ist, wenn er hinsichtlich der Insolvenzreife der Gesellschaft Zweifel hat und diesen nicht nachgeht, gleichwohl die Sanierung der Gesellschaft empfiehlt und somit, zumindest konkludent, von der Stellung des Insolvenzantrags abrät. Bedingter Vorsatz ist immer dann anzunehmen, wenn der Handelnde die Erfüllung des Tatbestandes für möglich hält und billigend in Kauf nimmt.[741] Überträgt man diese von der Rechtsprechung aufgestellten Erfordernisse auf den eingangs geschilderten Fall, ist bedingter Vorsatz des Beraters zu bejahen. Denn der Berater, der mit der Prüfung der Sanierungsfähigkeit der Gesellschaft befasst ist, sich jedoch bewusst der Überprüfung der Insolvenzreife der Gesellschaft verschließt, nimmt zumindest billigend in Kauf, dass die Insolvenzreife bereits eingetreten ist.[742] Entgegen einer im rechtswissenschaftlichen Schrifttum vertretenen Auffassung[743] wird der Berater nämlich keineswegs die noch nicht eingetretene Insolvenzreife der Gesellschaft

---

737 Vgl. Fallbeispiel 2 von *Baumgarte*, wistra 1992, 41 (44); *Reck*, ZInsO 2000, 121 (122 f.).

738 *Brettner*, Die Strafbarkeit wegen Insolvenzverschleppung gemäß § 15a InsO, S. 179; *Ehlers*, DStR 1999, 461 (463); *Uhlenbruck*, BB 1998, 2009 (2015); *ders./Leibner*, KTS 2004, 505 (519).

739 *Bales*, ZInsO 2010, 2073 (2075); *Reck*, ZInsO 2000, 121 (122 f.).

740 Vgl. Begr. RegE MoMiG, BT-Drucks. 16/6140, S. 55.

741 Vgl. nur BGH, NStZ-RR 2007, 43 (44).

742 *Bales*, ZInsO 2010, 2073 (2076); *Reck*, ZInsO 2000, 121 (123).

743 Vgl. *Volk*, BB 1987, 139 (143) zum bedingten Vorsatz des Rechtsanwalts im Rahmen der Beihilfe.

für möglich halten. Vielmehr hält er sich bewusst im Unklaren über die Frage der Insolvenzreife, um eine Haftung seinerseits (vermeintlich) zu umgehen.[744]

c) Einflussnahme von Kreditgebern, insbesondere Banken

Auch bei Kreditgebern, insbesondere Banken, ist es denkbar, dass diese, nicht selten aus dem eigennützigen Motiv, bevorzugt vor anderen Gläubigern befriedigt zu werden, Einfluss auf die Geschäftsführer oder die Gesellschafter der führungslosen Gesellschaft ausüben, um die Stellung des bereits erforderlichen Insolvenzantrags hinauszuzögern oder ganz zu vermeiden.[745] Aufgrund der ihnen regelmäßig zustehenden Informationsrechte[746] werden sie über die mögliche Insolvenzreife der Gesellschaft informiert sein, so dass sie diesbezüglich den für die Haftung erforderlichen Vorsatz aufweisen.

2. Beihilfe

Während nach obigen Ausführungen eine Anstiftung zur Insolvenzverschleppung nur für Einflussnahmen in Betracht kommt, die objektiv betrachtet das Hervorrufen des Tatentschlusses erfüllen und somit ohne Zweifel als unredlich zu qualifizieren sind, läuft insbesondere der redliche Berater in der Praxis Gefahr, dass er sich aufgrund von Beihilfehandlungen zur Insolvenzverschleppung des bereits entschlossenen Geschäftsführers der Haftung gem. §§ 823 Abs. 2, 830 Abs. 2 BGB i.V.m. § 15a Abs. 1 S. 1, Abs. 3 InsO aussetzt.[747] Tathandlung der Beihilfe ist das vorsätzliche[748] Hilfeleisten zu einer von einem anderen begangenen vorsätzlichen und rechtswidrigen Haupttat, § 27 Abs. 1 StGB. Von einem Hilfeleisten ist immer dann auszugehen, wenn durch die Teilnahmehandlung die Haupttat gefördert, erleichtert oder der Täter in seinem Tatentschluss bestärkt wird.[749] Umstritten ist – sowohl in der zivilrechtlichen als auch in der

---

744 Mit gleichem Ergebnis *Bales*, ZInsO 2010, 2073 (2075); *Reck*, ZInsO 2000, 121 (123).

745 In diese Richtung BGH, NJW 1984, 1893 (1897); *Kleindiek* in: Lutter/Hommelhoff, Anh zu § 64, Rn. 85; *Neuhof*, NJW 1998, 3225 (3227); Saenger/Inhester/*Kolmann*, Vorb vor § 64, Rn. 264; a.A., wenn auch ohne jede Begründung noch BGH, WM 1973, 1354 (1356).

746 Vgl. hierzu § 2 A.II.2.b)dd)(4)(a).

747 In diese Richtung auch *Frege*, NZI 2006, 545 (551); *Leibner*, ZInsO 2002, 1020 (1021).

748 Die bereits oben, § 2 C.II.1. im Rahmen der Anstiftung erörterte Problemstellung der fahrlässigen Teilnahme stellt sich deckungsgleich im Rahmen der Beihilfe. Es wird auf obige Ausführungen Bezug genommen.

749 BGHZ 63, 124 (126); BGHZ 137, 89 (103); BGHZ 164, 50 (57); BGH, NJW 2004, 3432 (3425); BGH, NJW-RR 2005, 556 (557); *Bayer/Lieder*, WM 2006, 1 (9); für die

strafrechtlichen Wissenschaft – nach wie vor, ob die Beihilfehandlung kausal für die unerlaubte Haupttat gewesen sein muss. Während sowohl zivil-[750] als auch strafrechtliche[751] Rechtsprechung auf das Erfordernis der Ursächlichkeit verzichten, bejaht vor allem das strafrechtswissenschaftliche Schrifttum eine taugliche Beihilfehandlung nur dann, wenn diese für den Verletzungserfolg kausal war.[752] Zur Begründung wird ausgeführt, dass ansonsten die Grenze zur versuchten Beihilfe verwischt werde.[753] Letztendlich ist festzustellen, dass beide Auffassungen in der Vielzahl der Fälle zu identischen Ergebnissen führen.[754] Sollten beide Auffassungen jedoch zu unterschiedlichen Ergebnissen kommen, gebührt der von der Rechtsprechung vertretenen Auffassung Zustimmung, da sich für das Zivilrecht bereits aus § 840 Abs. 1 BGB – Außenhaftung von Haupttäter und Teilnehmer als Gesamtschuldner – ergibt, dass es für die Haftung im Außenverhältnis nicht auf die Qualität der einzelnen Verursachungsbeiträge ankommt.

a) Einflussnahme der Gesellschafter

Sofern Einflussnahmen der Gesellschafter auf die Geschäftsführer nach den dargelegten Kriterien nicht bereits dazu führen, diese als faktische Geschäftsführer i.S.d. Insolvenzverschleppungshaftung oder als Anstifter gem. § 830 Abs. 2 BGB zu qualifizieren, können solche Einflussnahmen jedoch eine Beihilfehandlung zur Insolvenzverschleppung darstellen und so eine Haftung der Gesellschafter gem. §§ 823 Abs. 2, 830 Abs. 2 BGB i.V.m. § 15a Abs. 1 S. 1 InsO begründen.

Als taugliche Beihilfehandlung der Gesellschafter zur Insolvenzverschleppung des Geschäftsführers kommen beispielsweise Anweisungen oder Rat-

---

strafrechtliche Rspr. und Lit. BGHSt 2, 129 (131); BGH, NStZ 1995, 27 (28); BGH, NJW 1996, 2517 f.; *Kühl* in: Lackner/Kühl, § 27, Rn. 2; *Wessing*, NZI 2003, 1 (3).

750 BGHZ 63, 124 (130); BGHZ 154, 50 (57); zustimmend *Schiemann* in: Erman, § 830, Rn. 3.

751 RGSt 58, 113 (114); BGHSt 2, 129 (131); BGHSt 8, 390; BGH, NJW 2000, 3010; BGH, NJW 2007, 384 (388).

752 *Kühl* in: Lackner/Kühl, § 27, Rn. 2; MüKo-StGB/*Joecks*, § 27, Rn. 24 ff.; Schönke/ Schröder/*Heine/Weißer*, § 27, Rn. 6; für das Zivilrecht BeckOK BGB Bamberger/ Roth/*Spindler*, § 830, Rn. 11; Staudinger/*Eberl-Borges*, § 830, Rn. 42 f.

753 *Kühl* in: Lackner/Kühl, § 27, Rn. 2; MüKo-StGB/*Joecks*, § 27, Rn. 33; Schönke/Schröder/*Heine/Weißer*, § 27, Rn. 6; Staudinger/*Eberl-Borges*, § 830, Rn. 42.

754 *Bayer/Lieder*, WM 2006, 1 (10); MüKo-StGB/*Joecks*, § 27, Rn. 34; vgl. auch die Beispiele bei *Kühl* in: Lackner/Kühl, § 27, Rn. 2; Schönke/Schröder/*Heine/Weißer*, § 27, Rn. 6.

schläge[755] an den Geschäftsführer in Betracht, die darauf abzielen, Gläubiger der Gesellschaft zu veranlassen, den bereits ihrerseits gem. § 14 InsO gestellten Insolvenzantrag zurückzunehmen oder einen solchen Antrag in Zukunft nicht zu stellen, um so die Geschäfte der Gesellschaft fortführen und die Stellung des erforderlichen Eigenantrags weiter hinauszögern zu können.[756] Ferner kann auch in der Einlösung eines Schecks durch den Gesellschafter zugunsten der Gesellschaft eine taugliche Beihilfehandlung gesehen werden.[757] Denn hierdurch wird der Gesellschaft neue Liquidität zugeführt, mit der Folge, dass – bei bereits eingetretener Überschuldung der Gesellschaft – sich die Stellung des Insolvenzantrags durch den Geschäftsführer weiter hinausgezögert. Den dargelegten Unterstützungshandlungen ist gemeinsam, dass sie es dem Geschäftsführer auf der einen Seite tatsächlich ermöglichen, die Geschäfte der Gesellschaft fortzuführen und diesen auf der anderen Seite darüber hinaus psychisch darin bestärken, den gem. § 15a Abs. 1 S. 1 InsO erforderlichen Insolvenzantrag nicht zu stellen. Es wird folglich deutlich, dass eine scharfe Abgrenzung zwischen physischer und psychischer Beihilfe unter Umständen nicht immer möglich ist.

Eine Teilnahme der Gesellschafter an der Insolvenzverschleppung der Geschäftsführer durch Unterlassen kommt richtigerweise nicht in Betracht. Zwar ist eine Teilnahme durch Unterlassen grundsätzlich[758] und somit auch im Rahmen der Insolvenzverschleppung möglich, doch mangelt es den Gesellschaftern an der hierfür erforderlichen Garantenstellung.[759] Dies folgt daraus, dass der Gesellschafterversammlung zwar umfassende Informations- und Kontrollrechte, § 46 Nr. 6 GmbHG, gegenüber den Geschäftsführern zusteht, diese jedoch keineswegs verpflichtet ist, diese Rechte auch auszuüben.[760] Dieser Grundsatz

755 *Schroeders*, Die deliktische Teilnehmerhaftung des GmbH-Gesellschafters wegen Einflussnahme auf die Geschäftsführung, S. 242.
756 Vgl. hierzu den BGH, wistra 2004, 272 (273) zugrundeliegenden Fall, in dem der Alleingesellschafter den Geschäftsführer angewiesen hatte, fällige Krankenkassenbeiträge zu entrichten, um so die Krankenkassen zur Rücknahme ihrer Insolvenzanträge zu bewegen, was diese nach entsprechenden Zahlungen auch taten.
757 BGH, ZIP 1995, 124 (126); *Bayer/Lieder*, WM 2006, 1 (10); *Haas/Kolmann/Pauw* in: Gottwald, Insolvenzrechtshandbuch, § 92, Rn. 152; Saenger/Inhester/*Kolmann*, Vorb vor § 64, Rn. 261.
758 BGH, NStZ 1985, 24; BGH, NJW 1993, 76; BGH, wistra 1993, 59; BGH, NStZ 2009, 321; *Bayer/Lieder*, WM 2006, 1 (10); *Kühl* in: Lackner/Kühl, § 27, Rn. 5; MüKo-StGB/ Joecks, § 27, Rn. 107 ff; Schönke/Schröder/*Heine/Weißer*, § 27, Rn. 19.
759 *Brettner*, Die Strafbarkeit wegen Insolvenzverschleppung gemäß § 15a InsO, S. 175.
760 *Haas/Kolmann/Pauw* in: Gottwald, Insolvenzrechtshandbuch, § 92, Rn. 152; *Schroeders*, Die deliktische Teilnehmerhaftung des GmbH-Gesellschafters wegen Einfluss-

gilt für Minderheits- und Mehrheitsgesellschafter gleichermaßen.[761] Selbst wenn man für den Inhaber eines (gefährlichen) Betriebes eine Garantenstellung dafür bejaht, die aus der Betriebsgefahr resultierenden Gefahren zu beseitigen[762] und sogar Straftaten von Betriebsangehörigen zu verhindern,[763] bliebe zu konstatieren, dass es sich bei der in § 15a Abs. 1 S. 1 InsO statuierten Insolvenzantragspflicht nicht um eine besondere Betriebsgefahr, sondern eine die Geschäftsführer im Allgemeinen treffende Pflicht handelt. Darüber hinaus ergibt sich aus der nunmehr in § 15a Abs. 3 InsO statuierten subsidiären Insolvenzantragspflicht der Gesellschafter, dass diese sich für den Fall, dass sie einen Geschäftsführer bestellt haben, darauf verlassen dürfen, dass dieser der ihn treffenden Insolvenzantragspflicht nachkommt.[764]

Hinzukommt, dass es bei mangelnder Kenntnis von der wirtschaftlichen Lage der Gesellschaft auch an einem vorsätzlichen Unterlassen fehlt.

Abschließend wird auch eine Weigerung der Gesellschafter, den Jahresabschluss gem. § 42a Abs. 2 GmbHG nicht zu beschließen, keine zur Haftung führende Gehilfenstellung begründen können.[765] Denn § 42a Abs. 2 GmbHG bezieht sich auf die handelsrechtlichen Vorschriften zur Aufstellung von Jahresabschlüssen und deren Publizität, §§ 264, 325 ff. HGB,[766] und hat keinen Bezug zum Schutzzweck der Insolvenzantragspflicht.[767] Doch auch die Beschlussfassung auf Feststellung des Jahresabschlusses wird selbst in Fällen, in denen der zu beschließende Jahresabschluss Rückschlüsse auf die Insolvenzreife der Gesellschaft zum Bilanzierungsstichtag zulässt, keine taugliche Beihilfehandlung darstellen.[768] Denn mit der Beschlussfassung ist gerade keine Billigung einer unterlassenen Stellung des Insolvenzantrags im Sinne eines *„weiter so"*[769] zu verstehen. Zum einen besteht

---

    nahme auf die Geschäftsführung, S. 247 ff.

761 Zum Teil zwischen Mehrheits- und Minderheitsgesellschafter differenzierend *Bayer/ Lieder*, WM 2006, 1 (12).

762 Schönke/Schröder/*Stree/Bosch*, § 13, Rn. 43.

763 Vgl. zum Streitstand *Ransiek*, ZGR 1992, 203, (213 ff.); Schönke/Schröder/*Stree/ Bosch*, § 13, Rn. 53.

764 So bereits für die Rechtslage vor Einführung des § 15a Abs. 3 InsO *Bayer/Lieder*, WM 2006, 1 (12) unter Verweis auf *Ransiek*, ZGR 1992, 203 (220 f.).

765 BGHZ 164, 50 (59).

766 BGHZ 164, 50 (59); *Kleindiek* in: Lutter/Hommelhoff, § 42a, Rn. 1 f.; Scholz/*Crezelius*, § 42a, Rn. 40 ff.

767 BGHZ 164, 50 (59); zustimmend *Schroeders*, Die deliktische Teilnehmerhaftung des GmbH-Gesellschafters wegen Einflussnahme auf die Geschäftsführung, S. 252 f.

768 In diese Richtung jedoch BGHZ 164, 50 (59).

769 So aber BGHZ 164, 50 (59).

durchaus die Möglichkeit, dass sich die wirtschaftliche Lage der Gesellschaft seit dem Stichtag des Jahresabschlusses verbessert hat, zum anderen ist vielmehr davon auszugehen, dass die Gesellschafter mit der Beschlussfassung den handelsrechtlichen Pflichten zur Publizität des Jahresabschlusses nachkommen wollen, an die die Beschlussfassung anknüpft.

b) Einflussnahme von Aufsichtsratsmitgliedern

Im Gegensatz zu den Gesellschaftern und den Mitgliedern eines fakultativen Aufsichtsrats wird den Mitgliedern eines obligatorischen Aufsichtsrats[770] eine Garantenpflicht gegenüber den Gläubigern der Gesellschaft dafür obliegen, den Geschäftsführer zur Stellung des nach § 15a Abs. 1 S. 1 InsO erforderlichen Insolvenzantrags anzuhalten.[771] So ist es anerkannt, dass die Mitglieder – fakultativer und obligatorischer – Aufsichtsräte über die Verweisungsvorschriften – § 52 Abs. 1 GmbHG, § 1 Abs. 1 Nr. 3 S. 2 DrittelbG, § 25 Abs. 1 S. 1 Nr. 2 MitbestG, § 3 Abs. 2 MontanMitbestG und § 18 KAGB – gem. §§ 116 S. 1, 93 Abs. 2 S. 1 AktG verpflichtet sind, der Gesellschaft den Schaden zu ersetzen, der ihr dadurch entsteht, dass die Mitglieder des Aufsichtsrats den Geschäftsführer unter Verletzung ihrer Sorgfaltspflicht nicht zur Stellung des gem. § 15a Abs. 1 InsO erforderlichen Insolvenzantrags anhalten.[772] Alleine aus diesem Umstand wird man eine Garantenstellung der Aufsichtsratsmitglieder noch nicht herleiten können.[773] Hinzu kommt jedoch, dass die Einrichtung eines obligatorischen Aufsichtsrats auch dem Schutz der Interessen gesellschaftsfremder Dritter dient, die darauf vertrauen, dass der Aufsichtsrat seinen Überwachungspflichten mit der gebotenen Sorgfalt nachkommt. Dies rechtfertigt es, eine Garantenstellung der Mitglieder obligatorischer Aufsichtsräte anzunehmen. Im Gegensatz dazu ist eine solche für Mitglieder fakultativer Aufsichtsräte zu verneinen, da diese

---

770   Zur Unterscheidung zwischen obligatorischem und fakultativem Aufsichtsrat siehe unten § 3 E.I.

771   In diese Richtung für den Aufsichtsrat der AG wohl *Strohn*, NZG 2011, 1161 (1163), der eine Haftung der Aufsichtsratsmitglieder über § 830 Abs. 2 BGB bejaht.

772   Baumbach/Hueck/*Haas*, § 64, Rn. 248; *Haas/Kolmann/Pauw* in: Gottwald, Insolvenzrechtshandbuch, § 92, Rn. 150; *Kleindiek* in: Lutter/Hommelhoff, Anh zu § 64, Rn. 84; Scholz/K. *Schmidt*, § 64, Rn. 213; zum Aufsichtsrat der AG vgl. BGH NJW 2009, 2454 (2455).

773   A.A. *Brettner*, Die Strafbarkeit wegen Insolvenzverschleppung gemäß § 15a InsO, S. 176, der verkennt, dass § 93 Abs. 2 AktG lediglich eine Schadensersatzpflicht gegenüber der Gesellschaft statuiert.

ausschließlich den Interessen der Gesellschaft und der Gesellschafter zu dienen bestimmt sind.[774]

Haben die Mitglieder eines obligatorischen Aufsichtsrats also Kenntnis von der Insolvenzreife der Gesellschaft oder nehmen sie diese billigend in Kauf und unterlassen es, den Geschäftsführer mit Hilfe der ihnen eingeräumten Kompetenzen zur Stellung des nach § 15a Abs. 1 S. 1 InsO erforderlichen Insolvenzantrags zu veranlassen, sind diese aufgrund der ihnen obliegenden Garantenstellung taugliche Adressaten der Haftung gem. §§ 823 Abs. 2, 830 Abs. 2 BGB i.V.m. § 15a Abs. 1 S. 1 InsO. Denn allein das Stillhalten des für seine Kontrolle zuständigen Organs wird den antragspflichtigen Geschäftsführer in seinem Entschluss bestärken, die Stellung des Insolvenzantrags weiter hinauszuzögern oder ganz zu unterlassen.

c) Einflussnahme von Beratern

Gegenstand umfangreicher Diskussionen ist die Frage, unter welchen Voraussetzungen Berater der Gesellschaft, insbesondere Steuerberater, aber auch Rechtsanwälte, Notare und Wirtschaftsprüfer als Gehilfe der Haftung für durch Insolvenzverschleppung verursachte Schäden unterliegen.

aa) Neutrale Handlungen als taugliche Beihilfehandlung

Im Kern insbesondere der strafrechtlichen Diskussion steht die Frage, ob, und wenn ja, unter welchen Voraussetzungen, sog. berufstypische, also eigentlich neutrale Handlungen des Beraters als taugliche Beihilfehandlung zu qualifizieren sind.

Während es ein Teil des rechtswissenschaftlichen Schrifttums[775] generell ablehnt, neutrale Handlungen als taugliche Beihilfehandlung anzusehen, stellt die Rechtsprechung darauf ab, ob das Handeln des Haupttäters ausschließlich darauf abzielt, eine strafbare Handlung zu begehen und der Hilfeleistende hiervon Kenntnis hat.[776] Sofern eine entsprechende Kenntnis zu bejahen sei, verliere das

---

774   BGH, ZIP 2010, 1988 (1990).

775   *Hassemer*, wistra 1995, 41 (42); *Ransiek*, wistra 1997, 41 (47); *Römermann*, GmbHR 2013, 513 (519).

776   BGH, NStZ 2000, 34; BGH, NJW 2000, 3010 (3011); BGH, DNotZ 2001, 566 f.; OLG Köln, ZInsO 2011, 288 f.; zustimmend BeckOK BGB Bamberger/Roth/*Spindler*, § 830, Rn. 13; *Brettner*, Die Strafbarkeit wegen Insolvenzverschleppung gemäß § 15a InsO, S. 181; *Schröder*, DNotZ 2005, 596 (603 ff.); so offenbar auch *Bales*, ZInsO 2010, 2073 (2074); *Fleischer*, AG 2008, 265 (270); *Frege*, NZI 2006, 545 (551 f.); *Froehner*, ZInsO 2011, 1617 (1621); *Wagner*, ZInsO 2009, 449 (453); *Wessing*, NZI 2003, 1 (3).

Tun des Hilfeleistenden seinen Alltagscharakter, so dass es als eine Solidarisierung mit dem Haupttäter zu deuten sei und damit auch nicht mehr als sozialadäquat angesehen werden könne.[777] Habe der Hilfeleistende hingegen keine Kenntnis davon, wie sein Handeln zur Begehung der Haupttat verwendet werde, sondern halte er es lediglich für möglich, dass sein Handeln zur Begehung einer Straftat genutzt werde, liege eine strafbare Beihilfehandlung noch nicht vor.[778] Eine Ausnahme hiervon liege lediglich dann vor, wenn das vom Gehilfen erkannte Risiko eines strafbaren Verhaltens des Haupttäters derart hoch sei, *„dass er sich mit seiner Hilfeleistung ,die Förderung eines erkennbar tatgeneigten Täters angelegen"*[779] *sein"*[780] lässt. Wiederum andere Teile des strafrechtswissenschaftlichen Schrifttums stellen auf objektive Kriterien, namentlich auf die Frage der Adäquanz, der objektiven Zurechnung oder der Rechtswidrigkeit[781], ab.[782]

Eine Auffassung des zivilrechtswissenschaftlichen Schrifttums stellt hingegen auf das Kriterium der Risikoerhöhung ab, wenn nicht das Verhalten des Haupttäters ausschließlich auf Begehung einer strafbaren Handlung gerichtet ist.[783] Entscheidend sei, ob der Gehilfe mit seinem Tatbeitrag das erlaubte Risiko überschreite;[784] dies sei dann zu bejahen, wenn die fragliche Tätigkeit *„ihren alltäglichen Charakter verliert und in einen deliktischen Kontext gestellt wird."*[785] Zur Begründung wird angeführt, im Rahmen der zivilrechtlichen Gehilfenhaftung verbiete sich aus prozessualen Gründen eine Anknüpfung an subjektive Voraussetzungen; diese würden, da sie dem direkten Beweis nicht zugänglich seien,

---

777 BGH, NStZ 2000, 34; BGH, NJW 2000, 3010 (3011); BGH, NJW-RR 2011, 197 (201); BGH, NJW 2012, 3177 (3180); BGH, ZInsO 2017, 832; OLG Köln, ZInsO 2011, 288 f.

778 BGH, NStZ 2000, 34; BGH, NJW 2000, 3010 (3011); BGH, NJW-RR 2011, 197 (201); BGH, NJW 2012, 3177 (3180); BGH, ZInsO 2017, 832; OLG Köln, ZInsO 2011, 288 f.

779 BGHR StGB § 266 Abs. 1 Beihilfe 3.

780 BGH, NJW 2012, 3177 (3180); BGH, ZInsO 2017, 832;so auch BGH, NStZ 2000, 34; BGH, NJW 2000, 3010 (3011); BGH, NJW-RR 2011, 197 (201); OLG Köln, ZInsO 2011, 288 f.

781 Vgl. *Schroeders*, Die deliktische Teilnehmerhaftung des GmbH-Gesellschafters wegen Einflussnahme auf die Geschäftsführung, S. 258 f.

782 Vgl. zur umfassenden Übersicht der im strafrechtswissenschaftlichen Schrifttum vertretenen Auffassungen MüKo-StGB/*Joecks*, § 27 Rn. 34 ff., Schönke/Schröder/ *Heine/Weißer*, § 27, Rn. 13.

783 MüKo-BGB/*Wagner*, § 830, Rn. 31.

784 MüKo-BGB/*Wagner*, § 830, Rn. 32.

785 MüKo-BGB (5. Auflage)/*Wagner*, § 830, Rn. 16.

entweder zu einer systematischen Beweisnot oder aber durch den Gebrauch von Beweiserleichterungen konturenlos werden.[786]

Im Ergebnis ist der strafrechtlichen Rechtsprechung des Bundesgerichtshofs auch im Rahmen des § 830 Abs. 2 BGB zu folgen. Dies folgt bereits daraus, dass rein denklogisch auch eigentlich neutrale Handlungen geeignet sind, die Haupttat eines anderen zu fördern; dies gilt selbstverständlich auch für die Beratung durch Steuerberater, Wirtschaftsprüfer und Rechtsanwälte.[787] Eine hinreichende Einschränkung ergibt sich daraus, dass lediglich derjenige, der vorsätzlich die Haupttat eines anderen unterstützt, als tauglicher Gehilfe i.S.d. § 830 Abs. 2 BGB infrage kommt. Der Bundesgerichtshof orientiert sich folglich bei den von ihm aufgestellten Grundsätzen streng an den vom Gesetzgeber aufgestellten Vorgaben. Im Übrigen überzeugt auch die vom zivilrechtlichen wissenschaftlichen Schrifttum geäußerte Kritik nicht. Der erforderliche Nachweis der Kenntnis des Hilfeleistenden lässt sich im Bestreitensfall durch Zeugenbeweis erbringen. Sollte dies nicht gelingen, bestünde immer noch die Möglichkeit, anhand objektiver Anhaltspunkte Rückschlüsse auf den Vorsatz des Hilfeleistenden zu ziehen. Dieses Vorgehen ist nicht ungewöhnlich.[788] Hinzukommt, dass die von *Wagner*[789] aufgestellten Anforderungen nicht geeignet sind, die Problematik der neutralen Handlung einer befriedigenden Lösung zuzuführen. Denn nach den von *Wagner* aufgestellten Anforderungen bleibt ungeklärt, wann genau die Handlung des Gehilfen „*ihren alltäglichen Charakter verliert und in einen deliktischen Kontext gestellt wird.*"[790] Ferner wird offenbar verkannt, dass auch beim Abstellen auf dieses Kriterium ein korrespondierender Vorsatz des Hilfeleistenden erforderlich wäre.

Anhand der von der Rechtsprechung aufgestellten Kriterien sollen im weiteren Verlauf praxisrelevante Handlungen von Beratern in der Krise der Gesellschaft daraufhin untersucht werden, ob sie als taugliche Beihilfehandlung i.S.d. § 830 Abs. 2 BGB zu qualifizieren sind.

786   MüKo-BGB (5. Auflage)/*Wagner*, § 830, Rn. 16.
787   *Bales*, ZInsO 2010, 2073 (2074); dies verkennt offenbar *Römermann*, GmbHR 2013, 513 (519).
788   So auch *Schröder*, DNotZ 2005, 596 (603).
789   Nach dessen Auffassung soll maßgeblich sein, ob die Handlung ihren alltäglichen Charakter verliert; MüKo-BGB (5. Auflage)/*Wagner*, § 830, Rn. 16.
790   MüKo-BGB (5. Auflage)/*Wagner*, § 830, Rn. 16.

bb) Allgemeine Sanierungsbemühungen

In Abgrenzung zur Haftung von Beratern wegen Anstiftung zur Insolvenzverschleppung genügt nach obigen Ausführungen für eine Beihilfe des Beraters jedes die Insolvenzverschleppung der Geschäftsführer oder der subsidiär antragspflichtigen Gesellschafter fördernde Verhalten, sofern dem Berater die Insolvenzantragspflicht oder aber das hohe Risiko, das Handeln eines tatgeneigten Täters zu fördern, bekannt ist. Haftungsträchtig sind insbesondere Bemühungen des Beraters, den Geschäftsführer oder die subsidiär antragspflichtigen Gesellschafter bei Vergleichsverhandlungen mit Gläubigern der Gesellschaft über Forderungs(teil)verzichte oder Stundungen zu unterstützen.[791] Für Steuerberater und Wirtschaftsprüfer folgt dies bereits aus dem Umstand, dass es sich beim Anstreben außergerichtlicher Vergleiche um eine Rechtsdienstleistung i.S.v. § 2 RDG handelt,[792] die im Gegensatz zum bloßen Aufzeigen von Handlungsalternativen nicht als Nebenleistung i.S.v. § 5 Abs. 2 RDG zu qualifizieren sind,[793] so dass diese sich nicht darauf zurückziehen können, sie hätten lediglich entsprechend ihrer Berufspflichten umfassend beraten wollen. Darüber hinaus müssen sich jedoch auch Rechtsanwälte bei Kenntnis von der Insolvenzreife der Gesellschaft des Umstandes bewusst sein, dass entsprechende Vergleichsbemühungen dem antragspflichtigen Geschäftsführer oder den subsidiär antragspflichtigen Gesellschaftern Hoffnung machen, die Sanierung der Gesellschaft zu erreichen und diesen somit in seinem Entschluss bestärken, die Stellung des erforderlichen Insolvenzantrags weiter zu verzögern,[794] zumal die Erfahrung der Praxis zeigt, dass es innerhalb eines Zeitraums von drei Wochen in der Regel nicht möglich ist, einen entsprechenden Vergleich zu erzielen.[795] Führt der Berater entsprechende Vergleichsverhandlungen gar eigenverantwortlich, wird er als faktischer Geschäftsführer zu qualifizieren sein.[796]

---

791 *Bales*, ZInsO 2010, 2073 (2075); *Pelz* in: Beck/Depré, Praxis der Insolvenz, § 37, Rn. 245; *Weyand*, ZInsO 2016, 1969 (1971 f.).

792 BGH, NJW 1987, 3003; OLG Celle, NJW 2004, 3790; OLG Frankfurt, AnwBl 2006, 140; Uhlenbruck/*Sternal*, § 305, Rn. 61.

793 Uhlenbruck/*Sternal*, § 305, Rn. 61; Grunewald/Römermann/*Hirtz*, § 5 Rn. 156; vgl. zur Rechtslage nach dem RBerG BGH, NJW 1962, 807; BGH, NJW 1988, 561; a.A. HK-RDG/*Kienzle*, § 5, Rn. 99.

794 Reck, ZInsO 2000, 121 (124).

795 *Froehner*, ZInsO 2011, 1617 (1621); *Pelz* in: Beck/Depré, Praxis der Insolvenz, § 37, Rn. 245.

796 Vgl. § 2 A.II.2.b)dd)(5).

Dieselben Erwägungen gelten für alle übrigen Handlungen des Beraters, mit denen er die Insolvenzverschleppungshandlung direkt unterstützt. Zu denken ist insbesondere an die Erstellung eines die Insolvenzantragsfrist überschreitenden Sanierungskonzepts, das Verschleiern der Insolvenzreife der Gesellschaft oder das Beiseiteschaffen von Vermögensgegenständen.[797]

Differenziert zu beantworten ist die Frage, ob das bloße Aufzeigen von Handlungsalternativen von Seiten des Beraters gegenüber dem zur Verzögerung des Insolvenzantrags entschlossenen Geschäftsführer oder den subsidiär antragspflichtigen Gesellschaftern nach Eintritt der Insolvenzreife der Gesellschaft zur Gehilfenhaftung gem. §§ 823 Abs. 2, 830 Abs. 2 BGB i.V.m. § 15a Abs. 1 S. 1, Abs. 3 InsO führt.[798]

Erscheint die Sanierung aus Sicht des Beraters aufgrund objektiver Kriterien innerhalb der Insolvenzantragsfrist noch möglich, ist der Berater frei in der Auswahl der aufzuzeigenden Handlungsalternativen. Zwar mag das Aufzeigen der Handlungsalternativen den Geschäftsführer oder die subsidiär antragspflichtigen Gesellschafter in ihrem Entschluss bestärken, den Insolvenzantrag zumindest vorerst nicht zu stellen, doch fehlt es an dem für die Qualifizierung des Beraters als Gehilfen erforderlichen Vorsatz, die Haupttat des Antragspflichtigen zu fördern. Denn der Berater, der aufgrund objektiver Umstände von der Sanierbarkeit der Gesellschaft innerhalb der Dreiwochenfrist des § 15a Abs. 1 S. 1 InsO ausgeht, solidarisiert sich gerade nicht mit einer vorsätzlichen rechtswidrigen Haupttat des Geschäftsführers bzw. der subsidiär antragspflichtigen Gesellschafter, sondern geht vielmehr davon aus, dass es zu einer solchen aufgrund objektiver Kriterien überhaupt nicht kommen wird.[799] Dem Berater ist zu empfehlen, seine diesbezügliche innere Vorstellung zu unterstreichen, indem er seine Handlungsalternativen mit dem ausdrücklichen Hinweis versieht, dass die Insolvenzreife innerhalb der Insolvenzantragsfrist überwunden werden muss,[800] wenngleich der Berater trotz eines solchen Hinweises regelmäßig dann mit Gehilfenvorsatz handeln wird, wenn der Mandant sich trotz entsprechender Hinweise beim Fehlschlagen der Sanierung dauerhaft uneinsichtig zeigt.[801]

---

797 *Ehlers*, DStR 1999, 461 (463); *Weyand*, ZInsO 2016, 1969 (1971).

798 A.A. *Bales*, ZInsO 2000, 121 (124), der den Vorsatz pauschal verneint.

799 In diese Richtung, jedoch ohne die gebotene Differenzierung *Reck*, ZInsO 2000, 121 (124).

800 Vgl. hierzu OLG Köln, ZInsO 2011, 288 (290), das einen entsprechenden Hinweis als Indiz dafür wertet, eine Solidarisierung mit dem Haupttäter zu verneinen.

801 *Leibner*, ZInsO 2002, 1020 (1022).

Denn entgegen einer weiteren Auffassung[802] tritt der Verursachungsbeitrag des Beraters in diesen Fällen keineswegs hinter die Haupttat des Geschäftsführers oder der subsidiär antragspflichtigen Gesellschafter zurück. Sofern sich *Meixner/Schröder*[803] in diesem Zusammenhang auf eine Entscheidung des LG Köln vom 29.03.2012[804] beziehen, lassen sie unberücksichtigt, dass diese Entscheidung die Haftung des Steuerberaters gegenüber der Gesellschaft bzw. gegenüber dem Geschäftsführer zum Gegenstand hat. Im Rahmen der Haftung gegenüber den Gläubigern der Gesellschaft kommt es auf das Ausmaß des Verursachungsbeitrags des zur Stellung des Insolvenzantrags Verpflichteten jedoch überhaupt nicht an.

Hieraus folgt im Umkehrschluss, dass der Berater nur solche Handlungsalternativen aufzeigen darf, hinsichtlich derer er aufgrund objektiver Umstände davon ausgeht, dass sie innerhalb der Insolvenzantragsfrist zur Beendigung der Insolvenzreife der Gesellschaft führen, um sich nicht der Haftung gem. §§ 823 Abs. 2, 830 Abs. 2 BGB i.V.m. § 15a Abs. 1 S. 1, Abs. 3 InsO auszusetzen.[805] Nach Ablauf der Frist wird allein die Empfehlung, den erforderlichen Insolvenzantrag zu stellen oder aber – im Falle der Führungslosigkeit der Gesellschaft – noch am gleichen Tage einen neuen Geschäftsführer zu bestellen, keine entsprechende Haftung auslösen.[806]

cc) Steuerberater

Auch auf den ersten Blick haftungsneutrale Handlungen des die insolvenzreife Gesellschaft beratenden Steuerberaters sind geeignet, die Insolvenzverschleppung des Geschäftsführers oder der subsidiär antragspflichtigen Gesellschafter zu fördern. Zu denken ist insbesondere an die Fortführung der Finanzbuch-

---

802 *Meixner/Schröder*, Wirtschaftsprüferhaftung, S. 325, Rn. 894 unter Verweis auf LG Köln, BeckRS 2013, 05015.

803 *Meixner/Schröder*, Wirtschaftsprüferhaftung, S. 325, Rn. 894.

804 LG Köln, BeckRS 2013, 05015.

805 Vgl. hierzu *Froehner*, ZInsO 2011, 1617 (1621) mit Verweis auf LG Stuttgart, Urteil v. 16.07.2010, Az. 14 StL 3/10, juris-Rn. 9, nicht vollständig veröffentlicht in DStR 2011, 288, das eine unzulässige Beihilfehandlung des Steuerberaters darin gesehen hat, dass dieser dem Geschäftsführer bei aussichtslosen Sanierungsbemühungen beratend zur Seite gestanden hat.

806 Dies für den Fall der Antragspflicht gem. § 15a Abs. 1 S. 1 InsO andeutend *Reck*, ZInsO 2000, 121 (124), Fn. 22.

haltung der Gesellschaft nach Eintritt der Insolvenzreife,[807] die Erstellung von Jahresabschlüssen sowie Steuererklärungen[808] und neben der Fertigung der genannten Unterlagen deren wirtschaftliche Bewertung.[809]

Mit der Durchführung der Finanzbuchhaltung ermöglicht der Steuerberater dem Geschäftsführer oder den subsidiär antragspflichtigen Gesellschaftern die Fortführung der insolvenzreifen Gesellschaft und fördert hiermit gleichzeitig die Verzögerung des nach § 15a Abs. 1 S. 1 InsO zu stellenden Insolvenzantrags.[810] Gleichzeitig wird er den Geschäftsführer oder die subsidiär antragspflichtigen Gesellschafter durch die Fortführung der Beratung in dem Entschluss bestärken, die Gesellschaft fortzuführen und den nach § 15a Abs. 1 S. 1 InsO erforderlichen Insolvenzantrag nicht zu stellen; schließlich setzen der für die Gesellschaft handelnde Geschäftsführer oder die subsidiär antragspflichtigen Gesellschafter in der Regel ein besonderes Vertrauen in *„ihren"* Berater, welches dazu führen wird, dass der Geschäftsführer oder die subsidiär antragspflichtigen Gesellschafter die Fortsetzung der Beratung durch den Steuerberater als Zustimmung zur Fortführung des Betriebs und somit zur Verzögerung des Insolvenzantrags werten.[811] Gleiches gilt für weitere Beratungsleistungen des Steuerberaters, die nicht zwingend für die Fortführung der Gesellschaft erforderlich sind wie beispielsweise die Erstellung von Jahresabschlüssen und Steuererklärungen bzw. die Bewertung der wirtschaftlichen Lage der Gesellschaft.[812]

Entscheidend ist demnach für die Frage der Haftung des Steuerberaters als Gehilfen gem. §§ 823 Abs. 2, 830 Abs. 2 BGB i.V.m. § 15a Abs. 1 S. 1 InsO wiederum, ob der Steuerberater nach den von der Rechtsprechung entwickelten Vorgaben mit Gehilfenvorsatz handelt. Diesen wird man bei Kenntnis des Steuerberaters von der Insolvenzreife der Gesellschaft zumindest dann bejahen müssen, wenn die Dreiwochenfrist des § 15a Abs. 1 S. 1 InsO bereits abgelaufen oder die Sanierung auf Grundlage objektiver, vom Steuerberater erkannter, Anhaltspunkte innerhalb dieser Frist nicht mehr zu erreichen ist.[813] Denn in diesen

---

807 OLG Köln, ZInsO 2011, 288 f.; *Büchler*, InsVZ 2010, 68 (73); *Froehner*, ZInsO 2011, 1617 (1621); *Lange*, DStR 2007, 954 (955); *Wagner*, ZInsO 2009, 449 ff.

808 OLG Köln, ZInsO 2011, 288 f.; *Lange*, DStR 2007, 954 (956).

809 *Lange*, DStR 2007, 954 (956).

810 *Wagner*, ZInsO 2009, 449 (453).

811 *Lange*, DStR 2007, 954 (956); *Wagner*, ZInsO 2009, 449 (453); a.A. ohne Begründung *Weyand*, ZInsO 2016, 1969 (1972).

812 *Lange*, DStR 2007, 954 (956).

813 A.A. *Ehlers*, DStR 1999, 461 (463), der eine allgemeine Aufklärung über Sanierungsalternativen für zulässig erachtet.

Fällen muss dem Steuerberater bewusst sein, dass er mit seinen Beratungsleistungen entweder die Fortführung der Gesellschaft und somit das Verzögern des Insolvenzantrags direkt unterstützt oder aber zumindest aufgrund des in ihn gesetzten Vertrauens eine psychische Unterstützung des Geschäftsführers bzw. der subsidiär antragspflichtigen Gesellschafter bewirkt, so dass auch eine Solidarisierung mit dem Geschäftsführer erfolgt.[814] Folglich wird der Steuerberater, um einer Haftung gem. §§ 823 Abs. 2, 830 Abs. 2 BGB i.V.m. § 15a Abs. 1 S. 1 InsO zu entgehen, die Mandatsbeziehung zur Gesellschaft niederzulegen haben.[815] Der Vergleich mit der Situation eines Pförtners der insolventen Gesellschaft, der durch Betätigen der Schranke des Betriebsgeländes die Fortführung der Gesellschaft ermöglicht, führt zu keinem anderen Ergebnis, selbst wenn dieser seinen Lohn in der Vergangenheit nur stockend erhalten hat.[816] Denn dieser wird allein aufgrund der Zahlungsstockung nicht die erforderliche Kenntnis haben, dass der Geschäftsführer bzw. die subsidiär antragspflichtigen Gesellschafter trotz Insolvenzreife die Stellung des erforderlichen Insolvenzantrags unterlassen.[817]

dd) Rechtsanwälte

Die obigen Ausführungen zur Haftung des Steuerberaters der Gesellschaft haben auch für die Gesellschaft beratende Rechtsanwälte Gültigkeit. Als mögliche, die Fortführung der Gesellschaft unmittelbar fördernde, Maßnahme ist insbesondere an den von einer Vielzahl von Sozietäten praktizierten Forderungseinzug für die Gesellschaft zu denken. Denn auf diese Weise trägt der Rechtsanwalt unmittelbar dazu bei, der Gesellschaft Liquidität zuzuführen, was dem Geschäftsführer bzw. den subsidiär antragspflichtigen Gesellschaftern bei einer unterstellten Überschuldung der Gesellschaft die Fortführung der Geschäfte erheblich erleichtert.

Die Fortführung der Gesellschaft nicht unmittelbar fördernde Beratungsleistungen hingegen werden nach den am Fall des beratenden Steuerberaters entwickelten Kriterien regelmäßig zu einer psychischen Unterstützung in Form des Bestärkens hinsichtlich des gefassten Tatentschlusses führen, da sowohl der Geschäftsführer der Gesellschaft wie auch subsidiär zur Stellung des Insolvenz-

---

814 *Wagner*, ZInsO 2009, 449 (454); a.A. *Weyand*, ZInsO 2007, 593.

815 Baumbach/Hueck/*Haas*, § 64, Rn. 242; Saenger/Inhester/*Kolmann*, Vorb vor § 64, Rn. 204; *Schmittmann*, ZInsO 2000, 1170 (1173); *Wagner*, ZInsO 2009, 449 (458); a.A. *Frege*, NZI 2006, 545 (552); *Römermann*, GmbHR 2013, 513 (519), der diese Konsequenz als abstrus bezeichnet.

816 So aber *Römermann*, GmbHR 2013, 513 (519).

817 Vgl. BGHZ 164, 50 (57).

antrags verpflichtete Gesellschafter in der Regel auch in den Rechtsanwalt ein besonderes Vertrauen setzen und somit bei dessen Kenntnis von der Verpflichtung zur Stellung des Insolvenzantrags von dessen Billigung ausgehen werden.

Was die subjektiven Voraussetzungen anbelangt, gilt das für den Steuerberater Gesagte.

ee) Wirtschaftsprüfer

Im Rahmen der Haftung von Wirtschaftsprüfern als Gehilfen einer Insolvenzverschleppung gem. §§ 823 Abs. 2, 830 Abs. 2 BGB i.V.m. § 15a Abs.1 S. 1, Abs. 3 InsO wird im rechtswissenschaftlichen Schrifttum die Frage aufgeworfen, ob die den Wirtschaftsprüfer bei Vornahme von Abschlussprüfungen gem. § 321 Abs. 1 S. 3 HGB treffenden (Rede-)Pflichten zu einer Beihilfe durch Unterlassen führen können, wenn er diesen nicht nachkommt.[818] *Reck* führt diesbezüglich zutreffend aus, dass der Abschlussprüfer einer Kapitalgesellschaft gem. § 321 Abs. 1 S. 3 HGB insbesondere über bei der Prüfung festgestellte Unrichtigkeiten oder Verstöße gegen gesetzliche Vorschriften sowie Tatsachen zu berichten hat, die den Bestand des geprüften Unternehmens oder seine Entwicklung wesentlich beeinträchtigen können oder die schwerwiegende Verstöße der gesetzlichen Vertreter gegen Gesetz, Gesellschaftsvertrag oder Satzung erkennen lassen.[819]

Fraglich ist, ob sich hieraus eine Garantenstellung des Abschlussprüfers dahingehend ergibt, die Geschäftsführer oder die gem. § 15a Abs. 3 InsO subsidiär zur Stellung des Insolvenzantrags verpflichteten Gesellschafter im Fall der Insolvenzreife zur Erfüllung der Insolvenzantragspflicht anzuhalten. Hierfür sprechen im Ergebnis die besseren Argumente.[820] Die Pflicht zur Prüfung von Jahresabschlüssen i.S.d. § 316 Abs. 1 HGB dient dem Schutz von Gesellschaftern, Gläubigern und der Allgemeinheit,[821] was für eine Garantenpflicht spricht. Eine solche ist jedoch nur dann zu bejahen, wenn der Abschlussprüfer im Rahmen der Prüfung verpflichtet wäre, den jeweils Antragspflichtigen zur rechtzeitigen Antragstellung anzuhalten. Im wissenschaftlichen Schrifttum ist anerkannt, dass die Prüfungsstandards des Institutes der Wirtschaftsprüfer (IDW) der gesetzlichen Zielsetzung einer risiko- und problemorientierten Vorgehensweise bei der

---

818 *Reck*, ZInsO 2000, 121 (124 f.).

819 *Reck*, ZInsO 2000, 121 (124 f.).

820 A.A. *Reck*, ZInsO 2000, 121 (124 f.), der jedoch ersichtlich nicht die Garantenstellung, sondern die Erfolgsabwendungsmöglichkeit des Abschlussprüfers verneint.

821 *Böcking/Gros/Rabenhorst* in: Ebenroth/Boujong/Joost/Strohn, § 316, Rn. 4; MüKo-HGB/*Ebke*, § 316, Rn. 25.

Prüfung entsprechen.[822] Nach dem für die Prüfung von Jahresabschlüssen unter anderem maßgeblichen Prüfungsstandard des Instituts der Wirtschaftsprüfer (IDW) IDW PS 270, der die Beurteilung der Fortführung der Unternehmenstätigkeit im Rahmen der Abschlussprüfung regelt, umfasst die Berichtspflicht des Abschlussprüfers die Verpflichtung, die gesetzlichen Vertreter der Gesellschaft bei Anhaltspunkten für eine Insolvenzgefahr auf deren insolvenzrechtlichen Verpflichtungen hinzuweisen.[823] Nicht präzisiert wird jedoch, was IDW PS 270, Anm. 29, mit *„insolvenzrechtlichen Verpflichtungen"* meint.[824] Der Wortlaut der Vorschrift spricht dafür, eine Pflicht des Abschlussprüfers auf die in § 15a Abs. 1 S. 1, Abs. 3 InsO statuierten Antragspflichten zu bejahen.[825] Hiergegen spricht auch nicht der Umstand, dass es sich bei den in § 15a Abs. 1 S. 1, Abs. 3 InsO statuierten Pflichten nach der zur Haftung des Abschlussprüfers/ Steuerberaters gegenüber dem Antragspflichtigen ergangenen – zuzustimmenden – Rechtsprechung[826] um originäre Pflichten des Antragspflichtigen handelt, so dass eine Haftung nach den Grundsätzen eines Vertrages mit Schutzwirkung zugunsten Dritter ausgeschlossen ist. Denn § 321 Abs. 1 S. 3 HGB erlegt dem Abschlussprüfer zum Schutz der Allgemeinheit und der Gläubiger der Gesellschaft die eindeutige Pflicht auf, *„über Verstöße gegen gesetzliche Vorschriften"* zu berichten. Das pflichtwidrige Unterlassen der in § 15a Abs. 1 S. 1, Abs. 3 InsO statuierten Insolvenzantragspflicht stellt einen solchen Gesetzesverstoß dar, so dass dieser auch in den Bericht aufzunehmen ist. Eine Garantenstellung ist somit zu bejahen.

Gleichwohl wird diese im Ergebnis nicht zu einer Haftung des Abschlussprüfers als Gehilfe der Insolvenzverschleppung gem. §§ 823 Abs. 2, 830 Abs. 2 BGB i.V.m. § 15a Abs. 1 S. 1, Abs. 3 InsO führen. Selbst wenn der Antragspflichtige in dem Schweigen des den von ihm aufgestellten Jahresabschluss überprüfenden Abschlussprüfers eine psychische Bestärkung seines Tatentschlusses sehen sollte, ist der Abschlussprüfer doch nicht in der Lage, die Tat des Antragspflichtigen

---

822 Vgl. MüKo-HGB/*Ebke*, § 317, Rn. 21.
823 *Meixner/Schröder*, Wirtschaftsprüferhaftung, S. 311, Rn. 857 mit zutreffendem Verweis auf IDW PS 270, Anm. 29.
824 *Meixner/Schröder*, Wirtschaftsprüferhaftung, S. 312, Rn. 861.
825 *Meixner/Schröder*, Wirtschaftsprüferhaftung, S. 312, Rn. 861.
826 BGH, NZI 2013, 438 (439 ff.); OLG Köln, DStR 2012, 923 f.; vgl. zu § 64 Abs. 2 GmbHG a.F. auch OLG Celle, DStRE 2012, 1549 (1550); *Meixner/Schröder*, Wirtschaftsprüferhaftung, S. 313, Rn. 862.

zumindest zu erschweren,[827] was für eine taugliche Beihilfehandlung durch Unterlassen in jedem Fall erforderlich wäre.[828]

ff) Notare

Eine Haftung von Notaren wegen Beihilfe zur Insolvenzverschleppung gem. §§ 823 Abs. 2, 830 Abs. 2 BGB i.V.m. § 15a Abs. 1 S. 1, Abs. 3 InsO kommt insbesondere in Fällen professioneller Firmenbestattung in Betracht. Diese verlaufen, verkürzt dargestellt, dergestalt, dass die Gesellschafter einer bereits insolvenzreifen GmbH, von denen zumeist mindestens einer auch als Geschäftsführer fungiert, ihre Gesellschaftsanteile an einen Dritten abtreten und in unmittelbarem zeitlichen Zusammenhang der Geschäftsführer der Gesellschaft gegen einen vom Erwerber zur Verfügung gestellten Strohmann ausgetauscht oder im Fall der Führungslosigkeit neu bestellt wird. Nachdem zunächst durch mehrere Sitzverlegungen und ggf. Firmenänderungen der Zugriff der Gläubiger auf Gesellschaft und Geschäftsführer erschwert wird, stellt der Strohmann unter Umständen pro forma den erforderlichen, jedoch häufig aufgrund nicht hinreichender Angaben, unzulässigen Insolvenzantrag oder die Geschäftstätigkeit der Gesellschaft wird in aller Stille eingestellt.[829]

Der Altgeschäftsführer bzw. die Altgesellschafter versprechen sich hiervon, dem Makel einer Insolvenz oder auch ihrer Haftung für die bereits verwirklichte Insolvenzverschleppung zu entgehen. Letzteres wird freilich nicht gelingen, da die Abberufung des Geschäftsführers, wie bereits oben gezeigt,[830] ebenso wenig Auswirkungen auf eine bereits begründete Haftung hat wie eine Abtretung der Gesellschaftsanteile für die Gesellschafter der führungslosen Gesellschaft.[831] Der Aufkäufer hingegen lässt sich die Übernahme mit teils nicht unerheblichen

---

827 *Reck*, ZInsO 2000, 121 (125).

828 RGSt 71, 176 (178); RGSt 73, 52 (54); BGH, NJW 1953, 1838; vgl. zum Streitstand und zur Auffassung der Literatur, die es für erforderlich hält, dass das geforderte Einschreiten die Tat in ihrer konkreten Form verhindert hätte Schönke/Schröder/ *Heine/Weißer*, § 27, Rn. 19.

829 Vgl. OLG Zweibrücken, NZG 2013, 1113 f. sowie die umfassenden Schilderungen zum Ablauf einer Firmenbestattung bei *Hey/Regel*, Kriminalistik 1999, 258 ff.; *dies.*, GmbHR 2000, 115 ff.; *dies.* ZNotP 2000, 333 ff.; *Kleindiek*, ZGR 2007, 276 (277 ff.); *Schröder*, DNotZ 2005, 596 ff.

830 Vgl. § 2 A.II.1.b)aa).

831 So für den Fall der Abberufung des Geschäftsführers im Fall der Firmenbestattung auch *Schröder*, DNotZ 2005, 596 (598).

Beträgen, vertraglich vereinbart in schuldrechtlichen Nebenabreden, häufig als „*Entsorgungsentgelt*" bezeichnet, vergüten.[832]

Jedenfalls bei der Abtretung der Gesellschaftsanteile bedarf es aufgrund der zwingenden Formvorschrift des § 15 Abs. 3 GmbHG, der notarielle Form vorschreibt, der Mitwirkung eines Notars. Die von diesem vorgenommene Beurkundung der Abtretung der Gesellschaftsanteile wird die Insolvenzverschleppung, des sich regelmäßig zum Zeitpunkt der Beurkundung noch im Amt befindlichen, Altgeschäftsführers, fördern, da hierdurch die Antragsstellung weiter verzögert wird und die Beurkundung darüber hinaus unverzichtbar für die geplante Entsorgung der Gesellschaft ist.[833] Gleichzeitig wird häufig durch die formale Beurkundung der Abtretung eine Bestärkung des Altgeschäftsführers vorliegen, den erforderlichen Insolvenzantrag nicht zu stellen.[834] Denn dieser wird als juristischer Laie in der Regel nicht zwischen der zu beurkundenden Abtretung und den parallel geschlossenen schuldrechtlichen Vereinbarungen differenzieren können und so den Schluss ziehen, der Notar billige die Insolvenzverschleppung. Erst recht gilt dies in den Fällen, in denen dem Notar die Intention der Beteiligten bekannt ist.

Ist also eine taugliche Förderung der Haupttat des die Abtretung der Gesellschaftsanteile beurkundenden Notars zu bejahen, gilt es im Anschluss wiederum die Frage zu beantworten, ob der Notar die von der Rechtsprechung aufgestellten subjektiven Voraussetzungen erfüllt, die dazu führen, dass seine Beurkundung seinen Alltagscharakter verliert, so dass sie als Solidarisierung mit dem Haupttäter zu deuten ist und damit auch nicht mehr als sozialadäquat angesehen werden kann.[835] Zu berücksichtigen sind in diesem Zusammenhang die Berufspflichten des Notars, namentlich §§ 14 Abs. 2, 15 Abs. 1 S. 1 BNotO und § 4 BeurkG.[836]

Unproblematisch zu bejahen ist das Vorliegen der subjektiven Voraussetzungen in all den Fällen, in denen dem Notar der mit der Abtretung der Gesellschaftsanteile verfolgte Zweck positiv bekannt ist.[837] Denn in diesen Fällen hat er positive Kenntnis davon, dass eine Mitwirkung an Handlungen, namentlich

---

832 *Hey/Regel*, Kriminalistik 1999, 258; *dies.*, ZNotP 2000, 333 (335); *Schröder*, DNotZ 2005, 596 (598).

833 *Schröder*, DNotZ 2005, 596 (601 f.).

834 So auch, jedoch ohne tiefergehende Begründung, *Hey/Regel*, ZNotP 2000, 333 (342).

835 BGH, NStZ 2000, 34; BGH, NJW 2000, 3010 (3011); OLG Köln, ZInsO 2011, 288 f.

836 *Schröder*, DNotZ 2005, 596 (604 ff.); § 4 BeurkG stellt die korrespondierende beurkundungsrechtliche Vorschrift zu § 14 Abs. 2 BNotO dar, wobei § 4 BeurkG als Sollvorschrift ausgestaltet ist.

837 So auch *Rattunde*, DZWir 1998, 271 (274).

dem Verstoß gegen § 15a Abs. 1 S. 1, Abs. 3 InsO, verlangt wird, so dass er seine Amtstätigkeit gem. § 14 Abs. 2 BNotO zu versagen hat. Hat der Notar also positive Kenntnis von den Absichten der Parteien und wirkt trotzdem an der Beurkundung mit, ist er als Gehilfe der Insolvenzverschleppung anzusehen.

Im Zusammenhang mit weniger eindeutigen Situationen ist jedoch zu berücksichtigen, dass der Notar seine Urkundstätigkeit gem. § 15 Abs. 1 S. 1 BNotO nicht ohne ausreichenden Grund verweigern darf und im Gegensatz hierzu gem. § 14 Abs. 2 BNotO zu versagen hat, wenn für ihn erkennbar wird, dass er an Handlungen mitwirkt, mit denen erkennbar unerlaubte oder unredliche Zwecke verfolgt werden.[838] Der Wortlaut des § 14 Abs. 2 BNotO *„..., mit denen erkennbar unerlaubte oder unredliche Zwecke verfolgt werden."* ließe darauf schließen, dass sich die berufsrechtlichen Voraussetzungen der Ablehnungspflicht des § 14 Abs. 2 BNotO mit den von der Rechtsprechung aufgestellten Anforderungen zu der Frage, wann neutrale Handlungen als Beihilfehandlung zu qualifizieren sind – *„Weiß der Hilfeleistende dagegen nicht, wie der von ihm geleistete Beitrag vom Haupttäter verwendet wird, hält er es lediglich für möglich, dass sein Tun zur Begehung einer Straftat genutzt wird, so ist sein Handeln regelmäßig noch nicht als strafbare Beihilfehandlung zu beurteilen, es sei denn das von ihm erkannte Risiko strafbaren Verhaltens des von ihm Unterstützten war derart hoch, dass er sich mit seiner Hilfeleistung ,die Förderung eines erkennbar tatgeneigten Täters angelegen sein'[839] ließ."*[840] – decken.

Dies ist jedoch nicht der Fall. Im Rahmen der Auslegung des § 14 Abs. 2 BNotO ist nämlich anerkannt, dass entgegen dem Wortlaut der Vorschrift nicht bereits die Erkennbarkeit oder bedingter Vorsatz des Notars hinsichtlich der unerlaubten oder unredlichen Absichten dazu führen, dass dieser die Beurkundung zu versagen hat, sondern hierzu positive Kenntnis von den Motiven erforderlich ist.[841] Dies folgt aus dem Zusammenspiel des § 14 Abs. 2 BNotO mit § 15 Abs. 1 S. 1 BNotO, wonach der Notar seine Urkundstätigkeit nicht ohne ausreichenden Grund verweigern darf. Setzt jedoch § 15 Abs. 1 S. 1 BNotO das objektive Vorliegen eines solchen Grundes voraus, folgt hieraus, dass der Notar seine Mitwirkung nur dann verweigern darf, wenn ein solcher Grund tatsächlich festzustellen ist,

---

838 Dieses Spannungsverhältnis aufzeigend *Schröder*, DNotZ 2005, 596 (604 f.).

839 BGHR StGB § 266 Abs. 1 Beihilfe 3.

840 BGH, NStZ 2000, 34; BGH, NJW 2000, 3010 (3011); OLG Köln, ZInsO 2011, 288 f.

841 BeckOK BGB Bamberger/Roth/*Litzenburger*, BeurkG § 4, Rn. 7; *Krekeler*, AnwBl 1993, 69 (71); Schippel/Bracker/*Kanzleiter*, § 14, Rn. 20; *Schröder*, DNotZ 2005, 596 (608).

so dass bloße Vermutungen von Seiten des Notars nicht ausreichen können.[842] Die Gesetzgebungsmaterialien zu § 4 BeurkG stützen diese Auffassung, indem sie klarstellen, dass eine Bestätigung von Verdachtsmomenten erforderlich ist.[843] Gleichzeitig darf sich der Notar jedoch nicht bewusst Tatsachen verschließen, die auf unerlaubte oder unredliche Zwecke hindeuten,[844] sondern hat sich über die Hintergründe der Beurkundung zu vergewissern.[845] Hat er einen Verdacht, hat er diesen Verdachtsmomenten nachzugehen.[846] Bestätigen sich diese Verdachtsmomente nicht, ist der Notar weder berechtigt noch verpflichtet, seine Urkundstätigkeit abzulehnen.[847]

Ist der Notar nach obigen Ausführungen jedoch gem. §§ 14 Abs. 2, 15 Abs. 1 S. 1 BNotO nur dann berechtigt und verpflichtet, seine Mitwirkung an der Beurkundung der Abtretung der Gesellschaftsanteile zu versagen, wenn er positive Kenntnis von den unerlaubten Zwecken hat oder er sich dieser Kenntnis bewusst verschließt, muss sich auch seine Haftung als Gehilfe nach diesen Voraussetzungen richten;[848] denn der Notar kann nicht auf der einen Seite berufsrechtlich verpflichtet sein, an der Beurkundung mitzuwirken und gleichzeitig der straf- und zivilrechtlichen Haftung unterworfen sein.[849]

gg) Zwischenergebnis

Es bleibt somit zu konstatieren, dass auch für Berater der Gesellschaft respektive der Gesellschafter das Risiko besteht, als Gehilfe für durch Insolvenzverschleppung verursachte Schäden gem. §§ 823 Abs. 2, 830 Abs. 2 BGB i.V.m. § 15a Abs. 1 S. 1, Abs. 3 InsO haftbar gemacht zu werden. Eine generelle Haftungsfreistellung für berufstypische Handlungen gibt es nicht. Vielmehr ist anhand der von der Rechtsprechung entwickelten Grundsätze zu beurteilen, ob der Berater

---

842 Schippel/Bracker/*Kanzleiter*, § 14, Rn. 20; *Schröder*, DNotZ 2005, 596 (608).

843 Ber RechtsAussch zum RegE BeurkG, BT-Drucks. V/4014, S. 3; *Schröder*, DNotZ 2005, 596 (608).

844 Schippel/Bracker/*Kanzleiter*, § 14, Rn. 20.

845 BGH, GmbHR 2016, 114 (115).

846 BGH, DNotZ 1973, 245 (247); *Krekeler*, AnwBl 1993, 69 (71); *Lerch*, § 4, Rn. 14; *Schröder*, DNotZ 2005, 596 (608); *Winkler*, § 4, Rn. 29.

847 *Krekeler*, AnwBl 1993, 69 (71) unter Verweis auf *Mecke/Lerch*, § 4, Rn. 9; *Lerch*, § 4, Rn. 14.

848 A.A. *Schröder*, DNotZ 2005, 596 (609), der trotz vergleichbarer Gedankengänge inkonsequenter Weise sichere Kenntnis des Notars für dessen Haftung nicht voraussetzen will.

849 So auch *Krekeler*, AnwBl 1993, 69 (72).

sich mit der Tat des Haupttäters solidarisiert hat. Dies ist grundsätzlich dann der Fall, wenn der Haupttäter ausschließlich darauf abzielt, eine strafbare Handlung zu begehen und der Hilfeleistende hiervon Kenntnis hat. Hat der Berater hingegen keine Kenntnis davon, dass sein Handeln zur Begehung der Haupttat verwendet wird, sondern hält er dies lediglich für möglich, liegt eine strafbare Beihilfehandlung noch nicht vor.[850] Eine Ausnahme gilt dann, wenn das vom Gehilfen erkannte Risiko eines strafbaren Verhaltens des Haupttäters derart hoch sei, *„dass er sich mit seiner Hilfeleistung die Förderung eines erkennbar tatgeneigten Täters angelegen sein"*[851] lässt.

Nicht anzuwenden sind diese Grundsätze jedoch auf den beurkundenden Notar, da dieser gem. §§ 14 Abs. 2, 15 Abs. 1 S. 1 BNotO, § 4 BeurkG, nur bei positiver Kenntnis von der Verfolgung unerlaubter oder unredlicher Ziele verpflichtet bzw. berechtigt ist, seine Urkundstätigkeit zu verweigern.

d) Einflussnahme von Gläubigern

Auf Grundlage der oben aufgestellten Grundsätze ist auch eine Haftung von Gläubigern der Gesellschaft als Gehilfen gem. §§ 823 Abs. 2, 830 Abs. 2 BGB i.V.m. § 15a Abs. 1 S. 1, Abs. 3 InsO möglich. Zur Förderung der Insolvenzverschleppung ist jeder Beitrag zur Sanierung der Gesellschaft,[852] beispielsweise die Verlängerung von Zahlungszielen, die Gewährung neuer (Sach-)Darlehen oder einfach nur die Aufrechterhaltung der Geschäftsbeziehung, geeignet. Denn mit den genannten Beispielen werden der Geschäftsführer oder die subsidiär antragspflichtigen Gesellschafter in die Lage versetzt, die Geschäfte der Gesellschaft fortzuführen und so die Stellung des gem. § 15a Abs. 1 S. 1 InsO erforderlichen Insolvenzantrags weiter zu verzögern. Diese – neutralen – Handlungen lösen jedoch wiederum nur dann die Haftung gem. §§ 823 Abs. 2, 830 Abs. 2 BGB i.V.m. § 15a Abs. 1 S. 1, Abs. 3 InsO aus, wenn die von der Rechtsprechung aufgestellten subjektiven Voraussetzungen[853] erfüllt sind.

Als Beispiel für eine psychische Beihilfehandlung ist auf einen vom OLG Frankfurt a.M. entschiedenen Fall[854] zu verweisen, in dem die Mitarbeiter eines Kreditinstituts den Geschäftsführer der insolvenzreifen Gesellschaft in dem Beschluss bestärkt haben, den erforderlichen Insolvenzantrag nicht zu stellen,

---

850 BGH, NStZ 2000, 34; BGH, NJW 2000, 3010 (3011); OLG Köln, ZInsO 2011, 288 f.
851 BGH, NJW 2012, 3177 (3180); so auch BGH, NStZ 2000, 34; BGH, NJW 2000, 3010 (3011); OLG Köln, ZInsO 2011, 288 f.
852 *Neuhof*, NJW 1998, 3225 (3227).
853 BGH, NStZ 2000, 34; BGH, NJW 2000, 3010 (3011); OLG Köln, ZInsO 2011, 288 f.
854 OLG Frankfurt a.M., BeckRS 2011, 20858.

sondern eine neue Gesellschaft zu gründen und die Arbeitnehmer der insolvenzreifen Gesellschaft für diese neue Gesellschaft gewinnbringend arbeiten zu lassen.

III. Umfang der Haftung

Wie bereits eingangs dargelegt, nimmt § 830 Abs. 2 BGB Bezug auf § 830 Abs. 1 S. 1 BGB und stellt so Anstifter und Gehilfen einem Mittäter gleich, was dazu führt, dass der Gehilfe mit dem Haupttäter gem. § 840 Abs. 1 BGB als Gesamtschuldner i.S.d. § 421 ff. BGB im Außenverhältnis gegenüber den Alt- und Neugläubigern der Gesellschaft für entstandene Insolvenzverschleppungsschäden haftet.[855]

Dies gilt jedoch aufgrund des Erfordernisses des doppelten Gehilfenvorsatzes nicht für solche Schäden, die der Haupttäter ohne Wissen des Teilnehmers durch Exzess verursacht hat,[856] es sei denn, der Teilnehmer weist hinsichtlich des Exzesses bedingten Vorsatz auf.[857] Relevanz hat diese Einschränkung insbesondere für Neugläubigerschäden. Denn der Teilnehmer haftet, unabhängig von der Frage, ob der Schutzzweck des § 15a Abs. 1 S. 1, Abs. 3 InsO auch den Schutz gesetzlicher, insbesondere deliktischer, Neugläubiger umfasst,[858] jedenfalls nicht für solche Handlungen des Haupttäters, von denen er keine Kenntnis hat.[859]

IV. Ergebnis

Während im rechtswissenschaftlichen Schrifttum die praktische Relevanz der Teilnehmerhaftung gem. §§ 823 Abs. 2, 830 Abs. 2 BGB i.V.m. § 15a Abs. 1 S. 1, Abs. 3 InsO in Anbetracht des in der Praxis nur schwer zu führenden Nachweises des Vorsatzes des Teilnehmers verneint wird,[860] haben obige Ausführungen gezeigt,

---

855 So auch *Schroeders*, Die deliktische Teilnehmerhaftung des GmbH-Gesellschafters wegen Einflussnahme auf die Geschäftsführung, S. 269.

856 BGHZ 164, 50 (59 f.); OLG Frankfurt a.M., BeckRS 2011, 20858; *Altmeppen* in: Roth/Altmeppen, Vorb zu § 64, Rn. 141; Baumbach/Hueck/*Haas*, § 64, Rn. 242; *Bayer/Lieder*, WM 2006, 1 (10 f.); Jauernig/*Teichmann*, § 830, Rn. 6; MüKo-BGB/*Wagner*, § 830, Rn. 40; MüKo-GmbHG/*Müller*, § 64, Rn. 217; Ulmer/*Casper*, § 64, Rn. 207.

857 *Schiemann* in: Erman, § 830, Rn. 3.

858 Vgl. zu dieser Frage die umfassende Darstellung von *Kleindiek* in: Lutter/Hommelhoff, Anh zu § 64, Rn. 96 f.

859 BGHZ 164, 50 (59 f.) judiziert dies zutreffend für betrügerische Doppelabtretungen des Geschäftsführers im Zeitraum der Insolvenzverschleppung.

860 *Altmeppen* in: Roth/Altmeppen, Vorb zu § 64, Rn. 141; BeckOK GmbHG Ziemons/Jaeger/*Mätzig*, § 64, Rn. 136; Ulmer/*Casper*, § 64, Rn. 207.

dass sich insbesondere Berater von in die Krise geratenen Gesellschaften der insolvenzrechtlichen Haftungsrisiken ihres Engagements bewusst sein sollten.

Der für die Haftung erforderliche doppelte Gehilfenvorsatz lässt sich in der Praxis – wenn auch mit nicht unerheblichem Aufwand – anhand objektiv feststellbarer Anhaltspunkte nachweisen. Darüber hinaus liegt es nahe, dass der in die Haftung genommene Haupttäter – Geschäftsführer oder Gesellschafter – mit dem Ziel, bei möglichen Teilnehmern im Wege des Gesamtschuldnerausgleichs gem. § 426 BGB Regress nehmen zu können, den für die Haftung des Teilnehmers – insbesondere auch von Aufsichtsratsmitgliedern [861]– erforderlichen Vorsatz ex post bestätigen wird. Um dies zu verhindern, ist dem redlichen Berater zu empfehlen, seine hehren Motive und seinen Kenntnisstand von der wirtschaftlichen Situation der Gesellschaft in Zeiten der Krise zu dokumentieren und für den Fall der ihm bekannten Insolvenzreife der Gesellschaft sorgsam abzuwägen, welche Handlungsalternativen er noch bedenkenlos aufzeigen kann, um einer Haftung zu entgehen. Jedenfalls nach Ablauf der in § 15a Abs. 1 S. 1 InsO statuierten Antragsfrist wird sich dies darauf beschränken, den Geschäftsführern der Gesellschaft ausschließlich die Handlungsmöglichkeit aufzuzeigen, der ihnen gem. § 15a Abs. 1 S. 1 InsO obliegenden Insolvenzantragspflicht unverzüglich, also ohne schuldhaftes Zögern, § 121 Abs. 1 BGB, nachzukommen. Gleiches gilt für subsidiär gem. § 15a Abs. 3 InsO antragspflichtige Gesellschafter, wobei diesen auch angeraten werden kann, ebenfalls unverzüglich, einen neuen Geschäftsführer zu bestellen, um die Führungslosigkeit der Gesellschaft zu beenden. Erwarten Geschäftsführer oder Gesellschafter, weitere Handlungsalternativen aufgezeigt zu bekommen oder aber die Fortführung der Beratung, bleibt dem Berater keine Alternative zur Niederlegung des Mandats.

---

861 Vgl. hierzu *Tödtmann*, WiWo 2013, Nr. 024 v. 10.06.2013, 92 (94).

§ 3 Die Adressaten der Haftung für nach Insolvenzreife geleistete Zahlungen gem. § 64 S. 1 GmbHG

A. Allgemeines

§ 64 S. 1 GmbHG verpflichtet die Geschäftsführer der GmbH zum Ersatz der *„nach Eintritt der Zahlungsunfähigkeit der Gesellschaft oder nach Feststellung ihrer Überschuldung"* geleisteten Zahlungen. Eine Ausnahme von diesem Grundsatz ergibt sich aus § 64 S. 2 GmbHG lediglich für solche Zahlungen, *„die auch nach diesem Zeitpunkt mit der Sorgfalt eines ordentlichen Geschäftsmanns vereinbar sind."*

Sinn und Zweck des § 64 S. 1 GmbHG liegen darin, sämtliche Minderungen der Masse nach Insolvenzreife der Gesellschaft zum Schutze der Gläubiger der Gesellschaft zu verhindern und bei entgegenstehenden Zahlungen dafür zu sorgen, das Gesellschaftsvermögen wieder aufzufüllen sowie eine zu Lasten der Masse gehende Befriedigung einzelner Gläubiger der Gesellschaft zu verhindern.[862] Aus eben diesen Gründen des Gläubigerschutzes legen Rechtsprechung und herrschende Meinung des rechtswissenschaftlichen Schrifttums den Begriff der Zahlung weit aus[863] mit der Folge, dass *„über reine Geldzahlungen hinaus alle Leistungen gemeint (sind), die das Gesellschaftsvermögen schmälern"*[864]

---

862 BGHZ 146, 264 (278); BGH, NZI 2010, 313; *Altmeppen* in: Roth/Altmeppen, § 64, Rn. 1; Baumbach/Hueck/*Haas*, § 64, Rn. 2 ff.; BeckOK GmbHG Ziemons/Jaeger/*Mätzig*, § 64, Rn. 4; *Kleindiek* in: Lutter/Hommelhoff, § 64, Rn. 4; Michalski-*Nerlich*, § 64, Rn. 12; MüKo GmbHG/*Müller*, § 64, Rn. 1; *M. Schmidt-Leithoff/Schneider* in: Rowedder/Schmidt-Leithoff, § 64, Rn. 14; Ulmer/*Casper*, § 64, Rn. 4; so auch Scholz/*K. Schmidt*, § 64, Rn. 6, jedoch mit der Einschränkung, dass das Ziel, die Bevorzugung einzelner zu verhindern, dem Insolvenzverfahren generell immanent ist und somit keinen ergänzenden Schutzzweck des § 64 S. 1 GmbHG darstellt.
863 BGHZ 126, 181 (194); BGHZ 143 184 (186 ff.); BGH, NJW 2009, 1598 (1599); BeckOK GmbHG Ziemons/Jaeger/*Mätzig*, § 64, Rn. 44; Michalski-*Nerlich*, § 64, Rn. 14; *Sorge*, Die Haftung faktischer Geschäftsleiter in der Krise der Gesellschaft, S. 199; so mittelbar auch *Kleindiek* in: Lutter/Hommelhoff, § 64, Rn. 16, der den Wortlaut des § 64 S. 1 GmbHG als *„zu eng"* bezeichnet.
864 BGHZ 126, 181 (194); vgl. zur Auslegung des Begriffs der *„Zahlungen"* und einzelnen Beispielen BeckOK GmbHG Ziemons/Jaeger/*Mätzig*, § 64, Rn. 44 ff.; *Kleindiek* in:

B. Die primären Haftungsadressaten: Geschäftsführer und Liquidatoren

Wie auch im Rahmen der Insolvenzantragspflicht gem. § 15a Abs. 1 S. 1 InsO sind sowohl die Geschäftsführer als auch gem. § 71 Abs. 4 GmbHG die Liquidatoren der GmbH die primären Adressaten der Haftung für nach Eintritt der Insolvenzreife der Gesellschaft geleistete Zahlungen.[865] Nicht der Haftung unterworfen sind demgegenüber leitende Angestellte, insbesondere auch Prokuristen, es sei denn, diese sind als faktischer Geschäftsführer zu qualifizieren.[866] Bei diesen mangelt es schlicht und ergreifend an der für die Haftung gem. § 64 S. 1 GmbHG erforderlichen Organstellung sowie, sofern die Voraussetzungen faktischer Geschäftsführung nicht vorliegen, an der Wahrnehmung organtypischer Aufgaben.

I. Mehrere Geschäftsführer

Mehrere Geschäftsführer haften jeder für sich, unabhängig von einer etwaigen internen Ressortaufteilung, für nach Eintritt der Insolvenzreife geleistete Zahlungen oder sonstige Leistungen, sofern ihnen diese zuzurechnen sind;[867] dies ist dann zu bejahen, wenn der jeweilige Geschäftsführer die Zahlung selbst veranlasst oder pflichtwidrig nicht verhindert hat.[868] Der Verpflichtung des § 64 S. 1 GmbHG liegt der Gedanke zugrunde, dass die Geschäftsführer die Insolvenzmasse schmälernde Zahlungen nach Eintritt der Insolvenzreife der

---

Lutter/Hommelhoff, § 64, Rn. 16 ff.; Michalski-*Nerlich*, § 64, Rn. 14 ff.; *M. Schmidt-Leithoff/Schneider* in: Rowedder/Schmidt-Leithoff, § 64, Rn. 25 ff. jeweils m.w.N.

865   Baumbach/Hueck/*Haas*, § 64, Rn. 13; BeckOK GmbHG Ziemons/Jaeger/*Mätzig*, § 64, Rn. 10 f.; Bork/Schäfer/*Bork*, § 64, Rn. 5; *Kleindiek* in: Lutter/Hommelhoff, § 64, Rn. 6; Henssler/Strohn/*Arnold*, GmbHG § 64, Rn. 8; MüKo-GmbHG/*Müller*, § 64, Rn. 142; *M. Schmidt-Leithoff/Schneider* in: Rowedder/Schmidt-Leithoff, § 64, Rn. 21; Saenger/Inhester/*Kolmann*, § 64, Rn. 18; Ulmer/*Casper*, § 64, Rn. 81; für die Ersatzpflicht des Liquidators vgl. OLG Celle, GmbHR 1995, 54 (55).

866   OLG Düsseldorf, GmbHR 1993, 159; Baumbach/Hueck/*Haas*, § 64, Rn. 14; BeckOK GmbHG Ziemons/Jaeger/*Mätzig*, § 64, Rn. 10; Saenger/Inhester/*Kolmann*, § 64, Rn. 19; Ulmer/*Casper*, § 64, Rn. 81.

867   BGH, NJW 2009, 1598 (1599) zu § 130a Abs. 3 HGB a.F.; OLG München, GmbHR 2008, 320 (321); Baumbach/Hueck/*Haas*, § 64, Rn. 13, 62; Hachenburg/*Ulmer*, § 64, Rn. 38; *Kleindiek* in: Lutter/Hommelhoff, § 64, Rn. 7; Saenger/Inhester/*Kolmann*, § 64, Rn. 18.

868   BGH, GmbHR 1994, 460 (461); Baumbach/Hueck/*Haas*, § 64, Rn. 106; *Kleindiek* in: Lutter/Hommelhoff, § 64, Rn. 7.

Gesellschaft zu unterlassen bzw. zu verhindern haben. Sie trifft insofern – wie auch im Rahmen der in § 15a Abs. 1 S. 1 InsO statuierten Insolvenzantragspflicht – eine Gesamtverantwortung. Aus dieser ergibt sich die Pflicht der Geschäftsführer zur wechselseitigen Kontrolle und Überwachung, die sich in Zeiten der Krise der Gesellschaft verdichtet.[869] Misslingt der Versuch, den Mitgeschäftsführer von Zahlungen nach Eintritt der Insolvenzreife abzuhalten, ist jeder Mitgeschäftsführer nach zutreffender Auffassung verpflichtet, die Gesellschafterversammlung gem. § 49 Abs. 1, 2 GmbHG einzuberufen und auf eine entsprechende Weisung der Gesellschafterversammlung an den Mitgeschäftsführer zu drängen.[870] Fraglich ist indes, ob der zur Überwachung seines Mitgeschäftsführers verpflichtete Geschäftsführer seiner Haftung in letzter Konsequenz nur dadurch entgehen kann, dass er sein Amt niederlegt, sofern die Gesellschafterversammlung nicht hinreichend auf den Mitgeschäftsführer einwirkt oder dieser entsprechende Weisungen ignoriert.[871] Diese Frage wird letztendlich für die Praxis zu bejahen sein. Zwar wird das für die Haftung gem. § 64 S. 1 GmbHG erforderliche Verschulden des Geschäftsführers[872] dann zu verneinen sein, wenn er alles in seiner Macht stehende unternommen hat, um Zahlungen nach Eintritt der Insolvenzreife zu verhindern. Hierzu gehört es auch, den Mitgeschäftsführer nach einer entsprechenden Weisung durch die Gesellschafterversammlung weiter zu kontrollieren. Dieser Kontrollpflicht wird sich der Geschäftsführer nur durch die Niederlegung seines Amtes entziehen können.

---

869 BGH, GmbHR 1994, 460 (461); BGHZ 133, 370 (zu § 266a StGB); Baumbach/Hueck/ *Haas*, § 64, Rn. 106; *Kleindiek* in: Lutter/Hommelhoff, § 43, Rn. 32 ff., § 64, Rn. 15; *M. Schmidt-Leithoff/Schneider* in: Rowedder/Schmidt-Leithoff, § 64, Rn. 22; Scholz/ *U.H. Schneider*, § 43, Rn. 40.

870 Baumbach/Hueck/*Haas*, § 64, Rn. 106; Saenger/Inhester/*Kolmann*, § 64, Rn. 56; *M. Schmidt-Leithoff/Schneider* in: Rowedder/Schmidt-Leithoff, § 64, Rn. 22; a.A. OLG Düsseldorf, GmbHR 1992, 675 (677).

871 So Baumbach/Hueck/*Haas*, § 64, Rn. 106; Oppenländer/Trölitzsch/*Ziemons*, § 31, Rn. 20; Saenger/Inhester/*Kolmann*, § 64, Rn. 56; *M. Schmidt-Leithoff/ Schneider* in: Rowedder/Schmidt-Leithoff, § 64, Rn. 22.

872 Vgl. zum Verschuldenserfordernis BGHZ 143, 184 (185); BGH, GmbHR 2007, 757 (758); OLG Oldenburg, ZIP 2004, 1315 (1316); OLG Schleswig, ZInsO 2007, 948 (950); Bork/Schäfer/*Bork*, § 64, Rn. 18 ff.; *Kleindiek* in: Lutter/Hommelhoff, § 64, Rn. 36; Saenger/Inhester/*Kolmann*, § 64, Rn. 53; Ulmer/*Casper*, § 64, Rn. 126.

II. Amtsniederlegung und Abberufung

1. Keine Auswirkung auf bereits begründete Haftung

Korrespondierend zur Haftung des Geschäftsführers für durch Insolvenzverschleppung verursachte Schäden gem. § 823 Abs. 2 BGB i.V.m. § 15a Abs. 1 S. 1 InsO haben die Niederlegung des Geschäftsführeramtes durch den Geschäftsführer oder die Abberufung des Geschäftsführers durch die Gesellschafterversammlung keine Auswirkung auf eine bereits begründete Haftung für nach Insolvenzreife geleistete Zahlungen gem. § 64 S. 1 GmbHG.[873] Dies ist nur konsequent, trägt der Geschäftsführer bis zur Beendigung seines Amtes doch die Verantwortung für eine gesetzmäßige Unternehmensleitung.[874]

2. Auswirkungen bei noch nicht begründeter Haftung

Sowohl im Fall der Amtsniederlegung durch den Geschäftsführer als auch im Fall seiner Abberufung durch die Gesellschafterversammlung gem. § 38 Abs. 1 GmbHG endet mit der Beendigung der Organstellung des Geschäftsführers seine Verantwortlichkeit für zukünftig geleistete Zahlungen.[875] Dies erscheint konsequent. Denn im Gegensatz zu der in § 15a Abs. 1 S. 1 InsO statuierten Insolvenzantragspflicht, zu deren Erfüllung der ausgeschiedene Geschäftsführer die verbliebenen Antragspflichtigen nach der hier vertretenen Auffassung grundsätzlich auch nach der Beendigung seiner Organstellung anhalten muss,[876] hat der Geschäftsführer nach seinem Ausscheiden keine Gelegenheit mehr, jede einzelne Handlung des verbliebenen Geschäftsführers zu kontrollieren.

Eine Ausnahme von diesem Grundsatz ist jedoch in solchen Fällen zu erwägen, in denen der ausscheidende Geschäftsführer vor Beendigung seiner Organstellung durch Amtsniederlegung Kenntnis von nach Insolvenzreife geleisteten Zahlungen erlangt hat bzw. solche Zahlungen des Mitgeschäftsführers billigend

---

873 Baumbach/Hueck/*Haas*, § 64, Rn. 15; BeckOK GmbHG Ziemons/Jaeger/*Mätzig*, § 64, Rn. 10; Bork/Schäfer/*Bork*, § 64, Rn. 5; Saenger/Inhester/*Kolmann*, § 64, Rn. 18; *Wicke*, § 64, Rn. 19; vgl. BGH, NJW 1952, 554 zu der bereits begründeten Haftung wegen Insolvenzverschleppung gem. § 823 Abs. 2 BGB i.V.m. § 15a Abs. 1 S. 1 InsO.

874 BGHZ 133, 370; BGH, GmbHR 1994, 460; *Schnorbus* in: Rowedder/Schmidt-Leithoff, § 43, Rn. 36.

875 Vgl. Baumbach/Hueck/*Haas*, § 64, Rn. 106; Oppenländer/Trölitzsch/*Ziemons* § 31 Rn. 20; Saenger/Inhester/*Kolmann*, § 64, Rn. 56; *M. Schmidt-Leithoff/ Schneider* in: Rowedder/Schmidt-Leithoff, § 64, Rn. 22; zur Wirksamkeit der Amtsniederlegung durch den Geschäftsführer in Zeiten der Krise vgl. § 2 A.II.1.b)bb).

876 Vgl. auch zu den Ausnahmen von diesem Grundsatz, § 2 A. II.1.b)bb).

in Kauf nimmt. In diesen Fällen erscheint es aufgrund des Schutzzwecks des § 64 S. 1 GmbHG angezeigt, den (Alt-)Geschäftsführer für verpflichtet zu halten, die Gesellschafterversammlung gleichzeitig mit der Niederlegung seines Amtes bzw. ohne schuldhaftes Zögern nach seiner Abberufung über diese Zahlungen zu unterrichten und eine solche Zahlungen für die Zukunft untersagende Weisung bzw. die Abberufung des verbleibenden Geschäftsführers anzuregen. Sinnlos erscheint eine solche Verpflichtung wiederum, wenn zwischen dem ausgeschiedenen Geschäftsführer und den Gesellschaftern vor Amtsniederlegung Uneinigkeit hinsichtlich der Insolvenzreife der Gesellschaft und somit der Anwendbarkeit des § 64 S. 1 GmbHG bestand; denn in dieser Situation ist es abwegig anzunehmen, dass die Gesellschafterversammlung nach Niederlegung des Amtes den bereits vor der Niederlegung vorgebrachten Argumenten folgen wird.[877] Gleiches gilt selbstverständlich für den von der Gesellschafterversammlung gem. § 38 Abs. 1 GmbHG abberufenen Geschäftsführer; denn dieser hat sich weder durch eigenes Handeln der Haftung entzogen noch verspricht ein weiteres Einwirken auf die Gesellschafter Aussicht auf Erfolg.[878]

C. Der sog. faktische Geschäftsführer als Adressat der Haftung gem. § 64 S. 1 GmbHG

Im Gegensatz zur Diskussion im Rahmen der Insolvenzverschleppungshaftung gem. § 823 Abs. 2 i.V.m. § 15a Abs. 1 S. 1 InsO besteht in Rechtsprechung und rechtswissenschaftlichem Schrifttum Einigkeit, dass auch der faktische Geschäftsführer tauglicher Adressat der Haftung für nach Eintritt der Insolvenzreife geleistete Zahlungen gem. § 64 S. 1 GmbHG ist.[879] Dem ist in Anbetracht von Sinn und Zweck des § 64 S. 1 GmbHG, der wie gezeigt ebenso wie § 15a

---

877 Vgl. zur identischen Situation und deren Auswirkungen auf die Insolvenzantragspflicht des ausgeschiedenen Geschäftsführers § 2 A.II.1.b)bb)(1) mit Verweis auf Hachenburg/*Ulmer*, § 64, Rn. 9.

878 Vgl. zur identischen Situation und deren Auswirkungen auf die Insolvenzantragspflicht des ausgeschiedenen Geschäftsführers § 2 A.II.1.b)bb)(1) mit Verweis auf *M. Schmidt-Leithoff/Schneider* in: Rowedder/Schmidt-Leithoff, Vor § 64, Rn. 75.

879 BGH, GmbHR 2005, 1187; BGH, GmbHR 2008, 702 (703); OLG Brandenburg, NZG 2001, 807 f.; OLG Köln, ZInsO 2011, 2199; OLG Schleswig, ZInsO 2007, 948 (949); OLG Stuttgart, GmbHR 2005, 106 (107); Baumbach/Hueck/*Haas*, § 64, Rn. 16; Beck-OK GmbHG Ziemons/Jaeger/*Mätzig*, § 64, Rn. 12; *Bitter*, ZInsO 2010, 1505 (1512); Henssler/Strohn/*Arnold*, GmbHG § 64, Rn. 8; *Kleindiek* in: Lutter/Hommelhoff, § 64, Rn. 6; MüKo-GmbHG/*Müller*, § 64, Rn. 142; *Nauschütz*, NZG 2005, 921 (922); Saenger/Inhester/*Kolmann*, § 64, Rn. 19; Scholz/*K. Schmidt*, § 64, Rn. 54; *Strohn*,

Abs. 1 S. 1 InsO dem Gläubigerschutz dient, zuzustimmen: derjenige, der die Geschäfte der Gesellschaft wie ein Geschäftsführer tatsächlich führt, soll sich den einem Geschäftsführer obliegenden Pflichten und der mit den Pflichten einhergehenden Haftung nicht dadurch entziehen können, indem er sich auf das Fehlen eines formal wirksamen Bestellungsaktes zurückzieht.[880] Unerheblich für die Haftung des faktischen Geschäftsführers gem. § 64 S. 1 GmbHG ist hingegen, dass diesem nach der auch hier vertretenen Auffassung die Antragsberechtigung den zu stellenden Insolvenzantrag betreffend zusteht.[881] Denn dem (faktischen) Geschäftsführer wird im Rahmen der Haftung gem. § 64 S. 1 GmbHG im Gegensatz zur Insolvenzverschleppungshaftung gem. § 823 Abs. 2 BGB i.V.m. § 15a Abs. 1 S. 1 InsO gerade nicht der Vorwurf gemacht, den erforderlichen Insolvenzantrag nicht gestellt zu haben. Der Vorwurf geht vielmehr dahin, nach Eintritt der Insolvenzreife Zahlungen geleistet zu haben, die mit der Sorgfalt eines ordentlichen Geschäftsmannes nicht vereinbar sind.

I. Fehlerhaft bestellter Geschäftsführer

Für den durch nichtigen Bestellungsakt bestellten Geschäftsführer folgt dessen Haftung gem. § 64 S. 1 GmbHG nach der hier vertretenen Auffassung entsprechend der Haftung gem. § 823 Abs. 2 BGB i.V.m. § 15a Abs. 1 S. 1 InsO aus den Grundsätzen der Lehre über die fehlerhafte Bestellung.[882] Denn ebenso wie im Rahmen der Haftung für durch Insolvenzverschleppung verursachte Schäden kommt es auch bei der Haftung gem. § 64 S. 1 GmbHG nicht auf Rechtsscheinsgesichtspunkte, sondern vielmehr auf die Frage der Gefährdung des Schutzzwecks des § 64 S. 1 GmbHG an. Im Übrigen wird auf obige Ausführungen im Rahmen der Insolvenzverschleppungshaftung Bezug genommen.[883]

DB 2011, 158 (166); *Theiselmann*, GmbH-StB 2011, 146 (147); Ulmer/*Casper*, § 64, Rn. 81.

880   BeckOK GmbHG Ziemons/Jaeger/*Mätzig*, § 64, Rn. 12 mit Verweis auf BGH NJW 1988, 1789 (1790); Michalski-*Nerlich*, Anh. § 64, Rn. 13; Scholz/*K. Schmidt*, § 64, Rn. 154, die sich jedoch auf § 15a Abs. 1 S. 1 InsO beziehen.

881   Entgegen BeckOK GmbHG Ziemons/Jaeger/*Mätzig*, § 64, Rn. 13, der die Antragsberechtigung als dogmatischen Anknüpfungspunkt der Haftung des faktischen Geschäftsführers gem. § 64 S. 1 GmbHG ansieht.

882   Vgl. § 2 A.II.2.a).

883   Vgl. § 2 A.II.2.a).

II. Geschäftsführertätigkeit ohne formellen Bestellungsakt

Die Ausführungen zur Haftung des faktischen Geschäftsführers ohne formellen Bestellungsakt für durch die verspätete Stellung des Insolvenzantrags verursachte Schäden haben gezeigt, dass die Figur des *„faktischen Geschäftsführers im eigentlichen Sinne"*[884] einzelfallspezifisch, also anhand der konkret anzuwendenden Norm zu bestimmen ist.[885] Da sowohl § 15a Abs. 1 S. 1 InsO als auch § 64 S. 1 GmbHG den Schutz der Gläubiger der Gesellschaft bezwecken und somit einem übergeordneten gemeinsamen Zweck dienen, gelten die obigen Ausführungen zur Qualifizierung auf die Geschäftsführung einflussnehmender Personen als faktischer Geschäftsführer i.s.d. Insolvenzverschleppungshaftung[886] grundsätzlich auch für die Haftung gem. § 64 S. 1 GmbHG. Die folgenden Ausführungen beschränken sich daher darauf, den Einfluss der normspezifischen Besonderheiten des § 64 S. 1 GmbHG auf die tatbestandlichen Anforderungen faktischer Geschäftsführung sowie auf die zu § 15a Abs. 1 S. 1 InsO besprochenen Einzelfälle in der Praxis aufzeigen.

1. Tatbestandliche Anforderungen

a) Maßgeblicher Einfluss auf Aufgaben der Geschäftsführung

Hinsichtlich der vom Bayerischen Obersten Landesgericht in seinem Urteil vom 20.02.1997[887] benannten Kernbereiche der Geschäftsführung haben obige Ausführung bereits gezeigt, dass der Einflussnehmende nicht zwingend erst dann als faktischer Geschäftsführer zu qualifizieren ist, wenn dieser sechs der genannten Bereiche übernommen hat.[888] Diese These wird nun im Rahmen der Qualifizierung einflussnehmender Dritter als faktische Geschäftsführer i.S.d. § 64 S. 1 GmbHG bestätigt. Zwar ist dem Bundesgerichtshof darin zuzustimmen, dass allein die Verfügungsmacht des Betreffenden über das Bankkonto der Gesellschaft selbst dann noch nicht ausreicht, eine faktische Geschäftsführung i.S.d. § 64 S. 1 GmbHG annehmen zu können, wenn dieser einzelne Zahlungen auf

---

884   Vgl. zu dieser Formulierung Baumbach/Hueck/*Haas*, § 64, Rn. 16.
885   Vgl. oben § 2 A.II.2.b)aa) mit Verweis insbesondere auf *Ehricke*, Das abhängige Konzernunternehmen in der Insolvenz, S. 243, 245; *Schürnbrand*, Organschaft im Recht der privaten Verbände, S. 299; *Stein*, ZHR 1984, 207 (221, 231 ff.); *Strohn*, DB 2011, 158 (160); *Weimar*, GmbHR 1997, 473 (477).
886   Vgl. oben § 2 A.II.2.b)cc).
887   BayObLG, NJW 1997, 1936.
888   Vgl. oben § 2 A.II.2.b)cc)(1)(a) mit Verweis auf *Strohn*, DB 2011, 158 (164).

Weisung des bestellten Geschäftsführers ausführt;[889] trifft der einflussnehmende Dritte jedoch aufgrund eigener Entscheidungsmacht in einer Mehrzahl von Fällen die Entscheidung, ob eine Zahlung auszuführen ist oder bestimmt er über die Ausführung einer Zahlung in für die fragliche Gesellschaft beträchtlicher Höhe, handelt er wie ein bestellter Geschäftsführer, so dass seine Qualifizierung als faktischer Geschäftsführer i.S.d. § 64 S. 1 GmbHG gerechtfertigt ist.[890] Denn in diesen Fällen ist der Schutzzweck des § 64 S. 1 GmbHG so erheblich gefährdet, dass derjenige, der über die Entscheidung der Zahlung befindet auch deren Konsequenzen zu tragen hat. Hinzukommt, dass gleichzeitig eine Entscheidung mit Außenwirkung getroffen wird.

b) Billigung der Tätigkeit durch die Gesellschaft

Auch im Rahmen des § 64 S. 1 GmbHG bedarf es für die Qualifizierung einflussnehmender Dritter als faktische Geschäftsführer keiner Zustimmung oder Billigung durch die Gesellschaft bzw. die Gesellschafter.[891] Hiergegen spricht auch nicht der Umstand, dass Gläubiger des Anspruchs aus § 64 S. 1 GmbHG die Gesellschaft ist.[892] Denn letztendlich dient § 64 S. 1 GmbHG dem Zweck, Minderungen der Masse nach Insolvenzreife der Gesellschaft zum Schutz der Gläubiger zu verhindern und bei gleichwohl erfolgten Zahlungen dafür zu sorgen, das Gesellschaftsvermögen wieder aufzufüllen sowie eine zu Lasten der Masse gehende Befriedigung einzelner Gläubiger der Gesellschaft zu verhindern.[893] Folglich kommt

---

889 BGH, GmbHR 2008, 702.

890 Vgl. BeckOK GmbHG Ziemons/Jaeger/*Mätzig*, § 64, Rn. 15 sowie zur Qualifizierung als faktischer Geschäftsführer i.S.d. § 15a Abs. 1 S. 1 InsO *Himmelsbach/Achsnick*, NZI 2003, 355 (360).

891 So explizit für § 64 S. 1 GmbHG OLG Köln, GmbHR 2012, 1358 (1361).

892 Zur Gläubigereigenschaft der Gesellschaft *Altmeppen* in: Roth/Altmeppen, § 64, Rn. 8; Baumbach/Hueck/*Haas*, § 64, Rn. 21; BeckOK GmbHG Ziemons/Jaeger/*Mätzig*, § 64, Rn. 65; Bork/Schäfer/*Bork*, § 64, Rn. 31; Henssler/Strohn/*Arnold*, GmbHG § 64, Rn. 37; *Kleindiek* in: Lutter/Hommelhoff, § 64, Rn. 40; Michalski-*Nerlich*, § 64, Rn. 30; Saenger/Inhester/*Kolmann*, § 64, Rn. 60; *M. Schmidt-Leithoff/Schneider* in: Rowedder/Schmidt-Leithoff, § 64, Rn. 52; Scholz/*K. Schmidt*, § 64, Rn. 71; *Wicke*, § 64, Rn. 19.

893 BGHZ 146, 264 (278); BGH, NZI 2010, 313; *Altmeppen* in: Roth/Altmeppen, § 64, Rn. 1; Baumbach/Hueck/*Haas*, § 64, Rn. 2 ff.; BeckOK GmbHG Ziemons/Jaeger/*Mätzig*, § 64, Rn. 4; *Kleindiek* in: Lutter/Hommelhoff, § 64, Rn. 4; Michalski-*Nerlich*, § 64, Rn. 12; MüKo-GmbHG/*Müller*, § 64, Rn. 1; *M. Schmidt-Leithoff/Schneider* in: Rowedder/Schmidt-Leithoff, § 64, Rn. 14; Ulmer/*Casper*, § 64, Rn. 4; so auch Scholz/*K. Schmidt*, § 64, Rn. 6, jedoch mit der Einschränkung, dass das Ziel, die

---

es zwar auch auf den Schutz der Gesellschafter, überwiegend jedoch auf den Schutz der übrigen Gläubiger der Gesellschaft, für den eine Billigung der Tätigkeit des Einflussnehmenden durch die Gesellschaft unerheblich ist.

2. Einzelfall: Weisungen der Gesellschafter

Ebenso wie bei der Haftung für durch Insolvenzverschleppung verursachte Schäden gem. § 823 Abs. 2 BGB i.V.m. § 15a Abs. 1 S. 1 InsO sind im Rahmen der Haftung gem. § 64 S. 1 GmbHG bei der Qualifizierung der Gesellschafter als faktische Geschäftsführer deren in § 37 Abs. 1 GmbHG statuierten Weisungsrechte zu berücksichtigen. Ihre Grenzen finden die Weisungsrechte der Gesellschafter in der Regel dort, wo öffentliche Pflichten der Geschäftsführer tangiert sind. Auch bei der in § 64 S. 1 GmbHG statuierten Pflicht zur Erstattung pflichtwidrig nach Eintritt der Insolvenzreife geleisteter Zahlungen handelt es sich um eine Pflicht, die primär dem Schutz der Gläubiger der Gesellschaft dient.[894]

Um zu verhindern, dass dieser Schutz durch Weisungen der Gesellschafter unterlaufen wird, statuiert § 64 S. 4 GmbHG i.V.m. § 43 Abs. 3 S. 3 GmbHG, dass der Geschäftsführer nicht durch entsprechende Weisungen der Gesellschafter, Zahlungen nach Eintritt der Insolvenzreife vorzunehmen oder eine etwaige Billigung der Zahlungen von seiner Ersatzpflicht entbunden wird, soweit der Ersatz zur Befriedigung der Gläubiger der Gesellschaft erforderlich ist; ergänzend zu dieser Regelung unterbindet § 64 S. 4 GmbHG i.V.m. §§ 43 Abs. 3 S. 2, 9b Abs. 1 GmbHG die Möglichkeit, dass die Gesellschaft auf den ihr zustehenden Anspruch verzichtet oder sich über den Anspruch vergleicht, soweit der Ersatz zur Befriedigung der Gläubiger der Gesellschaft erforderlich ist.[895]

Bevorzugung einzelner zu verhindern, dem Insolvenzverfahren generell immanent sei und somit keinen ergänzenden Schutzzweck des § 64 S. 1 GmbHG darstelle.

894 BGHZ 146, 264 (278); BGH, NZI 2010, 313; *Altmeppen* in: Roth/Altmeppen, § 64, Rn. 1; Baumbach/Hueck/*Haas*, § 64, Rn. 2 ff.; BeckOK GmbHG Ziemons/Jaeger/ *Mätzig*, § 64, Rn. 4; *Kleindiek* in: Lutter/Hommelhoff, § 64, Rn. 4; Michalski-*Nerlich*, § 64, Rn. 12; MüKo-GmbHG/*Müller*, § 64, Rn. 1; *M. Schmidt-Leithoff/Schneider* in: Rowedder/Schmidt-Leithoff, § 64, Rn. 14; Ulmer/*Casper*, § 64, Rn. 4; so auch Scholz/*K. Schmidt*, § 64, Rn. 6, jedoch mit der Einschränkung, dass das Ziel, die Bevorzugung einzelner zu verhindern, dem Insolvenzverfahren generell immanent sei und somit keinen ergänzenden Schutzzweck des § 64 S. 1 GmbHG darstelle.

895 Henssler/Strohn/*Arnold*, GmbHG § 64, Rn. 39; *Kleindiek* in: Lutter/Hommelhoff, § 64, Rn. 69; Michalski-*Nerlich*, § 64, Rn. 27 f.; MüKo-GmbHG/*Müller*, § 64, Rn. 171; *M. Schmidt-Leithoff/Schneider* in: Rowedder/Schmidt-Leithoff, § 64, Rn. 54; Saenger/

Auch wenn demnach Weisungen der Gesellschafter an die Geschäftsführer, nicht mit der Sorgfalt eines ordentlichen Geschäftsmanns zu vereinbarende Zahlungen nach Insolvenzreife zu leisten, unwirksam sind, werden auch solche Weisungen – ebenso wie Weisungen, den erforderlichen Insolvenzantrag nicht zu stellen [896] – faktisch Druck auf die Geschäftsführer ausüben, dieser Weisung Folge zu leisten, um so die eigene Abberufung vom Geschäftsführeramt zu verhindern. Folglich begeben sich die Gesellschafter bei der Erteilung entsprechender Weisungen in eine Machtposition, die geeignet ist, die Interessen der übrigen Gläubiger der Gesellschaft zu beeinträchtigen, da durch diese Zahlung zunächst der Gesellschaft verwertbare Masse entzogen wird. Darüber hinaus nehmen die Gesellschafter durch entsprechende Weisungen in der Regel auch unmittelbaren Einfluss auf die Fortführung der Gesellschaft, da es naheliegt, Weisungen insbesondere dahingehend zu erteilen, dass Zahlungen an solche Gläubiger der Gesellschaft zu leisten sind, die ohne die entsprechende Zahlung die Stellung eines Insolvenzantrags gem. § 14 Abs. 1 InsO angekündigt haben.

In den dargestellten Fällen sind die Gesellschafter mithin als faktische Geschäftsführer zu qualifizieren, die der Haftung des § 64 S.1 GmbHG unterliegen. Der Konstruktion einer Organpflicht beherrschender Gesellschafter, die materiell insolvenzreife Gesellschaft abzuwickeln,[897] bedarf es daher aus Gründen eines adäquaten Gläubigerschutzes nicht.[898]

III. Fortführung der Geschäftsführertätigkeit nach Beendigung des Amtes

Obige Ausführungen haben gezeigt, dass die Beendigung des Geschäftsführeramtes – sei es durch Niederlegung oder Abberufung – keinen Einfluss auf eine bereits begründete Haftung des Geschäftsführers gem. § 64 S. 1 GmbHG hat, wohingegen der Geschäftsführer für Zahlungen der Gesellschaft nach der Beendigung seines Amtes nicht mehr verantwortlich ist. Etwas anderes gilt jedoch für den Fall, dass der Geschäftsführer nach der Beendigung seiner Organstellung die Tätigkeit als Geschäftsführer fortführt, indem er beispielsweise weiterhin

---

Inhester/*Kolmann*, § 64, Rn. 76; Scholz/*K. Schmidt*, § 64, Rn. 74 f.; Ulmer/*Casper*, § 64, Rn. 132.

896   Vgl. § 2 A.II.2.b)dd)(3)(b) mit Verweis auf *Strohn*, DB 2011, 158 (161).
897   Vgl. *Altmeppen* in: Roth/Altmeppen, § 64, Rn. 59.
898   Ablehnend auch *Biehl*, Geschäftsführer- und Gesellschafterhaftung wegen Insolvenzverschleppung bei der GmbH, S. 195.

Zahlungen vornimmt.[899] In diesen Fällen ist der aus dem Amt ausgeschiedene Geschäftsführer dann als faktischer Geschäftsführer i.S.d. § 64 S. 1 GmbHG zu qualifizieren, wenn er die Entscheidung, ob die Zahlungen erfolgen sollen, selbst trifft. Denn in diesem Fall maßt er sich Entscheidungskompetenzen an, die ausschließlich der Geschäftsführung zustehen. Handelt er hingegen auf Weisung des noch bestellten Geschäftsführers wird eine Stellung als faktischer Geschäftsführer zu verneinen sein, da in diesen Fällen keine für die Geschäftsführung typischen Entscheidungen selbständig getroffen werden.[900]

D. Die Gesellschafter als Adressaten der Haftung gem. § 64 S. 1 GmbHG

Uneinigkeit besteht im rechtswissenschaftlichen Schrifttum darüber, ob die Gesellschafter im Falle der Führungslosigkeit der Gesellschaft entsprechend § 15a Abs. 3 InsO auch die Haftung gem. § 64 S. 1 GmbHG trifft.

Während ein Teil des rechtswissenschaftlichen Schrifttums[901] die Haftung der Gesellschafter der führungslosen Gesellschaft gem. § 64 S. 1 GmbHG aus Gründen des Gläubigerschutzes befürwortet, lehnen andere Stimmen[902] eine entsprechende Haftung ab.

Im Ergebnis bleibt für eine § 15a Abs. 3 InsO entsprechende Haftung der Gesellschafter für nach Eintritt der Insolvenzreife geleistete Zahlungen gem. § 64 S. 1 GmbHG de lege lata kein Raum. Der Gesetzgeber des MoMiG[903] hat trotz entsprechender Vorschläge aus dem rechtswissenschaftlichen Schrifttum[904] während des Gesetzgebungsverfahrens eine Ersatzzuständigkeit der Gesellschafter ausschließlich in § 35 Abs. 1 S. 2 GmbHG, §§ 15 Abs. 1 S. 2, 15a Abs. 3 InsO

---

899   BeckOK GmbHG Ziemons/Jaeger/*Mätzig*, § 64, Rn. 10.

900   Vgl. OLG Frankfurt, Urteil v. 22.10.2010, Az. 10 U 144/09, juris Rn. 24.

901   Baumbach/Hueck/*Haas*, § 64, Rn. 14; *Beck*, GmbHR 2017, 181 (182 ff.); BeckOK GmbHG Ziemons/Jaeger/*Mätzig*, § 64, Rn. 17; *Goette*, WPg 2008, 231(238); Henssler/Strohn/*Arnold*, GmbHG, § 64, Rn. 8; Saenger/Inhester/*Kolmann*, § 64, Rn. 21; Scholz/*K. Schmidt*, § 64, Rn. 55; vgl. auch *Hölzle*, GmbHR 2007, 729 (731) zu § 64 S. 3 GmbHG.

902   *Kleindiek* in: Lutter/Hommelhoff, § 64, Rn. 8; *ders.*, GWR 2010, 75; MüKo-GmbHG/*Müller*, § 64, Rn. 142; *Poertzgen/Meyer*, ZInsO 2012, 249 (251); *M. Schmidt-Leithoff/Schneider* in: Rowedder/Schmidt-Leithoff, § 64, Rn. 23; Ulmer/*Casper*, § 64, Rn. 81.

903   Gesetz zur Modernisierung des GmbH-Rechts und zur Bekämpfung von Missbräuchen (MoMiG), BGBl. I 2008, 2026.

904   *Haas/Oechsler*, NZG 2006, 806 f.

statuiert, so dass es an einer für die analoge Anwendung des § 15a Abs. 3 InsO erforderlichen planwidrigen Regelungslücke fehlt.[905]

Gleichwohl wäre eine Haftung der Gesellschafter gem. § 64 S. 1 GmbHG im Fall der Führungslosigkeit der Gesellschaft nur konsequent und zu begrüßen, um im Zusammenspiel zwischen Insolvenzverschleppungshaftung gem. § 823 Abs. 2 BGB i.V.m. § 15a Abs. 1, Abs. 3 InsO und der Haftung gem. § 64 S. 1 GmbHG einen effektiven Gläubigerschutz zu gewährleisten. Der Gesetzgeber ist somit aufgefordert, den Gesellschaftern im Fall der Führungslosigkeit der Gesellschaft die Verantwortung für nach Eintritt der Zahlungsunfähigkeit oder der Überschuldung geleistete Zahlungen aufzuerlegen. Um die Haftung nicht ausufern zu lassen, sollte den Gesellschaftern – korrespondierend zu § 15a Abs. 3 InsO – jedoch die Möglichkeit eingeräumt werden, sich zu exkulpieren, sofern sie von der Zahlungsunfähigkeit und der Überschuldung oder der Führungslosigkeit keine Kenntnis haben. Die Auslegung des Begriffs der Kenntnis hätte wie in § 15a Abs. 3 InsO zu erfolgen.[906]

E. Die Mitglieder des Aufsichtsrats als Adressaten der Haftung gem. § 64 S. 1 GmbHG

In seiner „*Doberlug*"-Entscheidung[907] vom 20.09.2010 hat der zweite Zivilsenat des Bundesgerichtshofs Stellung dazu bezogen, unter welchen Voraussetzungen auch die Mitglieder des Aufsichtsrates einer GmbH persönlich für vom Geschäftsführer der Gesellschaft nach Eintritt der Insolvenzreife geleistete Zahlungen haften, wobei er hier ausdrücklich zwischen den Mitgliedern von obligatorischen und fakultativen Aufsichtsräten unterscheidet. Das folgende Kapitel zeigt zunächst die wesentlichen Unterschiede zwischen obligatorischem und fakultativem Aufsichtsrat auf, um sich sodann mit den vom Bundesgerichtshof aufgestellten Voraussetzungen der Haftung zu befassen, die im wissenschaftlichen Schrifttum große Diskussionen ausgelöst haben.

I. Aufsichtsräte in der GmbH

Im Gegensatz zum Aktienrecht schreibt das GmbHG die Bildung eines obligatorischen Aufsichtsrates nicht vor. Vielmehr ist es den Gesellschaftern grundsätzlich freigestellt, ob sie in der Satzung die Bildung eines – dann fakultativen

---

905 *Kleindiek* in: Lutter/Hommelhoff, § 64, Rn. 8; *M. Schmidt-Leithoff/Schneider* in: Rowedder/Schmidt-Leithoff, § 64, Rn. 23; Ulmer/*Casper*, § 64, Rn. 81.

906 Vgl. § 2 B.II., S. 113 ff.

907 BGH, ZIP 2010, 1988.

– Aufsichtsrates vorsehen. Entscheiden sich die Gesellschafter für die Bildung eines Aufsichtsrates, legt die Satzung gleichzeitig fest, welche Kompetenzen dem Gremium eingeräumt werden und wie es sich zusammensetzt.[908]

1. Der fakultative Aufsichtsrat der GmbH

Wie bereits dargelegt, wird die Einrichtung eines fakultativen Aufsichtsrates einer GmbH – als drittes Organ der Gesellschaft neben Gesellschafterversammlung und Geschäftsführung – einschließlich seiner Kompetenzen und seiner Zusammensetzung allein durch die Satzung bestimmt. Lediglich für den Fall nicht abweichender Bestimmungen der Satzung finden über die Verweisung in § 52 Abs. 1 GmbHG aktienrechtliche Vorschriften – unter Berücksichtigung der GmbH-rechtlichen Strukturen jedoch nur entsprechende – Anwendung. Zu beachten ist hier neben den abweichenden Bezeichnungen der handelnden Organe insbesondere die unterschiedliche rechtliche Struktur von AG und GmbH. Denn während die Hauptversammlung der AG eine schwache Stellung im Machtgefüge der AG einnimmt, stellt die Gesellschafterversammlung das oberste Organ der GmbH dar. Demnach ist der Aufsichtsrat einer GmbH grundsätzlich in der Hierarchie unter der Gesellschafterversammlung angeordnet, während dem Aufsichtsrat der AG autonome Befugnisse zustehen und dieser in kein hierarchisches Gefüge eingebunden ist.[909] Inwiefern der Verweis in § 52 GmbHG abschließend ist oder nicht, ist streitig.[910]

Unabhängig von seiner Bezeichnung unterscheidet sich der fakultative Aufsichtsrat vom bloßen Beirat jedoch zum einen dadurch, dass seine Mindestkompetenz gem. § 52 Abs. 1 GmbHG i.V.m. § 111 Abs. 1 AktG in der Überwachung der Geschäftsführung liegt,[911] wobei sich die Überwachung insbesondere auf Wirtschaftlichkeit, Zweckmäßigkeit und Rechtmäßigkeit der Unternehmensleitung

---

908 *Altmeppen* in: Roth/Altmeppen, § 52, Rn. 1; Baumbach/Hueck/*Zöllner/Noack*, § 52, Rn. 1; *Lutter/Hommelhoff* in: Lutter/Hommelhoff, § 52, Rn. 3; Michalski-*Giedinghagen*, § 52, Rn. 6 f., Saenger/Inhester/*Peres*, § 52, Rn. 6.

909 *Altmeppen* in: Roth/Altmeppen, § 52, Rn. 6; Baumbach/Hueck/*Zöllner/Noack*, § 52, Rn. 30; *Lutter/Hommelhoff* in: Lutter/Hommelhoff, § 52, Rn. 2; Michalski-*Giedinghagen*, § 52, Rn. 19.

910 MüKo-GmbHG/*Spindler*, § 52, Rn. 11 m.w.N. Zur hier vertretenen Auffassung vgl. § 3 E.II.2.e)aa).

911 *Altmeppen* in: Roth/Altmeppen, § 52, Rn. 2; Baumbach/Hueck/*Zöllner/Noack*, § 52, Rn. 100; *Lutter/Hommelhoff* in: Lutter/Hommelhoff, § 52, Rn. 13; Michalski-*Giedinghagen*, § 52, Rn. 1, 9.

erstreckt.[912] Zum anderen schließt der in § 52 Abs. 1 GmbHG i.V.m. §§ 100 Abs. 1, Abs. 2 Nr. 2, 105 AktG statuierte Inkompatibilitätsgrundsatz die Geschäftsführer der GmbH sowie die gesetzlichen Vertreter abhängiger Unternehmen als Mitglieder des fakultativen Aufsichtsrates aus. Die Entziehung dieser Mindestkompetenz des fakultativen Aufsichtsrats ist – trotz des Wortlautes des § 52 Abs. 1 2. Hs. GmbHG – nach der zuzustimmenden herrschenden Meinung[913] und Rechtsprechung[914] ebenso ausgeschlossen wie die Abdingbarkeit des Inkompatibilitätsgrundsatzes. Denn ein Gremium, welches überhaupt keine Kontrolle und somit *„Aufsicht"* über die Geschäftsführung ausübt, kann bereits seinem Wortverständnis nach nicht als *„Aufsichtsrat"* tituliert werden.[915] Eine effektive Überwachung der Geschäftsführer setzt nämlich gleichzeitig die Unabhängigkeit der Aufsichtsratsmitglieder voraus. Diese wäre nicht gewährleistet, wenn Mitglieder der Geschäftsführung gleichzeitig Mitglied des Aufsichtsrates wären und sich somit selbst zu kontrollieren hätten. Hierdurch würde vielmehr das konstitutive Element der Überwachung der Geschäftsführer ausgehöhlt.[916] Gleichzeitig würde die im Aktienrecht angelegte Funktionstrennung zwischen Geschäftsführung und Aufsichtsrat durchbrochen.[917] Die Kontrolle der Geschäftsführer geht jedoch beim fakultativen Aufsichtsrat nicht so weit, dass ihm eine Personalkompetenz zustünde. Er ist also weder in der Lage, einzelne Geschäftsführer zu bestellen oder abzuberufen noch ist er für Abschluss, Beendigung oder Änderung des Anstellungsvertrages der Geschäftsführer zuständig, es sei denn, ihm sind nach der Satzung entsprechende Kompetenzen eingeräumt worden.[918]

912 BGHZ 114, 127 (129) zum Aufsichtsrat der AG; *Altmeppen* in: Roth/Altmeppen, § 52, Rn. 25; Baumbach/Hueck/*Zöllner/Noack*, § 52, Rn. 100; *Lutter/Hommelhoff* in: Lutter/Hommelhoff, § 52, Rn. 16; Michalski-*Giedinghagen*, § 52, Rn. 9; Scholz/ *Schneider*, § 52, Rn. 95.

913 *Banspach/Nowak*, Der Konzern 2008, 195 (197); Baumbach/Hueck/*Zöllner/Noack*, § 52, Rn. 28; *Lutter/Hommelhoff* in: Lutter/Hommelhoff, § 52, Rn. 13, 16; Michalski-*Giedinghagen*, § 52, Rn. 9, 17, 65ff., 252 ff.; a.A. wohl *Altmeppen* in: Roth/Altmeppen, § 52, Rn. 2, 9, der jedenfalls hinsichtlich der mitbestimmungsfreien Einmann-GmbH die Auffassung vertritt, eine Kontrollfunktion sei nicht erforderlich, da bei dieser keine entsprechende Verkehrserwartung bestehe.

914 OLG Frankfurt, GmbHR 1982, 159; OLG Frankfurt, WM 1987, 211.

915 MüKo-GmbHG/*Spindler*, § 52, Rn. 261; Saenger/Inhester/*Peres*, § 52, Rn. 73; Scholz/ *Schneider*, § 52, Rn. 87, Ulmer/*Heermann*, § 52, Rn. 96.

916 OLG Frankfurt, WM 1987, 211; Michalski-*Giedinghagen*, § 52, Rn. 66.

917 Michalski-*Giedinghagen*, § 52, Rn. 65.

918 Baumbach/Hueck/*Zöllner/Noack*, § 52, Rn. 122; *Lutter/ Hommelhoff* in: Lutter/ Hommelhoff, § 52, Rn. 13; Michalski-*Giedinghagen*, § 52, Rn. 266.

2. Der obligatorische Aufsichtsrat der GmbH

Vom Grundsatz des ausschließlich fakultativen Aufsichtsrates der GmbH gibt es fünf außerhalb des GmbHG normierte Ausnahmen, die die Bildung eines obligatorischen Aufsichtsrates in der GmbH vorsehen.

So ist die Bildung eines obligatorischen Aufsichtsrates insbesondere im Rahmen der Arbeitnehmermitbestimmung vorgesehen. Maßgeblich sind hier die Bestimmungen des § 6 Abs. 1 und 2 MitBestG, § 3 MontanMitbestG und § 1 Abs. 1 Nr. 3 S. 2 DrittelbG. Demgemäß hat eine GmbH mit i.d.R. mehr als 500 Arbeitnehmern gem. § 1 Abs. 1 Nr. 3 S. 2 DrittelbG, eine GmbH mit i.d.R. mehr als 2000 Arbeitnehmern gem. §§ 6 Abs. 1, 1 Abs. 1 MitbestG und eine GmbH mit i.d.R. mehr als 1000 Arbeitnehmern und Tätigkeit im sog. Montanbereich gem. § 3 MontanMitbestG einen obligatorischen Aufsichtsrat zu bilden. Darüber hinaus findet § 3 MontanMitbestG auch auf solche GmbH Anwendung, die an sich zwar nicht dem MontanMitbestG unterfallen, deren Unternehmenszweck jedoch durch Konzernunternehmen oder abhängige Unternehmen gekennzeichnet wird, die unter das MontanMitbestG fallen, § 3 Abs. 1 S. 2 MontanMitbestGErgG. Die Mitbestimmungsgesetze schließen sich in ihrer Anwendbarkeit gegenseitig aus. So ist die Anwendung des DrittelbG gem. § 1 Abs. 2 Nr. 1 DrittelbG ausgeschlossen, wenn das MitbestG oder das MontanMitbestG zur Anwendung kommen. Das MitbestG hingegen wird durch MontanMitbestG ausgeschlossen, § 1 Abs. 2 Nr. 1 MitbestG. Bereits an dieser Stelle sei jedoch angemerkt, dass das MitbestG zum Stichtag 31.12.2016 nur auf 354 GmbH[919] Anwendung findet und das MontanMitbestG in Folge des Rückgangs der Schwerindustrie kaum noch zur Anwendung kommt, so dass die Vorschriften des DrittelbG die wichtigste Rechtsgrundlage darstellen.[920]

Neben diesen mitbestimmungsrechtlichen Vorschriften sieht § 18 Abs. 2 S. 1 KAGB für sog. externe Kapitalverwaltungs-GmbH i.S.d. § 17 Abs. 1 KAGB die Bildung eines obligatorischen Aufsichtsrates vor.

Im Gegensatz zum fakultativen Aufsichtsrat findet § 52 GmbHG auf den obligatorischen Aufsichtsrat keine Anwendung. Vielmehr verweisen die spezialgesetzlichen Vorschriften[921] weitestgehend auf die Regelungen des AktG, wobei

---

919 Erhebung der Hans-Böckler-Stiftung zum Stichtag 31.12.2016, abgedruckt in *Ehrenstein*, Mitbestimmung, Nr. 2, April 2017, S. 50.
920 So auch Michalski-*Giedinghagen*, § 52, Rn. 21.
921 Vgl. § 1 Abs. 1 Nr. 3 S. 2 DrittelbG, § 25 Abs. 1 S. 1 Nr. 2 MitbestG, § 3 Abs. 2 Montan-MitbestG, § 18 Abs. 2 S. 3 KAGB.

diese Verweisungen zwingend sind. Auch hier sind jedoch die bereits oben[922] genannten Unterschiede zwischen AG und GmbH zu berücksichtigen.[923] Hierbei ist jedoch zu beachten, dass die Vorschriften des DrittelbG und des KAGB gerade nicht auf § 84 AktG verweisen, so dass den Aufsichtsräten, die nach den Vorschriften des DrittelbG und des KAGB zu bilden sind – ebenso wie den fakultativen Aufsichtsräten – keine Personalkompetenz zusteht, es sei denn, die Satzung sieht eine entsprechende Kompetenz ausdrücklich vor.[924] Im Gegensatz hierzu verweisen § 31 MitbestG ausdrücklich und § 3 Abs. 2 MontanMitbestG allgemein auf die Anwendbarkeit des § 84 AktG, so dass die nach diesen Gesetzen zu bildenden Aufsichtsräte einen weitaus größeren faktischen Einfluss auf die Geschäftsführer ausüben können.

II. Die Haftung der Mitglieder des Aufsichtsrats der GmbH

1. Allgemeines

Grundsätzlich gilt, dass die Mitglieder des – fakultativen oder obligatorischen[925] – Aufsichtsrates persönlich, nicht der Aufsichtsrat als Organ,[926] der Gesellschaft zum Ersatz der Schäden verpflichtet sind, die der Gesellschaft aufgrund von den Mitgliedern zu vertretenden Pflichtverletzungen entstehen. Die Haftung findet ihre Rechtsgrundlage in § 93 Abs. 2 S. 1 AktG i.V.m. § 116 S. 1 AktG, die über die entsprechenden Verweisungsnormen[927] Anwendung finden. Im Gegensatz zu den übrigen Verweisungsnormen, die allesamt ohne jedwede Einschränkung auf § 116 AktG verweisen, der wiederum uneingeschränkt auf § 93 AktG Bezug nimmt, bezieht sich die Verweisung des § 52 Abs. 1 GmbHG ausschließlich auf § 116 AktG i.V.m. § 93 „*Abs. 1 und 2 Satz 1 und 2*" AktG. Ein ausdrücklicher Verweis auf § 93 Abs. 3 bis Abs. 6 AktG erfolgt gerade nicht,

---

922 Vgl. § 3 E.I.1.

923 Michalski-*Giedinghagen*, § 52, Rn. 48 ff.

924 BGH, WM 1997, 1015; OLG Rostock, NZG 2001, 813; Baumbach/Hueck/*Zöllner/ Noack*, § 52, Rn. 251; Michalski-*Giedinghagen*, § 52, Rn. 266; Scholz/*Schneider*, § 52, Rn. 167.

925 Die Pflichten von fakultativem und obligatorischem Aufsichtsrat sind in weiten Teilen identisch; vgl. hierzu *Lutter/ Hommelhoff* in: Lutter/Hommelhoff, § 52, Rn. 47 f.; Saenger/Inhester/*Peres*, § 52, Rn. 184; Ulmer/*Heermann*, § 52, Rn. 232.

926 BGH, WM 1984, 629; LG Bielefeld, WM 1999, 2457; *Lutter/Hommelhoff* in Lutter/ Hommelhoff, § 52, Rn. 33; Michalski-*Giedinghagen*, § 52, Rn. 302; Scholz/*Schneider*, § 52, Rn. 461.

927 § 52 Abs. 1 GmbHG, § 18 Abs. 2 S. 3 KAGB, § 1 Abs. 1 Nr. 3 S. 2 DrittelbG, § 25 Abs. 1 Nr. 2 MitbestG, § 3 Abs. 2 MontanMitbestG.

um den Besonderheiten der GmbH Rechnung zu tragen.[928] Gleichwohl entfällt die Haftung nach der zuzustimmenden herrschenden Meinung für den Fall einer entsprechenden Weisung oder Entlastung der Gesellschafterversammlung, es sei denn, die Weisung ist rechtswidrig oder die Entlastung gründet auf unzutreffenden oder unzureichenden Tatsachen.[929]

a) Sorgfaltspflichten als Anknüpfungspunkt der Haftung

Anknüpfungspunkt für die Haftung der Aufsichtsratsmitglieder sind deren Sorgfaltspflichten, insbesondere die Pflicht zur Überwachung der Geschäftsführung, die einerseits auf die Vergangenheit, andererseits jedoch auch in die Zukunft, nämlich auf die Vermeidung von Fehlern, gerichtet ist.[930]

Die Sorgfaltspflichten beziehen sich insbesondere auf die Überwachung der Rechtmäßigkeit der Geschäftsführung. So haben die Geschäftsführer bei der Leitung der Gesellschaft neben der Satzung auch die gesetzlichen Bestimmungen, insbesondere also die Insolvenzantragspflicht gem. § 15a InsO und das Zahlungsverbot des § 64 S. 1 GmbHG zu befolgen. Die Einhaltung dieser gesetzlichen Bestimmungen hat der Aufsichtsrat zu überwachen.[931] Verletzen die Geschäftsführer die gesetzlichen Bestimmungen und erkennt der Aufsichtsrat dieses rechtswidrige Verhalten, so hat er hiergegen einzuschreiten.[932] Im Vorfeld hat der Aufsichtsrat die zur Beurteilung der Lage der Gesellschaft erforderlichen Informationen einzuholen.[933] Hierzu kann er sich in wirtschaftlich ruhigen Zeiten darauf beschränken, sich in regelmäßigen Abständen von der Geschäftsführung gem. § 90 Abs. 3 AktG Bericht erstatten zu lassen und zu prüfen und ggf. Nachfragen an die Geschäftsführung zu richten.[934] Verschlechtert sich jedoch die Lage der Gesellschaft oder gerät sie gar in die Krise, verschärfen sich die Anforderungen, die an die Überwachung der Geschäftsführer durch den Aufsichtsrat

---

928 Michalski-*Giedinghagen*, § 52, Rn. 302; Ulmer/*Heermann*, § 52, Rn. 130.

929 BGHZ 69, 207 (216 f.) zur Publikums-KG; Baumbach/Hueck/*Zöllner/Noack*, § 52, Rn. 77; Ulmer/*Heermann*, § 52, Rn. 152; *Wicke*, § 52, Rn. 10.

930 *Wicke*, § 52, Rn. 6.

931 RGZ 161, 129 (133) zur Überwachungspflicht des Zahlungsverbotes gem. § 64 GmbHG.

932 *Lutter/Hommelhoff* in: Lutter/Hommelhoff, § 52, Rn. 16; Saenger/Inhester/*Peres*, § 52, Rn. 76, 78; Scholz/*Schneider*, § 52, Rn. 96; Ulmer/*Heermann*, § 52, Rn. 134.

933 Ulmer/*Raiser/Heermann*, § 52, Rn. 90.

934 *Lutter/Krieger/Verse* in: Lutter/Krieger/Verse, Rechte und Pflichten des Aufsichtsrats, § 3, Rn. 93; MüKo-GmbHG/ *Spindler*, § 52, Rn. 289.

zu stellen sind.[935] Insbesondere ist der Aufsichtsrat gehalten, sich auch außerplanmäßig Bericht erstatten zu lassen und darüber hinaus alle weiteren rechtlichen Möglichkeiten – wie beispielsweise die ihm nach § 111 Abs. 2 AktG zustehenden Einsichtsrechte in die Bücher der Gesellschaft oder die Einberufung der Gesellschafterversammlung gem. § 111 Abs. 3 AktG – auszuschöpfen, um eine ordnungsgemäße Leitung der Gesellschaft durch die Geschäftsführer sicherzustellen.[936] Im äußersten Fall muss er – sofern er hierzu befugt ist – die Geschäftsführer abberufen[937] oder aber jedenfalls gegenüber den Gesellschaftern Bericht erstatten und auf einen Wechsel der Geschäftsführer drängen.[938]

b) Grundsatz der Gesamtverantwortung

Bei der Beachtung der oben dargestellten Sorgfaltspflichten trifft die Mitglieder des Aufsichtsrates eine Gesamtverantwortung; d.h.: alle Mitglieder des Aufsichtsrates trifft die gleiche Verantwortung, für eine ordnungsgemäße Erfüllung der Pflichten des Aufsichtsrates Sorge zu tragen.[939] Dieser Gesamtverantwortung genügt das einzelne Aufsichtsratsmitglied, wenn es alles ihm Zumutbare unternommen hat, um Pflichtverletzungen des Aufsichtsrates zu verhindern.[940] Es hat insbesondere sein Stimmrecht in Abstimmungen des Aufsichtsrates zum Wohle der Gesellschaft auszuüben und unter Umständen Geschäftsführung und Gesellschafterversammlung zu informieren.[941]

c) Sorgfaltsmaßstab

Bei der Erfüllung ihrer Sorgfaltspflichten schulden die Aufsichtsratsmitglieder entsprechend § 93 Abs. 1 AktG i.V.m. § 116 S. 1 AktG die Sorgfalt eines

---

935 LG Bielefeld, BB 1999, 2630 (2632) für den Aufsichtsrat der AG; MüKo-GmbHG/ *Spindler*, § 52, Rn. 289; Scholz/*Schneider*, § 52, Rn. 94.

936 BGH, ZIP 2009, 70 zum Aufsichtsrat der AG; Baumbach/Hueck/*Zöllner/Noack*, § 52, Rn. 261; *Lutter/Hommelhoff* in: Lutter/Hommelhoff, § 52, Rn. 16; Saenger/Inhester/ *Peres*, § 52, Rn. 76; Scholz/*Schneider*, § 52, Rn. 94; *Banspach/Nowak*, Der Konzern 2008, 195 (202).

937 BGH, ZIP 2007, 224; *Lutter/Hommelhoff* in: Lutter/Hommelhoff, § 52, Rn. 20.

938 MüKo-GmbHG/*Spindler*, § 52, Rn. 209; Ulmer/*Heermann*, § 52, Rn. 90.

939 Baumbach/Hueck/*Zöllner/Noack*, § 52, Rn. 71; Michalski-*Giedinghagen*, § 52, Rn. 304; Scholz/*Schneider*, § 52, Rn. 466.

940 Michalski-*Giedinghagen*, § 52, Rn. 304.

941 Michalski-*Giedinghagen*, § 52, Rn. 304; Scholz/*Schneider*, § 52, Rn. 467, 474.

ordentlichen und gewissenhaften Überwachers und Beraters.[942] Hierbei ist ein solches – aus objektiver Sicht zu beurteilendes – Mindestmaß an Sorgfalt anzuwenden, das sich ohne Rücksicht auf die persönlichen Umstände des Aufsichtsratsmitglieds aus der Größe der Gesellschaft und deren unternehmerischer Ausrichtung sowie den jeweiligen konkreten Aufgaben des einzelnen Aufsichtsratsmitglieds ergibt.[943]

Vom einzelnen Aufsichtsratsmitglied wird erwartet, diejenigen Mindestkenntnisse zu besitzen oder sich anzueignen, *„die es braucht, um alle normalerweise anfallenden Geschäftsvorgänge auch ohne fremde Hilfe verstehen und sachgerecht beurteilen zu können.*[944] Dieser Maßstab wird verschärft durch die besonderen Kenntnisse und Fähigkeiten des einzelnen Aufsichtsratsmitglieds,[945] sodass sich für Mitglieder des Aufsichtsrats mit besonderen beruflichen Qualifikationen, wie beispielsweise Rechtsanwälte, Steuerberater oder Wirtschaftsprüfer, ein erhöhter Sorgfaltsmaßstab ergibt.[946] Denn die Auswahl der einzelnen Aufsichtsratsmitglieder erfolgt i.d.R. auch aufgrund spezieller Fähigkeiten und Kenntnisse, von denen sich die Gesellschaft zu profitieren erhofft – dies erst recht, wenn es sich um eine kapitalmarktorientierte Gesellschaft i.S.v. § 264d HGB handelt, bei der seit dem BilMoG[947] mindestens ein Aufsichtsratsmitglied gem. § 100 Abs. 5 AktG über Sachverstand auf den Gebieten Rechnungslegung oder Abschlussprüfung verfügen muss.[948]

---

942 Baumbach/Hueck/*Zöllner/Noack*, § 52, Rn. 71; Saenger/Inhester/*Peres*, § 52, Rn. 105; Scholz/Schneider, § 52, Rn. 516.

943 Baumbach/Hueck/*Zöllner/Noack*, § 52, Rn. 72; *Lutter/Hommelhoff* in: Lutter/Hommelhoff, § 52, Rn. 66; MüKo-GmbHG/*Spindler*, § 52, Rn. 627, 629; Scholz/*Schneider*, § 52, Rn. 516; Ulmer/*Heermann*, § 52, Rn. 130.

944 BGHZ 85, 293 (295).

945 Baumbach/Hueck/*Zöllner/Noack*, § 52, Rn. 72; *Lutter/Hommelhoff* in: Lutter/Hommelhoff, § 52, Rn. 66, MüKo-GmbHG/*Spindler*, § 52, Rn. 563; Scholz/*Schneider*, § 52, Rn. 517.

946 BGH, ZIP 2011, 2097 (2101) zum Aufsichtsrat der AG; Hüffer/Koch/*Koch*, § 116, Rn. 4; *Vetter*, GmbHR 2012, 181 (183).

947 Gesetz zur Modernisierung des Bilanzrechts, BGBl. I 2009, 1102.

948 So auch Saenger/Inhester/*Peres*, § 52, Rn. 40.

2. Haftung der Mitglieder des Aufsichtsrats für Zahlungen entgegen § 64 S. 1 GmbHG – Die „Doberlug"-Entscheidung, BGH ZIP 2010, 1988

a) Sachverhalt

Die Beklagten waren im Jahr 2000 Mitglieder des fakultativen Aufsichtsrates der Stadtwerke Doberlug-Kirchhain GmbH (in der Folge: Schuldnerin). Gem. § 10 des Gesellschaftsvertrages der Schuldnerin hatte der Aufsichtsrat gem. §§ 90 Abs. 2, 4, 5 S. 1 und 2, 111 AktG die Tätigkeit der Geschäftsführung zu überwachen und in diesem Zusammenhang den Prüfungsbericht des Abschlussprüfers unter Berücksichtigung des Jahresabschlusses und des Lageberichts zu prüfen.

Die Alleingesellschafterin der Schuldnerin, die Stadt Doberlug-Kirchhain, befand sich in finanziellen Schwierigkeiten, die aus zu hohen Personalkosten resultierten. Um den städtischen Haushalt zu entlasten, gliederte die Alleingesellschafterin im Jahr 1999 Bereiche der öffentlichen Daseinsfürsorge wie beispielsweise die Straßenreinigung, den Grünflächenbetrieb und den Straßenbeleuchtungsbetrieb aus, indem sie diese Bereiche auf die Schuldnerin übertrug, die in diesem Rahmen unter anderem 35, überwiegend ältere, Arbeitnehmer von der Alleingesellschafterin zu übernehmen hatte. Es war geplant, dass die Schuldnerin die Zahl der Mitarbeiter reduzieren und kostendeckend arbeiten sollte. Die Reduzierung der Mitarbeiter war jedoch nur mit der Zahlung hoher Abfindungen zu erreichen. Zur Gegenfinanzierung erhielt die Schuldnerin Aufträge ihrer Alleingesellschafterin. Weitere Aufträge, insbesondere solche am freien Markt, erhielt sie nicht, da sie aufgrund ihrer Personalstruktur nicht konkurrenzfähig war.

Die Alleingesellschafterin kam ihren gegenüber der Schuldnerin bestehenden Zahlungsverpflichtungen ebenso wie der Zweckverband Trink- und Abwasser Doberlug-Kirchhain nicht nach, so dass die Schuldnerin in wirtschaftliche Schwierigkeiten geriet. In den Sitzungen des Aufsichtsrates ab Mai 2000 wurden diese Situation und die mit ihr verbundenen wirtschaftlichen Auswirkungen auf die Gesellschaft mehrfach erörtert.

Der Kläger war der Insolvenzverwalter der Schuldnerin. Er hat in dem vorliegenden Rechtsstreit gegen die Beklagten als Mitglieder des fakultativen Aufsichtsrats der Schuldnerin Ersatzansprüche mit der Begründung geltend gemacht, die Beklagten hätten es pflichtwidrig zugelassen, dass der Geschäftsführer der Schuldnerin nach Eintritt der Insolvenzreife noch Zahlungen entgegen dem Zahlungsverbot nach § 64 Abs. 2 S. 1 und 2 GmbHG a.F.[949] bewirkt habe. So sei die Schuldnerin seit Anfang 2002 überschuldet und zahlungsunfähig gewesen. Er vertrat weiter die Auffassung, die Aufsichtsratsmitglieder hätten darauf hinwirken müssen, dass der Geschäftsführer der Schuldnerin rechtzeitig einen Insolvenzantrag stellen würde. Da sie dies unterlassen hätten – ein entsprechender Antrag wurde erst Ende Oktober 2002 gestellt – seien sie der Schuldnerin als Gesamtschuldner zum Ersatz der seitens des Geschäftsführers nach Eintritt der Insolvenzreife geleisteten Zahlungen verpflichtet.

b) Verfahrensgang

Das Landgericht Cottbus hat in seinem erstinstanzlichen Urteil vom 26.06.2007[950] eine Haftung der Aufsichtsratsmitglieder mit der Begründung verneint, §§ 93, 116 AktG seien im vorliegenden Fall nicht anwendbar, da § 10 des Gesellschaftsvertrages nur auf die Überwachung gem. § 90 Abs. 3, 4 und 5 S. 1 und 2 AktG und § 111 AktG und eben nicht auf § 93 AktG Bezug nehme. Eine Haftung der Aufsichtsratsmitglieder sei somit ausgeschlossen worden.

In zweiter Instanz hat das OLG Brandenburg[951] der Klage unter Aufhebung des erstinstanzlichen Urteils im Wesentlichen stattgegeben. Es hat ausgeführt, die Ersatzpflicht der Beklagten ergebe sich aus § 52 Abs. 1 GmbHG, § 116 AktG i.V.m. § 93 Ab. 2 und Abs. 3 Nr. 6 AktG. Denn entgegen der Ansicht des Landgerichts könne aus § 10 des Gesellschaftsvertrages der Schuldnerin nicht geschlossen werden, dass eine Haftung der Beklagten ausgeschlossen werden solle.[952] Die Pflichtverletzung der Beklagten sei darin zu sehen, dass sie den Geschäftsführer der Schuldnerin nach Eintritt der Insolvenzreife nicht auf seine Insolvenzantragspflicht hingewiesen hätten, da davon auszugehen sei, dass dieser den Insolvenzantrag bei einem entsprechenden Hinweis deutlich früher gestellt hätte, so dass es dann auch nicht zu § 64 GmbHG unterfallenden Vermögensverschiebungen gekommen wäre. Dementsprechend hätten die Beklagten der Schuldnerin den entstandenen Schaden zu ersetzen.

---

949   § 64 Abs. 2 S. 1 und 2 GmbHG a.F. entsprechen dem jetzigen § 64 S. 1 und 2 GmbHG, so dass im Folgenden nur noch die aktuelle Gesetzeszitierung Anwendung findet.

950   LG Cottbus, BeckRS 2010, 23811.

951   OLG Brandenburg, ZIP 2009, 866.

952   Zur Begründung im Einzelnen siehe OLG Brandenburg, ZIP 2009, 866 (867).

c) Die „Doberlug"-Entscheidung – BGH ZIP 2010, 1988

aa) Keine Haftung der Mitglieder des fakultativen Aufsichtsrats

Der zweite Zivilsenat des Bundesgerichtshofes hat die Haftung der Beklagten als Mitglieder des fakultativen Aufsichtsrats unabhängig von der Frage, ob der Geschäftsführer der Schuldnerin gegen das Zahlungsverbot des § 64 S. 1 GmbHG verstoßen hat und ob die Beklagten ihre diesbezügliche Überwachungspflicht verletzt haben, verneint. Denn eine Haftung der Beklagten komme weder gem. § 92 Abs. 2 AktG noch gem. § 93 Abs. 3 Nr. 6 AktG in Frage:

(1) Keine Haftung gem. § 52 Abs. 1 GmbHG i.V.m. §§ 116 S. 1, 93 Abs. 2 AktG

So obliege es zwar auch dem fakultativen Aufsichtsrat einer GmbH, die Rechtmäßigkeit des Handelns der Geschäftsführung – und somit auch die Einhaltung des in § 64 S. 1 GmbHG statuierten Zahlungsverbotes – zu überwachen,[953] doch seien die Mitglieder des fakultativen Aufsichtsrats nur dann gem. § 52 Abs. 1 GmbHG i.V.m. §§ 116, 93 Abs. 2 AktG gegenüber der Gesellschaft (schadens-) ersatzpflichtig, wenn der Gesellschaft ein eigener Schaden entstanden ist, was im Regelfall jedoch nicht gegeben sei, da die verbotswidrigen Zahlungen in der Regel der Erfüllung von Verbindlichkeiten der Gesellschaft dienen und somit lediglich zu einer Verkürzung der Bilanzsumme und nicht zu einem Vermögensschaden i.S.d. §§ 249 ff. BGB führen.[954] Verringert werde nämlich nur die Masse im nachfolgenden Insolvenzverfahren, was lediglich zu einem Schaden der Gläubiger, nicht aber zu einem Schaden der Gesellschaft führe. Diesen Drittschaden wiederum stelle § 93 Abs. 3 Nr. 6 AktG einem eigenen Schaden der Gesellschaft gleich.[955] Dementsprechend spreche der Senat in seiner Rechtsprechung[956] zu § 64 S. 1 GmbHG und zu § 130a HGB von einem *„Ersatzanspruch eigener Art"*. Eine schadensrechtliche Gesamtsaldierung, wie von einer Mindermeinung in der Literatur[957] befürwortet, sei weiterhin abzulehnen. Eine Haftung gem. § 52 Abs. 1 GmbHG i.V.m. §§ 116 S.1, 93 Abs. 2 AktG scheide somit aus.[958]

---

953 BGH, ZIP 2010, 1988 (1990) unter Verweis auf RGZ 161, 129 (133).

954 BGH, ZIP 2010, 1988 (1989) unter Verweis auf die herrschende Meinung; statt aller: *Kleindiek* in: Lutter/Hommelhoff, § 64, Rn. 4 m.w.N.

955 BGH, ZIP 2010, 1988 (1989).

956 BGHZ 146, 264 (278) zu § 64 Abs. 2 GmbHG a.F.; BGH, ZIP 2007, 1006 zu § 130a HGB.

957 *Altmeppen* in: Roth/Altmeppen, § 64, Rn. 40 ff.; Scholz/*K. Schmidt*, § 64, Rn. 9 ff.

958 BGH, ZIP 2010, 1988 (1990).

(2) Keine Haftung gem. § 52 Abs. 1 GmbHG i.V.m. §§ 116 S. 1, 93
Abs. 3 Nr. 6 AktG

Somit sei eine Haftung der Mitglieder des fakultativen Aufsichtsrats der Schuldnerin nur gem. §§ 93 Abs. 3 Nr. 6, 116 S. 1 AktG denkbar. Eine solche scheide
jedoch aus, da § 93 Abs. 3 Nr. 6 AktG nicht auf die Mitglieder eines fakultativen
Aufsichtsrats einer GmbH anwendbar sei.[959]

(a) Grammatikalische Auslegung

Zunächst spreche der Wortlaut des § 52 Abs. 1 GmbHG gegen eine Anwendung
der §§ 93 Abs. 3 Nr. 6, 116 S. 1 AktG auf die Mitglieder eines fakultativen Aufsichtsrats. Denn § 52 Abs. 1 GmbHG verweise auf die Schadensersatznorm des
§ 116 AktG nur mit der ausdrücklichen Einschränkung *„in Verbindung mit § 93
Abs. 1 und 2 Satz 1 und 2"*, so dass § 93 Abs. 3 AktG für den fakultativen Aufsichtsrat über die lediglich partielle Verweisung in § 52 GmbHG anders als in
den entsprechenden Vorschriften über den obligatorischen Aufsichtsrat einer
GmbH (§ 1 Abs. 1 Nr. 3 DrittelbG, § 25 Abs. 1 Nr. 2 MitbestG, § 3 Abs. 2 MontanMitbestG, § 3 Abs. 1 S. 2 MontanMitbestGErgG, § 6 Abs. 2 InvG[960]) gerade
nicht in Bezug genommen werde. Folglich fehle die in § 93 Abs. 3 Nr. 6 AktG
angeordnete, für eine Ersatzpflicht der Mitglieder des fakultativen Aufsichtsrates
erforderliche, Gleichstellung des Zahlungsabflusses mit einem Schaden der Gesellschaft i.S.d. §§ 249 ff. BGB. Diese Auslegung entspreche nicht nur dem Willen
des Gesetzgebers, sondern auch dem Sinn und Zweck des Gesetzes.[961]

(b) Historische Auslegung

Der Wille des Gesetzgebers ergebe sich aus der Entstehungsgeschichte des
GmbHG. So habe die Vorschrift über den fakultativen Aufsichtsrat im ersten
Entwurf des GmbHG von 1891,[962] der damalige § 53 GmbHG, noch pauschal auf
alle Vorschriften des Aktienrechts Bezug genommen, während der tatsächlich

---

959   BGH, ZIP 2010, 1988 (1990).
960   § 6 Abs. 2 InvG war die Vorgängervorschrift des heutigen § 18 Abs. 2 KAGB und
       ist durch Artikel 2a i.V.m. Artikel 28 des Gesetzes zur Umsetzung der Richtlinie
       2011/61/EU über die Verwaltung alternativer Investmentfonds (AIFM-UmsG) v.
       04.07.2013, BGBl. I 2013, 1981, außer Kraft getreten.
961   BGH, ZIP 2010, 1988 (1990).
962   Entwurf eines Gesetzes betreffend die Gesellschaften mit beschränkter Haftung nebst
       Begründung und Anlagen, Amtliche Ausgabe 1891, S. 15, 101.

erlassene § 53 GmbHG in der Fassung vom 20.04.1892[963] jedoch nur auf Art. 226 Abs. 1 ADHGB 1884[964] und eben nicht auf die besonderen Haftungstatbestände des Art. 226 Abs. 2 ADHGB 1884 Bezug nehme. Dies spreche dafür, dass sich der Gesetzgeber bewusst gegen eine entsprechende Anwendung der Haftungstatbestände für Aufsichtsratsmitglieder von Aktiengesellschaften auf die Aufsichtsratsmitglieder eines fakultativen Aufsichtsrats einer GmbH entschieden habe. Der Wille des Gesetzgebers ergebe sich auch aus der weiteren Entwicklung des Gesetzes. So fehle es auch in § 52 GmbHG in der Fassung vom 01.01.1900[965] an einer Verweisung auf § 249 Abs. 3 HGB a.F., der auf die Vorgängervorschrift des § 93 Abs. 3 Nr. 6 AktG, nämlich auf § 241 Abs. 3 HGB a.F. verweise. Dieser Umstand sei auch nicht als redaktionelles Versehen des Gesetzgebers, sondern als bewusste Entscheidung des Gesetzgebers zu würdigen.[966]

(c) Teleologische Auslegung

Diese Auslegung des § 52 Abs. 1 GmbHG stehe auch in Einklang mit dem Sinn und Zweck des Gesetzes. Denn für den Fall, dass Gesellschafter einer GmbH freiwillig einen Aufsichtsrat bilden würden, würden sie, sofern sie in der Satzung nichts anderes vorsehen, nicht von der dualistischen Struktur der GmbH abweichen wollen, sondern vielmehr ein Gremium zur Überwachung der Geschäftsführung schaffen, dessen Aufgabe darin liege, sicherzustellen, dass die Geschäftsführer die Geschäfte im Interesse der Gesellschafter führen.[967] Aus diesem Grund sei der fakultative Aufsichtsrat im Gegensatz zum obligatorischen Aufsichtsrat nicht im Interesse der Allgemeinheit – und somit insbesondere nicht im Interesse gesellschaftsfremder Dritter – in die Pflicht genommen und habe dementsprechend auch keine über die ihm von der Gesellschafterversammlung übertragenen Aufgaben hinausgehenden öffentlichen Belange zu wahren.[968] Folglich hafte er grundsätzlich nur für solche Schäden i.S.d. §§ 249 ff. BGB, die bei der Gesellschaft und nicht bei gesellschaftsfremden Dritten entstanden sind.[969]

---

963 Gesetz betreffend die Gesellschaften mit beschränkter Haftung, RGBl. 1892, 477 (491).
964 RGBl. 1884, 123 (158 f.).
965 RGBl. 1898, 846 (859).
966 BGH, ZIP 2010, 1988 (1990) unter Verweis auf RGZ 161, 129 (139).
967 BGH, ZIP 2010, 1988 (1990) unter Verweis auf BGHZ 135, 48 (53 ff.).
968 BGH, ZIP 2010, 1988 (1990) unter Verweis auf RGZ 161, 129 (138 f.).
969 BGH, ZIP 2010, 1988 (1990) unter Verweis auf RGZ 73, 392 (393).

bb) Haftung der Mitglieder des obligatorischen Aufsichtsrats

Neben der eigentlich nur zu beurteilenden Haftung der Mitglieder eines fakultativen Aufsichtsrats einer GmbH hat der zweite Zivilsenat des Bundesgerichtshofes jedoch im Wege eines obiter dictum auch zur Frage der Haftung der Mitglieder des obligatorischen Aufsichtsrats einer GmbH Stellung genommen. So konkretisiert der zweite Zivilsenat die Pflichten obligatorischer Aufsichtsräte dahingehend, dass diese für den Fall, dass sie die Insolvenzreife der Gesellschaft erkennen oder erkennen mussten, und gleichzeitig Anhaltspunkte dafür bestehen, dass der Vorstand entgegen dem Verbot des § 92 Abs. 2 S. 1 AktG[970] Zahlungen leistet, darauf hinzuwirken haben, dass der Vorstand entsprechende Zahlungen unterlässt. Ein solcher Anhaltspunkt bestehe etwa dann, wenn die Gesellschaft Arbeitnehmer beschäftigt und der Vorstand das Unternehmen nach Insolvenzreife fortführt. Denn in diesem Fall liege es nahe, dass der Vorstand auch die Zahlung der Löhne und der Arbeitgeberanteile zur Sozialversicherung veranlasst.[971]

Mit seiner Bezugnahme auf BGH ZIP 2009, 1468, macht der zweite Zivilsenat des Bundesgerichtshofs dann deutlich, dass er eine entsprechende Verpflichtung auch bei den Aufsichtsräten der GmbH sieht. Dass er in der Folge sodann lediglich eine Haftung der Mitglieder des fakultativen Aufsichtsrates der GmbH mit der fehlenden Verweisung des § 52 Abs. 1 GmbHG auf § 93 Abs. 3 Nr. 6 AktG verneint, lässt den Rückschluss zu, dass die Mitglieder obligatorischer Aufsichtsräte der GmbH aufgrund der jeweiligen Verweise auf § 93 Abs. 3 Nr. 6 AktG für Zahlungen der Geschäftsführung entgegen § 64 S. 1 GmbHG haften, sofern sie die Einhaltung des Zahlungsverbotes gem. § 64 S. 1 GmbHG nach Eintritt der Insolvenzreife nicht überwachen.[972]

d) Reaktionen aus dem wissenschaftlichen Schrifttum

Die „*Doberlug*"-Entscheidung des Bundesgerichtshofes, ZIP 2010, 1988, löste im wissenschaftlichen Schrifttum binnen kürzester Zeit eine umfangreiche Diskussion aus.

---

970 § 92 Abs. 2 S. 1 AktG statuiert ein § 64 S. 1 GmbHG entsprechendes Zahlungsverbot für den Vorstand der AG.

971 BGH, ZIP 2010, 1988 (1989) unter Verweis auf BGH, ZIP 2009, 1468, das jedoch zu § 64 GmbHG ergangen war.

972 So auch *Fritzsche*, NJ 2011, 77; *Gundlach/Müller/Rautmann*, DStR 2011, 630 (632); *Keiluweit*, BB 2011, 1795 (1799); *Kiefner/Langen*, NJW 2011, 192 (195).

Gewichtige Stimmen[973] in der wissenschaftlichen Literatur kritisieren die Entscheidung des Bundesgerichtshofes massiv. Sie kritisieren zum einen das vom Bundesgerichtshof angeführte Ergebnis der grammatikalischen Auslegung, wonach § 52 Abs. 1 GmbHG bewusst nicht auf § 93 Abs. 3 Nr. 6 AktG verweise, und zum anderen das der Entscheidung zugrunde liegende Haftungskonzept, nach dem streng zwischen der Verpflichtung zum Ersatz eines etwaigen Insolvenzverschleppungsschadens gem. § 823 Abs. 2 BGB i.V.m. § 15a InsO und einem Anspruch eigener Art auf Erstattung entgegen den Zahlungsverboten gem. § 64 S. 1 GmbHG bzw. § 92 Abs. 2 S. 1 AktG unterschieden wird.

Im Gegensatz hierzu begrüßt ein Großteil[974] des wissenschaftlichen Schrifttums die Entscheidung und würdigt die schulbuchartige Begründung des zweiten Zivilsenates, der in seiner Entscheidung, wie bereits dargestellt, maßgeblich auf den Wortlaut, die Entstehungsgeschichte und den Sinn und Zweck des Gesetzes abgestellt hatte. Dies gilt sowohl hinsichtlich der Verneinung der Haftung der Mitglieder eines fakultativen Aufsichtsrates für Zahlungen entgegen dem in § 64 S. 1 GmbHG statuierten Zahlungsverbot als auch für die Bejahung einer entsprechenden Haftung für die Mitglieder eines obligatorischen Aufsichtsrates.

aa) Kritik an grammatikalischer Auslegung

Altmeppen[975] und *Karsten Schmidt*[976] kritisieren zunächst das Ergebnis der vom Bundesgerichtshof vorgenommenen grammatikalischen Auslegung. Die Verweisung in § 52 Abs. 1 GmbHG lediglich auf § 93 Abs. 1 und 2 AktG und nicht auf § 93 Abs. 3 (Nr. 6) AktG habe keine Aussagekraft. Die Nicht-Verweisung auf § 93 Abs. 3 AktG habe gerade nicht die ihr vom Bundesgerichtshof zugeschriebene, sondern eine ganz andere Bedeutung. Dies ergebe sich zunächst aus dem

---

973 *Altmeppen* in: Roth/Altmeppen, § 52, Rn. 36; *ders.*, ZIP 2010, 1973; *K. Schmidt*, GmbHR 2010, 1319.

974 BeckOK GmbHG Ziemons/Jaeger/*Mätzig*, § 64, Rn. 17; *Brötzmann*, GmbHR 2010, 1203; *Fritsche*, NJ 2011, 76; *Habersack*, JZ 2010, 1191; *Keiluweit*, BB 2011, 1795; *Kiefner/Langen*, NJW 2011, 192 (jedoch mit der Prämisse, dass § 93 Abs. 3 Nr. 6 AktG auf den obligatorischen Aufsichtsrat ohne Personalkompetenz nicht anwendbar sein soll); *Kleindiek* in: Lutter/Hommelhoff, § 64, Rn. 9; *Knapp*, DStR 2011, 225; *Podewills*, jurisPR-HaGesR 11/2010, Anm. 4; *Poertzgen*, NZI 2010, 915; *Stöber*, BB 2010, 2659; *Jaeger/Thiester/Kohmann*, § 64, Rn. 21; *Strohn/Simon*, GmbHR 2010, 1181 (1187); *Theiselmann*, GmbH-StB 2011, 13; *Thiessen*, ZGR 2011, 275; *Vetter*, EWiR 2010, 713; *Weller*, GWR 2010, 541.

975 *Altmeppen* in: Roth/Altmeppen, § 52, Rn. 36; *ders.*, ZIP 2010, 1973.

976 *K. Schmidt*, GmbHR 2010, 1319 (1321).

Umstand, dass eine Verweisung in § 52 Abs. 1 GmbHG auf § 93 Abs. 3 AktG nicht passen würde, da dieser auf das in § 92 Abs. 2 AktG für den Vorstand der Aktiengesellschaft statuierte Zahlungsverbot Bezug nehme, das GmbH-rechtliche Zahlungsverbot jedoch in § 64 GmbHG statuiert sei und § 93 Abs. 3 AktG auch sonst lediglich auf das Recht der GmbH nicht zugeschnittene Spezifika des Aktienrechts enthalte.[977] Aus diesem Grund genüge für die Haftung der Aufsichtsratsmitglieder der GmbH der subsidiäre Hinweis auf die gewöhnliche Haftung aller Organwalter gem. §§ 116 S. 1, 93 Abs. 1, 2 AktG.[978] Darüber hinaus verstehe sich der Katalog des § 93 Abs. 3 AktG lediglich als Aufzählung wichtiger Beispiele für besonders schadenträchtige Sorgfaltspflichtverletzungen i.S.d. § 92 Abs. 2 AktG, so dass § 93 Abs. 3 AktG nur Ausdruck des in § 93 Abs. 2 AktG statuierten Prinzips sei, nach dem der Vorstand einer AG und eben auch der Aufsichtsrat nach § 116 AktG bzw. § 52 GmbHG für durch Sorgfaltspflichtverletzungen verursachte Schäden hafte.[979] Diesem Grundsatz stehe auch nicht der Sinn und Zweck des Gesetzes entgegen. Das Verbot, bei Insolvenzreife der Gesellschaft noch Zahlungen zu leisten, betreffe nämlich keineswegs, wie vom Bundesgerichtshof unter Verweis auf RGZ 161, 129, dargelegt, ausschließlich die Belange gesellschaftsfremder Dritter, sondern betreffe *„Belange der Gesellschaft als solcher"*.[980]

Dementsprechend sei die Haftung der Mitglieder eines fakultativen Aufsichtsrates grundsätzlich dieselbe wie diejenige der Mitglieder eines obligatorischen Aufsichtsrates.[981] Denn der Gesetzgeber des Mitbestimmungsrechts habe mit seinem pauschalen Hinweis auf § 116 AktG sicher nicht die grundlegenden Unterschiede zwischen GmbH und AG beiseitelassen wollen.[982]

Demgegenüber teilt der Großteil des wissenschaftlichen Schrifttums die Auffassung des Bundesgerichtshofs. Begründend wird ausgeführt, der Bundesgerichtshof habe mit seiner Entscheidung zutreffend den eindeutigen Wortlaut des § 52 Abs. 1 GmbHG, der ausdrücklich einen nur eingeschränkten Verweis auf § 93 Abs. 1 und 2, S. 1 und 2 AktG vorsehe und das dortige Regel- Ausnahme-Verhältnis, berücksichtigt.[983] Die eingeschränkte Verweisung stelle darüber hinaus,

---

977 *Altmeppen* in: Roth/Altmeppen, § 52, Rn. 36; *ders.*, ZIP 2010, 1973 (1974); *K. Schmidt*, GmbHR 2010, 1319 (1321).

978 *Altmeppen*, ZIP 2010, 1973 (1974).

979 *Altmeppen*, ZIP 2010, 1973 (1975).

980 *Altmeppen*, ZIP 2010, 1973 (1974).

981 *Altmeppen*, ZIP 2010, 1973 (1977); *K. Schmidt*, GmbHR 2010, 1319 (1321, 1324).

982 *Altmeppen*, ZIP 2010, 1973 (1978).

983 *Keiluweit*, BB 2011, 1795 (1800); *Kleindiek* in: Lutter/Hommelhoff, § 64, Rn. 9; *Knapp*, DStR 2011, 225 (229); *Poertzgen*, NZI 2010, 915 (916); *Stöber*, BB 2010, 2659 (2660).

wie der Bundesgerichtshof mit Verweis auf RGZ 161, 129 in überzeugender Weise ausgeführt habe, eine bewusste Entscheidung des Gesetzgebers und eben kein redaktionelles Versehen dar.[984]

bb) Kritik am Haftungskonzept

Altmeppen und *Karsten Schmidt* hingegen verfolgen das Ergebnis ihrer Argumentation konsequent fort: Die einheitliche Haftung der Mitglieder obligatorischer und fakultativer Aufsichtsräte führe nämlich nicht dazu, dass diese unabhängig vom Bestehen eines Schadens verpflichtet wären, vom Geschäftsführer der Gesellschaft nach Eintritt der Insolvenzreife geleistete Zahlungen zu ersetzen.[985] Denn bei § 93 Abs. 3 Nr. 6 AktG, und auch bei § 64 S. 1 GmbHG und § 130a HGB, handele es sich entgegen der Rechtsprechung des Bundesgerichtshofes eben nicht um Ersatzansprüche eigener Art, sondern um einen Schadensersatzanspruch.[986]

Für § 93 Abs. 3 AktG ergebe sich die Qualifizierung als Schadensersatzanspruch bereits aus seinem Wortlaut. Dieser knüpfe in seinem Satz 1 mit der Formulierung *„Die Vorstandsmitglieder sind namentlich zum Ersatz verpflichtet, wenn entgegen diesem Gesetz…"* an § 93 Abs. 2 AktG an, der einen Schadensersatzanspruch der Gesellschaft behandelt.[987] Noch eindeutiger sei der Wortlaut des § 130a Abs. 2 HGB, der richtigerweise von dem Ersatz des entstehenden Schadens spreche, und der entgegen der Rechtsprechung des Bundesgerichtshofes[988] auch einen Schadensersatzanspruch und keinen Anspruch eigener Art auf Rückzahlung der nach Insolvenzreife geleisteten Zahlungen darstelle.[989]

Letztendlich bleibe daher festzuhalten, dass dem historischen Gesetzgeber mit der Verwendung des Begriffs der *„Zahlungen"* in § 64 GmbHG eine Panne

---

984 *Keiluweit*, BB 2011, 1795 (1800); *Knapp*, DStR 2011, 225 (229).

985 *Altmeppen* in: Roth/Altmeppen, § 52, Rn. 36; *ders.*, ZIP 2010, 1973 (1975); *ders.* so auch in: Roth/Altmeppen, § 64, Rn. 36, 43; ZIP 2001, 2201 (2205 ff.); *K. Schmidt*, GmbHR 2010, 1319 (1325 f.); *ders.* so in: K. Schmidt/Uhlenbruck, Die GmbH in Krise, Sanierung und Insolvenz, Rn. 11.35; Scholz/*K. Schmidt*, § 64, Rn. 63.

986 *Altmeppen* in: Roth/Altmeppen, § 52, Rn. 36; *ders.*, ZIP 2010, 1973 (1975); *ders.* so auch in: Roth/Altmeppen, § 64, Rn. 36, 43; ZIP 2001, 2201 (2205 ff.); *K. Schmidt*, GmbHR 2010, 1319 (1325 f.); *ders.* so in: K. Schmidt/Uhlenbruck, Die GmbH in Krise, Sanierung und Insolvenz, Rn. 11.35; Scholz/*K. Schmidt*, § 64, Rn. 63.

987 *Altmeppen*, ZIP 2010, 1973 (1975).

988 BGH, ZIP 2007, 1006.

989 *Altmeppen*, ZIP 2010, 1973 (1975); *ders.* in: Roth/Altmeppen, § 64, Rn. 36; *K. Schmidt*, Gesellschaftsrecht, S. 1086, 1091 f.; Scholz/*K. Schmidt*, § 64, Rn. 61, 63.

unterlaufen sei, die von Rechtsprechung und rechtswissenschaftlicher Lehre korrigiert werden müsse, so lange der Gesetzgeber nicht selbst tätig werde.[990] Denn der Begriff der „Zahlungen" mutiere bei einer Vielzahl von Umsatzgeschäften mit einer Vielzahl von Dritten nach Insolvenzreife während der gesamten Verschleppungsphase aus teleologischer Sicht in den Begriff „Gesamtverlust pro rata temporis".[991]

Dementsprechend verbleibe allein die Frage, ob der Gesellschaft ein Schaden entstanden ist oder nicht.

Bei der Beurteilung, wie dieser Schaden in das Haftungskonzept von Insolvenzverschleppungshaftung und Erstattung entgegen dem Zahlungsverbot des § 64 GmbHG vorgenommener Zahlungen einzuordnen ist, gehen die Denkansätze jedoch auseinander, wobei sie zu ähnlichen Ergebnissen führen.

(1) Einheitlicher Haftungstatbestand des Wrongful Trading

Karsten Schmidt qualifiziert die Ersatzpflicht gem. § 64 S. 1 GmbHG als Bestandteil der Insolvenzverschleppungshaftung gem. § 823 Abs. 2 BGB i.V.m. § 15a InsO. Aus dem Insolvenzverschleppungsverbot des § 15a InsO und den Zahlungsverbotsvorschriften ergebe sich ein einheitlicher Verbots- und Haftungstatbestand des Wrongful Trading[992] mit Schadensersatzfolge. Die Vorschriften über die Zahlungsverbote würden in diesem Haftungssystem eine Darlegungs- und Beweiserleichterung für den durch die verbotswidrigen Auszahlungen entstandenen Gesamtgläubigerschaden darstellen, der im Übrigen der Gesellschaft zustehe und vom Insolvenzverwalter quasi für die Gesamtgläubiger geltend gemacht werde; die Höhe der Zahlungen begründe in diesem Zusammenhang eine widerlegbare Vermutung eines entsprechenden Gesamtgläubigerschadens.[993] Dieses Haftungsmodell als richtig unterstellt, wäre im Prozess somit zu klären gewesen, ob der Schuldnerin durch die verbotswidrigen Zahlungen ein Schaden i.S.d. §§ 249 ff. BGB entstanden ist. Hierbei sei nicht nur auf die jeweiligen einzelnen Zahlungen, sondern vielmehr auf die Insolvenzverschleppung als Dauerdelikt und somit auf die Gesamtumstände abzustellen.[994] Denn die Mitglieder

990   *Altmeppen*, ZIP 2010, 1973 (1976) unter Verweis auf *dens.* in: Roth/Altmeppen, 6. Auflage 2009, § 64, Rn. 27 (identisch mit *Altmeppen* in: Roth/Altmeppen, § 64, Rn. 36).

991   *Altmeppen* in: Roth/Altmeppen, § 64, Rn. 37.

992   Zum Begriff des „Wrongful Trading" vgl. Scholz/K. Schmidt, § 64, Rn. 132.

993   *K. Schmidt* in: K. Schmidt/Uhlenbruck, Die GmbH in Krise, Sanierung und Insolvenz, Rn. 11.35, Scholz/K. Schmidt, § 64, Rn. 16.

994   *K. Schmidt*, GmbHR 2010, 1319 (1326).

des Aufsichtsrates seien ebenso wie die Geschäftsführer nur für den tatsächlich verursachten Schaden und keineswegs darüber hinaus verantwortlich.[995]

(2) Anspruch gem. § 64 S. 1 GmbHG als Schadensersatzanspruch

Altmeppen hingegen entwickelt ein Haftungskonzept, welches zunächst einmal § 15a InsO den Charakter als Schutzgesetz i.S.d. § 823 Abs. 2 BGB abspricht, da dieses Haftungsinstrument neben den Vorschriften über Zahlungsverbote überflüssig sei.[996] Im Übrigen handele es sich bei der Ersatzpflicht gem. § 64 S. 1 GmbHG rein dogmatisch um einen Schadensersatzanspruch, wobei es sich jedoch nicht um einen Schaden der Gesellschaft, sondern vielmehr um einen solchen der Gläubigergemeinschaft handele. Dieser bestehe alleine darin, dass die am Stichtag der Insolvenzreife noch vorhandene Masse nachträglich in ihrer Gesamtheit verkürzt worden ist. Die Berechnung des Verlustausgleichanspruches ergebe sich somit aus dem Vergleich der Vermögenslagen zum Beginn und zum Ende der Insolvenzverschleppung. Hierbei seien sämtliche Aufwands- und Ertragsposten im Wege einer Gesamtsaldierung zu berücksichtigen. Ergebe sich kein Verlust, bestünde überhaupt kein Schaden und somit keine Haftung.[997]

cc) Kritik an teleologischer Auslegung

Neben den bereits dargestellten BGH-kritischen Stimmen setzt die Kritik von *Schürnbrand*[998] an der vom Bundesgerichtshof unterstellten Funktion des fakultativen Aufsichtsrates einer GmbH an, wonach diesem eine allein unterstützende Rolle der Gesellschafterversammlung bei der Kontrolle und Überwachung der Geschäftsführer zukommen soll. So komme auch einem fakultativen Aufsichtsrat eine Bedeutung zu, die über das Innenverhältnis der Gesellschaft hinausgehe. Denn sobald sich die Gesellschafter für die Einrichtung eines fakultativen Aufsichtsrats entscheiden würden, gehe hiermit ein Signal an den Rechtsverkehr einher. Dieser könne nämlich bei einer GmbH mit fakultativem Aufsichtsrat darauf vertrauen, dass die Geschäftsführung besser überwacht wird und innerhalb der Gesellschaft ein höheres Maß an Transparenz herrscht. Dementsprechend seien die Geschäftsführer gem. § 52 Abs. 2 GmbHG verpflichtet, eine stets ak-

---

995 *K. Schmidt*, GmbHR 2010, 1319 (1322).
996 *Altmeppen* in: Roth/Altmeppen, § 64, Rn. 36; zur näheren Begründung *ders.*/*Wilhelm*, NJW 1999, 673 (679); *ders.*, ZIP 2001, 2201 (2206 f.).
997 *Altmeppen* in: Roth/Altmeppen, § 64, Rn. 42 f.; *ders.*, ZIP 2001, 2201 (2206 f.); *ders.*, NZG 2016, 521.
998 *Schürnbrand*, NZG 2010, 1207.

tuelle Liste der Mitglieder des Aufsichtsrats beim Handelsregister einzureichen; darüber hinaus verlange § 35a GmbHG, den Namen des Aufsichtsrats-Vorsitzenden auf Geschäftsbriefen anzugeben.[999]

Folglich sei es nur konsequent, dass eine Verletzung der Pflicht des Aufsichtsrats, die Einhaltung des Zahlungsverbotes gem. § 64 S. 1 GmbHG zu gewährleisten, durch eine entsprechende Ersatzpflicht auch der Mitglieder eines fakultativen Aufsichtsrates effektiv sanktioniert werde.[1000]

Die gebotene Sanktionierung werde durch eine analoge Anwendung des § 93 Abs. 3 Nr. 6 AktG erreicht. Zunächst stehe einer analogen Anwendung nicht der im Grundsatz abschließende Charakter der Verweisung in § 52 Abs. 1 GmbHG entgegen. Denn anerkanntermaßen komme die analoge Anwendung ausgewählter Vorschriften des Aktienrechts in Betracht, wenn im Einzelfall eine planwidrige Regelungslücke nachweisbar ist.[1001]

Die zunächst für eine analoge Anwendung erforderliche planwidrige Regelungslücke ergebe sich daraus, dass der historische Gesetzgeber eben nicht wie vom Bundesgerichtshof[1002] angenommen, bewusst von einer Haftung des fakultativen Aufsichtsrates gem. § 249 Abs. 3 HGB a.F. i.V.m. § 241 Abs. 3 HGB a.F., also gem. der Vorgängerbestimmung des § 93 Abs. 3 AktG, abgesehen habe. Vielmehr habe der Schwerpunkt der Aufmerksamkeit darin gelegen, das heute in § 93 Abs. 5 AktG statuierte Verfolgungsrecht der Gläubiger der Gesellschaft auszuschließen. Soweit § 52 Abs. 1 GmbHG ab 1897 lediglich auf die in § 249 Abs. 2 HGB a.F. verankerte Generalklausel, nicht aber auf die Katalogtatbestände des § 249 Abs. 3 HGB a.F. i.V.m. § 241 Abs. 3 HGB a.F. verwiesen habe, sei dies von einem Teil der damaligen rechtswissenschaftlichen Literatur[1003] nicht als vollständige Haftungsfreistellung, sondern lediglich als Haftungsfreistellung gegenüber den Gläubigern der Gesellschaft interpretiert worden. Ausgeschlossen worden sei somit lediglich das Verfolgungsrecht der Gläubiger der Gesellschaft gem. § 93 Abs. 5 AktG, auf das § 52 Abs. 1 GmbHG auch heute keinen Bezug nehme.[1004]

---

999 *Schürnbrand*, NZG 2010, 1207 (1211).

1000 *Schürnbrand*, NZG 2010, 1207 (1212); zustimmend wohl Baumbach/Hueck/*Haas*, § 64, Rn. 249.

1001 *Schürnbrand*, NZG 2010, 1207 (1210) unter Verweis auf Baumbach/Hueck/*Zöllner/ Noack*, § 52, Rn. 31; Michalski-*Giedinghagen*, § 52, Rn. 20; Scholz/*Scheider*, § 52, Rn. 70.

1002 BGH, ZIP 2010, 1988 (1990) unter Verweis auf RGZ 161, 129 (139).

1003 *Hachenburg*, GmbHG, (5. Auflage 1927), § 52, Anm. 50.

1004 *Schürnbrand*, NZG 2010, 1207 (1211).

Die analoge Anwendung sei auch aus teleologischer Sicht geboten. Diese sei nämlich erforderlich, um Sorgfaltspflichtverletzungen der Mitglieder eines fakultativen Aufsichtsrats bei der Überwachung der Geschäftsführer in der Krise der Gesellschaft effektiv zu sanktionieren.[1005]

Die für eine analoge Anwendung erforderliche vergleichbare Interessenlage ergebe sich aus dem Vertrauen des Rechtsverkehrs, der bei einem fakultativen Aufsichtsrat ebenso auf eine bessere Überwachung der Geschäftsführung vertraue wie bei einem obligatorischen Aufsichtsrat.[1006]

Die durch die analoge Anwendung entstehenden Haftungsrisiken könnten durch einen in der Satzung verankerten, nach allgemeiner Ansicht zulässigen, Haftungsverzicht für einfache Fahrlässigkeit abgemildert werden.[1007]

Dieser Argumentation wird wiederum von anderen Teilen des wissenschaftlichen Schrifttums entgegengetreten. Im Vergleich zum obligatorischen Aufsichtsrat sei eine Besserstellung der Mitglieder eines fakultativen Aufsichtsrates aufgrund dessen Zweckbestimmung rechtspolitisch auch gerechtfertigt. Dieser werde nämlich ausschließlich freiwillig und im Interesse der Gesellschafter, nicht jedoch im Interesse gesellschaftsfremder Dritter errichtet.[1008] Ferner würden die Gläubiger der Gesellschaft bereits durch den Umstand, dass sich die Gesellschafter für die Errichtung eines fakultativen Aufsichtsrates entscheiden würden, durch eine über das gesetzlich vorgesehene Maß vorgesehene Überwachung geschützt, so dass auch aus diesem Grund kein Anlass für eine Haftung der Mitglieder des fakultativen Aufsichtsrates gegenüber den Gläubigern der Gesellschaft bestehe.[1009]

Mit seiner Entscheidung habe der Bundesgerichtshof somit insbesondere der dualistischen Struktur der GmbH Rechnung getragen.[1010]

Im Gegensatz dazu sei eine Haftung der Mitglieder obligatorischer Aufsichtsräte für Zahlungen entgegen dem Zahlungsverbot i.S.d. § 64 S. 1 GmbHG geboten. Denn soweit Spezialgesetze die Errichtung eines obligatorischen Aufsichtsrates vorsähen, geschehe dies aufgrund eines besonderen Interesses der Allgemeinheit, so dass auch die Errichtung tatsächlich im öffentlichen Interesse

---

1005 *Schürnbrand*, NZG 2010, 1207 (1212).
1006 *Schürnbrand*, NZG 2010, 1207 (1211).
1007 *Schürnbrand*, NZG 2010, 1207 (1212); vgl. zu dieser Möglichkeit auch *Lutter/Hommelhoff* in. *Lutter/Hommelhoff*, § 52, Rn. 32; *Scholz/Schneider* § 52 Rn. 524.
1008 *Keiluweit*, BB 2011, 1795 (1800); *Poertzgen*, NZI 2010, 915 (916); *Vetter*, EWiR 2010, 713 (714).
1009 *Stöber*, BB 2010, 2659 (2660).
1010 *Brötzmann*, GmbHR 2010, 1203.

erfolge.[1011] Dies werde dadurch deutlich, dass der obligatorische Aufsichtsrat für Dritte, die nicht durch die Gesellschafter zu bestimmen seien, geöffnet wird, so dass die Mitglieder obligatorischer Aufsichtsräte nicht mehr nur den Gesellschaftern, sondern dem Wohl des Unternehmens und somit mittelbar den Insolvenzgläubigern der Gesellschaft verpflichtet seien.[1012]

dd) Argument des Weisungsrechts

Ein Teil der dem Urteil des Bundesgerichtshofs zustimmenden wissenschaftlichen Literatur führt für die unterschiedliche Haftung zwischen den Mitgliedern obligatorischer und fakultativer Aufsichtsräte ein weiteres Argument an. So spreche nämlich der Sinn und Zweck des § 52 Abs. 1 GmbHG dafür, die Mitglieder eines fakultativen Aufsichtsrats hinsichtlich der Haftungsfolgen von denen eines obligatorischen Aufsichtsrates zu unterscheiden. Denn § 52 Abs. 1 GmbHG eröffne den Gesellschaftern lediglich die Möglichkeit, einen Aufsichtsrat einzurichten. Aus dem Umstand, dass die Errichtung des Aufsichtsrats also im freien Ermessen der Gesellschafter liege, folge, dass diese den Aufsichtsratsmitgliedern gegenüber zur Weisung berechtigt seien, während die Mitglieder obligatorischer Aufsichtsräte weisungsunabhängig wären. Dieser Unterschied spreche dafür, eine Haftung der Mitglieder des fakultativen Aufsichtsrates lediglich gegenüber den Gesellschaftern anzunehmen.[1013]

ee) Argument der Personalkompetenz – teleologische Reduktion

Ein weiterer Teil des wissenschaftlichen Schrifttums spricht sich, bei genereller Zustimmung zur Entscheidung des Bundesgerichtshofs, dafür aus, lediglich die Mitglieder obligatorischer Aufsichtsräte, denen die Personalkompetenz gem. § 84 Abs. 1, Abs. 3 AktG zusteht, für Zahlungen entgegen dem Zahlungsverbot i.S.d. § 64 S. 1 GmbH gegenüber gesellschaftsfremden Dritten haften zu lassen.[1014]

So sei es durchaus gerechtfertigt, Aufsichtsratsmitgliedern, die die Möglichkeit hätten, die Geschäftsführung im Fall grober Pflichtverletzungen gem. § 84 Abs. 3 AktG abzusetzen,[1015] ohne jede Einschränkung die Pflicht zum Ersatz entgegen § 64 S. GmbHG geleisteter Zahlungen aufzuerlegen. Anders sei dies

---

1011 *Podewills*, jurisPR-HaGesR 11/2010, Anm. 4; *Stöber*, BB 2010, 2659 (2660).
1012 *Theiselmann*, GmbH-StB 2011, 13 (19).
1013 *Theiselmann*, GmbH-StB 2011, 13 (19).
1014 *Kiefner/Langen*, NJW 2011, 192 (195 f.).
1015 Welche dies sind vgl. § 3 E.I.2., S. 192.

jedoch bei den aufgrund § 1 Abs. 1 Nr. 3 DrittelbG und § 6 Abs. 2 InvG[1016] zu bildenden Aufsichtsräten. Diesen stehe das *„scharfe Schwert"* der Abberufung der Geschäftsführer gerade nicht zu, so dass es in diesen Fällen geboten sei, die formal uneingeschränkten Verweise in § 1 Abs. 1 Nr. 3 DrittelbG und § 6 Abs. 2 InvG[1017] auf §§ 116, 93 AktG dementsprechend teleologisch zu reduzieren.[1018]

e) Stellungnahme: Zustimmung zur „Doberlug"-Entscheidung

Die *„Doberlug"*-Entscheidung des Bundesgerichtshofes verdient Zustimmung. Sowohl der Wortlaut des § 52 Abs. 1 GmbHG als auch die historische Auslegung und der Sinn und Zweck von fakultativem und obligatorischem Aufsichtsrat sprechen dafür, die Mitglieder obligatorischer Aufsichtsräte für Zahlungen der Geschäftsführer entgegen dem Zahlungsverbot des § 64 S. 1 GmbHG über die jeweiligen Verweisungsnormen[1019] gem. §§ 116 S. 1, 93 Abs. 3 Nr. 6 AktG gegenüber gesellschaftsfremden Dritten haften zu lassen, während die Mitglieder fakultativer Aufsichtsräte von einer solchen Haftung freizusprechen sind.

aa) Grammatikalische Auslegung

Zunächst vermag die Kritik an dem vom Bundesgerichtshof angeführten Wortlautargument des § 52 Abs. 1 GmbHG nicht zu überzeugen. So hat der Bundesgerichtshof richtigerweise festgestellt, dass sich aus dem Wortlaut des § 52 Abs. 1 GmbHG die Verweisung auf die Schadensersatznorm des § 93 AktG ausdrücklich nur mit der Einschränkung ergibt, dass sich der Verweis lediglich auf § 93 Abs. 1 und Abs. 2 S. 1 und 2 AktG bezieht. Sofern hiergegen von *Altmeppen*[1020] und *Karsten Schmidt*[1021] vorgebracht wird, eine Verweisung auf § 93 Abs. 3 AktG würde nicht passen, da dieser auf das in § 92 Abs. 2 AktG für den Vorstand der AG statuierte Zahlungsverbot Bezug nimmt, während das GmbH-rechtliche Zahlungsverbot in § 64 S. 1 GmbHG statuiert ist, so ist dieses Argument nicht geeignet, die schlüssige Argumentation des Bundesgerichtshofs zu erschüttern. Denn wie bereits ausgeführt, finden die jeweiligen aktienrechtlichen Vorschriften über die Verweisung in § 52 Abs. 1 GmbHG lediglich entsprechende Anwendung, wobei insbesondere die rechtlichen Strukturen der

---

1016 Jetzt § 18 Abs. 2 KAGB, siehe Fn. 931.
1017 Jetzt § 18 Abs. 2 KAGB, siehe Fn. 931.
1018 *Kiefner/Langen*, NJW 2011, 192 (195 f.).
1019 § 18 Abs. 2 S. 3 KAGB, § 1 Abs. 1 Nr. 3 S. 2 DrittelbG, § 25 Abs. 1 Nr. 2 MitbestG, § 3 Abs. 2 MontanMitbestG.
1020 *Altmeppen* in: Roth/Altmeppen, § 52, Rn. 36; *ders.,* ZIP 2010, 1973.
1021 *K. Schmidt*, GmbHR 2010, 1319 (1321).

GmbH Berücksichtigung zu finden haben.[1022] Ein entsprechender Verweis auf § 93 Abs.3 Nr. 6 AktG, würde es ihn geben, wäre somit nicht auf § 92 Abs. 2 S. 1 AktG, sondern auf § 64 S. 1 GmbHG zu beziehen.

In diesem Zusammenhang ist es auch unerheblich ob der Verweis in § 52 Abs. 1 GmbHG grundsätzlich abschließend ist oder nicht. Jedenfalls mit der ausdrücklichen, eingeschränkten, Verweisung auf § 93 Abs. 1 und 2 S. 1 und 2 AktG hat der Gesetzgeber zum Ausdruck gebracht, dass die übrigen Absätze des § 93 AktG nicht – auch nicht entsprechend – auf die Mitglieder des fakultativen Aufsichtsrats Anwendung finden sollen. Der Verweis ist insofern als ausdrücklich eingeschränkter Verweis zu verstehen. Wäre dies nicht der Fall, so würde die lediglich eingeschränkte Verweisung überhaupt keinen Sinn machen – vielmehr hätte der Gesetzgeber wie bei den übrigen in Bezug genommen Vorschriften auch nur pauschal auf § 116 AktG, der auf § 93 AktG verweist, Bezug nehmen müssen.

bb) Historische Auslegung

Für eine Haftungsfreistellung der Mitglieder fakultativer Aufsichtsräte spricht, wie vom Bundesgerichtshof zutreffend dargelegt, auch die historische Auslegung der Vorgängervorschrift des § 52 GmbHG, § 53 GmbHG 1891, sowie die historische Auslegung des § 52 GmbHG in der Fassung vom 01.01.1900, der gerade nicht auf die Vorgängervorschrift des § 93 Abs. 3 AktG Bezug nimmt.[1023] Den Ausführungen des Bundesgerichtshofs[1024] ist lediglich hinzuzufügen, dass auch die Gesetzesbegründung zu § 53 GmbHG in der Fassung vom 20.04.1892[1025] für eine bewusste Entscheidung des Gesetzgebers für einen lediglich eingeschränkten Verweis spricht. § 53 GmbHG in der Fassung vom 20.04.1892 wurde geändert durch Art. 11 Nr. XII EGHGB.[1026] Dessen Begründung besagt, dass „... *falls nach dem Gesellschaftsvertrage ein Aufsichtsrath zu bestellen ist, auf denselben, soweit nicht der Gesellschaftsvertrag ein Anderes bestimmt, die Art. 224, 225 und 226 Abs. 1 H.G.B. entsprechenden Anwendung finden; die angeführten Vorschriften erfahren aber durch das neue H.G.B. einzelne Abänderungen und*

1022 *Altmeppen* in: Roth/Altmeppen, § 52, Rn. 6; Baumbach/Hueck/*Zöllner/Noack*, § 52, Rn. 30; *Lutter/Hommelhoff* in: Lutter/Hommelhoff, § 52, Rn. 2; Michalski-*Giedinghagen*, § 52, Rn. 19.

1023 Zu den Ausführungen des BGH im Einzelnen siehe § 3 E.II.2c)aa)(2)(b).

1024 BGH, ZIP 2010, 1988 (1990).

1025 Gesetz betreffend die Gesellschaften mit beschränkter Haftung, RGBl. 1892, 477 (491).

1026 RGBl. 1887, 437 (445).

Ergänzungen, sodaß es nothwendig wird, ausdrücklich festzustellen, wieweit sie in ihrer künftigen Gestalt auch für den Aufsichtsrath der Gesellschaften mit beschränkter Haftung gelten."[1027] Diese Begründung unterstreicht die Bewertung des Bundesgerichtshofs, indem sie nochmals verdeutlicht, dass der historische Gesetzgeber den Verweis bewusst nicht auf Art. 226 Abs. 2 ADHGB 1884 – die Vorgängervorschrift des § 93 Abs. 3 AktG – erstreckt hat.[1028]

cc) Teleologische Auslegung

Das überzeugendste Argument für die unterschiedliche Haftung von Mitgliedern fakultativer und obligatorischer Aufsichtsräte für Zahlungen der Geschäftsführer entgegen § 64 S. 1 GmbHG ergibt sich jedoch aus dem Sinn und Zweck des Gesetzes. Der zweite Zivilsenat des Bundesgerichtshofs führt insofern zutreffend aus, dass der fakultative Aufsichtsrat einer GmbH ausschließlich den Interessen der Gesellschaft und der Gesellschafter zu dienen bestimmt ist.[1029]

Dies ergibt sich zunächst aus der Rolle des fakultativen Aufsichtsrates im dualistischen System der GmbH, in dem dieser lediglich die Aufgabe hat, die Gesellschafterversammlung zu entlasten, indem ihm die Überwachung der Geschäftsführung übertragen wird.[1030] Der fakultative Aufsichtsrat dient bereits aus diesem Grund einzig und allein den Interessen der Gesellschafter. Ferner unterstellt § 52 Abs. 1 GmbHG mit der Formulierung *„soweit nicht im Gesellschaftvertrag ein anderes bestimmt ist"* die Abbedingung der Haftungsvorschriften des AktG der Entscheidung der Gesellschafter. Enthielte § 52 Abs. 1 GmbHG einen Verweis auf Normen mit drittschützendem Charakter, wäre eine solche Abbedingung durch die Gesellschafter als unzulässiger Vertrag zu Lasten Dritter anzusehen.[1031]

Darüber hinaus kann der Rechtsverkehr entgegen der Ansicht von *Schürnbrand*[1032] beim fakultativen Aufsichtsrat auch nicht darauf vertrauen, dass die Geschäftsführung durch ein als (fakultativer) Aufsichtsrat tituliertes Gremium auch tatsächlich besser überwacht wird. Zwar ist es zutreffend, dass lediglich ein Gremium mit Überwachungskompetenz einen Aufsichtsrat i.S.d. § 52 GmbHG

1027 Begründung zu Art. 11 Nr. XII RT-Vorlage (1897), abgedruckt bei Schubert/ Schmiedel/Krampe, Quellen zum Handelsgesetzbuch von 1897, Bd. II/2, S. 1194.
1028 So auch *Thiessen*, ZGR 2011, 275, 279.
1029 BGH, ZIP 2010, 1988 (1990).
1030 *Weller*, GWR 2010, 541.
1031 *Weller*, GWR 2010, 541.
1032 *Schürnbrand*, NZG 2010, 1207 (1211).

darstellt[1033] und durch die zwingende Publizität im Handelsregister gem. § 52 Abs. 2 GmbHG und die Pflichtangaben auf den Geschäftsbriefen gem. § 35a GmbHG möglicherweise ein gewisses Vertrauen des Rechtsverkehrs erweckt wird. Fehlt dem Gremium jedoch eine entsprechende Aufsichtskompetenz, obwohl es als fakultativer Aufsichtsrat im Handelsregister und auf dem Geschäftsbrief ver- bzw. bezeichnet ist, handelt es sich um eine bloße Falschbezeichnung, aus der sich keine weiteren Rechtsfolgen ergeben.[1034]

Im Gegensatz dazu hat der obligatorische Aufsichtsrat nach den einschlägigen Mitbestimmungsgesetzen und dem KAGB durchaus die Interessen gesellschaftsfremder Dritter und somit öffentliche Belange zu wahren. Während die Mitbestimmungsgesetze maßgeblich Interessen der Arbeitnehmer verfolgen, soll der nach dem KAGB einzusetzende Aufsichtsrat insbesondere die Wahrung der Interessen der Anleger – beispielsweise vor unsicheren Investitionen – sicherstellen. Beide Personengruppen – Arbeitnehmer und Anleger – stellen Gläubiger der Gesellschaft und somit gesellschaftsfremde Dritte dar, so dass sich hieraus der drittschützende Charakter der obligatorischen Aufsichtsräte ergibt.[1035]

Darüber hinaus liegen auch nicht die für die von *Schürnbrand*[1036] präferierte analoge Anwendung des § 93 Abs. 3 Nr. 6 AktG erforderlichen Voraussetzungen der Analogie vor.

Zunächst lässt sich eine planwidrige Regelungslücke nicht mit Sicherheit feststellen. Sofern diesbezüglich argumentiert wird, der historische Gesetzgeber habe mit dem eingeschränkten Verweis des 1897 geltenden § 52 Abs. 1 GmbHG ausschließlich das Verfolgungsrecht der Gläubiger ausschließen wollen, und zur Begründung lediglich angeführt wird, auch ein Teil der damaligen Kommentarliteratur zu § 52 GmbHG habe den Verweis entsprechend interpretiert,[1037] so überzeugt dies nicht. So hat bereits das Reichsgericht in seiner Entscheidung RGZ 161, 129 (139) zutreffend ausgeführt, dass der Gesetzgeber den fakultativen Aufsichtsrat eben nicht nur von der Haftung gegenüber den Gläubigern freigestellt hat. Vielmehr fehlen zum einen ein entsprechender Verweis auf die Bestimmungen, die dem Schutz der Aktionäre dienen und zum anderen ein Verweis auf die gläubigerschützenden Vorschriften.

1033 Vgl. § 3 E.I.1.

1034 *Lutter/Krieger/Verse* in: Lutter/Krieger/Verse, Rechte und Pflichten des Aufsichtsrats, § 16, Rn. 1207.; *Thiessen*, ZGR 2011, 275 (282).

1035 *Thiessen*, ZGR 2011, 275 (283 f.); *Weller*, GWR 2010, 541.

1036 *Schürnbrand*, NZG 2010, 1207 (1210 f.).

1037 *Schürnbrand*, NZG 2010, 1207 (1211).

Ferner mangelt es – wie dargelegt – an einer vergleichbaren Interessenlage von obligatorischem und fakultativem Aufsichtsrat.

Abschließend ist eine analoge Anwendung des § 93 Abs. 3 Nr. 6 AktG auf den fakultativen Aufsichtsrat der GmbH auch nicht geboten, um eine etwaige Sorgfaltspflichtverletzung der Aufsichtsratsmitglieder effektiv zu sanktionieren. Denn selbst den Fall unterstellt, der fakultative Aufsichtsrat einer GmbH hätte öffentliche Belange zu wahren, wäre eine entsprechende Sanktionierung zwar wünschenswert, doch wäre es Aufgabe des Gesetzgebers, eine entsprechende Regelung herbeizuführen.

dd) § 64 S. 1 GmbHG als Ersatzanspruch eigener Art

Auch der Einwand, § 93 Abs. 3 AktG verstehe sich nach seinem Wortlaut lediglich als Aufzählung wichtiger Beispiele des § 93 Abs. 2 AktG, so dass es sich auch bei § 93 Abs. 3 Nr. 6 AktG um einen Schadensersatzanspruch i.S.d. § 93 Abs. 2 AktG handele,[1038] führt zu keiner anderen Beurteilung. Denn entgegen der genannten Auffassung ergibt sich nicht einmal aus dem Wortlaut eindeutig, dass es sich bei § 93 Abs. 3 AktG um einen Schadensersatzanspruch handelt. Während § 93 Abs. 2 AktG nämlich tatsächlich vom Ersatz des entstehenden Schadens spricht, enthält § 93 Abs. 3 AktG lediglich eine Verpflichtung zum Ersatz.[1039] Vielmehr handelt es sich bei § 93 Abs. 3 Nr. 6 AktG um einen Ersatzanspruch eigener Art. So werden die Zahlungsverbote in den Parallelvorschriften § 64 S. 1 GmbHG und § 130a Abs. 2 HGB, von der Rechtsprechung[1040] und der herrschenden Meinung in der Literatur[1041] zu Recht als Ersatzanspruch eigener Art qualifiziert. Hierfür spricht neben dem Wortlaut des § 64 S. 1 GmbHG insbesondere dessen Normzweck, der darin liegt, sämtliche Minderungen der Masse nach Insolvenzfähigkeit zum Schutze der Gläubiger der Gesellschaft zu verhindern und bei entgegenstehenden

---

1038 *Altmeppen*, ZIP 2010, 1973 (1975); *ders.* so auch in: Roth/Altmeppen, § 64, Rn. 36, 43; ZIP 2001, 2201 (2205 ff.); *K. Schmidt*, GmbHR 2010, 1319 (1325 f.); *ders.* so in: K. Schmidt/Uhlenbruck, Die GmbH in Krise, Sanierung und Insolvenz, Rn. 11.35; Scholz/*K. Schmidt*, § 64, Rn. 63.

1039 *Schürnbrand*, NZG 2010, 1207 (1209).

1040 BGHZ 146, 264 (270) zu § 64 Abs. 2 GmbHG n.F; BGH ZIP 2007, 1006 zu § 130a HGB.

1041 Baumbach/Hueck/*Haas*, § 64, Rn. 12; *Biehl*, Geschäftsführer- und Gesellschafterhaftung wegen Insolvenzverschleppung bei der GmbH, S. 175 ff.; *Kleindiek* in: Lutter/Hommelhoff, § 64, Rn. 5; MüKo-GmbHG/*Müller*, § 64, Rn. 138 ff. jeweils m.w.N.

Zahlungen dafür zu sorgen, das Gesellschaftsvermögen wieder aufzufüllen.[1042] Diesem Zweck stünde es entgegen, eine schadensrechtliche Gesamtsaldierung vorzunehmen. Darüber hinaus ist eine solche Gesamtsaldierung auch nicht geboten, um die Geschäftsleiter vor einer etwaigen unangemessenen Haftung zu verschonen. Denn die Angemessenheit der Haftung der Geschäftsführer wird zum einen bereits durch die in der Zwischenzeit anerkannte Berücksichtigung von im Gegenzug zur verbotswidrigen Zahlung erhaltenen Gegenleistungen,[1043] und zum anderen dadurch erreicht, dass die Geschäftsführer insofern gem. § 64 S. 2 GmbHG nicht zum Ersatz verpflichtet sind, wenn die Zahlung mit der Sorgfalt eines ordentlichen Geschäftsmannes vereinbar war.[1044] Abschließend spricht auch der Umstand, dass das Vermögen der Gesellschaft bei Insolvenzreife i.d.R. aufgezehrt ist, gegen einen Schaden der Gesellschaft. Einzig und allein die Gläubiger der Gesellschaft erleiden zu diesem Zeitpunkt durch weitere Zahlungsabflüsse einen Schaden, da die Masse geschmälert wird.[1045]

Handelt es sich nach alledem jedoch bei § 64 S. 1 GmbHG um einen Ersatzanspruch eigener Art, muss dies konsequenterweise auch für § 93 Abs. 3 Nr. 6 AktG gelten, da beide Ansprüche die gleiche Funktion erfüllen.[1046] Selbst, wenn man dies, wie große Teile der aktienrechtlichen Literatur[1047], grundsätzlich anders beurteilt, so muss im vorliegend zu beurteilenden Fall der Haftung eines fakultativen Aufsichtsrates einer GmbH § 93 Abs. 3 Nr. 6 AktG entsprechend den GmbH-rechtlichen Besonderheiten, vgl. § 52 Abs. 1 GmbHG, ausgelegt werden. Jedenfalls im Rahmen dieser Auslegung wird man § 64 S. 1 GmbHG als Leitbild heranziehen müssen, so dass § 93 Abs. 3 Nr. 6 AktG in diesem Lichte als Ersatzanspruch eigener Art zu qualifizieren ist.

1042 BGHZ 146, 264 (278); BGH, NZI 2010, 313; Baumbach/Hueck/*Haas*, § 64, Rn. 2 ff.; *Kleindiek* in: Lutter/Hommelhoff, § 64, Rn. 4; MüKo-GmbHG/*Müller*, § 64, Rn. 1.

1043 BGH, ZIP 2003, 1005 (1006); Baumbach/Hueck/*Haas*, § 64, Rn. 71; *Kleindiek* in: Lutter/Hommelhoff, § 64, Rn. 17; MüKo-GmbHG/*Müller*, § 64, Rn. 149 jeweils m.w.N.

1044 *Theiselmann*, GmbH-StB 2011, 13 (17).

1045 *Theiselmann*, GmbH-StB 2011, 13 (18).

1046 *Habersack*, JZ 2011, 1191 (1192); *Schürnbrand*, NZG 2010, 1207 (1209).

1047 Hüffer/Koch/*Koch*, § 93, Rn. 68; MüKo-AktG/*Spindler*, § 93, Rn. 221; *Krieger/Sailer-Coceani* in: Schmidt/Lutter, § 93, Rn. 57 f.; *Fleischer* in: Spindler/Stilz, § 93, Rn. 256, jeweils m.w.N.

ee) Unerheblichkeit von Weisungsrechten

Der Ansatz eines Teils des wissenschaftlichen Schrifttums, die unterschiedliche Haftung von Mitgliedern fakultativer und obligatorischer Aufsichtsräte mit einem etwaigen Weisungsrecht der Gesellschafter gegenüber den Mitgliedern eines fakultativen Aufsichtsrates begründen,[1048] ist abzulehnen.[1049] Bereits die Unterstellung, die Mitglieder eines fakultativen Aufsichtsrates seien von den Weisungen der Gesellschafter abhängig, ist unzutreffend. Zwar ist es durchaus zutreffend, dass die Ausrichtung der GmbH aufgrund der umfassenden Weisungsrechte der Gesellschafterversammlung gem. § 37 GmbHG maßgeblich durch die Gesellschafter bestimmt wird, doch folgt hieraus nicht, dass auch die Mitglieder des fakultativen Aufsichtsrats weisungsabhängig sind.[1050] Denn wie bereits dargelegt,[1051] stellt die Überwachungsfunktion auch beim fakultativen Aufsichtsrat eine Mindestkompetenz dar, die auch durch eine entsprechende Satzungsbestimmung nicht abdingbar wäre, ohne dass das eingerichtete Gremium seine Stellung als Aufsichtsrat verlieren würde. Gerade diese Überwachung der Geschäftsführung würde jedoch unterlaufen, wenn die Mitglieder des fakultativen Aufsichtsrats Weisungen unterworfen wären.[1052] Ferner spricht auch der Umstand, dass die Mitglieder des fakultativen Aufsichtsrates ihr Mandat gem. § 52 Abs. 1 GmbHG i.V.m. § 111 Abs. 5 AktG höchstpersönlich ausüben müssen, gegen eine Weisungsgebundenheit. Denn die höchstpersönliche Ausübung des Mandats setzt dessen Weisungsungebundenheit voraus.[1053]

Eine andere Einschätzung ergibt sich auch nicht in Anbetracht etwaiger kommunalrechtlicher Weisungsrechte, wie beispielsweise § 113 Abs. 1 S. 2 GO NRW, wonach Vertreter der Gemeinde in Aufsichtsräten an Beschlüsse des Rates gebunden sind.[1054] Denn auch hier gilt das oben zur wirksamen Überwachung und persönlichen Ausübung des Mandats Gesagte. Darüber hinaus vermögen etwaige landesrechtliche Bestimmungen bereits aufgrund des in Art. 31 GG geregelten

---

1048 *Theiselmann*, GmbH-StB 2011, 13 (19).

1049 So bereits BGHZ 36, 296.

1050 So aber *Lutter/Krieger/Verse* in: Lutter/Krieger/Verse, Rechte und Pflichten des Aufsichtsrats, § 20, Rn. 1429; *Altmeppen*, ZIP 2010, 1973 (1975); *Theiselmann*, GmbH-StB 2011, 13 (19).

1051 Siehe § 3 E.I.

1052 *Michalski-Giedinghagen*, § 52, Rn. 174, MüKo-GmbHG/Spindler, § 52, Rn. 221, Scholz/*Schneider*, § 52, Rn. 327.

1053 *Keiluweit*, BB 2011, 1795 (1796).

1054 So aber BVerwG, ZIP 2011, 2054; OVG NRW, GmbHR 2010, 92; *Kiethe*, NZG 2006, 45 (49).

Grundsatzes „*Bundesrecht bricht Landesrecht*" die Regelungen des GmbHG und des AktG nicht zu überlagern,[1055] so dass etwaige Weisungen der Gesellschafterversammlung die Haftung der Mitglieder eines obligatorischen Aufsichtsrates unberührt lassen.[1056]

ff) Unerheblichkeit von Personalkompetenzen

Unerheblich für die Frage der Haftung der Aufsichtsratsmitglieder ist ebenfalls, ob dem Aufsichtsrat die Personalkompetenz gem. § 84 AktG zusteht. Sofern *Kiefner/Langen*[1057] die Haftung der Mitglieder obligatorischer Aufsichtsräte gem. § 93 Abs. 3 Nr. 6 AktG insofern im Wege einer teleologischen Reduktion auf die Aufsichtsräte beschränken wollen, denen die Personalkompetenz des § 84 AktG zusteht, so ist dieser Ansatz verfehlt.

Denn maßgeblich für die Haftung der Aufsichtsratsmitglieder ist, ob eine Pflichtverletzung vorliegt, also ob das einzelne Aufsichtsratsmitglied alles in seiner Macht stehende unternommen hat, um verbotswidrige Zahlungen zu unterbinden. Wie bereits oben[1058] angedeutet, können sich die Sorgfaltspflichten der Aufsichtsratsmitglieder selbstverständlich nur an den ihnen zustehenden Rechten orientieren.[1059] Einem Aufsichtsrat, der rechtlich nicht in der Lage ist, die Geschäftsführer abzusetzen, wird man nicht den Vorwurf machen können, er habe gerade dies unterlassen. Vielmehr haften dessen Mitglieder nur dann, wenn sie sich entweder nicht ausreichend informiert oder aber nicht sämtliche ihnen zur Verfügung stehenden Maßnahmen ergriffen haben, um verbotswidrige Zahlungen der Geschäftsführer abzuwenden.[1060]

III. Zwischenergebnis

Nach der „*Doberlug*"-Entscheidung steht fest, dass sowohl die Mitglieder fakultativer als auch obligatorischer Aufsichtsräte der GmbH verpflichtet sind, die Einhaltung des mit dem Eintritt der Insolvenzreife entstehenden Zahlungsverbotes gem. § 64 S. 1 GmbHG zu überwachen. Ein besonderes Augenmerk haben sie in diesem Zusammenhang auf die Gesamtumstände zu legen, aus denen sich

---

1055 *Keiluweit*, BB 2011, 1795 (1796).
1056 *Krämer/Winter*, FS Goette, 253 (259); *Vetter*, GmbHR 2012. 181 (186).
1057 *Kiefner/Langen*, NJW 2011, 192 (195 f.).
1058 Vgl. § 3 E.II.1.a), S. 193 f.
1059 *Banspach/Nowak*, Der Konzern 2008, 195 (202); *Thiessen*, ZGR 2011, 275 (281), jeweils m.w.N.
1060 *Thiessen*, ZGR 2011, 275 (283).

Anhaltspunkte für verbotswidrige Zahlungen ergeben. Ein solcher Anhaltspunkt ist insbesondere in der Fortführung des Unternehmens nach Eintritt der Insolvenzreife zu sehen, da es in diesem Fall naheliegt, dass die Geschäftsführung zumindest die Zahlung von Löhnen und Arbeitgeberbeiträgen zur Sozialversicherung vornimmt.[1061]

Es ist nur konsequent, eine diesbezügliche Überwachungspflicht anzunehmen, gehört es doch zu den zentralen unabdingbaren Aufgaben des Aufsichtsrates, die Rechtmäßigkeit des Handelns der Geschäftsführung zu kontrollieren.

Die Haftung der Aufsichtsratsmitglieder ist demgegenüber differenziert zu betrachten. Eine Haftung gegenüber gesellschaftsfremden Dritten für entgegen dem Zahlungsverbot des § 64 S. 1 GmbHG durchgeführte Zahlungen gem. § 93 Abs. 3 Nr. 6 AktG trifft – bei einer schuldhaften Pflichtverletzung der Aufsichtsratsmitglieder – lediglich die Mitglieder obligatorischer Aufsichtsräte. Die Mitglieder fakultativer Aufsichtsräte hingegen haften (nur), wenn der Gesellschaft an sich ein Schaden entsteht. Dies wird in der Regel nicht der Fall sein, wenn die verbotswidrigen Zahlungen der Erfüllung von Verbindlichkeiten der Gesellschaft dienen und nur zu einer Verkürzung der Bilanzsumme führen. Eine Haftung kommt jedoch in Betracht, wenn mit der Zahlung keine Verminderung der Verbindlichkeiten der Gesellschaft einhergeht.

Die Entscheidung des zweiten Zivilsenats des Bundesgerichtshofs überrascht nicht. Sie steht in Einklang mit der Entscheidung des Bundesgerichtshofs vom 16.03.2009[1062], die bereits eine entsprechende Ersatzpflicht für den Aufsichtsrat der AG bejaht hatte.[1063]

Den Mitgliedern obligatorischer und fakultativer Aufsichtsräte ist daher anzuraten, umfassend von denen ihnen zur Verfügung stehenden Informationsrechten Gebrauch zu machen, um so eine effektive Kontrolle der Geschäftsführer sicherzustellen. Dies gilt insbesondere in den Zeiten der Krise der Gesellschaft. Nur so sind sie in der Lage, rechtzeitig die Insolvenzreife zu erkennen, entsprechende Schritte gegenüber der Geschäftsführung einzuleiten und so der Haftung für entgegen § 64 S. 1 GmbHG geleistete Zahlungen zu entgehen. Denn das Zahlungsverbot besteht ab dem ersten Tag der Insolvenzreife; eine Karenzfrist von drei Wochen, wie bei der Pflicht zur Stellung des Insolvenzantrags, gibt es nicht.

1061 BGH, ZIP 2010, 1988 (1989).
1062 BGH, NJW 2009, 2454.
1063 So auch *Kleindiek* in: Lutter/Hommelhoff. § 64, Rn. 9.

F. Keine Teilnehmerhaftung gem. § 830 Abs. 2 BGB

Qualifiziert man den in § 64 S. 1 GmbHG statuierten Erstattungsanspruch geleisteter Zahlungen mit obiger Argumentation[1064] als einen solchen eigener Art und versagt ihm somit die Eigenschaft als Schadensersatzanspruch, bleibt konsequenter Weise kein Raum für eine Anwendbarkeit des § 830 Abs. 2 BGB. Eine Teilnehmerhaftung ist somit ausgeschlossen.[1065]

1064 Vgl. § 3 E.II.2.e)dd).

1065 BGH, GmbHR 2008, 702 (703) zu § 64 Abs. 2 GmbHG a.F.; Henssler/Strohn/*Arnold*, GmbHG, § 64, Rn. 8; *Kleindiek* in: Lutter/Hommelhoff, § 64, Rn. 8; MüKo-GmbHG/ *Müller*, § 64, Rn. 142; Saenger/Inhester/*Kolmann*, § 64, Rn. 5; *M. Schmidt-Leithoff/ Schneider* in: Rowedder/Schmidt-Leithoff, § 64, Rn. 24; Ulmer/*Casper*, § 64, Rn. 81.

§ 4 Die Adressaten der Insolvenzverursachungshaftung gem. § 64 S. 3 GmbHG

A. Allgemeines

Mit der Verabschiedung des MoMiG[1066] hat der Gesetzgeber in § 64 S. 3 GmbHG die Pflicht der Geschäftsführer statuiert, der Gesellschaft solche Zahlungen zu erstatten, die sie an die Gesellschafter leisten und die *„zur Zahlungsunfähigkeit der Gesellschaft führen mussten, es sei denn, dies war auch bei Beachtung der in Satz 2 bezeichneten Sorgfalt nicht erkennbar."*

Die Regelung des § 64 S. 3 GmbHG führt mithin dazu, dass der zeitliche Anwendungsbereich der in § 64 S. 1 GmbHG normierten Ersatzpflicht vorverlagert wird,[1067] nämlich in den Zeitraum vor Eintritt der Insolvenzreife. Sinn und Zweck dieser Vorverlagerung und damit auch der Sinn und Zweck des § 64 S. 3 GmbHG liegen in der Ergänzung der *„bestehenden Mechanismen, welche die Gesellschaftsgläubiger gegen Vermögensverschiebungen zwischen Gesellschaft und Gesellschaftern schützen."*[1068] Namentlich sollen insbesondere die Kapitalerhaltungsvorschriften der §§ 30, 31 GmbHG und die Anfechtungsregeln der §§ 129 ff. InsO sowie des AnfG ergänzt werden.[1069] So wird das Verbot des § 30 Abs. 1 GmbHG dahingehend ergänzt, dass § 64 S. 3 GmbHG auch solche Zahlungen erfasst, die zwar das Gesellschaftsvermögen insofern unberührt lassen, als dieses zur Deckung des Stammkapitals erforderlich ist, jedoch die Zahlungsunfähigkeit der Gesellschaft herbeiführen müssen.[1070] Die Anfechtungstatbestände der §§ 129 ff. InsO und des AnfG hingegen werden durch § 64 S. 3 GmbHG

1066 Gesetz zur Modernisierung des GmbH-Rechts und zur Bekämpfung von Missbräuchen (MoMiG), BGBl. I 2008, 2026.

1067 Baumbach/Hueck/*Haas*, § 64, Rn. 7; *Kleindiek* in: FS Karsten Schmidt, 2009, S. 893 (904); *ders.* in: Lutter/Hommelhoff, § 64, Rn. 47; *ders.*, GWR 2010, 75; Scholz/ *K. Schmidt*, § 64, Rn. 80; Ulmer/*Casper*, § 64, Rn. 136.

1068 Begr. RegE MoMiG, BT-Drucks. 16/6140, S. 46.

1069 *Kleindiek* in: Lutter/Hommelhoff, § 64, Rn. 48; *M. Schmidt-Leithoff/Schneider* in: Rowedder/Schmidt-Leithoff, § 64, Rn. 55; Scholz/*K. Schmidt*, § 64, Rn. 79; Ulmer/ *Casper*, § 64, Rn. 136.

1070 Begr. RegE MoMiG, BT-Drucks. 16/6140, S. 46; Baumbach/Hueck/*Haas*, § 64, Rn. 7; *Kleindiek* in: Lutter/Hommelhoff, § 64, Rn. 48; Scholz/*K. Schmidt*, § 64, Rn. 79; Ulmer/*Casper* (Ergänzungsband MoMiG), § 64, Rn. 110.

insbesondere in den Fällen ergänzt, in denen die zum Teil kurzen Anfechtungsfristen bereits abgelaufen sind und in denen der für eine Anfechtung ggf. erforderliche Benachteiligungsvorsatz des Leistenden sowie die diesbezügliche Kenntnis des Empfängers der Leistung nicht nachgewiesen werden können bzw. etwaige Vermutungsregeln nicht einschlägig sind.[1071] Die Regelung des § 64 S. 3 GmbHG soll mithin der Gefahr vorbeugen, dass der Gesellschaft bei *„sich abzeichnender Zahlungsunfähigkeit von den Gesellschaftern Mittel entnommen werden.*"[1072]

Übergeordneter Zweck der Regelung in § 64 S. 3 GmbHG ist folglich – wie auch bei § 64 S. 1 GmbHG – der Schutz der Gesamtheit der Gläubiger der Gesellschaft.[1073]

B. Die primären Haftungsadressaten: (Faktische) Geschäftsführer und Liquidatoren

Ebenso wie im Rahmen der Haftung gem. § 64 S. 1 GmbHG sind die Geschäftsführer wie auch die Liquidatoren der Gesellschaft die primären Adressaten der Haftung für Zahlungen an die Gesellschafter, die zur Zahlungsunfähigkeit der Gesellschaft führen mussten.[1074]

In Anbetracht der die Geschäftsführer treffenden Gesamtverantwortung und der sich hieraus ergebenden Pflicht zur wechselseitigen Kontrolle, die sich in den Zeiten der Krise der Gesellschaft verdichtet,[1075] haften die Geschäftsführer – wie im Rahmen der Haftung gem. § 64 S. 1 GmbHG – unabhängig von einer etwaigen Ressortaufteilung für entgegen § 64 S. 3 GmbHG geleistete Zahlungen,

---

1071 Begr. RegE MoMiG, BT-Drucks. 16/6140, S. 46; *Kleindiek* in: Lutter/Hommelhoff, § 64, Rn. 48; *Scholz/K. Schmidt*, § 64, Rn. 79; *Ulmer/Casper*, § 64, Rn. 136.

1072 Begr. RegE MoMiG, BT-Drucks. 16/6140, S. 46.

1073 Baumbach/Hueck/*Haas*, § 64, Rn. 11; *Kleindiek* in: Lutter/Hommelhoff, § 64, Rn. 48; *ders.*, GWR 2010, 75; *Ulmer/Casper*, § 64, Rn. 136; dies andeutend auch *M. Schmidt-Leithoff/Schneider* in: Rowedder/Schmidt-Leithoff, § 64, Rn. 55.

1074 Baumbach/Hueck/*Haas*, § 64, Rn. 13; BeckOK GmbHG Ziemons/Jaeger/*Mätzig*, § 64, Rn. 73; *Kleindiek* in: Lutter/Hommelhoff, § 64, Rn. 50; Henssler/Strohn/*Arnold*, GmbHG, § 64, Rn. 16; MüKo GmbHG/*Müller*, § 64, Rn. 198; *Saenger/Inhester/Kolmann*, § 64, Rn. 89.

1075 BGH, GmbHR 1994, 460 (461); BGHZ 133, 370 (zu § 266a StGB); Baumbach/Hueck/*Haas*, § 64, Rn. 106; *Kleindiek* in: Lutter/Hommelhoff, § 43, Rn. 32 ff., § 64, Rn. 15; *Chr. Schmidt-Leithoff/Baumert*, § 64, Rn. 25; *Scholz/U.H. Schneider*, § 43, Rn. 40.

sofern ihnen diese zuzurechnen sind.[1076] Insofern kann auf die Ausführungen zu den Adressaten der Haftung gem. § 64 S. 1 GmbHG[1077] verwiesen werden. Gleiches gilt konsequenterweise für die Frage der Auswirkungen der Amtsniederlegung bzw. Abberufung auf die Haftung gem. § 64. S. 3 GmbHG.

Da § 64 S. 3 GmbHG ebenso wie § 64 S. 1 GmbHG den Schutz der Gläubiger der Gesellschaft bezweckt,[1078] haften auch die faktischen Geschäftsführer für entgegen § 64 S. 3 GmbHG geleistete Zahlungen. In Anbetracht der identischen Schutzzwecke von § 64 S. 1 GmbHG und § 64 S. 3 GmbHG wird daher auf obige Ausführungen[1079] verwiesen.

C. Die Gesellschafter als Adressaten der Haftung gem. § 64 S. 3 GmbHG

I. Keine Haftung analog 31 Abs. 1 GmbHG

Mit der Einführung einer Ersatzpflicht in § 64 S. 3 GmbHG für Zahlungen an Gesellschafter, die zur Zahlungsunfähigkeit der Gesellschaft mussten, verfolgt der Gesetzgeber des MoMiG unter anderem das Ziel, den Schutz der Gläubiger durch die Kapitalerhaltungsvorschriften der §§ 30, 31 GmbHG zu ergänzen.[1080]

In Anbetracht dieses Schutzzwecks hat *Strohn* die Auffassung vertreten, entgegen dem Wortlaut des § 64 S. 3 GmbHG seien auch die Gesellschafter der Gesellschaft in analoger Anwendung des § 31 Abs. 1 GmbHG für entgegen dem Zahlungsverbot des § 64 S. 3 GmbHG an sie geleistete Zahlungen zur Rückgewähr verpflichtet.[1081] Eine entsprechende Pflicht zur Rückgewähr liege bereits deshalb nahe, da die Zahlung in das Vermögen des Gesellschafters fließe.[1082]

1076 BeckOK GmbHG Ziemons/Jaeger/*Mätzig*, § 64, Rn. 73, *Kleindiek* in: Lutter/Hommelhoff, § 64, Rn. 50; *ders* GWR 2010, 75; Saenger/Inhester/*Kolmann*, § 64, Rn. 89, Scholz/*K. Schmidt*, § 64, Rn. 81.

1077 Vgl. § 3 B.I.

1078 Baumbach/Hueck/*Haas*, § 64, Rn. 11; *Kleindiek* in: Lutter/Hommelhoff, § 64, Rn. 48; *ders.*, GWR 2010, 75; Ulmer/*Casper*, § 64, Rn. 136; dies andeutend auch *M. Schmidt-Leithoff/Schneider* in: Rowedder/Schmidt-Leithoff, § 64, Rn. 55.

1079 Vgl. § 3 C.

1080 Begr. RegE MoMiG, BT-Drucks. 16/6140, S. 46; Baumbach/Hueck/*Haas*, § 64, Rn. 7; *Kleindiek* in: Lutter/Hommelhoff, § 64, Rn. 48; Scholz/*K. Schmidt*, § 64, Rn. 79; Ulmer/*Casper*, § 64, Rn. 136.

1081 *Strohn*, ZHR 173 (2009), 589 (594 f.).

1082 *Strohn*, ZHR 173 (2009), 589.

Im Ergebnis ist für eine Haftung der Gesellschafter analog § 31 Abs. 1 GmbHG für an sie entgegen dem Zahlungsverbot des § 64 S. 3 GmbHG geleistete Zahlungen jedoch kein Raum, sofern nicht gleichzeitig auch die Voraussetzungen der §§ 30, 31 GmbHG erfüllt sind.[1083] Denn nach dem Willen des Gesetzgebers des MoMiG[1084] richtet sich § 64 S. 3 GmbHG ausdrücklich nicht an den Gesellschafter als Empfänger der § 64 S. 3 GmbHG widersprechenden Zahlung, sondern ausschließlich an den Geschäftsführer.[1085]

Dieses Ergebnis deckt sich auch mit der Haftung für entgegen dem Zahlungsverbot gem. § 64 S. 1 GmbHG an Gesellschafter geleistete Zahlungen. Auch bei solchen Zahlungen kommt eine Haftung der Gesellschafter nach den Kapitalerhaltungsvorschriften der §§ 30, 31 GmbHG nur in Betracht, wenn die diesbezüglichen Voraussetzungen erfüllt sind. Insofern sind Fallgestaltungen denkbar, in denen die fragliche Zahlung zwar gegen das in § 64 S. 1 GmbHG statuierte Zahlungsverbot verstößt, jedoch nicht zwingend das zur Erhaltung des Stammkapitals erforderliche Vermögen berührt, nämlich dann, wenn lediglich Zahlungsunfähig i.S.d. § 17 Abs. 2 InsO eingetreten ist.

II. De lege lata keine Haftung im Fall der Führungslosigkeit

Wie § 64 S. 1 GmbHG findet auch § 64 S. 3 GmbHG de lege lata keine Anwendung auf die Gesellschafter der führungslosen Gesellschaft.[1086] Denn der Gesetzgeber des MoMiG[1087] hat – wie bereits dargelegt – trotz entsprechender Vorschläge aus dem wissenschaftlichen Schrifttum[1088] eine Haftungserweiterung des § 64 GmbHG auf die Gesellschafter im Fall der Führungslosigkeit der

---

1083 So auch *Kleindiek* in: Lutter/Hommelhoff, § 64, Rn. 50; MüKo-GmbHG/*Müller*, § 64, Rn. 178.

1084 Gesetz zur Modernisierung des GmbH-Rechts und zur Bekämpfung von Missbräuchen (MoMiG), BGBl. I 2008, 2026.

1085 Begr. RegE MoMiG, BT-Drucks. 16/6140, S. 46; so auch MüKo-GmbHG/*Müller*, § 64, Rn. 178.

1086 Baumbach/Hueck/*Haas*, § 64, Rn. 14; BeckOK GmbHG Ziemons/Jaeger/*Mätzig*, § 64, Rn. 73; *Kleindiek* in: Lutter/Hommelhoff, § 64, Rn. 50; *ders.*, GWR 2010, 75; *M. Schmidt-Leithoff/Schneider* in: Rowedder/Schmidt-Leithoff, § 64, Rn. 23; *Schulz/K. Schmidt*, § 64, Rn.01, a.A. *Gaette*, WPg 2009, 231 (238); Henssler/Strohn/*Arnold*, GmbHG § 64, Rn. 46; *Hölzle*, GmbHR 2007, 729 (731).

1087 Gesetz zur Modernisierung des GmbH-Rechts und zur Bekämpfung von Missbräuchen (MoMiG), BGBl. I 2008, 2026.

1088 *Haas/Oechsler*, NZG 2006, 806 f.

Gesellschaft nicht vorgesehen, so dass es an einer für die analoge Anwendung des § 15a Abs. 3 InsO erforderlichen planwidrigen Regelungslücke fehlt.[1089]

Trotz dieser eindeutigen derzeitigen Gesetzeslage wäre eine Haftung der Gesellschafter gem. § 64 S. 3 GmbHG im Falle der Führungslosigkeit der Gesellschaft zu begrüßen. Die Regelung des § 64 S. 3 GmbHG dient der Ergänzung der *„bestehenden Mechanismen, welche die Gesellschaftsgläubiger gegen Vermögensverschiebungen zwischen Gesellschaft und Gesellschaftern schützen."*[1090] Gleichzeitig hat der Gesetzgeber des MoMiG[1091] durch die Einführung der subsidiären Insolvenzantragspflicht in § 15a Abs. 3 InsO im Fall der Führungslosigkeit der Gesellschaft das Bedürfnis gesehen, für die Verpflichtung zur Stellung des Insolvenzantrags eine Ersatzzuständigkeit zu begründen.[1092] Folglich wäre es nur konsequent, den Gesellschaftern im Fall der Führungslosigkeit der Gesellschaft auch die Haftung gem. § 64 S. 3 GmbHG aufzuerlegen, nicht jedoch ohne ihnen die Möglichkeit der Exkulpation – korrespondierend zu § 15a Abs. 3 InsO zu eröffnen. Denn auch bei Zahlungen, die zur Zahlungsunfähigkeit der Gesellschaft führen müssen, besteht das Bedürfnis, durch die Begründung einer Ersatzzuständigkeit im Fall der Führungslosigkeit eine Stärkung des Gläubigerschutzes zu erreichen. Schließlich besteht aufgrund etwaiger Kontovollmachten von Nicht-Geschäftsführern auch im Fall der Führungslosigkeit die abstrakte Gefahr von zur Zahlungsunfähigkeit führenden Zahlungen an Gesellschafter.

D. Die Mitglieder des Aufsichtsrats als Adressaten der Haftung gem. § 64 S. 3 GmbHG

Die Grundsätze der *„Doberlug"*-Entscheidung[1093] des Bundesgerichtshofs vom 20.09.2010 sind auf die Haftung der Mitglieder fakultativer und obligatorischer Aufsichtsräte für entgegen § 64 S. 3 GmbHG erfolgende Zahlungen zu übertragen. Dies führt dazu dass lediglich die Mitglieder obligatorischer Aufsichtsräte

---

1089 Vgl. zur Diskussion im Rahmen des § 64 S. 1 GmbHG *Beck*, GmbHR 2017, 181 (182 ff.); *Kleindiek* in: Lutter/Hommelhoff, § 64, Rn. 8; *M. Schmidt-Leithoff/Schneider* in: Rowedder/Schmidt-Leithoff, § 64, Rn. 23; Ulmer/*Casper*, § 64, Rn. 81.

1090 Begr. RegE MoMiG, BT-Drucks. 16/6140, S. 46.

1091 Gesetz zur Modernisierung des GmbH-Rechts und zur Bekämpfung von Missbräuchen (MoMiG), BGBl. I 2008, 2026.

1092 Begr. RegE MoMiG, BT-Drucks. 16/6140, S. 55.

1093 BGH, ZIP 2010, 1988.

aufgrund der jeweiligen Verweise[1094] auf § 93 Abs. 3 Nr. 6 AktG und aufgrund des drittschützenden Charakters obligatorischer Aufsichtsräte für entgegen § 64 S. 3 GmbHG geleistete Zahlungen gem. §§ 116 S. 1, 93 Abs. 3 Nr. 6 AktG haftbar gemacht werden können.[1095] Hinzu kommt, dass auch § 64 S. 3 GmbHG als Ersatzanspruch eigener Art zu qualifizieren ist,[1096] so dass die diesbezüglichen im Rahmen der Diskussion um die Haftung gem. § 64 S. 1 GmbHG vorgebrachten Einwände von *Altmeppen* und *Karsten Schmidt* auch bei der Beurteilung der Haftung fakultativer und obligatorischer Aufsichtsräte nicht durchzugreifen vermögen.

E. Keine Teilnehmerhaftung gem. § 830 Abs. 2 BGB

Da es sich auch bei dem in § 64 S. 3 GmbHG statuierten Erstattungsanspruch um einen Anspruch eigener Art und nicht um einen Schadensersatzanspruch handelt,[1097] ist eine Anwendbarkeit des § 830 Abs. 2 BGB und somit eine Teilnehmerhaftung ausgeschlossen.[1098]

1094 Vgl. § 1 Abs. 1 Nr. 3 S. 2 DrittelbG, § 25 Abs. 1 S. 1 Nr. 2 MitbestG, § 3 Abs. 2 Montan-MitbestG, § 18 Abs. 2 S. 3 KAGB.

1095 *Kleindiek* in: Lutter/Hommelhoff, § 64, Rn. 50; Saenger/Inhester/*Kolmann*, § 64, Rn. 90; in diese Richtung wohl auch *M. Schmidt-Leithoff/Schneider* in: Rowedder/Schmidt-Leithoff, § 64, Rn. 55.

1096 Baumbach/Hueck/*Haas*, § 64, Rn. 12; BeckOK GmbHG Ziemons/Jaeger/*Mätzig*, § 64, Rn. 87; Henssler/Strohn/*Arnold*, § 64, Rn. 63; *Kleindiek* in: FS Karsten Schmidt, 2009, S. 893 (901); *ders.* in: Lutter/Hommelhoff, § 64, Rn. 47; MüKo-GmbHG/*Müller*, § 64, Rn. 198; *M. Rowedder/Schneider* in: Rowedder/Schmidt-Leithoff, § 64, Rn. 71; *Wicke*, § 64, Rn. 26; a.A. Scholz/*K. Schmidt*, § 64, Rn. 109.

1097 Baumbach/Hueck/*Haas*, § 64, Rn. 12; BeckOK GmbHG Ziemons/Jaeger/*Mätzig*, § 64, Rn. 87; Henssler/Strohn/*Arnold*, § 64, Rn. 63; *Kleindiek* in: FS Karsten Schmidt, 2009, S. 893 (901); ders. in: Lutter/Hommelhoff, § 64, Rn. 47; MüKo-GmbHG/*Müller*, § 64, Rn. 198; *Chr. Schmidt-Leithoff/ Schneider* in: Rowedder/Schmidt-Leithoff, § 64, Rn. 71; *Wicke*, § 64, Rn. 26; a.A. Scholz/*K. Schmidt*, § 64, Rn. 109.

1098 Baumbach/Hueck/*Haas*, § 64, Rn. 15; MüKo-GmbHG/*Müller*, § 64, Rn. 198; Saenger/Inhester/*Kolmann*, § 64, Rn. 87.

§ 5 Anwendbarkeit des § 64 GmbHG in Insolvenz- und Insolvenzeröffnungsverfahren

Nach der durch das ESUG[1099] erfolgten Stärkung der Eigenverwaltung gem. § 270 InsO und der Schaffung besonderer Eröffnungsverfahren gem. §§ 270a, 270b InsO werden im wissenschaftlichen Schrifttum die Frage der persönlichen Haftung der geschäftsführenden Organe des eigenverwaltenden Schuldners im Allgemeinen und konkret die Frage der Anwendbarkeit des § 64 S. 1 GmbHG nach Stellung des Insolvenzantrags kontrovers diskutiert.

Auslöser der Diskussion im Hinblick auf eine persönliche Haftung der geschäftsführenden Organe des eigenverwaltenden Schuldners ist ein mögliches Bedürfnis nach einer unmittelbaren Außenhaftung gegenüber den Gläubigern der Gesellschaft im Fall pflichtwidrigen Handelns im Eigenverwaltungs(eröffnungs)verfahren.[1100]

In Bezug auf die Frage der Anwendbarkeit des § 64 S. 1 GmbHG basiert die Diskussion auf der These, eine mögliche Haftung gem. § 64 S. 1 GmbHG im vorläufigen oder eröffneten Eigenverwaltungsverfahren würde den Geschäftsführer des eigenverwaltenden Schuldners in seinen Handlungsmöglichkeiten zur Sanierung der Gesellschaft einschränken und so die Chancen einer erfolgreichen Sanierung negativ beeinträchtigen.[1101] Denn eine erfolgreiche Sanierung setze die Fortführung der Gesellschaft bereits in der Phase der vorläufigen Eigenverwaltung voraus; diese sei jedoch nur möglich, wenn auch nach Stellung des Insolvenzantrags noch Zahlungen i.S.d. § 64 S. 1 GmbHG geleistet würden.[1102]

Nachfolgende Ausführungen sollen sich auf die Frage der Anwendbarkeit der Haftungstatbestände des § 64 GmbHG im Regelinsolvenzeröffnungsverfahren und eröffneten Regelinsolvenzverfahren sowie im Eigenverwaltungseröffnungsverfahren und eröffneten Eigenverwaltungsverfahren konzentrieren.

1099 Gesetz zur weiteren Erleichterung der Sanierung von Unternehmen (ESUG), BGBl. I 2011, 2582.

1100 Vgl. zum Streitstand betreffend die Frage einer unmittelbaren Außenhaftung des Geschäftsführers in der Eigenverwaltung *Gehrlein*, ZInsO 2017, 849 ff. und *Kleindiek* in: Lutter/Hommelhoff, § 64, Rn. 11 m.w.N.

1101 Vgl. BeckOK GmbHG Ziemons/Jaeger/*Mätzig*, § 64, Rn. 53; *Brinkmann*, DB 2012, 1369; *Schmidt/Poertzgen*, NZI 2013, 369 (375).

1102 *Siemon/Klein*, ZInsO 2012, 2009.

A. Anwendbarkeit des § 64 GmbHG im Regelinsolvenzeröffnungsverfahren

Die aus Anlass der Stärkung der Eigenverwaltung durch das ESUG[1103] aufgekommene Diskussion zur Anwendbarkeit des § 64 S. 1 GmbHG im vorläufigen und eröffneten Eigenverwaltungsverfahrens gebietet es, zunächst die Frage der Anwendbarkeit des § 64 GmbHG im Regelinsolvenzeröffnungsverfahren zu erörtern.

I. Anwendbarkeit des § 64 S. 1 GmbHG im Regelinsolvenzeröffnungsverfahren

1. Grammatikalische Auslegung

Die Haftung des Geschäftsführers gem. § 64 S. 1 GmbHG knüpft nach dessen Wortlaut an den *„Eintritt der Zahlungsunfähigkeit der Gesellschaft"* bzw. an die *„Feststellung ihrer Überschuldung"* an, wobei die *„Feststellung"* der Überschuldung gerade keine positive Kenntnis des Geschäftsführers erfordert oder gar in einer aufgestellten Überschuldungsbilanz ausgewiesen werden muss.[1104] Maßgeblich ist vielmehr die materielle Insolvenzreife der Gesellschaft.[1105]

Der Eintritt der materiellen Insolvenzreife wird jedoch durch die Stellung des Insolvenzantrags nicht beseitigt, so dass der Wortlaut des § 64 S. 1 GmbHG für eine Anwendung des dort normierten Zahlungsverbotes im Insolvenzeröffnungsverfahren in Bezug auf den Geschäftsführer der Gesellschaft spricht.[1106]

2. Teleologische Auslegung

Das Ergebnis der grammatikalischen Auslegung – Geltung des § 64 S. 1 GmbHG im Regelinsolvenzeröffnungsverfahren – wird durch Sinn und Zweck des § 64 S. 1 GmbHG bestätigt.

§ 64 S. 1 GmbHG verfolgt im Interesse aller Gläubiger der Gesellschaft das Ziel, masseschmälernde Zahlungen durch den Geschäftsführer präventiv durch

---

1103 Gesetz zur weiteren Erleichterung der Sanierung von Unternehmen (ESUG), BGBl. I 2011, 2582.

1104 BGHZ 143, 184 (185); BGH, ZIP 2008, 1229; *Kleindiek* in: Lutter/Hommelhoff, § 64, Rn. 15.

1105 BGH, WM 2000, 242 f.; BGHZ 163, 134 (141); BGH, NJW 2009, 2454 (2455); *Kleindiek* in: Lutter/Hommelhoff, § 64, Rn. 2; Scholz/*K. Schmidt*, § 64, Rn. 48; *Schmidt/Poertzgen*, NZI 2013, 369 (371).

1106 So auch *Thole/Brünkmans*, ZIP 2013, 1097 (1100).

eine Androhung der Haftung zu verhindern oder aber Sorge dafür zu tragen, dass durch Zahlungen des Geschäftsführers eingetretene Schmälerungen der (zukünftigen) Insolvenzmasse ausgeglichen werden.[1107] Hierdurch soll die in § 1 InsO angeordnete gemeinschaftliche Befriedigung der Gläubiger der Gesellschaft sichergestellt, eine bevorzugte Befriedigung einiger Gläubiger zu Lasten der übrigen verhindert werden.[1108]

In Anbetracht dieses Zwecks des § 64 S. 1 GmbHG vermag die von *K. Schmidt* vertretene und auf einen einheitlichen Haftungstatbestand des Wrongful Trading gestützte Auffassung, eine Haftung gem. § 64 S. 1 GmbHG scheide aus, wenn der Geschäftsführer der in § 15a Abs. 1 InsO statuierten Antragspflicht rechtzeitig nachgekommen sei,[1109] nicht zu überzeugen.[1110] Schließlich ist das Risiko, dass im Zeitraum zwischen Stellung des Insolvenzantrags und Verfahrenseröffnung zu Lasten der Gläubigergemeinschaft masseschmälernde Zahlungen erfolgen, in der Regel höher als vor der Antragsstellung. Denn durch die Stellung des Insolvenzantrags tritt die wirtschaftliche Lage der Gesellschaft offen zu Tage, so dass sich einzelne Gläubiger der Gesellschaft in der Praxis häufig veranlasst sehen, nach Möglichkeit eine bevorzugte Befriedigung vor den übrigen Gläubigern zu erlangen.[1111]

3. Zwischenergebnis

Im Ergebnis bleibt folglich festzuhalten, dass § 64 S. 1 GmbHG aufgrund seines Wortlautes und insbesondere seines Schutzzwecks grundsätzlich[1112] auch im Regelinsolvenzeröffnungsverfahren anwendbar ist.[1113]

1107 BGHZ 146, 264 (278); BGH, NZI 2010, 313; Baumbach/Hueck/*Haas*, § 64, Rn. 2 ff., 10; BeckOK GmbHG Ziemons/Jaeger/*Mätzig*, § 64, Rn. 4; *Kleindiek* in: Lutter/Hommelhoff, § 64, Rn. 4; MüKo-GmbHG/*Müller*, § 64, Rn. 1.

1108 BGHZ 146, 264 (278); BGH, NZI 2010, 313; Baumbach/Hueck/*Haas*, § 64, Rn. 2 ff., 10; BeckOK GmbHG Ziemons/Jaeger/*Mätzig*, § 64, Rn. 4; *M. Schmidt-Leithoff/Schneider* in: Rowedder/Schmidt-Leithoff, § 64, Rn. 14; *Kleindiek* in: Lutter/Hommelhoff, § 64, Rn. 4; *Smid*, ZInsO 2014, 1181 (1182); *Thole/Brünkmans*, ZIP 2013, 1097 (1100).

1109 Scholz/*K. Schmidt*, § 64, Rn. 25.

1110 A.A. *Blöse*, GmbHR 2012, 471 (474); *Brinkmann*, DB 2012, 1369; *Strohn*, NZG 2011, 1161 (1163).

1111 *Klinck*, DB 2014, 938 (939).

1112 Zu Ausnahmen siehe § 5 A.III.

1113 OLG Brandenburg, ZIP 2007, 724; Baumbach/Hueck/*Haas*, § 64, Rn. 85; BeckOK GmbHG Ziemons/Jaeger/*Mätzig*, § 64, Rn. 53; *Klinck*, DB 2014, 938 (939); MüKo-GmbHG/*Müller*, § 64, Rn. 151; *Schmidt/Poertzgen*, NZI 2013, 369 (373 f.).

II. Anwendbarkeit des § 64 S. 3 GmbHG im Regelinsolvenzeröffnungsverfahren

Soweit ersichtlich beschränkt sich die Diskussion der Anwendbarkeit der Haftungstatbestände des § 64 GmbHG nach Stellung des Insolvenzantrages bislang auf § 64 S. 1 GmbHG. Gleichwohl stellt sich ebenfalls die Frage der Anwendbarkeit der in § 64 S. 3 GmbHG normierten Haftung für zur Zahlungsunfähigkeit führende Zahlungen an Gesellschafter nach Stellung des Insolvenzantrags.

1. Grammatikalische Auslegung

Ebenso wie der Wortlaut des § 64 S. 1 GmbHG schränkt auch der Wortlaut des § 64 S. 3 GmbHG dessen Anwendbarkeit nach Stellung des Insolvenzantrags im Regelinsolvenzeröffnungsverfahren nicht ein. Die Haftung gem. § 64 S. 3 GmbHG setzt nämlich lediglich Zahlungen des Geschäftsführers voraus, *„soweit sie zur Zahlungsunfähigkeit der Gesellschaft führen mussten"*. Aus diesem Grund steht der Wortlaut des § 64 S. 3 GmbHG seiner Anwendbarkeit jedoch insofern entgegen, als zum Zeitpunkt der Zahlung eine Zahlungsunfähigkeit der Gesellschaft bereits eingetreten war. Bei einer bloßen Vertiefung einer bereits eingetretenen Zahlungsunfähigkeit nämlich findet § 64 S. 3 GmbHG bereits nach seinem Wortlaut keine Anwendung.[1114]

Der Begriff der Zahlungsunfähigkeit i.S.d. § 64 S. 3 GmbHG ist nach Auffassung der höchstrichterlichen Rechtsprechung nicht anders als im Rahmen des § 64 S. 1 GmbHG oder des § 17 Abs. 2 InsO zu verstehen.[1115] Dem ist zuzustimmen. Denn die Gesetzgebungsmaterialien des MoMiG[1116] geben keinen Anlass für die Vermutung, der Gesetzgeber habe in § 64 S. 3 GmbHG einen von § 64 S. 1 GmbHG und § 17 InsO abweichenden Begriff der Zahlungsunfähigkeit statuieren wollen.[1117]

Eine bereits eingetretene Überschuldung i.S.d. § 19 Abs. 2 InsO oder eine drohende Zahlungsunfähigkeit i.S.d. § 18 Abs. 2 InsO hingegen stehen nach dem Wortlaut des § 64 S. 3 GmbHG dessen Anwendbarkeit im Regelinsolvenzeröffnungsverfahren nicht entgegen. Schließlich besteht sowohl bei bereits

---

1114 BGH, NZG 2012, 1379 (1380); *Kleindiek*, BB 2013, 19.

1115 BGH, NZG 2012, 1379 (1380).

1116 Gesetz zur Modernisierung des GmbH-Rechts und zur Bekämpfung von Missbrauchen (MoMiG), BGBl. I 2008, 2026.

1117 BGH, NZG 2012, 1379 (1380); *Kleindiek* in: Lutter/Hommelhoff, § 64, Rn. 58; *ders.*, BB 2013, 19; für eine Korrektur des Begriffs der Zahlungsunfähigkeit bspw. *Dahl/Schmitz*, NZG 2009, 567 (569 f.); MüKo-GmbHG/*Müller*, § 64, Rn. 190; *Spliedt*, ZIP 2009, 149 (159 f.).

eingetretener Überschuldung als auch bei drohender Zahlungsunfähigkeit die Möglichkeit, dass Zahlungen an Gesellschafter *„zur Zahlungsunfähigkeit der Gesellschaft führen mussten"* und diese auch tatsächlich auslösen, wie es für die Haftung gem. § 64. S. 3 GmbHG erforderlich ist[1118].

Ist Zahlungsunfähigkeit zum Zeitpunkt der inkriminierten Zahlung im Sinne voriger Ausführungen noch nicht eingetreten, besteht folglich jedenfalls nach dem Wortlaut die Möglichkeit einer Haftung gem. § 64 S. 3 GmbHG auch dann wenn der Geschäftsführer zuvor bereits Antrag auf Eröffnung des Insolvenzverfahrens wegen eingetretener Überschuldung i.S.d. § 19 Abs. 2 InsO oder drohender Zahlungsunfähigkeit i.S.d. § 18 Abs. 2 InsO gestellt hat.

2. Teleologische Auslegung

Lässt also der Wortlaut des § 64 S. 3 GmbHG dessen Anwendung auch nach Stellung des Insolvenzantrages wegen eingetretener Überschuldung oder drohender Zahlungsunfähigkeit zu, ist anhand Sinn und Zweck des § 64 S. 3 GmbHG zu untersuchen, ob eine Anwendung des § 64 S. 3 GmbHG auch nach Stellung des Insolvenzantrags geboten ist.

Der übergeordnete Zweck der Regelung in § 64 S. 3 GmbHG liegt – wie bereits dargelegt – im Schutz der Gesamtheit der Gläubiger der Gesellschaft.[1119] Verhindert werden soll insbesondere auch der *„Abzug von Vermögenswerten, welche die Gesellschaft bei objektiver Betrachtung zur Erfüllung ihrer Verbindlichkeiten benötigt."*[1120] Erreicht werden soll dieser Schutz durch eine Ergänzung der Kapitalerhaltungsvorschriften der §§ 30, 31 GmbHG und der Anfechtungsregeln der §§ 129 ff. InsO sowie des AnfG.[1121] Darüber hinaus soll § 64 S. 3 GmbHG auch das zum Zeitpunkt seiner Einführung bereits bestehende und nunmehr in § 64 S. 1 GmbHG normierte Zahlungsverbot ergänzen.[1122] Liegen Sinn und Zweck des § 64 S. 3 GmbHG im Schutz der Gläubigergemeinschaft und der Verhinderung des Abzuges von Vermögenswerten, liegt es nahe, dessen

---

1118 Begr. RegE MoMiG, BT-Drucks. 16/6140, S. 46; *Kleindiek* in: Lutter/Hommelhoff, § 64, Rn. 54.

1119 Baumbach/Hueck/*Haas*, § 64, Rn. 11; *Kleindiek* in: Lutter/Hommelhoff, § 64, Rn. 48; *ders.*, GWR 2010, 75; Ulmer/*Casper*, § 64, Rn. 136; dies andeutend auch *M. Schmidt-Leithoff/Schneider* in: Rowedder/Schmidt-Leithoff,§ 64, Rn. 55.

1120 Begr. RegE MoMiG, BT-Drucks. 16/6140, S. 46.

1121 *Kleindiek* in: Lutter/Hommelhoff, § 64, Rn. 48; *M. Schmidt-Leithoff/Schneider* in: Rowedder/Schmidt-Leithoff, § 64, Rn. 55; Scholz/*K. Schmidt*, § 64, Rn. 79; Ulmer/*Casper*, § 64, Rn. 136.

1122 Begr. RegE MoMiG, BT-Drucks. 16/6140, S. 46.

Anwendbarkeit auch nach Stellung des Insolvenzantrags zu bejahen. Das Risiko zu Lasten der Gläubigergemeinschaft an Gesellschafter erfolgender Zahlungen mag zwar aufgrund des Umstandes, dass sich die Gesellschafter insbesondere in der Krise der Gesellschaft regelmäßig über deren wirtschaftliche Lage informiert halten, im Vorfeld der Antragstellung größer sein als nach erfolgter Antragstellung. Doch ist nicht auszuschließen, dass Gesellschafter auch nach der Antragstellung versuchen, ihren faktischen Einfluss auf die Geschäftsführer auszuüben, um Zahlungen zu Lasten der künftigen Insolvenzmasse an sich zu erreichen. Der Gesetzgeber des MoMiG hat jedoch hervorgehoben, dass § 64 S. 3 GmbHG das Zahlungsverbot gem. § 64 S. 1 GmbHG lediglich ergänzen soll.[1123] Mit der Einführung des § 64 S. 3 GmbHG werde *der Gefahr vorgebeugt, dass bei sich abzeichnender Zahlungsunfähigkeit von den Gesellschaftern Mittel entnommen werden.*[1124] Einer solchen, vom Gesetzgeber beabsichtigten, Vorbeugung bedarf es jedoch nur in solchen Konstellationen, die nicht bereits die Voraussetzungen des § 64 S. 1 GmbHG erfüllen. Denn nur in solchen Konstellationen besteht die Gefahr, dass im Vorfeld der materiellen Insolvenzreife von den Gesellschaftern Mittel entnommen werden und damit eine Schutzlücke vor der Anwendbarkeit des § 64 S. 1 GmbHG, die geschlossen werden müsste. Sind die Voraussetzungen des § 64 S. 1 GmbHG bereits erfüllt, besteht folglich für eine Eröffnung des Anwendungsbereichs des § 64 S. 3 GmbHG kein Bedarf.[1125] Aus Sinn und Zweck des § 64 S. 3 GmbHG folgt daher, dass dessen Anwendungsbereich nicht eröffnet ist, soweit die inkriminierte Zahlung bereits dem Zahlungsverbot des § 64 S. 1 GmbHG unterfällt.[1126]

Für § 64 S. 3 GmbHG verbleibt daher nach Stellung des Insolvenzantrags im Regelinsolvenzeröffnungsverfahren nur ein begrenzter Anwendungsbereich: das Regelinsolvenzeröffnungsverfahren auf Grundlage eines Eigenantrags des Schuldners ausschließlich wegen drohender Zahlungsunfähigkeit i.S.d. § 18 Abs. 2 InsO. Schließlich ist es für die Zulässigkeit eines Eröffnungsantrags durch einen Gläubiger des Schuldners gem. § 14 Abs. 1 InsO erforderlich, dass der Gläubiger insbesondere auch den Eröffnungsgrund glaubhaft macht. Zu beachten ist insofern, dass der Gläubiger seinen Eröffnungsantrag ausschließlich

---

1123 Begr. RegE MoMiG, BT-Drucks. 16/6140, S. 46.
1124 Begr. RegE MoMiG, BT-Drucks. 16/6140, S. 16.
1125 Vgl. für den Fall der bestehenden Zahlungsunfähigkeit BGH, NZG 2013, 1379 (1380); *Kleindiek* in: Lutter/Hommelhoff, § 64, Rn. 56.
1126 Baumbach/Hueck/*Haas*, § 64, Rn. 133; a.A. MüKo-GmbHG/*Müller*, § 64, Rn. 177; *Schult*, GWR 2012, 549 (550).

auf die Eröffnungsgründe der Überschuldung i.S.d. § 19 Abs. 2 InsO und der Zahlungsunfähigkeit i.S.d. § 17 Abs. 2 InsO stützen kann.[1127]

Im Fall des Eigenantrags durch den Schuldner muss dieser für die Zulässigkeit des Antrags in substantiierter und nachvollziehbarer Form das Vorliegen eines Eröffnungsrundes darlegen; eine Glaubhaftmachung ist nicht erforderlich.[1128] Anders als seine Gläubiger kann der Insolvenzschuldner seinen Eröffnungsantrag gem. § 18 Abs. 1 InsO auch auf die bloß drohende Zahlungsunfähigkeit stützen. Zu beachten ist in diesem Zusammenhang jedoch, dass die Prüfung drohender Zahlungsunfähigkeit i.S.d. § 18 Abs. 2 InsO und die Feststellung des Vorliegens einer positiven Fortbestehensprognose im Rahmen der Prüfung des Tatbestandes der Überschuldung i.S.d. § 19 Abs. 2 InsO auf einem gleichen Prüfungsstandard aufbauen, nämlich einer Zahlungsfähigkeitsprognose, da auch die Fortbestehensprognose i.S.d. § 19 Abs. 2 InsO jedenfalls eine Zahlungsfähigkeitsprognose ist.[1129] Aus diesem Grund wird die positive Fortbestehensprognose i.S.d. § 19 Abs. 2 InsO regelmäßig bereits bei drohender Zahlungsunfähigkeit entfallen,[1130] mit der Folge, dass Überschuldung i.S.d. § 19 Abs. 2 InsO nur dann zu verneinen wäre, wenn keine bilanzielle Überschuldung eingetreten ist.

3. Zwischenergebnis

Aufgrund seines Wortlautes und seines Schutzzwecks ist § 64 S. 3 GmbHG grundsätzlich[1131] auch im Regelinsolvenzeröffnungsverfahren anwendbar, sofern zum Zeitpunkt der Zahlung nicht bereits die Zahlungsunfähigkeit der Gesellschaft i.S.d. § 17 Abs. 2 InsO oder deren Überschuldung i.S.d. § 19 Abs. 2 InsO eingetreten ist.

III. Auswirkung insolvenzgerichtlicher Sicherungsmaßnahmen

Wenngleich die Anwendbarkeit der Regelungen der § 64 S. 1, 3 GmbHG im Regelinsolvenzeröffnungsverfahren aus Gründen des Gläubigerschutzes geboten ist, müssen im Rahmen der konkreten Anwendung der Haftungstatbestände

---

1127 HambKomm/*Linker,* § 14, Rn. 23; MüKo-InsO/*Schmahl/Vuia,* § 14, Rn. 73 ff.; Nerlich/Römermann/*Mönning,* § 14, Rn. 54.

1128 BGH, ZInsO 2007, 887; K. Schmidt/*Gundlach,* § 13, Rn. 9; HambKomm/*Linker,* § 13, Rn. 27; Uhlenbruck/*Wegener,* § 13, Rn. 97.

1129 Baumbach/Hueck/*Haas,* Vor § 64, Rn. 33, 36 ff.; HambKomm/*Schröder,* § 19, Rn. 14; *Kleindiek* in: Lutter/Hommelhoff, Anh zu § 64, Rn. 34; MüKo-InsO/*Drukarczyk/Schüler,* § 19, Rn. 145; Uhlenbruck/*Mock,* § 19, Rn. 213.

1130 HambKomm/Schröder, § 19, Rn. 14; MüKo-InsO *Drukarczyk/Schüler,* § 19, Rn. 145.

1131 Zu Ausnahmen siehe § 5 A.III.

Auswirkungen etwaiger Sicherungsmaßnahmen des Insolvenzgerichts gem. §§ 21, 22 InsO berücksichtigt werden, die eine Anwendbarkeit unter Umständen ausschließen können.

Für die grundsätzliche Anwendbarkeit der in § 64 GmbHG normierten Haftungstatbestände können insofern nur solche Maßnahmen Relevanz haben, die Einfluss auf die Verfügungsbefugnisse des Geschäftsführers haben. Ausschließlich solche Maßnahmen sind geeignet, Zahlungen der Geschäftsführer zu Lasten der Masse zu verhindern. Zu untersuchen ist daher, ob die Anordnung eines allgemeinen Verfügungsverbotes gem. § 21 Abs. 2 Nr. 2 1. Alt. InsO oder eines Zustimmungsvorbehaltes gem. § 21 Abs. 2 Nr. 2 2. Alt. InsO (jeweils in Verbindung mit der Bestellung eines vorläufigen Insolvenzverwalters gem. § 21 Abs. 2 Nr. 1 InsO) Auswirkungen auf die grundsätzliche Anwendbarkeit der Regelungen des § 64 S. 1, 3 GmbHG haben. Nur diese Maßnahmen lösen über die Verweisung in § 24 Abs. 1 InsO die in §§ 81, 82 InsO normierten Rechtsfolgen hinsichtlich Verfügungen des Schuldners, § 81 InsO, und Leistungen an den Schuldner, § 82 InsO, aus.

1. Anordnung eines allgemeinen Verfügungsverbotes

§ 21 Abs. 2 Nr. 2 1. Alt. InsO ermöglicht es dem Insolvenzgericht, dem Schuldner nach Maßgabe der §§ 23, 24 InsO ein allgemeines Verfügungsverbot aufzuerlegen. Während es im Rahmen der Anordnung von Zustimmungsvorbehalten gem. § 21 Abs. 2 Nr. 2 2. Alt. InsO unstreitig ist, dass deren Anordnung zwingend mit der Bestellung eines vorläufigen (dann schwachen) Insolvenzverwalters einhergehen muss,[1132] besteht Uneinigkeit, ob auch mit der Anordnung eines allgemeinen Verfügungsverbotes gem. § 21 Abs. 2 Nr. 2 1. Alt. InsO zwingend die Bestellung eines vorläufigen (dann starken) Insolvenzverwalters einhergehen muss.

Gegen das Erfordernis einer zwingenden Bestellung eines vorläufigen Insolvenzverwalters im Fall der Anordnung eines allgemeinen Verfügungsverbotes gem. § 21 Abs. 2 Nr. 2 1. Alt. InsO wird eingewandt, bei der Entscheidung des Insolvenzgericht, ob und wenn ja welche Sicherungsmaßnahmen es im Insolvenzeröffnungsverfahren anordne und gegebenenfalls miteinander kombiniere, handele es sich um eine Ermessenentscheidung.[1133] Für dieses Argument streitet

---

1132 Graf-Schlicker/*Voß*, § 21, Rn. 15; HK-InsO/*Rüntz*, § 21, Rn. 16; MüKo-InsO/*Haarmeyer*, § 21, Rn. 67; Uhlenbruck/*Vallender*, § 21, Rn. 24.
1133 OLG Jena, NZI 2000, 271; AG Göttingen, NZI 1999, 330 (331); Uhlenbruck/*Vallender*, § 21, Rn. 18.

der Wortlaut des § 21 Abs. 2 InsO, nach dem das Insolvenzgericht die in § 21 Abs. 2 Nr. 1–5 InsO aufgeführten Maßnahmen treffen „kann".

Die besseren Argumente sprechen indes dafür, auch im Rahmen der Anordnung eines allgemeinen Verfügungsverbotes gem. § 21 Abs. 2 Nr. 2 1. Alt. InsO zwingend die Bestellung eines vorläufigen Insolvenzverwalters für erforderlich zu halten.[1134] Zunächst muss für den Fall, dass dem Schuldner ein allgemeines Verfügungsverbot auferlegt worden ist, sichergestellt werden, dass eine andere verfügungsbefugte Person existiert, die im Eröffnungsverfahren die Rechte für den Schuldner wahrnimmt.[1135] Dies ist jedoch nur dann sichergestellt, wenn die Verfügungsbefugnis gem. § 22 Abs. 1 InsO auf den vorläufigen (starken) Insolvenzverwalter übergeht.

Darüber hinaus gehen auch die Gesetzgebungsmaterialien zu § 21 InsO von einer zwingenden Verknüpfung der Anordnung eines allgemeinen Verfügungsverbots mit der Bestellung eines vorläufigen Insolvenzverwalters aus, wenn es dort zu § 25 RegE-InsO heißt:

„In Absatz 2 werden die wichtigsten Sicherungsmaßnahmen aufgezählt. Die Bestellung eines vorläufigen Insolvenzverwalters (Nummer 1) und die Anordnung eines allgemeinen Verfügungsverbots oder allgemeiner Verfügungsbeschränkungen für den Schuldner (Nummer 2) dienen dazu, Vermögensverluste durch Handlungen des Schuldners zu verhindern; sie umfassen auch das Vermögen, das der Schuldner nach Anordnung der Sicherungsmaßnahmen erwirbt."[1136]

Aus der Begründung zu § 25 RegE-InsO ergibt sich mithin zum einen, dass die Anordnung eines allgemeinen Verfügungsverbotes ebenso wie die Anordnung eines Zustimmungsvorbehaltes durch die Verwendung des Wortes „und" mit der Bestellung eines vorläufigen Insolvenzverwalters verknüpft wird.[1137] Zum anderen umfassen „sie", also beide Sicherungsmaßnahmen, nach der Begründung zu § 25 RegE-InsO auch das Vermögen, welches der Schuldner nach Anordnung der Sicherungsmaßnahmen erwirbt. Im Falle der Anordnung eines allgemeinen Verfügungsverbotes, das gem. §§ 24 Abs. 1, 82 InsO schuldbefreiende Leistungen unmittelbar an den Schuldner unterbinden soll, wäre der rechtsgeschäftliche wirksame Erwerb weiteren Vermögens durch den Schuldner

---

1134 Graf-Schlicker/*Voß*, § 21, Rn. 13; MüKo-InsO/*Haarmeyer*, § 21, Rn. 46; Nerlich/Römermann/*Mönning*, § 21, Rn. 153 f.; *Smid*, WM 1995, 785; a.A. OLG Jena, NZI 2000, 271; AG Göttingen, NZI 1999, 330 (331); HambKomm/*Schröder*, § 21, Rn. 40.
1135 Graf-Schlicker/*Voß*, § 21, Rn. 13; MüKo-InsO/*Haarmeyer*, § 21, Rn. 46; Nerlich/Römermann/*Mönning*, § 21, Rn. 153.
1136 Begr. RegE InsO, BT-Drucks. 12/2443, S. 116.
1137 Nerlich/Römermann/*Mönning*, § 21, Rn. 154.

jedoch nur möglich, wenn die Ausnahmeregelung des § 82 InsO erfüllt ist. Auf diese Ausnahmemöglichkeit weist die Gesetzesbegründung jedoch gerade nicht hin, so dass davon auszugehen ist, dass der Gesetzgeber der InsO auf etwaiges durch den vorläufigen Insolvenzverwalter für den Schuldner erworbenes Vermögen abstellen wollte.

Ist aufgrund der dargelegten Argumente davon auszugehen, dass die Anordnung eines allgemeinen Verfügungsverbotes gem. § 21 Abs. 2 Nr. 2 1. Alt. InsO zwingend die Bestellung eines vorläufigen Insolvenzverwalters voraussetzt, folgt aus § 22 Abs. 1 S. 1 InsO der Übergang der Verwaltungs- und Verfügungsbefugnis über das Vermögen des Schuldners auf den vorläufigen (starken) Insolvenzverwalter. Diesem obliegt gem. § 22 Abs. 1 S. 2 Nr. 1 InsO die Sicherung und Erhaltung des Vermögens des Schuldners, wofür er gem. §§ 21 Abs. 2 Nr. 1, 60 InsO auch haftet.

Mit der Bestellung eines vorläufigen starken Insolvenzverwalters geht folglich die Verantwortung für den Erhalt der Insolvenzmasse auf diesen über. Der bis zu diesem Zeitpunkt für den Erhalt der Masse gem. § 64 GmbHG verantwortliche Geschäftsführer hingegen hat die Verfügungsbefugnis über das Vermögen des Schuldners verloren und hat keinerlei Möglichkeiten, auf die Masse einzuwirken. Aus diesem Grund ist es gerechtfertigt, die Anwendbarkeit der Haftungstatbestände des § 64 GmbHG ab dem Zeitpunkt zu verneinen, in dem der vorläufige starke Insolvenzverwalter die Verfügungs- und Verwaltungsbefugnis hinsichtlich des Vermögens des Schuldners übernimmt. Ab diesem Zeitpunkt sind dem Geschäftsführer des Schuldners etwaige Zahlungen nämlich nicht mehr zurechenbar.[1138] Eines Schutzes der Gläubiger durch die Regelungen des § 64 GmbHG bedarf es ab diesem Zeitpunkt nicht mehr, da den allein verfügungsbefugten vorläufigen starken Insolvenzverwalter die Haftungsandrohung gem. §§ 21 Abs. 2 Nr. 1, 60 InsO trifft.[1139]

2. Anordnung eines Zustimmungsvorbehaltes

Fraglich ist, ob auch die bloße Anordnung eines Zustimmungsvorbehaltes gem. § 21 Abs. 2 Nr. 2 2. Alt. InsO der Anwendbarkeit der in § 64 normierten Zahlungsverbote entgegensteht.

1138 Baumbach/Hueck/*Haas*, § 64, Rn. 85; BeckOK GmbHG Ziemons/Jaeger/*Mätzig*, § 64, Rn. 55; im Ergebnis auch *Haas/Kolmann/Pauw* in: Gottwald, Insolvenzrechtshandbuch, § 92, Rn. 171; *Thole/Brünkmans*, ZIP 2013, 1097 (1100); so im Ergebnis auch OLG Brandenburg, ZInsO 2016, 852 (856).

1139 So auch im Ergebnis OLG Brandenburg, ZInsO 2016, 852 (856); A.A. *Schmidt/ Poertzgen*, NZI 2013, 369 (374).

a) Anwendbarkeit des § 64 GmbHG trotz Anordnung eines Zustimmungsvorbehaltes

Im Gegensatz zur Bestellung eines starken vorläufigen Insolvenzverwalters verbleiben die Verwaltungs- und Verfügungsbefugnisse hinsichtlich des Vermögens des Schuldners bei der Bestellung eines vorläufigen Insolvenzverwalters bei bloßer Anordnung eines Zustimmungsvorbehaltes gem. § 21 Abs. 2 Nr. 2 2. Alt. InsO beim Schuldner,[1140] im Fall der GmbH mithin faktisch bei deren Geschäftsführer. Gleichzeitig wird über die Verweisung in § 24 Abs. 1 InsO in Bezug auf die Wirkungen der Verfügungsbeschränkung sichergestellt, dass Verfügungen des Schuldners analog § 81 InsO ohne Zustimmung des vorläufigen Insolvenzverwalters unwirksam sind und Zahlungen an den Schuldner analog § 82 InsO ebenfalls der Zustimmung des vorläufigen Insolvenzverwalters bedürfen, um schuldbefreiend erfolgen zu können. Eine Ausnahme gilt insofern lediglich für den gutgläubig Leistenden, § 82 InsO, bzw. für den gutgläubigen Erwerb von Grundstücken, Schiffen und Schiffbauwerken sowie Luftfahrzeugen, § 81 Abs. 1 InsO.

Aus dieser Kompetenzverteilung folgt, dass der vorläufige schwache Insolvenzverwalter ohne Verfügungsbefugnisse zwar die Wirksamkeit von Verfügungen des Schuldners durch Verweigerung seiner diesbezüglichen Zustimmung verhindern kann, er jedoch nicht in der Lage ist, in die Organisation des Schuldners einzugreifen. Insbesondere steht ihm kein Direktionsrecht gegenüber Arbeitnehmern des Schuldners zu, um so über die Ausübung eines solchen Rechts Weisungen hinsichtlich der Leistung etwaiger Zahlungen Einfluss nehmen zu können; denn ohne Übernahme der Verwaltungs- und Verfügungsbefugnisse kann er Rechte aus den Arbeitsverhältnissen nicht ausüben.[1141] Vielmehr ist er auf eine reine Aufsichtsfunktion beschränkt.[1142]

Die Haftung des vorläufigen schwachen Insolvenzverwalters gem. §§ 21 Abs. 2 Nr. 1, 60 InsO beschränkt sich daher hinsichtlich etwaiger Masseschmälerungen auf den Ersatz von Schäden, die durch nicht mit der Sorgfalt eines ordentlichen und gewissenhaften Insolvenzverwalters zu vereinbarenden Zustimmungen zu Verfügungen des Schuldners oder durch eine nicht hinreichende Aufsicht zur Verhinderung von für die Insolvenzmasse nachteiliger

---

1140 Graf-Schlicker/*Kirchhof*, § 21, Rn. 16.

1141 Graf-Schlicker/*Voß*, § 22, Rn. 21; MüKo-InsO/*Haarmeyer*, § 22, Rn. 32; die Verwaltungs- und Verfügungsbefugnis umfasst die Wahrnehmung der sich aus Arbeitsverhältnissen ergebenden Rechte und Pflichten, HK-InsO/*Kayser*, § 80 Rn. 53.

1142 MüKo-InsO/*Haarmeyer*, § 22, Rn. 32; Nerlich/Römermann/*Mönning*, § 22, Rn. 214.

Verfügungen des Schuldners verursacht worden sind.[1143] Schließlich orientiert sich die Haftung an den dem vorläufigen Insolvenzverwalter übertragenen Pflichten.[1144]

In Fällen, in denen eine Zahlung im Sinne des § 64 GmbHG durch den Geschäftsführer des Schuldners ohne die Zustimmung des vorläufigen Insolvenzverwalters vorgenommen wird, ist die Zahlung zwar gem. §§ 24 Abs. 1, 81 Abs. 1 InsO unwirksam;[1145] rein faktisch führt sie gleichwohl zunächst zu einer unmittelbaren Schmälerung der Masse und somit zu einer Gefährdung des Schutzzwecks des § 64 GmbHG, der gleichmäßigen Befriedigung der Gläubigergesamtheit. Aus diesem Grund ist eine entsprechende Haftung der die Zahlung verantwortenden Person, des die Verfügungsbefugnis ausübenden Geschäftsführers des Schuldners, gem. § 64 GmbHG erforderlich.[1146] Dieses Ergebnis trägt auch der Appellfunktion des § 64 GmbHG Rechnung: Allein der Geschäftsführer ist im Fall der Anordnung eines bloßen Zustimmungsvorbehaltes gem. § 21 Abs. 2 Nr. 2 2. Alt. InsO in der Lage, gegen die in § 64 GmbHG statuierten Zahlungsverbote zu verstoßen. Spiegelbildlich ist auch nur er in der Lage, durch geeignete Sicherungsmaßnahmen Verstöße zu verhindern.

Selbst wenn der vorläufige Insolvenzverwalter die gem. § 21 Abs. 2 Nr. 2 2. Alt. InsO erforderliche Zustimmung zu einer Zahlung im Sinne des § 64 GmbHG erteilt hat, ist eine originäre Haftung des Geschäftsführers gem. § 64 GmbHG grundsätzlich geboten. Zwar haftet der die Zustimmung erteilende vorläufige Insolvenzverwalter für nicht mit der Sorgfalt eines ordentlichen und gewissenhaften Insolvenzverwalters erteilte Zustimmungen gem. §§ 21 Abs. 2 Nr. 1, 60 Abs. 1 InsO, doch dürfte eine solche Haftung ausgeschlossen sein, wenn dieser, für ihn nicht erkennbar, durch den Geschäftsführer des Schuldners (bewusst oder unbewusst) fehlerhaft über die Umstände der Zahlung unterrichtet worden ist. Zur Vermeidung von Schutzlücken bedarf es daher auch bei erteilter Zustimmung des vorläufigen (schwachen) Insolvenzverwalters grundsätzlich der Anwendbarkeit der Zahlungsverbote des § 64 GmbHG.

1143 Vgl. HK-InsO/*Lohmann*, § 60, Rn. 25;

1144 HambKomm/*Weitzmann*, § 60, Rn. 45; HK-InsO/*Lohmann*, § 60, Rn. 24; Nerlich/Römermann/*Rein*, § 60, Rn. 8; Uhlenbruck/*Vallender*, § 22, Rn. 308.

1145 Graf-Schlicker/*Voß*, § 24, Rn. 2, HambKomm/*Schröder*, § 24, Rn. 2; HK-InsO/*Rüntz*, § 24, Rn. 4; MüKo-InsO/ *Haarmeyer*, § 21, Rn. 65; Uhlenbruck/*Vallender*, § 21, Rn. 25;

1146 Mit identischem Ergebnis auch *Haas/Kolmann/Pauw* in: Gottwald, Insolvenzrechtshandbuch, § 92, Rn. 171; *Schmidt/Poertzgen*, NZI 2013, 369 (374).

b) Privilegierung von Zahlungen entgegen dem Zahlungsverbot des § 64 S. 1 GmbHG

Zu untersuchen ist indes, ob die Zustimmung des vorläufigen (schwachen) Insolvenzverwalters gem. § 21 Abs. 2 Nr. 2 2. Alt. InsO zu einer an sich dem Zahlungsverbot des § 64 S. 1 GmbHG unterfallenden Zahlung grundsätzlich zu einer Privilegierung der Zahlung gem. § 64 S. 2 GmbHG führt.[1147]

Nach der Regelung des § 64 S. 2 GmbHG tritt die Ersatzpflicht gem. § 64 S. 1 GmbHG nicht ein, wenn die Zahlung bzw. die sonstige Masseschmälerung mit der Sorgfalt eines ordentlichen Geschäftsmannes vereinbar ist. Maßgeblich für den Maßstab der von den Geschäftsführern anzuwendenden Sorgfalt ist der übergeordnete Zweck des § 64 S. 1 GmbHG, der im Schutz der Gesamtheit der Gläubiger der Gesellschaft liegt.[1148]

Der Sorgfaltsmaßstab für nach Eintritt der materiellen Insolvenzreife geleistete Zahlungen im Sinne des § 64 S. 1 GmbHG richtet sich daher nach dem Interesse der Gläubigergemeinschaft.[1149] Aus diesem Grund sollen insbesondere Zahlungen, die auch von einem pflichtgemäß handelnden (vorläufigen) Insolvenzverwalter geleistet würden, gem. § 64 S. 2 GmbHG privilegiert sein.[1150] Hieraus kann jedoch nicht geschlossen werden, dass allein die Zustimmung des vorläufigen Insolvenzverwalters in jedem Fall zu einer Privilegierung i.S.d. § 64 S. 2 GmbHG führt. Denn allein die Zustimmung des vorläufigen Insolvenzverwalters gewährleistet noch nicht, dass die Zahlung auch tatsächlich der Sorgfalt eines ordentlichen Geschäftsmannes entspricht, ohne dass dies zu einer Haftung des vorläufigen Insolvenzverwalters gem. §§ 21 Abs. 2 Nr. 1, 60 InsO führt. Schließlich besteht die Gefahr, dass die Zustimmung des vorläufigen (schwachen) Insolvenzverwalters

---

1147 So – ohne Begründung – Baumbach/Hueck/*Haas*, § 64, Rn. 85; Saenger/Inhester/ *Kolmann*, § 64, Rn. 50; *Schmidt/Poertzgen*, NZI 2013, 369 (374).

1148 BGHZ 146, 264 (278); BGH, NZI 2010, 313; Baumbach/Hueck/*Haas*, § 64, Rn. 2, 10; BeckOK GmbHG Ziemons/Jaeger/*Mätzig*, § 64, Rn. 4; *Kleindiek* in: Lutter/Hommel- hoff, § 64, Rn. 4; MüKo-GmbHG/*Müller*, § 64, Rn. 1.

1149 BGHZ 146, 264; Baumbach/Hueck/*Haas*, § 64, Rn. 88 f.; *Geissler*, GmbHR 2016, 1130 (1133); *Hofmann* in: HRI, § 7, Rn. 206; *Kleindiek* in: Lutter/Hommelhoff, § 64, Rn. 33.

1150 BGHZ 146, 264 (275); OLG Celle, GmbHR 2004, 568 (570); OLG Koblenz, GmbHR 2015, 357 (363); OLG München, GmbHR 2014, 139 (142); Bork/Schäfer/*Bork*, § 64, Rn. 22; *Hofmann* in: HRI, § 7, Rn. 207; *Kleindiek* in: Lutter/Hommelhoff, § 64, Rn. 34; Saenger/Inhester/*Kolmann*, § 64, Rn. 46; Ulmer/*Casper*, § 64, Rn. 117; kritisch hierzu Baumbach/Hueck/*Haas*, § 64, Rn. 93, der hierin allenfalls ein schwaches Indiz für die Privilegierung erblicken will.

auf einer unzutreffenden Tatsachengrundlage erteilt wird, beispielsweise, wenn der vorläufige (schwache) Insolvenzverwalter für diesen nicht erkennbar durch den Geschäftsführer des Schuldners (bewusst oder unbewusst) fehlerhaft über die Umstände der Zahlung unterrichtet worden ist.

Unterrichtet der Geschäftsführer den, die Zustimmung gem. § 21 Abs. 2 Nr. 2 2. Alt. InsO erteilenden, vorläufigen (schwachen) Insolvenzverwalter hingegen zutreffend und erteilt dieser seine Zustimmung zu der beabsichtigten Zahlung, wird die Zustimmung zumindest dazu führen, dass sich die in § 64 S. 2 GmbHG zu Lasten des Geschäftsführers statuierte Vermutung der Pflichtwidrigkeit zu seinen Gunsten dreht.[1151]

c) Privilegierung von Zahlungen entgegen dem Zahlungsverbot des § 64 S. 3 GmbHG

Soweit § 64 S. 3 GmbHG nach Stellung des Insolvenzantrags anwendbar ist[1152], ist zu erörtern, ob die Zustimmung des vorläufigen (schwachen) Insolvenzverwalters gem. § 21 Abs. 2 Nr. 2 2. Alt. InsO zu einer an sich dem Zahlungsverbot des § 64 S. 3 GmbHG unterfallenden Zahlung zwingend zur Exkulpation des Geschäftsführers gem. § 64 S. 3 2. Hs. GmbHG führt.

Im Rahmen der dem Geschäftsführer gem. § 64 S. 3 2. Hs. GmbHG möglichen Exkulpation ist entscheidend, ob der Geschäftsführer bei Anwendung der objektiven Sorgfalt erkennen konnte, dass die Zahlung zur Zahlungsunfähigkeit der Gesellschaft führen musste.[1153]

Allein die Zustimmung des vorläufigen (schwachen) Insolvenzverwalters zu einer Zahlung, die zur Zahlungsunfähigkeit der Gesellschaft i.S.d. § 64 S. 3 GmbHG führen musste, ist indes kein Beleg dafür, dass diese Auswirkung der Zahlung bei Anwendung objektiver Sorgfalt nicht erkennbar war. Die Zustimmung indiziert lediglich, dass auch der die Zustimmung erteilende vorläufige (schwache) Insolvenzverwalter die Auswirkung der Zahlung nicht erkannt hat. Vor diesem Hintergrund erscheint es allenfalls gerechtfertigt, auch im Rahmen der Exkulpationsmöglichkeit des § 64 S. 3 2. Hs. GmbHG aufgrund der der Zustimmung des vorläufigen (schwachen) Insolvenzverwalters widerlegbar zugunsten des Geschäftsführers zu

---

1151 Noch weitergehend Baumbach/Hueck/*Haas*, § 64, Rn. 85; Saenger/Inhester/*Kollmann*, § 64, Rn. 50; *Schmidt/Poertzgen*, NZI 2013, 369 (374), die in der Zustimmung eine definitive Privilegierung erblicken.

1152 Vgl. hierzu die Ausführungen zu § 5 A.II.

1153 Begr. RegE MoMiG, BT-Drucks. 16/6140, S. 47; Baumbach/Hueck/*Haas*, § 64, Rn. 137 f.; Bork/Schäfer/*Bork*, § 64, Rn. 59; *Kleindiek* in: Lutter/Hommelhoff, § 64, Rn. 65; Ulmer/*Casper*, § 64, Rn. 152.

vermuten, dass dieser die Folgen der Zahlung anhand des Maßstabes eines ordentlichen Geschäftsmanns[1154] nicht erkennen konnte.

IV. Konsequenzen für die Haftungsadressaten

Für die primären Adressaten der Haftung des § 64GmbHG sowie mögliche faktische Geschäftsführer der GmbH bedeuten die dargelegten Grundsätze, dass sie auch nach Stellung des Insolvenzantrages keinen *„Freibrief (erhalten), die Masse nach eigener Willkür an einzelne Gläubiger zu verteilen."*[1155]

Die Mitglieder eines obligatorischen Aufsichtsrates der GmbH haften dementsprechend auch im Regelinsolvenzeröffnungsverfahren für eine nicht hinreichende Überwachung der Geschäftsführung in Bezug auf gegen die in § 64 GmbHG statuierten Zahlungsverbote.

B. Anwendbarkeit des § 64 GmbHG im eröffneten Regelinsolvenzverfahren

Ist die Anwendbarkeit der Haftungstatbestände des § 64 GmbHG im Regelinsolvenzeröffnungsverfahren nach den oben dargelegten Maßgaben zu bejahen, stellt sich die Frage nach deren Geltung in Bezug auf die Geschäftsführer im eröffneten Regelinsolvenzverfahren.

Während das OLG Hamm[1156] und ein Teil des wissenschaftlichen Schrifttums[1157] auch nach Eröffnung des Regelinsolvenzverfahrens die Anwendbarkeit der in § 64 GmbHG statuierten Haftungstatbestände befürworten, wird eine solche von der überwiegenden Meinung[1158] im wissenschaftlichen Schrifttum abgelehnt.

Für eine Anwendung des jetzt in § 64 S. 1 GmbHG normierten Zahlungsverbots im eröffneten Regelinsolvenzverfahren wurde zu § 64 Abs. 2 GmbHG a.F. angeführt, Sinn und Zweck der Vorschrift würden es rechtfertigen, auch Handlungen des Geschäftsführers nach Eröffnung des Insolvenzverfahrens vom

---

1154 Vgl. zum Maßstab der Exkulpation gem. § 64 S. 3 2. Hs. GmbHG *Kleindiek* in: Lutter/ Hommelhoff, § 64, Rn. 65.

1155 *Klinck*, DB 2014, 938 (939).

1156 OLG Hamm, ZIP 1980, 280 (281) zu § 64 Abs. 2 GmbHG a.F.

1157 Michalski (2. Auflage)-*Nerlich*, § 64, Rn. 45.

1158 *Flöther* in: HRI, § 18, Rn. 22; *Geißler*, GmbHR 2011, 907 (911); Michalski-*Nerlich*, § 64, Rn. 18; MüKo-GmbHG/*Müller*, § 64, Rn. 151; *Schmidt/Poertzgen*, NZI 2013, 369 (376); *M. Schmidt-Leithoff/Schneider* in: Rowedder/Schmidt-Leithoff, § 64, Rn. 18; so auch – ohne Begründung – OLG Brandenburg, ZInsO 2016, 852 (856).

Anwendungsbereich des § 64 S. 1 GmbHG zu erfassen. Zwar könne der Geschäftsführer im allgemeinen nach Eröffnung des Insolvenzverfahrens wegen des Übergangs des Verwaltungs- und Verfügungsrechts nicht mehr gegen das Zahlungsverbot verstoßen, *„weil Zahlungen und Begründung neuer Verbindlichkeiten im Hinblick auf §§ 6 u 7 KO unwirksam"*[1159] seien, doch sei ein Schadenseintritt möglich, wenn Zahlungen nicht zurückerlangt werden könnten.[1160]

Der Auffassung, die eine Anwendung der Regelungen des § 64 S. 1, 3 GmbHG im eröffneten Regelinsolvenzverfahren verneint, ist zuzustimmen. Zwar lassen die Regelungen des § 64 S. 1 GmbHG und des § 64 S. 3 GmbHG ihrem jeweiligen Wortlaut nach deren Anwendbarkeit – im Fall des § 64 S. 3 GmbHG eingeschränkt für das Vorliegen ausschließlich drohender Zahlungsunfähigkeit – im eröffneten Regelinsolvenzverfahren ebenfalls zu. Mit der Eröffnung des Regelinsolvenzverfahrens gehen die Verwaltungs- und Verfügungsbefugnisse hinsichtlich des Vermögens des Insolvenzschuldners jedoch gem. § 80 Abs. 1 InsO auf den Insolvenzverwalter über. Dieser hat die Masse gem. § 148 InsO in Beschlag zu nehmen und gem. § 159 InsO bestmöglich zur gleichmäßigen Befriedigung der Gläubigergesamtheit, § 1 InsO, zu verwerten.[1161] Für die Erfüllung dieser Pflichten haftet der Insolvenzverwalter gem. § 60 InsO persönlich sowohl gegenüber der Gläubigergesamtheit[1162] wie auch gegenüber dem einzelnen Gläubiger.[1163]

Sofern der Schaden, wie in dem vom OLG Hamm[1164] zu beurteilenden Sachverhalt, dadurch verursacht wird, dass der Geschäftsführer den ihm gem. § 101 InsO i.V.m. § 97 InsO obliegenden Auskunfts- und Mitwirkungsrechten nicht hinreichend nachkommt, so dass der Insolvenzverwalter daran gehindert wird, einen Miet- oder Pachtvertrag gem. § 109 InsO mit Wirkung für die Zukunft zu kündigen, bedarf es ebenfalls keines Rückgriffs auf § 64 S. 1 GmbHG. Schließlich

---

1159 OLG Hamm, ZIP 1980, 280 (281).
1160 OLG Hamm, ZIP 1980, 280 (281); *König*, Die Haftung bei der Eigenverwaltung, S. 208.
1161 BGH, NJW 1973, 1198; Graf-Schlicker/*Webel*, § 60, Rn. 9; HambKomm/*Weitzmann*, § 60, Rn. 11; HK-InsO/*Lohmann*, § 60, Rn. 9, 14.
1162 Graf-Schlicker/*Webel*, § 60, Rn. 8; HambKomm/*Weitzmann*, § 60, Rn. 2; HK-InsO/*Lohmann*, § 60, Rn. 5; MüKo-InsO/*Brandes/Schoppmeyer*, § 60, Rn. 116; Nerlich/Römermann/*Rein*, § 60, Rn. 91; Uhlenbruck/*Sinz*, § 60, Rn. 119 ff
1163 HambKomm/*Weitzmann*, § 60, Rn. 2; HK-InsO/*Lohmann*, § 60, Rn. 5; MüKo-InsO/*Brandes/Schoppmeyer*, § 60, Rn. 117 f.; Nerlich/Römermann/*Rein*, § 60, Rn. 95; Uhlenbruck/*Sinz*, § 60, Rn. 122 ff.
1164 OLG Hamm, ZIP 1980, 280 (281).

endet nach zutreffender Auffassung die organschaftliche Pflichtenstellung des Geschäftsführers nicht mit der Eröffnung des Insolvenzverfahrens.[1165] Hieraus folgt die Anwendbarkeit des § 43 Abs. 2 GmbHG in Bezug auf den Geschäftsführer im eröffneten Insolvenzverfahren, mit der Maßgabe, dass der Inhalt der Pflichten des Geschäftsführers durch Sinn und Zweck des Insolvenzverfahrens bestimmt werden.[1166] Im eröffneten Insolvenzverfahren ist der Geschäftsführer gem. § 101 Abs. 1 S. 1 InsO i.V.m. § 97 InsO verpflichtet, über alle das Verfahren betreffenden Verhältnisse Auskunft zu geben. Verstößt er gegen diese Pflicht, ist er verpflichtet, der Gesellschaft den kausal auf der Pflichtverletzung beruhenden Schaden gem. § 43 Abs. 2 GmbHG zu ersetzen. Dieser Schaden wäre in dem vom OLG Hamm zu beurteilenden Sachverhalt darin zu sehen, dass die Gesellschaft und damit die Insolvenzmasse mit einer Zahlungsverpflichtung aus dem Dauerschuldverhältnis belastet ist, die durch die Kündigung des Miet- oder Pachtvertrages gem. § 109 InsO mit Wirkung für die Zukunft hätte verhindert werden können.

Sofern ein Schutz hinsichtlich der Begründung neuer Verbindlichkeiten für erforderlich gehalten wird, ist zu konstatieren, dass dieser durch eine Anwendbarkeit des § 64 S. 1 GmbHG nicht gewährleistet werden kann. Denn die Begründung neuer Verbindlichkeiten löst die Haftung gem. § 64 S. 1 GmbHG ohnehin nicht aus, da die Begründung einer neuen Verbindlichkeit in Anbetracht des Normzwecks, welcher allein die Schmälerung des Aktivvermögens sanktionieren will, nach zutreffender Auffassung keine Zahlung i.S.d. § 64 S. 1 GmbHG darstellt.[1167]

Für eine Fortgeltung der Haftungstatbestände des § 64 GmbHG im eröffneten Regelinsolvenzverfahren besteht daher kein Bedarf.[1168]

1165 Baumbach/Hueck/*Zöllner/Noack*, § 43, Rn. 2; BeckOK GmbHG Ziemons/Jaeger/ *Haas/Ziemons*, § 43, Rn 35; *Haas/Kolmann/Pauw* in: Gottwald, Insolvenzrechtshandbuch, § 92, Rn. 292.

1166 BeckOK GmbHG Ziemons/Jaeger/*Haas/Ziemons*, § 43, Rn. 35; *Haas*, ZHR 178 (2014), 603, 612.

1167 BGH, NJW 1998, 2667 (2668); BGH, NJW-RR 2007, 984 f.; BGH, GmbHR 2015, 137 (138); Baumbach/Hueck/*Haas*, § 64, Rn. 68; BeckOK GmbHG Ziemons/Jaeger/ *Mätzig*, § 64, Rn. 48; *Kleindiek* in: Lutter/Hommelhoff, § 64, Rn. 30; MüKo-GmbHG/ *Müller*, § 64, Rn. 147; Saenger/Inhester/*Kolmann*, § 64, Rn. 40; Scholz/*K. Schmidt*, § 64, Rn. 33; a.A. OLG Hamm, ZIP 1980, 280 (281); *Glozbach*, Die Haftung des GmbH-Geschäftsführers nach § 64 Abs. 2 GmbHG für Zahlungen nach Insolvenzreife, S. 91 ff.

1168 So auch *Schmidt/Poertzgen*, NZI 2013, 369 (376).

C. Anwendbarkeit des § 64 GmbHG in den Eigenverwaltungseröffnungsverfahren gem. §§ 270a, 270b InsO

Der Gesetzgeber des ESUG[1169] verfolgt das übergeordnete Ziel, die Fortführung sanierungsfähiger Unternehmen zu erleichtern und so den Erhalt von Arbeitsplätzen zu ermöglichen.[1170] Erreicht werden soll dieses Ziel durch die Stärkung des Einflusses *„der Gläubiger auf die Auswahl des Insolvenzverwalters, durch Ausbau und Straffung des Insolvenzplanverfahrens, durch die Vereinfachung des Zugangs zur Eigenverwaltung und durch eine größerer Konzentration der Zuständigkeit der Insolvenzgerichte."*[1171]

Um dieses Ziel zu erreichen wurden zum einen die Voraussetzungen für die Anordnung der Eigenverwaltung in § 270 Abs. 2 InsO herabgesetzt.[1172] War es gem. § 270 Abs. 2 Nr. 3 InsO in der Fassung vom 05.10.1994[1173] zur Anordnung der Eigenverwaltung noch erforderlich, dass das Insolvenzgericht von der Zuverlässigkeit und Kompetenz des Insolvenzschuldners überzeugt war,[1174] kann der Antrag des Insolvenzschuldners auf Anordnung der Eigenverwaltung nach der aktuellen Fassung des § 270 Abs. 2 Nr. 2 InsO nur abgelehnt werden, wenn *„Umstände bekannt sind, die erwarten lassen, dass die Anordnung zu Nachteilen für die Gläubiger führen wird."* Letzteres ist jedoch nur dann der Fall, wenn *„tatsächlich Umstände bekannt sind, die erwarten lassen, dass die Anordnung zu Nachteilen für die Gläubiger führen wird."*[1175]

Zum anderen wurden mit den Regelungen in §§ 270a, 270b InsO zwei besondere Eröffnungsverfahren geschaffen, die es ermöglichen sollen, dem Schuldner die Verfügungsmacht über sein Vermögen zu belassen, um so zu verhindern, dass das *„Vertrauen der Geschäftspartner in die Geschäftsleitung des Schuldners und deren Sanierungskonzept zerstört wird."*[1176] Erreicht werden soll dieses Ziel dadurch, dass dem Schuldner, sofern sein Antrag auf Eröffnung des

---

1169 Gesetz zur weiteren Erleichterung der Sanierung von Unternehmen (ESUG), BGBl. I 2011, 2582.
1170 Begr. RegE ESUG, BT-Drucks. 17/5712, S. 17.
1171 Begr. RegE ESUG, BT-Drucks. 17/5712, S. 17.
1172 *Haas*, ZHR 178 (2014), 603 (616).
1173 BGBl. I 1994, 2866 (2901).
1174 Vgl. *Haas*, ZHR 178 (2014), 603 (616); HK-InsO/*Landfermann*, Vor §§ 270 ff., Rn. 13.
1175 Begr. RegE ESUG, BT-Drucks. 17/5712, S. 38; so auch *Haas*, ZHR 178 (2014) 603 (616); HK-InsO/*Landfermann*, Vor §§ 270 ff, Rn. 13.
1176 Begr. RegE ESUG, BT-Drucks. 17/5712, S. 39.

Eigenverwaltungsverfahrens nicht offensichtlich aussichtslos ist, Sicherungsmaßnahmen gem. § 21 Abs. 2 S. 1 Nr. 2 InsO nicht auferlegt werden sollen, § 270a Abs. 1 InsO. Ist der Schuldner darüber hinaus in der Lage, sich durch einen in Insolvenzangelegenheiten erfahrenen Steuerberater, Wirtschaftsprüfer oder Rechtsanwalt bescheinigen zu lassen, dass er zum Zeitpunkt der Antragstellung weder zahlungsunfähig noch die angestrebte Sanierung offensichtlich aussichtslos ist, § 270b Abs. 1 S. 3 InsO, soll ihm auf seinen Antrag die Möglichkeit gegeben werden, binnen einer Frist von maximal drei Monaten einen Insolvenzplan vorzulegen, wobei während dieses Zeitraums auf Antrag des Schuldners Zwangsvollstreckungsmaßnahmen gegen ihn zu untersagen sind, § 270b Abs. 2 S. 3 InsO i.V.m. § 21 Abs. 2 S. 1 Nr. 3 InsO.[1177]

I. Schutzbedürfnis

Sowohl im Eigenverwaltungseröffnungsverfahren gem. § 270a InsO als auch im Schutzschirmverfahren gem. § 270b InsO, das eine besondere Ausgestaltung des Eröffnungsverfahren darstellt,[1178] verbleibt die Verwaltungs- und Verfügungsbefugnis über sein Vermögen beim Schuldner.[1179]

Eine mit dieser Befugnis korrelierende persönliche Haftung des verfügungsbefugten Schuldners bzw. der für ihn handelnden Organe sehen die Regelungen der §§ 270a, 270b InsO jedoch nicht vor. § 274 Abs. 1 InsO normiert über die Verweisung auf § 60 nur für den lediglich Aufsicht führenden Sachwalter eine Haftung.[1180]

Mithin besteht grundsätzlich ein Bedürfnis, die Gläubiger der Gesellschaft vor masseschmälernden Zahlungen des Schuldners zu schützen, die eine gleichmäßige Befriedigung aller Gläubiger beeinträchtigen könnten und denklogisch nur vom Geschäftsführer des Schuldners beeinflusst werden können.[1181] Umstritten ist jedoch, ob die Haftungtatbestände des § 64 GmbHG im Rahmen der Eigenverwaltungseröffnungsverfahren gem. §§ 270a, 270b GmbHG anwendbar sind oder ob Sinn und Zweck der §§ 270a, 270b InsO die

---

1177 Vgl. hierzu auch *Klinck*, DB 2014, 938.

1178 OLG Naumburg, ZIP 2014, 1452; *Haas* in: Gottwald, Insolvenzrechtshandbuch, § 88, Rn. 15; HK-InsO/*Landfermann*, § 270b, Rn. 4 m.w.N.

1179 Graf-Schlicker/Graf-Schlicker, § 270a, Rn. 13; HK-InsO/*Landfermann*, § 270a, Rn. 19.

1180 *Klinck*, DB 2014, 938 (940); *Koch/Jung* in: HRI, § 8, Rn. 217; *Schmidt/Poertzgen*, NZG 2013, 369 (374 f.).

1181 Dieses Schutzbedürfnis ebenfalls ausdrücklich erkennend *Haas*, ZHR 178 (2014), 603 (610); *Siemon/Klein*, ZIP 2012, 2009 (2013).

Anwendbarkeit des § 64 GmbHG ausschließen[1182] bzw. die rechtzeitige Stellung des Antrags gem. §§ 270a, 270b InsO den Schutzzweck des § 64 GmbHG entfallen lässt.[1183]

II. Schutz über Haftungstatbestände des § 64 GmbHG

Wortlaut sowie Sinn und Zweck beider Haftungstatbestände des § 64 GmbHG lassen auch im Rahmen der §§ 270a, 270b InsO deren Anwendbarkeit zu, wobei auch an dieser Stelle darauf hinzuweisen ist, dass eine Anwendung des § 64 S. 3 GmbHG bei einer bloßen Vertiefung einer bereits eingetretenen Zahlungsunfähigkeit[1184] oder gleichzeitig bestehender Überschuldung[1185] ausscheidet.

Die Regelungen des § 64 GmbHG sind auch grundsätzlich geeignet, einen entsprechenden Schutz der Gläubiger der Gesellschaft zu bewirken.

In Anbetracht der eingangs dargelegten, vom Gesetzgeber des ESUG[1186] verfolgten, Ziele stellt sich jedoch die Frage, inwiefern die in § 64 GmbHG normierten Haftungstatbestände mit diesen Zielen zu vereinbaren und auch im Eigenverwaltungseröffnungsverfahren bzw. im Schutzschirmverfahren anwendbar sind.

Die Untersuchung soll in Anbetracht des übergeordneten Schutzzwecks beider Haftungstatbestände des § 64 GmbHG – Schutz der Gläubigergesamtheit – für den Haftungstatbestand des § 64 S. 1 GmbHG und den Haftungstatbestand des § 64 S. 3 GmbHG – soweit dieser nicht durch § 64 S. 1 GmbHG verdrängt wird –[1187] einheitlich erfolgen.

1. Keine haftungsbefreiende Wirkung der ordnungsgemäßen Erfüllung der Insolvenzantragspflicht

Gegen die Anwendbarkeit von § 64 S. 1 GmbHG im Eigenverwaltungseröffnungsverfahren gem. § 270a InsO und im Schutzschirmverfahren gem. § 270b InsO wird zunächst eingewandt, dass der Schutzzweck des § 64 S. 1 GmbHG mit Stellung des Antrags weggefallen sei. Schließlich seien die gem. § 15a Abs. 1 InsO zur Stellung des Insolvenzantrags verpflichteten Geschäftsführer der ihnen

---

1182 *Haas* in: FS Stürner, 2013, S. 749 (767); *ders.*, ZHR 178 (2014), 603 (625, 614 ff.).
1183 *Brinkmann*, DB 2013, 1369.
1184 BGH, NZG 2012, 1379 (1380); *Kleindiek*, BB 2013, 19.
1185 Siehe § 5 A.II.2.
1186 Gesetz zur weiteren Erleichterung der Sanierung von Unternehmen (ESUG), BGBl. I 2011, 2582.
1187 Siehe § 5 A.II.2. sowie BGH, NZG 2012, 1379 (1380); *Kleindiek*, BB 2013, 19.

obliegenden Antragspflicht nachgekommen.[1188] Dieses Argument vermag, wie auch bereits im Rahmen der Diskussion um die Anwendbarkeit des § 64 S. 1 GmbHG im Regelinsolvenzeröffnungsverfahren, nicht zu überzeugen.[1189] Denn – wie dargelegt –[1190] ist das Risiko zu Lasten der Gläubigergemeinschaft erfolgender Zahlungen im Zeitraum zwischen Stellung des Insolvenzantrags und Verfahrenseröffnung in der Regel höher als vor der Antragsstellung.[1191]

Gleiches gilt – soweit die Anwendbarkeit des § 64 S. 3 GmbHG nicht bereits durch eingetretene Zahlungsunfähigkeit[1192] oder Überschuldung[1193] der Gesellschaft ausgeschlossen ist – hinsichtlich der Anwendbarkeit von § 64 S. 3 GmbHG.[1194] Hinzukommt, dass § 64 S. 3 GmbHG nicht darauf abzielt, den Geschäftsführer zur Stellung des Insolvenzantrags anzuhalten. Vielmehr soll der *„Abzug von Vermögenswerten, welche die Gesellschaft bei objektiver Betrachtung zur Erfüllung ihrer Verbindlichkeiten benötigt.“*[1195] verhindert werden. Dieser Schutzzweck ist auch im Rahmen des Eigenverwaltungseröffnungsverfahrens tangiert. Die bloße Stellung des Insolvenzantrags ändert hieran nichts.

Entsprechendes gilt auch im Rahmen des Schutzschirmverfahrens gem. § 270b InsO. Zwar soll nach den Vorstellungen des Gesetzgebers der Eintritt der Zahlungsunfähigkeit alleine kein Grund für die vorzeitige Beendigung des Verfahrens gem. § 270b InsO sein,[1196] doch beruhen diese Überlegungen des Gesetzgebers auf der Intention, den Einfluss einzelner Gläubiger auf das Schutzschirmverfahren durch das Fälligstellen von Forderungen einzudämmen.[1197] Durch den Umstand, dass der Eintritt der Zahlungsunfähigkeit gem. § 270b Abs. 4 S. 2 InsO dem Insolvenzgericht durch den Schuldner und den vorläufigen Sachwalter unverzüglich anzuzeigen ist, hat der Gesetzgeber zum Ausdruck

---

1188 *Brinkmann*, DB 2013, 1369.

1189 *Friedrichs*, Schutzschirmverfahren, S. 95; *Gehrlein*, ZInsO 2017, 849 (850, 852); *Klein/ Thiele*, ZInsO 2013, 2233 (2339); *Siemon/Klein*, ZInsO 2012, 2009 (2012); *Thole*, DB 2015, 662 (665).

1190 Siehe § 5 A.I.2.

1191 *Friedrichs*, Schutzschirmverfahren, S. 95; *Klinck*, DB 2014, 938 (939); *Thole,* DB 2015, 662 (665).

1192 BGH, NZG 2012, 1379 (1380); *Kleindiek*, BB 2013, 19.

1193 Siehe § 5 A.II.2.

1194 So auch *Gehrlein*, ZInsO 2017, 849 (852).

1195 Begr. RegE MoMiG, BT-Drucks. 16/6140, S. 46.

1196 Beschlussempfehlung und Bericht des Rechtsausschusses, BT-Drucks. 17/7511, S. 37; so auch HambKomm/*Fiebig*, § 270b, Rn. 41; HK-InsO/*Landfermann*, § 270b, Rn. 54.

1197 Beschlussempfehlung und Bericht des Rechtsausschusses, BT-Drucks. 17/7511, S. 37; so auch HambKomm/*Fiebig*, § 270b, Rn. 41.

gebracht, dass im Eintritt der Zahlungsunfähigkeit unter Umständen ein das Schutzschirmverfahren gefährdender Grund gesehen werden kann. Es besteht mithin ein Bedürfnis, den Geschäftsführer im Schutzschirmverfahren mit der Haftungsandrohung des § 64 S. 3 GmbHG anzuhalten, die Zahlungsunfähigkeit auslösende Zahlungen an die Gesellschafter zu unterlassen.

2. Keine Unvereinbarkeit von § 64 GmbHG und §§ 270a, 270b InsO

Als weiteres Argument gegen die Anwendbarkeit von § 64 S. 1 GmbHG im Eigenverwaltungseröffnungsverfahren gem. § 270a InsO und im Schutzschirmverfahren gem. § 270b InsO wird angeführt, die Haftungsandrohung des § 64 S. 1 GmbHG sei mit den Zielen der §§ 270a, 270b InsO nicht vereinbar, da durch die in § 64 S. 1 GmbHG statuierte Haftungsandrohung die Handlungsfähigkeit des Geschäftsführers eingeschränkt werde.[1198] Schließlich wolle § 64 S. 1 GmbHG gerade von der Fortführung des Unternehmens abschrecken,[1199] was sich insbesondere daran verdeutliche, dass jede einzelne Zahlung – mit wenigen Ausnahmen, in denen eine Gesamtbetrachtung zugelassen wird –[1200] gesondert im Wege einer Einzelbetrachtung auf ihre Nachteiligkeit für die Gläubiger untersucht werde[1201] und darüber hinaus zu Lasten des Geschäftsführers vermutet werde, dass die jeweilige Zahlung nicht mit der Sorgfalt eines ordentlichen Geschäftsmannes vereinbar gewesen sei.[1202]

Diese Abschreckungswirkung jedoch sei mit den vom Gesetzgeber des ESUG[1203] verfolgten Zielen – Sanierung und Fortführung des Unternehmens – nicht vereinbar.[1204]

1198 BeckOK GmbHG Ziemons/Jaeger/*Mätzig*, § 64, Rn. 53; *Haas* in: FS Stürner, 2013, S. 749 (767); *ders.*, ZHR 178 (2014), 603 (625, 614 ff.).
1199 Baumbach/Hueck/*Haas*, § 64, Rn. 86; *ders.*, ZHR 178 (2014), 603 (625, 614 ff.).
1200 Vgl hierzu BGH, NJW 1974, 1088 (1089); BGH, ZIP 2003, 1005 (1006); BGH, ZIP 2010, 2400; BGH, GmbHR 2015, 138 (139); BGH, NZG 2015, 998 (1002); BGH, GmbHR 2016, 701; BGH, ZIP 2017, 1619; OLG München, ZInsO 2017, 1628; Baumbach/Hueck/*Haas*, § 64, Rn. 69 ff.; BeckOK GmbHG Ziemons/Jaeger/*Mätzig*, § 64, Rn. 52; *Casper*, ZIP 2016, 793 ff.; *Haas*, ZHR 178 (2014), 603 (625, 614 ff.); *Kleindiek* in: Lutter/Hommelhoff, § 64, Rn. 17.
1201 BGH, NZG 2007, 462 (463); BeckOK GmbHG Ziemons/Jaeger/*Mätzig*, § 64, Rn. 50.
1202 BGH, ZIP 2001, 235 (236), BGH, GmbHR 2007, 936 (937); BeckOK GmbHG Ziemons/Jaeger/*Mätzig*, § 64, Rn. 54; *Kleindiek* in: Lutter/Hommelhoff, § 64, Rn. 31.
1203 Gesetz zur weiteren Erleichterung der Sanierung von Unternehmen (ESUG), BGBl. I 2011, 2582.
1204 Baumbach/Hueck/*Haas*, § 64, Rn. 86; *ders.*, ZHR 178 (2014), 603 (616 f., 625).

Der Haftungstatbestand des § 64 S. 3 GmbHG steht der Sanierung und Fortführung des Unternehmens jedoch nicht entgegen. § 64 S. 3 GmbHG sanktioniert zur Zahlungsunfähigkeit der Gesellschaft führende Zahlungen des Geschäftsführers an Gesellschafter. Zahlungen, die zur Zahlungsunfähigkeit der Gesellschaft führen, sind indes weder geeignet noch erforderlich, um das Unternehmen des Insolvenzschuldners fortzuführen oder zu sanieren. Vielmehr stehen zur Zahlungsunfähigkeit der Gesellschaft führende Zahlungen an Gesellschafter einer Sanierung des Unternehmens entgegen, da der Gesellschaft zur Sanierung und Fortführung erforderliche Liquidität entzogen wird.

Demgegenüber lassen sich die an einer Anwendbarkeit des § 64 S. 1 GmbHG im Rahmen der Verfahren gem. §§ 270a, 270b InsO zweifelnden Argumente nicht ohne Weiteres von der Hand weisen. Dies umso mehr, als diese Verfahren den Zweck verfolgen, *„eine Vorentscheidung gegen die Eigenverwaltung zu vermeiden"*.[1205]

Letzten Endes vermag jedoch auch dieses Argument nicht zu überzeugen. Die Gesetzgebungsmaterialien zum ESUG[1206] belegen, dass der Gesetzgeber trotz der Stärkung der Eigenverwaltung an dem vorrangigen Ziel des Insolvenzverfahrens, der bestmöglichen Befriedigung der Gläubiger, festgehalten hat.[1207] Eine Fortführung des Unternehmens liege nur dann im Interesse der Gläubiger, wenn *„durch die Sanierung Werte erhalten oder geschaffen und nicht vernichtet werden."*[1208] Schließlich stelle die Erhaltung des Unternehmens keinen Selbstzweck dar.[1209]

In Anbetracht dieses übergeordneten Ziels des Gesetzgebers – der bestmöglichen Befriedigung der Gläubiger – ist eine persönliche Haftung des nach wie vor verfügungsbefugten Geschäftsführers für in den Verfahren gem. §§ 270a, 270b InsO erfolgende Zahlungen gem. § 64 GmbHG geboten.[1210]

1205 Begr. RegE ESUG, BT-Drucks. 17/5712, S. 39; *Haas*, ZHR 178 (2014), 603 (625).

1206 Gesetz zur weiteren Erleichterung der Sanierung von Unternehmen (ESUG), BGBl. I 2011, 2582.

1207 Begr. RegE ESUG, BT-Drucks. 17/5712, S. 17; vgl. auch *Klinck*, DB 2014, 938 (940).

1208 Begr. RegE ESUG, BT-Drucks. 17/5712, S. 17.

1209 Begr. RegE ESUG, BT-Drucks. 17/5712, S. 17.

1210 *Bachmann*, ZIP 2015, 101 (108); *Friedrichs*, Schutzschirmverfahren, S. 96; Hamb-Komm/*Fiebig*, § 270a, Rn. 38; *Klinck*, DB 2014, 938 (941); *Siemon/Klein*, ZInsO 2012, 2009 (2012); *Thole/Brünkmans*, ZIP 2013, 1097 (1101); so auch *Schmidt/Poertzgen*, NZI 2013, 369 (374 ff.) für das Schutzschirmverfahren.

3. Kein hinreichender Schutz durch Voraussetzungen der §§ 270a, 270b InsO

Im wissenschaftlichen Schrifttum wird ferner eingewandt, die von Seiten des Insolvenzgerichts im Rahmen der §§ 270a, 270b InsO erfolgende Überprüfung der dortigen Voraussetzungen gem. §§ 270a Abs. 1 InsO i.V.m. § 270 Abs. 2 Nr. 2 InsO und gem. § 270b Abs. 1 InsO würde einen hinreichenden Schutz der Gläubiger gewährleisten.[1211]

Dieser Argumentation ist im Ergebnis nicht zu folgen. Denn einen mit den Haftungsregeln des § 64 GmbHG vergleichbaren Schutz der Gläubiger der Gesellschaft bewirken die Voraussetzungen der §§ 270a, 270b InsO nicht.[1212]

Die Besonderheiten des § 270a InsO – Absehen von Sicherungsmaßnahmen im Sinne von § 21 Abs. 2 S. 2 Nr. 2 InsO – sollen nur dann nicht eingreifen, wenn der Antrag des Schuldners gem. § 270 Abs. 1 InsO offensichtlich aussichtslos ist, § 270a Abs. 1 S. 1 InsO.[1213] Die Prüfung des Insolvenzgerichts im Rahmen des § 270a InsO beschränkt sich mithin auf eine kursorische Prüfung von auf der Hand liegenden Hindernissen.[1214] Eine solch lediglich kursorische Prüfung auf offensichtliche Aussichtslosigkeit bietet jedoch nicht einen mit § 64 GmbHG vergleichbaren Schutz.[1215]

Auch die Prüfung der Voraussetzungen des § 270b InsO sind nicht geeignet, einen den Haftungstatbeständen des § 64 GmbHG vergleichbaren Schutz der Gläubiger vor Schmälerungen der Haftungsmasse sicherzustellen. Zwar ist für die Anordnung des Schutzschirmverfahrens gem. § 270b InsO die Bestätigung der Sanierungs- und Zahlungsfähigkeit durch einen in Insolvenzsachen erfahrenen Steuerberater, Wirtschaftsprüfer oder Rechtsanwalt erforderlich, doch berechtigt der nachträgliche Eintritt der Zahlungsfähigkeit nicht zur Aufhebung des Schutzschirmverfahrens,[1216] sondern ist lediglich dem Insolvenzgericht gem. § 270b Abs. 4 S. 2 InsO anzuzeigen;[1217] auch hierin ist kein mit den

---

1211 So BeckOK GmbHG Ziemons/Jaeger/*Mätzig*, § 64, Rn. 53, der jedoch offen lässt, ob die von ihm präferierte Privilegierung zu einer Unanwendbarkeit des § 64 GmbHG oder zu einer Privilegierung über § 64 S. 2 GmbHG führen soll.

1212 *Klinck*, DB 2014, 938 (940).

1213 *Klinck*, DB 2014, 938 (940).

1214 Graf-Schlicker/*Graf-Schlicker*, § 270a, Rn. 4; HK-InsO/*Landfermann*, § 270a, Rn. 4; K. Schmidt-InsO/*Undritz*, § 270a, Rn. 2.

1215 *Klinck*, DB 2014, 938 (940).

1216 Beschlussempfehlung und Bericht des Rechtsausschusses, BT-Drucks. 17/7511, S. 37; so auch HambKomm/*Fiebig*, § 270b, Rn. 41; HK-InsO/*Landfermann*, § 270b, Rn. 54.

1217 *Klinck*, DB 2014, 938 (940); HK-InsO/*Landfermann*, § 270b, Rn. 54.

Regelungen des § 64 GmbHG vergleichbarer Schutz vor masseschmälernden Zahlungen zu sehen.[1218]

4. Privilegierung gem. §§ 64 S. 2, 64 S. 3 2. Hs. GmbHG

Da weder § 64 S. 1 GmbHG noch § 64 S. 3 GmbHG auf Tatbestandsseite die Besonderheiten der (vorläufigen) Eigenverwaltung gem. § 270a InsO sowie des Schutzschirmverfahrens gem. § 270b InsO berücksichtigen,[1219] erscheint es geboten, zumindest im Rahmen der Privilegierungstatbestände gem. § 64 S. 2 GmbHG und § 64 S. 3 2. Hs. GmbHG die diesbezüglichen Besonderheiten zu beachten.[1220] Dies ist auch deshalb geboten, weil § 64 Abs. 2 GmbHG a.F. mit dem Gesetz über die Pflicht zum Antrag auf Eröffnung des Konkurses oder des gerichtlichen Vergleichsverfahrens vom 25.03.1930[1221] um den heutigen Exkulpationstatbestand des § 64 S. 2 GmbHG ergänzt worden ist, um sicherzustellen, dass *„die Vorbereitung und Durchführung des Vergleichsverfahrens nicht dadurch abgeschnitten werden, daß Zahlungen nach Eintritt des Konkursgrundes ihre Organe schlechthin zum Schadensersatze verpflichten."*[1222]

a) Privilegierung von Zahlungen entgegen dem Zahlungsverbot des § 64 S. 1 GmbHG

§ 64 S. 2 GmbHG nimmt nach eingetretener Insolvenzreife der Gesellschaft erfolgende und dem Geschäftsführer zurechenbare Zahlungen von der Ersatzpflicht des § 64 S. 1 GmbHG aus, soweit diese Zahlungen mit der Sorgfalt eines ordentlichen Geschäftsmanns vereinbar sind. Dementsprechend stellt sich die Frage, welcher allgemeine Sorgfaltsmaßstab an das Handeln der Geschäftsführer bei der Vornahme von Zahlungen i.S.d. Regelungen gem. § 64 S. 1 GmbHG anzulegen ist.

1218 *Klinck*, DB 2014, 938 (940).
1219 *Bachmann*, ZIP 2015, 101 (105); *Siemon/Klein*, ZInsO 2012, 2009 (2018).
1220 So grundsätzlich auch *Bachmann*, ZIP 2015, 101 (108); *Friedrichs*, Schutzschirmverfahren, S. 105; *Klinck*, DB 2014, 938 (941); *Schmidt/Poertzgen*, NZI 2013, 369 (375 f.); *Siemon/Klein*; ZInsO 2012, 2009 (2018); *Thole/Brünkmans*, ZIP 2013, 1097 (1101).
1221 RGBl. I 1930, S. 93 ff.
1222 Verhandlungen des Reichstages, Bd. 438 (1928), Nr. 1469, S. 3; *Bachmann*, ZIP 2015, 101 (108); *Habersack/Foerster*, ZHR 178 (2014), 387 (397 f.).

aa) Gläubigerinteressen als Sorgfaltsmaßstab

Bei der Beantwortung dieser Frage wird man sich an dem Schutzzweck des in § 64 S. 1 GmbHG statuierten Zahlungsverbots zu orientieren haben, ohne die Ziele der §§ 270a, 270b InsO unberücksichtigt zu lassen. Grundlegend zu berücksichtigen ist bei der Ermittlung des Sorgfaltsmaßstabes folglich auch hier der übergeordnete Zweck des § 64 GmbHG, der im Schutz der Gesamtheit der Gläubiger der Gesellschaft liegt.[1223]

Der Sorgfaltsmaßstab für nach Eintritt der materiellen Insolvenzreife geleistete Zahlungen im Sinne des § 64 S. 1 GmbHG richtet sich daher nach dem Interesse der Gläubigergemeinschaft.[1224] Dieses Interesse ist jedoch bei begründeten Sanierungsaussichten, die jedenfalls bei Vorlage der gem. § 270b Abs. 1 S. 3 InsO erforderlichen Bescheinigung nicht ausgeschlossen sind, dadurch gekennzeichnet, die Chancen der Sanierung aufrecht zu erhalten. Zahlungen, die erforderlich sind, um aussichtsreiche – auf objektive Tatsachen gestützte – Sanierungschancen zu erhalten, wie beispielsweise Zahlungen, die zur Aufrechterhaltung des Betriebs erforderlich sind[1225] und daher auch von einem vorläufigen Insolvenzverwalter getätigt würden,[1226] müssen daher die Voraussetzungen der Privilegierung des § 64 S. 2 GmbHG erfüllen.

Die Beantwortung der Frage, ob die jeweilige Zahlung erforderlich ist, um begründete Sanierungschancen aufrecht zu erhalten, ist eine Prognoseentscheidung, in deren Rahmen dem Geschäftsführer auf der einen Seite ein Ermessen-

---

1223 Für § 64 S. 1 GmbHG BGHZ 146, 264 (278); BGH, NZI 2010, 313; Baumbach/
    Hueck/*Haas*, § 64, Rn. 2 ff., 10; BeckOK GmbHG Ziemons/Jaeger/*Mätzig*, § 64,
    Rn. 4; *Gehrlein*, ZInsO 2017, 849 (850); *Kleindiek* in: Lutter/Hommelhoff, § 64, Rn. 4;
    MüKo-GmbHG/*Müller*, § 64, Rn. 1; für § 64 S. 3 GmbHG Baumbach/Hueck/*Haas*,
    § 64, Rn. 11; *Kleindiek* in: Lutter/Hommelhoff, § 64, Rn. 21; *ders.*, GWR 2010, 75;
    Ulmer/*Casper*, § 64, Rn. 136; dies andeutend auch *M. Schmidt-Leithoff/Schneider* in:
    Rowedder/Schmidt-Leithoff, § 64, Rn. 55.
1224 BGHZ 146, 264; Baumbach/Hueck/*Haas*, § 64, Rn. 72; *Hofmann* in: HRI, § 7, Rn. 206;
    Kleindiek in: Lutter/Hommelhoff, § 64, Rn. 33.
1225 Vgl. BGH, GmbHR 2008, 142 (143); OLG Hamburg, GmbHR 2011, 371 (374);
    Baumbach/Hueck/*Haas*, § 64, Rn. 91; BeckOK GmbHG Ziemons/Jaeger/*Mätzig*,
    § 64, Rn. 55; *Kleindiek* in: Lutter/Hommelhoff, § 64, Rn. 33; *Poertzgen*, ZInsO 2015,
    724 (725); *Schober*, Die Haftung des GmbH-Gesellschafters für die Verursachung
    der Unternehmensinsolvenz, S. 72.
1226 OLG Celle, GmbHR 2004, 568 (570); *Hofmann* in: HRI, § 7, Rn. 207; *Kleindiek* in:
    Lutter/Hommelhoff, § 64, Rn. 34; *Spliedt* in: K. Schmidt/Uhlenbruck, Die GmbH in
    Krise, Sanierung und Insolvenz, Rn. 9.153.

spielraum einzuräumen ist[1227], der Geschäftsführer jedoch auf der anderen Seite für eine ordnungsgemäße Ermittlung der Sanierungsfähigkeit und deren weitere Planung Sorge tragen muss.[1228]

Dieser Sorgfaltsmaßstab steht im Einklang mit dem vom ESUG[1229] verfolgten Zweck, die Fortführung sanierungsfähiger Unternehmen zu erleichtern und so den Erhalt von Arbeitsplätzen zu ermöglichen.[1230]

bb) Zahlung mit Zustimmung des vorläufigen Sachwalters oder des vorläufigen Gläubigerausschusses

Im wissenschaftlichen Schrifttum wird die Auffassung vertreten, geleistete Zahlungen seien stets bei entsprechender Zustimmung des vorläufigen Sachwalters gem. §§ 270a Abs. 1 S. 2, 270b Abs. 2 S. 1 InsO i.V.m. § 275 Abs. 1 InsO mit der Sorgfalt eines ordentlichen Geschäftsführers zu vereinbaren.[1231]

Die Annahme einer solchen, grundsätzlichen Privilegierung vermag indes nicht zu überzeugen.[1232]

Zum einen belegt die bloße Zustimmung des vorläufigen Sachwalters zu einer grundsätzlich dem Zahlungsverbot gem. § 64 S. 1 GmbHG unterfallenden Zahlung noch nicht, dass diese erforderlich ist, um aussichtsreiche – auf objektive Tatsachen gestützte – Sanierungschancen zu Gunsten der Gläubiger der Gesellschaft zu erhalten.

Zum anderen haftet der die Zustimmung erteilende vorläufige Sachwalter zwar für nicht mit der Sorgfalt eines ordentlichen und gewissenhaften Sachwalters erteilte Zustimmungen gem. §§ 270a Abs. 1 S. 2, 270b Abs. 2 S. 1, 274 Abs. 1 InsO i.V.m. § 60 Abs. 1 InsO, doch dürfte eine solche Haftung – wie auch die des vorläufigen Insolvenzverwalters – ausgeschlossen sein, wenn dieser, für ihn nicht erkennbar, durch den Geschäftsführer des Schuldners (bewusst oder unbewusst) fehlerhaft über die Umstände der Zahlung unterrichtet worden ist. Folglich würde in diesen Fällen eine Schutzlücke entstehen, so dass ein mit § 64 S. 1 GmbHG vergleichbarer Schutz nicht gewährleistet wäre.

1227 *Poertzgen*, ZInsO 2015, 724 (725); *Spliedt* in: K. Schmidt/Uhlenbruck, Die GmbH in Krise, Sanierung und Insolvenz, Rn. 9.153.

1228 Saenger/Inhester/*Kolmann*, § 64, Rn. 52.

1229 Gesetz zur weiteren Erleichterung der Sanierung von Unternehmen (ESUG), BGBl. I 2011, 2582.

1230 Begr. RegE ESUG, BT-Drucks. 17/5712, S. 17.

1231 *Hofmann* in: HRI, § 7, Rn. 207; *Schmidt/Poertzgen*, NZG 2013, 369 (375 f.).

1232 So im Ergebnis auch *Klinck*, DB 2014, 938 (941); *Siemon/Klein*, ZInsO 2012, 2009 (2013).

Auch die Zustimmung des vorläufigen Gläubigerausschusses zu einer Zahlung durch den Geschäftsführer unter Heranziehung des § 270 Abs. 3 S. 2 InsO vermag nicht zu einer Privilegierung gem. § 64 S. 2 GmbHG führen.[1233]

Zwar steht dem nicht entgegen, dass der vorläufige Gläubigerausschuss lediglich ein provisorisches Gremium darstellt, welches bereits aus diesem Grund nicht geeignet wäre, die Gesamtheit der Gläubiger zu repräsentieren.[1234] Schließlich ist über den Verweis in § 21 Abs. 2 S. 1 Nr. 1a InsO auf das in § 67 Abs. 2 InsO normierte Repräsentationsschema sichergestellt, dass die in § 67 Abs. 2 InsO genannten Gläubigergruppen einschließlich eines Vertreters der Arbeitnehmer im vorläufigen Gläubigerausschuss repräsentiert sind.

Ebenso wie die Zustimmung des vorläufigen Sachwalters gewährleistet jedoch auch die Zustimmung des vorläufigen Gläubigerausschusses zu einer grundsätzlich dem Zahlungsverbot des § 64 S. 1 GmbHG unterfallenden Zahlung nicht, dass die fragliche Zahlung zur Erhaltung der Sanierungschancen der Gesellschaft erforderlich ist.

Zur Förderung des Zwecks der §§ 270a, 270b InsO erscheint es jedoch geboten, den für den Schuldner handelnden Geschäftsführer im Rahmen der ihm obliegenden Nachweispflichten zu entlasten.

Während der Geschäftsführer gem. § 64 S. 2 GmbHG grundsätzlich für die Einhaltung der Sorgfalt eines ordentlichen Geschäftsführers darlegungs- und beweisbelastet ist,[1235] rechtfertigt eine vom vorläufigen Sachwalter erteilte Zustimmung zu der fraglichen Zahlung jedenfalls dann eine Umkehr dieser Darlegungs- und Beweislast in Form einer widerlegbaren Vermutung mangelnder Pflichtwidrigkeit, wenn dieser vom Geschäftsführer vor Erteilung der Zustimmung zutreffend und vollständig über die der beabsichtigten Zahlung zugrundeliegenden Umstände aufgeklärt worden ist.[1236] Durch ein solches Modell wäre sichergestellt, dass die Zustimmung eines neutralen Dritten, dessen Aufgabe gerade darin besteht, die Interessen der Gemeinschaft der Gläubiger

---

1233 So aber *Friedrichs*, Schutzschirmverfahren, S. 106; *Schmidt/Poertzgen*, NZG 2013, 369 (375 f.) für § 64 S. 2 GmbHG.

1234 So aber *Klinck*, DB 2014, 938 (941).

1235 BGH, ZIP 2001, 235 (238); BGH, GmbHR 2007, 936 (937), BGH, GmbHR 2016, 701 (703); BeckOK GmbHG Ziemons/Jaeger/*Mätzig*, § 64, Rn. 54; *Kleindiek* in: Lutter/ Hommelhoff, § 64, Rn. 51, Michalski *Nerlich*, § 64, Rn. 22

1236 *Kleindiek* in: Lutter/Hommelhoff, § 64, Rn. 14; Saenger/Inhester/*Kolmann*, § 64, Rn. 52; in diese Richtung wohl auch *Bachmann*, ZIP 2015 101 (108), der der Zustimmung des vorläufigen Sachwalters indizielle Bedeutung für die Einhaltung der Sorgfalt eines ordentlichen Geschäftsführers zuerkennt.

zu wahren, dem Geschäftsführer die Rechtfertigung der von ihm veranlassten Zahlung erleichtert, ohne den einzelnen Gläubigern die Möglichkeit einer gerichtlichen Kontrolle abzuschneiden.

Dementsprechend führt auch die einstimmige Zustimmung eines nach Maßgabe des § 67 Abs. 2 InsO besetzten vorläufigen Gläubigerausschusses zu einer widerlegbaren Vermutung mangelnder Pflichtwidrigkeit i.S.d. § 64 S. 2 GmbHG, sofern dieser vom Geschäftsführer vor Erteilung der Zustimmung zutreffend und vollständig über die der beabsichtigten Zahlung zugrundeliegenden Umstände aufgeklärt worden ist.[1237] Haben die Vertreter aller Gläubigergruppen i.S.d. § 67 Abs. 2 InsO – bei vollständiger und zutreffender Aufklärung über die der Zahlung zugrundeliegenden Umstände – der fraglichen Zahlung zugestimmt, ist es nur konsequent, diese Zustimmung wie die Zustimmung eines vorläufigen Sachwalters zu behandeln. Denn in diesem Fall ist davon auszugehen, dass die Zahlung den Interessen sämtlicher Gläubigergruppen und damit der Gesamtheit der Gläubiger entspricht.

cc) Zahlung auf spätere Masseverbindlichkeit

Teilweise wird im wissenschaftlichen Schrifttum die Ansicht vertreten, vom Geschäftsführer im Rahmen der Verfahren gem. §§ 270a, 270b InsO geleistete Zahlungen seien immer dann mit der Sorgfalt eines ordentlichen Geschäftsführers vereinbar, § 64 S. 2 GmbHG, wenn die Zahlung auf eine Masseverbindlichkeit erfolge.[1238]

Zur Begründung wird angeführt, die in § 270b Abs. 3 InsO normierte Möglichkeit, den Schuldner zur Begründung von Masseverbindlichkeiten zu ermächtigen, spreche dafür, dass dem Geschäftsführer des Schuldners auch masseverringernde Zahlungen erlaubt sein müssten; zwar stelle die Eingehung einer Verbindlichkeit keine Zahlung im Sinne des § 64 GmbHG dar,[1239] doch könne die Erlaubnis zur Begründung von Masseverbindlichkeiten gem. § 270b

---

1237 So auch Saenger/Inhester/*Kolmann*, § 64, Rn. 52; anders *Siemon/Klein*, ZInsO 2012, 2009 (2018), die in diesem Fall ein pflichtwidriges Handeln des Geschäftsführers umfassend ausschließen wollen.

1238 *Hofmann* in: HRI, § 7, Rn. 207; *Schmidt/Poertzgen*, NZG 2013, 369 (375); *Thole/Brünkmans*, ZIP 2013, 1097 (1101).

1239 Baumbach/Hueck/*Haas*, § 64, Rn. 68; BeckOK GmbHG Ziemons/Jaeger/*Mätzig*, § 64, Rn. 48; *Kleindiek* in: Lutter/Hommelhoff, § 64, Rn. 30; Scholz/*K. Schmidt*, § 64, Rn. 33.

Abs. 3 InsO nur so verstanden werden, dass solche Verbindlichkeiten auch erfüllt werden dürften.[1240]

Grundsätzlich ist zwar richtig, dass der Schuldner im Schutzschirmverfahren gem. § 270b Abs. 3 InsO und im allgemeinen Eigenverwaltungseröffnungsverfahren gem. § 21 Abs. 1 S. 1 InsO ermächtigt werden kann, Masseverbindlichkeiten zu begründen.[1241] Aus dieser Möglichkeit kann jedoch nicht der Rückschluss gezogen werden, der Schuldner bzw. der für ihn handelnde Geschäftsführer sei berechtigt, insofern begründete Zahlungsverpflichtungen ohne Haftungsandrohung auch erfüllen zu können. Zum einen setzt die Masseschuldbegründungskompetenz im Rahmen des § 270b InsO einen entsprechenden Antrag des Schuldners bzw. des für ihn handelnden Geschäftsführers gem. § 270b Abs. 3 InsO voraus. Bereits die Ermächtigung, Masseverbindlichkeiten begründen zu können, kann der Geschäftsführer des Schuldners mithin unmittelbar beeinflussen.[1242]

Darüber hinaus liegt es auch nach erfolgter Ermächtigung zur Begründung von Masseverbindlichkeiten in der Hand des Geschäftsführers des Schuldners, ob er von der erteilten Ermächtigung überhaupt Gebrauch macht.[1243] Ferner ist zu berücksichtigen, dass mit der Ermächtigung zur Begründung von Masseverbindlichkeiten im Rahmen der Verfahren gem. §§ 270a, 270b InsO keine korrespondierende Haftung einhergeht. Schließlich erstreckt sich die Haftung des vorläufigen Sachwalters gerade nicht auf fehlerhaft begründete Masseverbindlichkeiten, da §§ 270a Abs. 1 S. 2, 270b Abs. 2 S. 1 InsO i.V.m. § 274 Abs. 1 InsO nur einen auf § 60 InsO eingeschränkten Verweis enthält,[1244] eine Anwendung des § 61 InsO mithin ausgeschlossen ist.[1245]

Gleichwohl ist eine Privilegierung von Zahlungen, die auf Masseverbindlichkeiten erfolgen gem. § 64 S. 2 GmbHG nicht grundsätzlich ausgeschlossen, wenn sowohl die Begründung der Masseverbindlichkeit wie auch ihre Befriedigung durch Zahlung mit der Sorgfalt eines ordentlichen Geschäftsmanns vereinbar ist.[1246] Dies ist immer dann zu bejahen, wenn die Begründung der jeweiligen Masseverbindlichkeit und ihr Ausgleich nach objektiven Kriterien erforderlich

---

1240 *Schmidt/Poertzgen*, NZG 2013, 369 (375).

1241 Vgl. hierzu *Marotzke*, DB 2013, 1283 ff.

1242 *Klinck*, DB 2014, 938 (941).

1243 *Klinck*, DB 2014, 938 (941).

1244 *Siemon/Klein*, ZInsO 2012, 2009 (213).

1245 Vgl. hierzu *Frind*, NZI 2014, 977 (978 f.).

1246 So wohl auch *Bachmann*, ZIP 2015, 101 (108), der von einer Privilegierung bei korrekter Bedienung von Masseverbindlichkeiten ausgeht.

sind, um unter Berücksichtigung der unter § 5 C.II.4.a)aa) genannten Kriterien begründete Sanierungsaussichten aufrecht zu erhalten.

b) Privilegierung von Zahlungen entgegen dem Zahlungsverbot des § 64 S. 3 GmbHG

Abweichend vom Privilegierungstatbestand des § 64 S. 2 GmbHG ist im Rahmen der Privilegierung gem. § 64 S. 3 2. Hs. GmbHG maßgeblich, ob der Geschäftsführer bei Anwendung der objektiven Sorgfalt eines ordentlichen Geschäftsmannes erkennen konnte, dass die Zahlung zur Zahlungsunfähigkeit der Gesellschaft führen musste.[1247]

aa) Zahlung mit Zustimmung des vorläufigen Sachwalters oder des vorläufigen Gläubigerausschusses

Wie auch im Rahmen der Privilegierung von Zahlungen entgegen dem Zahlungsverbot gem. § 64 S. 1 GmbHG rechtfertigt eine vom vorläufigen Sachwalter erteilte Zustimmung zu der fraglichen Zahlung jedenfalls dann eine Umkehr der den Geschäftsführer auch im Rahmen des § 64 S. 3 2. Hs. GmbHG treffenden Darlegungs- und Beweislast in Form einer widerlegbaren Vermutung mangelnder Pflichtwidrigkeit, wenn dieser vom Geschäftsführer vor Erteilung der Zustimmung zutreffend und vollständig über die der beabsichtigten Zahlung zugrundeliegenden Umstände aufgeklärt worden ist.[1248] Denn hat der vorläufige Sachwalter einer Zahlung i.S.d. § 64 S. 3 GmbHG zugestimmt, nachdem er zuvor vom Geschäftsführer zutreffend und vollständig über den der Zahlung zugrunde liegenden Sachverhalt aufgeklärt worden ist, wird man dem Geschäftsführer nicht vorhalten können, der auf diese Zahlung unter Umständen erfolgende Eintritt der Zahlungsunfähigkeit der Gesellschaft sei bei Wahrung der erforderlichen Sorgfalt vorhersehbar gewesen. Schließlich hätte in diesen Fällen auch der zur Überwachung berufene vorläufige Sachwalter den aufgrund der Zahlung drohenden Eintritt der Zahlungsunfähigkeit nicht erkannt. Auch in diesen Fällen ist es daher gerechtfertigt, zu Gunsten des Geschäftsführers widerlegbar zu vermuten, dass es bei Vornahme der Zahlung bei Einhaltung der objektiven Sorgfalt nicht erkennbar war, dass diese Zahlung zur Zahlungsunfähigkeit der Gesellschaft führen musste.

1247 Vgl. hierzu *Kleindiek* in: Lutter/Hommelhoff, § 64, Rn. 65.
1248 Vgl. zur grundsätzlichen Darlegungs- und Beweislast im Rahmen des § 64 S. 3 2. Hs. GmbHG *Kleindiek* in: Lutter/Hommelhoff, § 64, Rn. 65; Saenger/Inhester/*Kolmann*, § 64, Rn. 52.

Gleiches gilt im Fall der einstimmigen Zustimmung des zutreffend und vollständig informierten vorläufigen Gläubigerausschusses gem. § 270 Abs. 3 InsO zu konkreten Zahlungen.[1249] Denn auch der vorläufige Gläubigerausschuss hat die Aufgabe, den Schuldner bzw. dessen Geschäftsführung zu überwachen, um so die künftige Insolvenzmasse zu sichern.[1250]

bb) Zahlung auf spätere Masseverbindlichkeit

Die Frage, ob mit der Zahlung eine Masseverbindlichkeit befriedigt wird oder nicht, ist für die Erkennbarkeit der Auswirkung dieser Zahlung auf die Liquidität der Gesellschaft demgegenüber ersichtlich unerheblich, so dass die Privilegierung gem. § 64 S. 3 2. Hs. GmbHG bereits aus diesem Grund nicht mit der Begründung in Anspruch genommen werden kann, die Zahlung habe zur Befriedigung einer Masseverbindlichkeit geführt.

cc) Anwendbarkeit des § 64 S. 2 GmbHG

Streitig diskutiert wird im wissenschaftlichen Schrifttum die Frage, ob der Geschäftsführer sich auch im Rahmen der Haftung gem. § 64 S. 3 GmbHG gem. § 64 S. 2 GmbHG exkulpieren kann.

Während ein Teil des Schrifttums diese Frage unter Hinweis auf den Wortlaut[1251] des § 64 S. 3 GmbHG und dessen systematische Stellung[1252] verneint, lässt die herrschende Meinung auch im Rahmen des Haftungstatbestandes des § 64 S. 3 GmbHG eine Privilegierung gem. § 64 S. 2 GmbHG zu.[1253] Zur Begründung wird angeführt, die zur Exkulpation von Zahlungen nach Eintritt der Insolvenzreife geschaffene Regelung des § 64 S. 2 GmbHG müsse erst recht für Zahlungen gelten, die gem. § 64 S. 3 GmbHG sanktioniert würden, weil sie zum Eintritt der Zahlungsunfähigkeit führen.[1254]

1249 So auch für § 64 S. 2 GmbHG Saenger/Inhester/*Kolmann*, § 64, Rn. 52; *Siemon/Klein*, ZInsO 2012, 2009 (2018).

1250 *Neußner* in: HRI, § 6, Rn. 125.

1251 Hensler/Strohn/*Arnold*, GmbHG, § 64, Rn. 62.

1252 Ulmer/*Casper*, § 64 Rn. 152.

1253 BeckOK GmbHG Ziemons/Jaeger/*Mätzig*, § 64, Rn. 86; *M. Schmidt-Leithoff/ Schneider* in: Rowedder/Schmidt-Leithoff, § 64, Rn. 68; *Kleindiek* in: Lutter/Hommelhoff, § 64, Rn. 67; MüKo-GmbHG/*Müller*, § 64, Rn. 188; Scholz/*K. Schmidt*, § 64, Rn. 103.

1254 BeckOK GmbHG Ziemons/Jaeger/*Mätzig*, § 64, Rn. 86; *M. Schmidt-Leithoff/ Schneider* in: Rowedder/Schmidt-Leithoff, § 64, Rn. 68; *Kleindiek* in: Lutter/Hommelhoff, § 64, Rn. 67; MüKo-GmbHG/*Müller*, § 64, Rn. 188; Scholz/*K. Schmidt*, § 64, Rn. 103.

Der herrschenden Meinung ist zuzustimmen. Der übergeordnete Zweck der Regelung in § 64 S. 3 GmbHG liegt im Schutz der Gesamtheit der Gläubiger der Gesellschaft.[1255] Verhindert werden soll insbesondere auch der *„Abzug von Vermögenswerten, welche die Gesellschaft bei objektiver Betrachtung zur Erfüllung ihrer Verbindlichkeiten benötigt.“*[1256]

Dieser Schutz soll insbesondere auch durch eine Ergänzung des zum Zeitpunkt der Einführung des § 64 S. 3 GmbHG bereits bestehenden und nunmehr in § 64 S. 1 GmbHG normierten Zahlungsverbotes erreicht werden.[1257]

Der Gesetzgeber des MoMiG hat jedoch hervorgehoben, dass § 64 S. 3 GmbHG das Zahlungsverbot gem. § 64 S. 1 GmbHG lediglich ergänzen soll.[1258] Mit der Einführung des § 64 S. 3 GmbHG werde *„der Gefahr vorgebeugt, dass bei sich abzeichnender Zahlungsunfähigkeit von den Gesellschaftern Mittel entnommen werden.“*[1259] Es wird mithin deutlich, dass der Gesetzgeber des MoMiG insbesondere eine zeitliche Vorverlagerung der ursprünglich bereits bestehenden Haftung des Geschäftsführers gem. § 64 S. 1 GmbHG auf einen Zeitraum vor Eintritt der Insolvenzreife beabsichtigt hat. Hat der Gesetzgeber des MoMiG jedoch lediglich die Haftung gem. § 64 S. 1 GmbHG zeitlich vorverlagern wollen, ist es nur konsequent, dem Geschäftsführer auch im Rahmen der § 64 S. 3 GmbHG die Exkulpationsmöglichkeit des § 64 S. 2 GmbHG zu eröffnen.

III. Kein alternativer Schutz gem. § 43 Abs. 2 GmbHG erforderlich

Bejaht man mit der hier vertretenen Auffassung die Anwendbarkeit der Haftungstatbestände des § 64 GmbHG im Eigenverwaltungseröffnungsverfahren, § 270a InsO, und im Schutzschirmverfahren, § 270b InsO, bedarf es einer insbesondere von *Haas*[1260] für nach Eintritt der materiellen Insolvenzreife geleistete Zahlungen befürworteten Haftung des Geschäftsführers gem. § 43 Abs. 2 GmbHG nicht.[1261] Dies gilt umso mehr, als es nach der von *Haas* befürworteten Lösung erforderlich wäre, den Schadensbegriff des § 43 Abs. 2 GmbHG dergestalt zu modifizieren, dass ein ersatzfähiger Schaden bereits dann vorliegen

1255 Baumbach/Hueck/*Haas*, § 64, Rn. 11; *Kleindiek* in: Lutter/Hommelhoff, § 64, Rn. 48; *ders.*, GWR 2010, 75; Ulmer/*Casper*, § 64, Rn. 136; dies andeutend auch *M. Schmidt-Leithoff/Schneider* in: Rowedder/Schmidt-Leithoff, § 64, Rn. 55.

1256 Begr. RegE MoMiG, BT-Drucks. 16/6140, S. 46.

1257 Begr. RegE MoMiG, BT-Drucks. 16/6140, S. 46.

1258 Begr. RegE MoMiG, BT-Drucks. 16/6140, S. 46.

1259 Begr. RegE MoMiG, BT-Drucks. 16/6140, S. 46.

1260 *Haas*, ZHR 178 (2014), 603 (612 ff., 619 ff.)

1261 *Bachmann*, ZIP 2015, 101 (108); *Thole*, DB 2015, 662 (665).

soll, „*wenn die Befriedigungsaussichten der Gläubiger durch das Verhalten des Geschäftsführers verkürzt werden.*"[1262] Schließlich begründen Zahlungen im Sinne des § 64 S. 1 GmbHG regelmäßig keinen Schaden der Gesellschaft, sondern führen lediglich zu einer Verringerung der Masse,[1263] da durch die Zahlung in der Regel eine Verbindlichkeit der Gesellschaft erfüllt wird und es hierdurch lediglich zu einer Verkürzung der Bilanzsumme kommt.[1264]

Im Ergebnis bedarf es einer solchen erweiternden Auslegung des § 43 Abs. 2 GmbHG nicht. Schließlich lässt sich die von *Haas* im Ergebnis ebenfalls befürwortete Haftung des Geschäftsführers für entgegen den Zahlungsverboten des § 64 GmbHG geleistete Zahlungen über eine unmittelbare Anwendung der Haftungstatbestände des § 64 GmbHG erreichen. Dieser Anwendung steht auch nicht, wie von *Haas* vertreten, der Umstand entgegen, dass der Geschäftsführer im Rahmen der Verfahren gem. §§ 270a, 270b InsO bereits aufgrund einer entsprechenden Anwendung des § 276a InsO, der den Einfluss der Gesellschafter einschränkt, dem Gläubigerinteresse verpflichtet sei.[1265] Denn entgegen der von *Haas*[1266] vertretenen Auffassung ergäbe sich aus einer aus § 276a InsO resultierenden Verpflichtung der Geschäftsführer auf das Gläubigerinteresse bereits im Rahmen der Verfahren gem. §§ 270a, 270b InsO gerade kein Widerspruch zum Schutzzweck des § 64 GmbHG. Schließlich dienen die Regelungen des § 64 GmbHG ebenfalls dem Schutz der Gläubigergemeinschaft,[1267] so dass ein Widerspruch zu verneinen ist.[1268]

1262 *Haas*, ZHR 178 (2014), 603 (613).

1263 *Bachmann*, ZIP 2015, 101 (108); Baumbach/Hueck/*Haas*, § 64, Rn. 121; *Thole*, DB 2015, 662 (665).

1264 BGH, NJW 1974, 1088 (1089); BGH, GmbHR 2015, 79 f., BGH, GmbHR 2016, 592 (593); *Kleindiek* in: Lutter/Hommelhoff, § 64, Rn. 4.

1265 Vgl. *Haas*, FS Stürner 2013, 749 (765 f.); *ders.*, ZHR 178 (2014), 603 (619 ff.); gegen eine analoge Anwendung des § 276a InsO in den Verfahren gem. §§ 270a, 270b InsO vgl. K. Schmidt-InsO/*Undritz*, § 276a, Rn. 3; KPB/*Pape*, § 276a, Rn. 6; MüKo-InsO/*Klöhn*, § 276a, Rn. 18; Nerlich/Römermann/*Riggert*, § 276a, Rn. 6.

1266 Baumbach/Hueck/*Haas*, § 64, Rn. 86.

1267 Für § 64 S. 1 GmbHG BGHZ 146, 264 (278); BGH, NZI 2010, 313; Baumbach/Hueck/*Haas*, § 64, Rn. 2 ff., 10; BeckOK GmbHG Ziemons/Jaeger/*Mätzig*, § 64, Rn. 4; *Kleindiek* in: Lutter/Hommelhoff, § 64, Rn. 1, MüKo GmbHG/*Müller*, § 64, Rn. 1; für § 64 S. 3 GmbHG Baumbach/Hueck/*Haas*, § 64, Rn. 11; *Kleindiek* in: Lutter/Hommelhoff, § 64, Rn. 48; *ders.*, GWR 2010, 75; Ulmer/*Casper*, § 64, Rn. 136; dies andeutend auch *M. Schmidt-Leithoff/Schneider* in: Rowedder/Schmidt-Leithoff, § 64, Rn. 55.

1268 *Klinck*, DB 2014, 938 (940).

Hinzu kommt, dass es einer Einschränkung der Gesellschafterrechte durch § 276a InsO im Hinblick auf die in § 64 GmbHG normierten Haftungstatbestände nicht bedarf. Gem. § 64 S. 4 GmbHG i.V.m. § 43 Abs. 3 S. 3 GmbHG entbinden Weisungen der Gesellschafter an den Geschäftsführer, gem. § 64 GmbHG untersagte Zahlungen vorzunehmen, den Geschäftsführer ebenso wenig von der Ersatzpflicht wie eine etwaige Billigung der Zahlungen, soweit der Ersatz zur Befriedigung der Gläubiger der Gesellschaft erforderlich ist. Ergänzend zu dieser Regelung unterbindet § 64 S. 4 GmbHG i.V.m. §§ 43 Abs. 3 S. 2, 9b Abs. 1 GmbHG die Möglichkeit, dass die Gesellschaft auf den ihr zustehenden Anspruch verzichtet oder sich über den Anspruch vergleicht, soweit der Ersatz zur Befriedigung der Gläubiger der Gesellschaft erforderlich ist.[1269]

IV. Zwischenergebnis – Konsequenzen für die Haftungsadressaten

1. Anwendbarkeit des § 64 GmbHG in den Eigenverwaltungseröffnungsverfahren gem. §§ 270a, 270b InsO

Auch im Rahmen des Eigenverwaltungseröffnungsverfahrens gem. § 270a InsO und im Rahmen des Schutzschirmverfahrens gem. § 270b InsO sind die Haftungstatbestände des § 64 GmbHG anwendbar.[1270] Die von Teilen des wissenschaftlichen Schrifttums[1271] angeführte angebliche Unvereinbarkeit der Haftungstatbestände des § 64 GmbHG mit Sinn und Zweck der §§ 270a, 270b InsO besteht tatsächlich nicht. Vielmehr ist festzustellen, dass der Gesetzgeber des ESUG[1272] trotz der Stärkung der Eigenverwaltung an dem vorrangigen Ziel des Insolvenzverfahrens,

---

1269 Henssler/Strohn/*Arnold*, GmbHG § 64, Rn. 39; *Kleindiek* in: Lutter/Hommelhoff, § 64, Rn. 69; Michalski-*Nerlich*, § 64, Rn. 27 f.; MüKo-GmbHG/*Müller*, § 64, Rn. 171; *M. Schmidt-Leithoff/Schneider* in: Rowedder/Schmidt-Leithoff, § 64, Rn. 54; Saenger/Inhester/*Kolmann*, § 64, Rn. 76; Scholz/*K. Schmidt*, § 64, Rn. 74 f.; Ulmer/*Casper*, § 64, Rn. 132.

1270 *Buchalik/Hiebert*, ZInsO 2014, 1423 (1429); HambKomm/*Fiebig*, § 270a, Rn. 38; *Hofmann* in: HRI, § 7, Rn. 206 f.; *Klein/Thiele*, ZInsO 2013, 2233 (2240); *Klinck*, DB 2014, 938 (941); *Koch/Jung* in: HRI, § 8, Rn. 217; *Schmidt/Poertzgen*, NZG 2013, 369 (374 ff.); *Schmittmann/Dannemann*, ZIP 2014, 1405 (1409); *Siemon/Klein*, ZInsO 2012, 2009 (2012, 2019); *Skauradszun/Spahlinger*, DB 2015, 2559 (2561); *Thiele*, ZInsO 2015, 977 (992 f.); *Thole*, DB 2015, 662 (665); *Thole/Brünkmans*, ZIP 2013, 1097 (1101).

1271 BeckOK GmbHG Ziemons/Jaeger/*Mätzig*, § 64, Rn. 53; *Haas*, FS Stürner, 2013, S. 749 (767); *ders.*, ZHR 178 (2014), 603 (625, 614 ff.).

1272 Gesetz zur weiteren Erleichterung der Sanierung von Unternehmen (ESUG), BGBl. I 2011, 2582.

der bestmöglichen Befriedigung der Gläubiger, festgehalten hat.[1273] Gerade diesem Zweck dienen die Haftungstatbestände des § 64 GmbHG, so dass der Schutzzweck des § 64 GmbHG mit dem der §§ 270a, 270b InsO übereinstimmt. Nach diesem Schutzzweck – Schutz der Interessen der Gläubigergemeinschaft – richtet sich der gem. § 64 S. 2 GmbHG anzuwendende Sorgfaltsmaßstab.[1274] Diese Interessen sind jedoch bei begründeten Sanierungsaussichten, die jedenfalls bei Vorlage der gem. § 270b Abs. 1 S. 3 InsO erforderlichen Bescheinigung nicht ausgeschlossen sind, dadurch gekennzeichnet, die Chancen der Sanierung aufrecht zu erhalten, so dass Zahlungen, die zur Aufrechterhaltung des Betriebs erforderlich sind, mit der Sorgfalt eines ordentlichen Geschäftsführers zu vereinbaren sind.[1275]

Um den weiteren Zweck der §§ 270a, 270b InsO zu berücksichtigen, nämlich die Fortführung sanierungsfähiger Unternehmen zu erleichtern und so den Erhalt von Arbeitsplätzen zu ermöglichen,[1276] ist es geboten, bei einer vom vorläufigen Sachwalter erteilten Zustimmung zu der fraglichen Zahlung jedenfalls dann zu Gunsten des Geschäftsführers von einer widerlegbaren Vermutung sorgfaltsgemäßen Verhaltens auszugehen, wenn der vorläufige Sachwalter vor der Zustimmung zutreffend und vollständig über die der beabsichtigten Zahlung zugrundeliegenden Umstände aufgeklärt worden ist.[1277] Gleiches muss im Fall der einstimmigen Zustimmung des zutreffend und vollständig informierten vorläufigen Gläubigerausschusses gem. § 270 Abs. 3 InsO zu konkreten Zahlungen gelten.[1278] Diese Zustimmungen führen ebenfalls zu einer zu Gunsten des Geschäftsführers wirkenden widerlegbaren Vermutung, nach der es nicht vorhersehbar war, dass Zahlungen i.S.d. § 64 S. 3 GmbHG tatsächlich zur Zahlungsunfähigkeit der Gesellschaft führen mussten.

1273 Begr. RegE ESUG, BT-Drucks. 17/5712, S. 17; vgl. auch *Klinck*, DB 2014, 938 (940).

1274 BGH, ZIP 2001, 235; Baumbach/Hueck/*Haas*, § 64, Rn. 88 f.; *Hofmann* in: HRI, § 7, Rn. 206; *Kleindiek* in: Lutter/Hommelhoff, § 64, Rn. 33.

1275 Vgl. BGH, GmbHR 2008, 142 (143); OLG Hamburg, GmbHR 2011, 371 (374); Baumbach/Hueck/*Haas*, § 64, Rn. 91; BeckOK GmbHG Ziemons/Jaeger/*Mätzig*, § 64, Rn. 55; HambKomm/*Fiebig*, § 270a, Rn. 38; *Kleindiek* in: Lutter/Hommelhoff, § 64, Rn. 33.

1276 Begr. RegE ESUG, BT-Drucks. 17/5712, S. 17.

1277 Saenger/Inhester/*Kolmann*, § 64, Rn. 52; in diese Richtung wohl auch *Bachmann*, ZIP 2015 101 (108), der der Zustimmung des vorläufigen Sachwalters indizielle Bedeutung für die Einhaltung der Sorgfalt eines ordentlichen Geschäftsführers zuerkennt.

1278 So auch für § 64 S. 2 GmbHG Saenger/Inhester/*Kolmann*, § 64, Rn. 52; *Siemon/Klein*, ZInsO 2012, 2009 (2018).

2. Konsequenzen für die Haftungsadressaten

a) Haftung der primären Haftungsadressaten

Die Haftungstatbestände des § 64 GmbHG gelten in den Verfahren gem. §§ 270a, 270b InsO fort. Die Geschäftsführer des Schuldners haben vor der Leistung von Zahlungen zu überprüfen, ob diese erforderlich sind, um aussichtsreiche – auf objektive Tatsachen gestützte – Sanierungschancen zu erhalten. Im eigenen Interesse sollten sie zur Vermeidung einer späteren Haftung daher sowohl das Vorliegen entsprechender Sanierungschancen wie auch die Erforderlichkeit der jeweiligen Zahlung für die Erhaltung der Sanierungsmöglichkeit dokumentieren. Zumindest bei aufkommenden Unsicherheiten sollten sie eine Zustimmung des vorläufigen Sachwalters bzw. des vorläufigen Gläubigerausschusses einholen, um sich in einem möglichen Haftungsprozess exkulpieren zu können. Verweigern der vorläufige Sachwalter oder der vorläufige Gläubigerausschuss nach objektiver Prüfung die Zustimmung, bestehen für den Geschäftsführer des Schuldners erhebliche Anhaltspunkte, dass die von ihm beabsichtigte Zahlung entweder nicht zur Fortführung des Unternehmens erforderlich ist oder aber begründete Sanierungsaussichten nicht mehr bestehen.

b) Haftung der Mitglieder eines obligatorischen Aufsichtsrats

Die Mitglieder eines obligatorischen Aufsichtsrates haften wie oben dargelegt gegenüber gesellschaftsfremden Dritten für entgegen den Zahlungsverboten des § 64 GmbHG durchgeführte Zahlungen über die jeweiligen Verweisungsvorschriften[1279] gem. § 93 Abs. 3 Nr. 6 AktG.

Fraglich ist, ob die Sondervorschrift des § 276a InsO bereits im Rahmen der Verfahren gem. §§ 270a, 270b InsO ein anderes Ergebnis rechtfertigt. Denn gem. § 276a S. 1 InsO haben der Aufsichtsrat und die Gesellschafterversammlung keinen Einfluss auf die Geschäftsführung des Schuldners. Die Überwachung der wirtschaftlichen Entscheidungen der Geschäftsführung erfolgt durch den Sachwalter, den Gläubigerausschuss und die Gläubigerversammlung.[1280] Wird die Überwachung durch den Aufsichtsrat im Rahmen der Verfahren der §§ 270a, 270b InsO durch § 276a InsO verdrängt, da diese keinen Einfluss mehr auf die Geschäftsführung ausüben können, ist eine Haftung der Mitglieder eines obligatorischen Aufsichtsrates nicht mehr zu rechtfertigen.

1279 Vgl. § 1 Abs. 1 Nr. 3 S. 2 DrittelbG, § 25 Abs. 1 S. 1 Nr. 2 MitbestG, § 3 Abs. 2 Montan-MitbestG, § 18 Abs. 2 S. 3 KAGB.

1280 Begr. RegE ESUG, BT-Drucks. 17/5712, S. 42.

Ob die Regelung des § 276a InsO bereits im Rahmen der Verfahren gem. §§ 270a, 270b InsO anwendbar ist, wird streitig diskutiert. Während einige Stimmen im wissenschaftlichen Schrifttum entweder über eine teleologische Auslegung eine direkte Anwendung,[1281] jedenfalls aber eine analoge Anwendung des § 276a InsO im Rahmen der Verfahren gem. §§ 270a, 270b InsO befürworten,[1282] lehnt die herrschende Meinung die Anwendung des § 276a InsO in den Eröffnungsverfahren der §§ 270a, 270b InsO ab.[1283]

Für eine direkte Anwendung des § 276a InsO im Rahmen der Verfahren gem. §§ 270a, 270b InsO wird unter Bezugnahme auf die Gesetzgebungsmaterialien angeführt, der Gesetzgeber des ESUG[1284] habe durch die Einführung des § 276a InsO sicherstellen wollen, *„dass die Überwachungsorgane bei Eigenverwaltung im Wesentlichen keine weitergehende Einflussmöglichkeit auf die Geschäftsführung haben sollen als in dem Fall, dass ein Insolvenzverwalter bestellt ist."*[1285] Da die Rechtslage im Hinblick auf die Geschäftsführungsbefugnisse aufgrund der Möglichkeit des Insolvenzgerichts, im Regelinsolvenzeröffnungsverfahren gem. §§ 21 Abs. 2 Nr. 1, 22 InsO einen vorläufigen (starken) Insolvenzverwalter mit Verfügungsbefugnis zu bestellen, im regulären Insolvenzverfahren vor und nach Eröffnung identisch beurteilt werde, werde deutlich, dass der Gesetzgeber des ESUG von einer Anwendbarkeit des § 276a InsO auch in den Verfahren gem. §§ 270a, 270b InsO ausgegangen sei.[1286] Darüber hinaus bedürfe die Geschäftsführung eher im Rahmen des Schutzschirmverfahrens gem. § 270b InsO als im Rahmen des eröffneten Verfahrens in Eigenverwaltung eines besonderen Schutzes, da das Schutzschirmverfahren allein auf die Erarbeitung eines Insolvenzplans gerichtet sei; im eröffneten Verfahren bedürfe der bereits festgestellte Insolvenzplan jedoch lediglich der Umsetzung und sei so ohnehin der Einflussnahme der Gesellschafter entzogen.[1287]

1281 *Ströhmann/Längsfeld*, NZI 2013, 271 (273 f.).

1282 HK-InsO/*Landfermann*, § 276a, Rn. 16 f.; Baumbach/Hueck/Haas, § 64, Rn. 86; *ders.*, ZHR 178 (2014), 603 (621 f.)

1283 *Jacoby*, FS Vallender, S. 261 (272); K. Schmidt-InsO/*Undritz*, § 276a, Rn. 3; *Klinck*, DB 2014, 938 (940); KPB/*Pape*, § 276a, Rn. 6; MüKo-InsO/*Klöhn*, § 276a, Rn. 18; Nerlich/Römermann/*Riggert*, § 276a, Rn. 6.

1284 Gesetz zur weiteren Erleichterung der Sanierung von Unternehmen (ESUG), BGBl. I 2011, 2582.

1285 Begr. RegE ESUG, BT-Drucks. 17/5712, S. 42.

1286 *Ströhmann/Längsfeld*, NZI 2013, 271 (273 f.).

1287 *Ströhmann/Längsfeld*, NZI 2013, 271 (273 f.); dieses Argument führt auch HK-InsO/*Landfermann*, § 276a, Rn. 17, an, jedoch für eine analoge Anwendung des § 276a InsO.

Für eine analoge Anwendung des § 276a InsO wird geltend gemacht, dass die Geschäftsführung im Rahmen der Verfahren gem. §§ 270a, 270b InsO ebenso von insolvenzrechtlichen Organen überwacht wird wie im eröffneten Insolvenzverfahren in Eigenverwaltung, so dass im Hinblick auf den Einfluss der Überwachungsorgane eine vergleichbare Interessenlage bestehe.[1288]

Im Ergebnis ist die Anwendbarkeit des § 276a InsO im Rahmen der Verfahren gem. §§ 270a, 270b InsO mit der herrschenden Meinung zu verneinen. Eine direkte Anwendung scheidet aufgrund des eindeutigen Wortlautes des § 276a S. 2 InsO, der ausschließlich auf die Bestellung des Sachwalters und gerade nicht auch auf die Bestellung eines vorläufigen Sachwalters Bezug nimmt, aus.[1289] Auch der Umstand, dass die §§ 270a, 270b InsO nicht auf die Regelung des § 276a InsO verweisen, spricht gegen dessen Anwendbarkeit.[1290] Darüber hinaus beruht die Regelung des § 276a InsO auf der Wertung, dass *„die Überwachungsorgane bei Eigenverwaltung im Wesentlichen keine weitergehende Einflussmöglichkeit auf die Geschäftsführung haben sollen als in dem Fall, dass ein Insolvenzverwalter bestellt ist.“*[1291] § 276a InsO beabsichtigt also für das eröffnete Eigenverwaltungsverfahren – und nur dieses –, einen Zustand herzustellen, der mit dem des eröffneten Regelinsolvenzverfahrens vergleichbar ist. Durch § 276a InsO soll folglich ausschließlich eine Gleichstellung der bereits eröffneten Insolvenzverfahren – des Regelinsolvenzverfahrens und des Insolvenzverfahrens in Eigenverwaltung – in Bezug auf die Einflussnahme der Gesellschaftsorgane erfolgen. Im Rahmen der Verfahren der §§ 270a, 270b InsO steht jedoch noch nicht fest, ob das Verfahren in Eigenverwaltung auch tatsächlich eröffnet wird oder nicht.[1292] Dieses Argument lässt sich auch nicht durch die Möglichkeit der Anordnung einer starken Insolvenzverwaltung im Regelinsolvenzeröffnungsverfahrens entkräften.[1293] Denn entgegen *Haas*[1294] sollen die Regelungen der §§ 270a, 270b InsO die Anordnung einer starken vorläufigen Insolvenzverwaltung durch Auferlegung eines allgemeinen Verfügungsverbotes zu Lasten des Schuldners gerade nicht

---

1288 HK-InsO/*Landfermann*, § 276a, Rn. 17; *Haas*, ZHR 178 (2014), 603 (621 f.).

1289 MüKo-InsO/*Klöhn*, § 276a, Rn. 18; Nerlich/Römermann/*Riggert*, § 276a, Rn. 6.

1290 MüKo-InsO/*Klöhn*, § 276a, Rn. 18; Nerlich/Römermann/*Riggert*, § 276a, Rn. 6; Uhlenbruck/*Zipperer*, § 276a, Rn. 4;

1291 Begr. RegE ESUG, BT-Drucks. 17/5712, S. 42.

1292 *Klinck*, DB 2014, 938 (940); MüKo-InsO/*Klöhn*, § 276a, Rn. 18; Nerlich/Römermann/*Riggert*, § 276a, Rn. 6.

1293 So aber *Haas*, ZHR 178 (2014), 603 (621).

1294 *Haas*, ZHR 178 (2014), 603 (621).

bloß ersetzen. Vielmehr sollen sie eine entsprechende Anordnung verhindern, um *„eine Entscheidung gegen die Eigenverwaltung zu vermeiden"*[1295].

Eine analoge Anwendung scheitert indes daran, dass es an einer planwidrigen Regelungslücke mangelt.[1296] Der Gesetzgeber hat in den Gesetzgebungsmaterialien zum ESUG[1297] erkannt, dass Einwirkungsmöglichkeiten der Gesellschafterversammlung und Aufsichtsrat auf die Geschäftsführung in der Eigenverwaltung des Schuldners *„wenig nützen, wohl aber hemmend und blockierend wirken."*[1298] Gleichwohl hat der Gesetzgeber des ESUG[1299] davon abgesehen, das Verhältnis der Aufsichtsorgane zur Geschäftsführung in den Verfahren gem. §§ 270a, 270b InsO zu regulieren, obwohl er gleichzeitig tiefgreifende Änderungen bzw. Neuregelungen des Insolvenzeröffnungsverfahrens im Rahmen der §§ 270a, 270b InsO vorgenommen hat.[1300] Diese Vorgehensweise lässt nur den Schluss zu, dass der Gesetzgeber des ESUG bewusst darauf verzichtet hat, die Mitwirkung der Überwachungsorgane im Rahmen der Verfahren gem. §§ 270a, 270b InsO einzuschränken.[1301]

Ist jedoch eine Anwendbarkeit des § 276a InsO im Rahmen der Verfahren gem. §§ 270a, 270b InsO zu verneinen, ändern sich die Pflichten und Einflussmöglichkeiten der Mitglieder eines obligatorischen Aufsichtsrates nicht. Sie bleiben über die jeweiligen Verweisungsvorschriften[1302] gem. § 93 Abs. 3 Nr. 6 AktG zu Erstattung entgegen den Zahlungsverboten des § 64 GmbHG verpflichtet.

c) Haftung des vorläufigen Sachwalters

Die Aufgabe des vorläufigen Sachwalters liegt gem. §§ 270a Abs. 1 S. 2, 274 Abs. 2 InsO in der Aufsicht des Schuldners, insbesondere in der Überprüfung der wirtschaftlichen Lage und der Überwachung der Geschäftsführung sowie

---

1295 Begr. RegE ESUG, BT-Drucks. 17/5712, S. 39.

1296 MüKo-InsO/*Klöhn*, § 276a, Rn. 18; Nerlich/Römermann/*Riggert*, § 276a, Rn. 6; *Zipperer*, ZIP 2012, 1492 (1494).

1297 Gesetz zur weiteren Erleichterung der Sanierung von Unternehmen (ESUG), BGBl. I 2011, 2582.

1298 Begr. RegE ESUG, BT-Drucks. 17/5712, S. 42.

1299 Gesetz zur weiteren Erleichterung der Sanierung von Unternehmen (ESUG), BGBl. I 2011, 2582.

1300 *Zipperer*, ZIP 2012, 1492 (1494).

1301 *Zipperer*, ZIP 2012, 1492 (1494).

1302 Vgl. § 1 Abs. 1 Nr. 3 S. 2 DrittelbG, § 25 Abs. 1 S. 1 Nr. 2 MitbestG, § 3 Abs. 2 Montan-MitbestG, § 18 Abs. 2 S. 3 KAGB.

der Ausgaben der allgemeinen Lebensführung,[1303] wobei sich die Aufsichtspflicht betreffend die laufende Geschäftsführung im Sinne einer fortlaufenden Überwachung versteht.[1304] Diese Überwachungspflicht erstreckt sich insbesondere auch auf die Kontrolle der Ausgaben des Schuldners im Hinblick darauf, ob diese mit der Sorgfalt eines ordentlichen Geschäftsführers zu vereinbaren sind.[1305] Hierbei genügt es nicht, dass der vorläufige Sachwalter bereits erfolgte Zahlungen einer ex-post-Kontrolle unterzieht; vielmehr ist er verpflichtet, sich über geplante Zahlungen des Schuldners informiert zu halten.[1306] Stellt der vorläufige Sachwalter bei dieser Prüfung fest, dass vom Schuldner geplante Zahlungen nicht mit der Sorgfalt eines ordentlichen Geschäftsführers zu vereinbaren sind oder zu einer Zahlungsunfähigkeit führen werden, wird er der Ausführung dieser Zahlungen gem. § 275 Abs. 1 S. 2 InsO widersprechen müssen oder gem. § 275 Abs. 1 S. 1 InsO die Zustimmung zu verweigern haben. Führt der Schuldner die Zahlungen dann entgegen dem Widerspruch oder im Fall des § 275 Abs. 1 S. 1 InsO trotz unterbliebener Zustimmung aus, ist der vorläufige Sachwalter verpflichtet, das Insolvenzgericht und den (vorläufigen) Gläubigerausschuss gem. § 274 Abs. 3 InsO von diesen Umständen unverzüglich in Kenntnis zu setzen.[1307]

Kommt er den vorgenannten Pflichten nicht in der gebotenen Form nach, haftet der vorläufige Sachwalter für entgegen den Zahlungsverboten gem. § 64 GmbHG geleistete Zahlungen gem. §§ 270a Abs. 1 S. 2, 274 Abs. 1 InsO i.V.m. § 60 InsO.[1308]

d) Haftung der Mitglieder des vorläufigen Gläubigerausschusses

Mit der Einführung der §§ 21 Abs. 2 Nr. 1a, 22a InsO durch das ESUG[1309] besteht nunmehr bereits im Eröffnungsverfahren die Möglichkeit, bei Erreichen bestimmter Schwellenwerte gar die Pflicht, der Bestellung eines vorläufigen Gläubigerausschusses. Die Pflichten und die Verantwortung der Mitglieder ergeben sich über die Verweisung in § 21 Abs. 2 Nr. 1a InsO aus §§ 69, 71 InsO.

1303 Vgl. hierzu *Hofmann* in: HRI, § 7, Rn. 44.

1304 *Hofmann* in: HRI, § 7, Rn. 44; KPB/*Pape*, § 274, Rn. 70; MüKo-InsO/*Tetzlaff/Kern*, § 274, Rn. 49;

1305 *Hofmann* in: HRI, § 7, Rn. 46.

1306 *Hofmann* in: HRI, § 7, Rn. 46; KPB/*Pape*, § 274, Rn. 71.

1307 *Hofmann* in: HRI, § 7, Rn. 80; MüKo-InsO/*Tetzlaff/Kern*, § 274, Rn. 64; für den Sachwalter vgl. *Landry* in: Mohrbutter/Ringstmeier, Kapitel 15, Rn. 114.

1308 *Hofmann* in: HRI, § 7, Rn. 80.

1309 Gesetz zur weiteren Erleichterung der Sanierung von Unternehmen (ESUG), BGBl. I 2011, 2582.

Wenngleich der Aufgabenbereich des vorläufigen Gläubigerausschusses nach dem Wortlaut des § 69 InsO lediglich die Unterstützung und Überwachung des Insolvenzverwalters bei dessen Geschäftsführung umfasst, wird man § 69 InsO im Rahmen der Verfahren gem. §§ 270a, 270b InsO dahingehend auslegen müssen, dass dem vorläufigen Gläubigerausschuss auch die Aufsicht über die Geschäftsführung des Schuldners obliegt.[1310] Denn die ausschließliche Überwachung des (vorläufigen) Sachwalters wäre in Anbetracht des Umstandes, dass die Geschäftsführungsbefugnis beim Schuldner verbleibt, der vorläufige Gläubigerausschuss jedoch gleichzeitig gem. § 270b Abs. 4 InsO berechtigt ist, die Aufhebung des Schutzschirmverfahrens zu beantragen, wenig effektiv.

Im Rahmen der Überwachung sind die Mitglieder des (vorläufigen) Gläubigerausschusses verpflichtet, insbesondere den Geldverkehr überprüfen zu lassen, § 69 S. 2 InsO. Welche Maßnahmen insofern von den Mitgliedern des (vorläufigen) Gläubigerausschusses zu ergreifen sind, war bis zur Entscheidung des Bundesgerichtshofs vom 09.10.2014[1311] ungeklärt. Nach der Entscheidung steht jedenfalls für die Praxis fest, dass es den Mitgliedern des (vorläufigen) Gläubigerausschusses freisteht, die erforderliche Prüfung entweder selbst vorzunehmen oder einen fachkundigen Dritten für die Prüfung auszuwählen, zu beauftragen und ihrerseits sicherzustellen, dass diese Person die Überprüfungen in zeitlicher Hinsicht ordnungsgemäß durchführt und sie über das Ergebnis der Prüfungen unterrichtet.[1312] Als zeitlich ordnungsgemäß wird man im Rahmen der Betriebsfortführung eine wöchentliche Kassenprüfung für erforderlich halten müssen,[1313] um sicherzustellen, dass der vorläufige Gläubigerausschuss zeitnah auf Pflichtverstöße des eigenverwaltenden Schuldners reagieren kann. Wird im Rahmen der Überprüfung ein Verstoß festgestellt, haben die Mitglieder unverzüglich und angemessen zu reagieren.[1314] Für das Verfahren gem. § 270b InsO wird dies bei der Feststellung von nicht mit der Sorgfalt eines ordentlichen Geschäftsführers zu vereinbarenden Zahlungen i.S.d. § 64 GmbHG bedeuten, dass die Mitglieder des vorläufigen Gläubigerausschusses diese Zahlungen unverzüg-

---

1310 So auch *Cranshaw*, ZInsO 2012, 1151 f.; *Frind*, ZIP 2012, 1380 (1383); *ders.*, BB 2013, 265; HambKomm/*Frind*, § 69 Rn. 5; *Neußner* in: HRI, § 6, Rn. 125; für das Verfahren gem. § 270 InsO Uhlenbruck/*Knof*, § 69, Rn. 13.

1311 BGH, NZI 2015, 166.

1312 BGH, NZI 2015, 166 (167 f.) m.w.N.; vgl. auch *Pape/Schultz*, ZIP 2016, 506 (509 f.), die Erleichterungen im Hinblick auf die Prüfungsdichte und Prüfungsintensität befürworten.

1313 *Hauser* in: Ringstmeier/Mohrbutter, Kapitel 4, Rn. 291.

1314 BGH, NZI 2015, 166 (169).

lich dem Insolvenzgericht zu melden haben.[1315] Ist die angestrebte Sanierung aussichtslos geworden, werden Zahlungen i.S.d. § 64 GmbHG nicht mehr zu rechtfertigen sein, so dass die Mitglieder des vorläufigen Gläubigerausschusses in diesen Fällen im Schutzschirmverfahren gem. § 270b Abs. 4 Nr. 2 InsO darauf hinwirken müssen, dass der vorläufige Gläubigerausschuss die Aufhebung des Schutzschirmverfahrens beantragt,[1316] um weitere masseschmälernde Zahlungen zu verhindern. Verletzen die Mitglieder des vorläufigen Gläubigerausschusses die dargelegten Pflichten, haben sie den Insolvenzgläubigern gem. § 71 InsO die diesen durch die Masseschmälerung entstandenen Schäden zu ersetzen.

D. Anwendbarkeit des § 64 GmbHG im eröffneten Eigenverwaltungsverfahren gem. § 270 InsO

Findet die Anwendbarkeit der in § 64 GmbHG normierten Haftungstatbestände in den Verfahren gem. §§ 270a, 270b InsO wie dargelegt noch eine recht breite Zustimmung,[1317] lehnt die herrschende Meinung im wissenschaftlichen Schrifttum die Anwendbarkeit der Haftungstatbestände des § 64 GmbHG im eröffneten Eigenverwaltungsverfahren ab.[1318] Zur Begründung wird hinsichtlich des in § 64 S. 1 GmbHG statuierten Zahlungsverbotes angeführt, dieses diene (lediglich) der vorläufigen Sicherung der Insolvenzmasse bis zur Eröffnung des Insolvenzverfahrens.[1319] Darüber hinaus wird eingewandt, die Haftungstatbestände des § 64 GmbHG würden durch abschließende insolvenzrechtliche Schutzvorschriften verdrängt[1320] oder das Empfinden geäußert, es sei *„merkwürdig, Verteilungszahlungen*

1315 BGH, NZI 2015, 166 (169).

1316 Vgl. *Cranshaw*, ZInsO 2012, 1151 (1152); *Pape/Schultz*, ZIP 2016, 506 (513).

1317 *Hofmann* in: HRI, § 7, Rn. 206 f.; *Klein/Thiele*, ZInsO 2013, 2233 (2240); *Klinck*, DB 2014, 938 (941); *Koch/Jung* in HRI, § 8, Rn. 217; *Schmidt/Poertzgen*, NZG 2013, 369 (374 ff.); *Schmittmann/Dannemann*, ZIP 2014, 1405 (1409); *Siemon/Klein*, ZInsO 2012, 2009 (2012, 2019) *Thole/Brünkmans*, ZIP 2013, 1097 (1101).

1318 Baumbach/Hueck/*Haas*, § 64, Rn. 87; BeckOK GmbHG Ziemons/Jaeger/*Mätzig*, § 64, Rn. 53; *Cadmus*, Die Haftung der GmbH und ihres Geschäftsführers in der Eigenverwaltung, S. 121 ff.; *Flöther* in: HRI, § 18, Rn. 22; *Kleindiek* in: Lutter/Hommelhoff, § 64, Rn. 12; *Schmidt/Poertzgen*, NZG 2013, 369 (377); *Thole/Brünkmans*, ZIP 2013, 1097 (1100).

1319 *Flöther* in: HRI, § 18, Rn. 22; *Schmidt/Poertzgen*, NZG 2013, 369 (376); *Thole/Brünkmans*, ZIP 2013, 1097 (1100 f.).

1320 Baumbach/Hueck/*Haas*, § 64, Rn. 87; BeckOK GmbHG Ziemons/Jaeger/*Mätzig*, § 64, Rn. 53; *Schmidt/Poertzgen*, NZG 2013, 369 (376).

des eigenverwaltenden Schuldners an die Gläubiger (§ 283 InsO) unter den Recht-fertigungszwang des § 64 S. 2 GmbHG zu stellen."[1321]

I. Schutzbedürfnis

Gleichwohl sehen auch die eine Anwendung der Haftungstatbestände des § 64 GmbHG ablehnenden Stimmen des wissenschaftlichen Schrifttums ein Bedürf-nis, die Geschäftsführer des eigenverwaltenden Schuldners überhaupt einer per-sönlichen Haftung zu unterwerfen, um den Schutz der Gläubiger des Schuldners sicherzustellen.[1322]

Schließlich enthalten die Vorschriften der §§ 270 ff. InsO keine eigenstän-digen Regelungen zur Haftung des Geschäftsführers des eigenverwalteten Schuldners,[1323] die geeignet wären, diesen effektiv zu einer ordnungsgemäßen Geschäftsführung anzuhalten.

Streitig diskutiert wird die Frage, wie eine persönliche Haftung des Geschäfts-führers des eigenverwaltenden Schuldners im Hinblick auf die Verletzung der dem Schuldner im Rahmen des Eigenverwaltungsverfahrens obliegenden Pflichten und die hieraus bei der Gläubigergemeinschaft und dem einzelnen Gläubiger entstehenden Schäden begründet werden kann. Während sich ein Teil des wissenschaftlichen Schrifttums[1324] sowie das AG Duisburg[1325] für ein insolvenzrechtliches Haftungsmodell aussprechen, welches eine Haftung des Geschäftsführer analog §§ 60, 61 InsO vorsieht, befürworten andere Stimmen ein gesellschaftsrechtliches Haftungsmodell über § 43 Abs. 2 GmbHG[1326], in dessen Rahmen ein ersatzfähiger Schaden der Gesellschaft bereits dann vor-

---

1321 *Thole/Brünkmans*, ZIP 2013, 1097 (1100); so auch *Skauradszun/Spahlinger*, DB 2015, 2559 (2564).
1322 *Flöther* in: HRI, § 18, Rn. 25 f.; *Haas*, ZHR 178 (2014), 603 (610); MüKo-InsO/ *Tetzlaff*, § 270, Rn. 173; *Schmidt/Poertzgen*, NZG 2013, 369 (376); *Thole/Brünkmans*, ZIP 2013, 1097 (1100 ff.).
1323 *Marotzke*, FS Kirchhof 2003, S. 321 (349); *Schmidt/Poertzgen*, NZG 2013, 369 (376); *Siemon/Klein*, ZInsO 2012, 2009 (2013).
1324 *Flöther* in; HRI, § 18, Rn. 28 ff.; HambKomm/*Fiebig*, § 270, Rn. 43; MüKo-InsO/ *Tetzlaff*, § 270, Rn. 179.
1325 AG Duisburg, ZIP 2005, 2335.
1326 *Haas*, ZHR 178 (2014), 603 (612 ff.); HK InsO/*Landfermann*, § 270, Rn. 32; *Schmidt/ Poertzgen*, NZG 2013, 369 (376); *Thole/Brünkmans*, ZIP 2013, 1097 (1103, 1106 f.); vgl. auch *König*, Die Haftung bei der Eigenverwaltung, S. 259 ff., 360 ff., der eine Haftung gem. § 43 Abs.2 GmbHG i.V.m. den Grundsätzen des Vertrages mit Schutz-wirkung zugunsten Dritter befürwortet.

liegen soll, „*wenn die Befriedigungsaussichten der Gläubiger durch das Verhalten des Geschäftsleiters verkürzt werden.*"[1327] *Jacoby* präferiert indes eine Haftung der Geschäftsführer gegenüber dem einzelnen Gläubiger gem. § 280 Abs. 1 BGB.[1328]

Die nachfolgende Untersuchung befasst sich ausschließlich mit einem Teilbereich einer möglichen Haftung des Geschäftsführers, nämlich mit der Beantwortung der Frage, ob die Regelungen des § 64 GmbHG auch im eröffneten Eigenverwaltungsverfahren anwendbar sind.[1329]

II. Schutz über Haftungstatbestände des § 64 GmbHG

Nach Wortlaut und dem übergeordneten Sinn und Zweck der Haftungstatbestände des § 64 GmbHG, Schutz der Interessen der Gläubigergesamtheit,[1330] sind die Haftungstatbestände auch im eröffneten Eigenverwaltungsverfahren gem. § 270 InsO anwendbar.

1. Grammatikalische Auslegung

§ 64 S. 1 GmbHG knüpft – wie bereits in § 5 I.1. dargelegt – an die materielle Insolvenzreife der Gesellschaft,[1331] namentlich den „*Eintritt der Zahlungsunfähigkeit der Gesellschaft*" bzw. an die „*Feststellung ihrer Überschuldung*" und nach diesem Zeitpunkt geleistete Zahlungen an. Der Wortlaut des § 64 S. 1 GmbHG lässt mithin die Anwendung des § 64 S. 1 GmbHG im eröffneten Eigenverwaltungsverfahren zu, da die bloße Verfahrenseröffnung die materielle Insolvenzreife der Gesellschaft ebenso wenig entfallen lässt[1332] wie sie den Begriff der „*Zahlung*" tangiert.

1327 *Haas*, ZHR 178 (2014), 603 (613).

1328 *Jacoby*, FS Vallender, S. 261 (273).

1329 Dies bejahend *Bachmann*, ZIP 2015, 101 (108); *Klinck*, DB 2014, 938 (942); K. Schmidt/*Undritz*, § 270, Rn. 21; *König*, Die Haftung bei der Eigenverwaltung, S. 194 ff.; 211, 218.

1330 Für § 64 S. 1 GmbHG BGHZ 146, 264 (278); BGH, NZI 2010, 313; Baumbach/ Hueck/*Haas*, § 64, Rn. 2 ff., 10; BeckOK GmbHG Ziemons/Jaeger/*Mätzig*, § 64, Rn. 4; *Kleindiek* in: Lutter/Hommelhoff, § 64, Rn. 4; MüKo-GmbHG/*Müller*, § 64, Rn. 1; für § 64 S. 3 GmbHG Baumbach/Hueck/*Haas*, § 64, Rn. 11; *Kleindiek* in: Lutter/ Hommelhoff, § 64, Rn. 48; *ders.*, GWR 2010, 75; Ulmer/*Casper*, § 64, Rn. 136; dies andeutend auch M. *Schmidt-Leithoff/Schneider* in: Roewedder/Schmidt-Leithoff, § 64, Rn. 55.

1331 BGH, WM 2000, 242 f.; BGHZ 163, 134 (141); BGH, NJW 2009, 2454 (2455); *Kleindiek* in: Lutter/Hommelhoff, § 64, Rn. 2; Scholz/K. *Schmidt*, § 64, Rn. 48; *Schmidt/ Poertzgen*, NZI 2013, 369 (371).

1332 So auch *König*, Die Haftung bei der Eigenverwaltung, S. 195.

Auch der Wortlaut des § 64 S. 3 GmbHG schränkt dessen Anwendbarkeit nach Eröffnung des Insolvenzverfahrens in Eigenverwaltung nicht ein. Dieser setzt nämlich lediglich Zahlungen des Geschäftsführers voraus, *„soweit sie zur Zahlungsunfähigkeit der Gesellschaft führen mussten"*. Ausgeschlossen ist die Anwendung des § 64 S. 3 GmbHG seinem Wortlaut nach daher lediglich in den Fällen, in denen das Eigenverwaltungsverfahren aufgrund des Insolvenzgrundes der Zahlungsunfähigkeit eröffnet wurde.[1333]

2. Teleologische Auslegung

Gegen die Anwendbarkeit des § 64 S. 1 GmbHG im eröffneten Eigenverwaltungsverfahren wird eingewandt, dieser diene (lediglich) der vorläufigen Sicherung der Insolvenzmasse bis zur Eröffnung des Insolvenzverfahrens[1334] bzw. *„dazu, den Zugriff der Gläubigermehrheit auf die Masse so zu sichern, als sei bereits im Zeitpunkt der Insolvenzreife das Verfahren eröffnet worden."*[1335]

Dieser Einwand vermag nicht zu überzeugen. Er ist erkennbar an dem im Regelinsolvenzverfahren gem. § 80 Abs. 1 InsO normierten Übergang der Verwaltungs- und Verfügungsbefugnis über das Vermögen des Schuldners auf den Insolvenzverwalter orientiert.[1336] Dieser ist verpflichtet, die vorhandene Masse bestmöglich zur gleichmäßigen Befriedigung der Gläubigergesamtheit, § 1 InsO, zu verwerten.[1337] Korrespondierend mit dieser Pflicht trifft den Insolvenzverwalter gem. § 60 Abs. 1 InsO eine persönliche Haftung. Für eine Fortgeltung der Haftungstatbestände des § 64 GmbHG im eröffneten Regelinsolvenzverfahren besteht folglich kein Bedarf.[1338]

Im eröffneten Eigenverwaltungsverfahren verliert § 64 S. 1 GmbHG seine Bedeutung indes nicht.[1339] § 64 S. 1 GmbHG verfolgt – wie in § 5 A.I.2. dargelegt – im

---

1333 Der Insolvenzgrund der Zahlungsunfähigkeit gem. § 17 Abs. 2 InsO steht der Eröffnung des Eigenverwaltungsverfahrens nicht entgegen. Vgl hierzu *Haas* in: Gottwald, Insolvenzrechtshandbuch, § 87, Rn. 23; MüKo-InsO/*Tetzlaff*, § 270, Rn. 107; vgl. auch die Ausführungen in § 5 A.II.1.

1334 *Flöther* in: HRI, § 18, Rn. 22; *Schmidt/Poertzgen*, NZG 2013, 369 (376); *Thole/Brünkmans*, 1097 (1100 f.).

1335 *Jacoby*, FS Vallender, S. 261 (276) m.V.a. BGH, ZIP 2009, 860.

1336 *Bachmann*, ZIP 2015, 1010 (107).

1337 BGH NJW 1973, 1198, Graf Schlieffen/*Wobst*, § 60, Rn. 9; HambKomm/*Weitzmann*, § 60, Rn. 11; HK-InsO/*Lohmann*, § 60, Rn. 9, 14.

1338 So auch *Schmidt/Poertzgen*, NZI 2013, 369 (376).

1339 So auch *Bachmann*, ZIP 2015, 101 (107 f.); *Klinck*, DB 2014, 938 (942); *König*, Die Haftung bei der Eigenverwaltung, S. 208 ff.

Interesse aller Gläubiger der Gesellschaft das Ziel, masseschmälernde Zahlungen durch den Geschäftsführer präventiv durch eine Androhung der Haftung zu verhindern oder aber Sorge dafür zu tragen, dass durch Zahlungen des Geschäftsführers eingetretene Schmälerungen der (zukünftigen) Insolvenzmasse ausgeglichen werden.[1340] Hierdurch soll eine bevorzugte Befriedigung einiger Gläubiger zu Lasten der übrigen verhindert werden.[1341]

Im eröffneten Eigenverwaltungsverfahren verbleibt die Verwaltungs- und Verfügungsbefugnis – im Gegensatz zum eröffneten Regelinsolvenzverfahren – beim eigenverwaltenden Schuldner.[1342] Da das Eigenverwaltungsverfahren in seinem typischen Fall auf die Fortführung des Unternehmens gerichtet ist[1343] und eine Fortführung regelmäßig eine Vielzahl von aus dem Gesellschaftsvermögen erfolgenden Zahlungen voraussetzt, ist das Risiko zu Lasten der Gläubigergemeinschaft erfolgender masseschmälernde Zahlungen mindestens ebenso relevant wie im Eröffnungsverfahren.[1344] Spätestens durch die Eröffnung des Insolvenzverfahrens in Eigenverwaltung können sich einzelne Gläubiger der Gesellschaft veranlasst sehen, nach Möglichkeit eine bevorzugte Befriedigung vor den übrigen Gläubigern zu erlangen.[1345]

Da auch der Haftungstatbestand des § 64 S. 3 GmbHG der Sicherung der Masse dient,[1346] kann für diesen nichts anderes gelten. Wenngleich der Einfluss der Gesellschafter im eröffneten Eigenverwaltungsverfahren auf die Geschäftsführung aufgrund der Regelung des § 276a InsO eingeschränkt ist, besteht auch

---

1340 BGHZ 146, 264 (278); BGH, NZI 2010, 313; Baumbach/Hueck/*Haas*, § 64, Rn. 2 ff., 10; BeckOK GmbHG Ziemons/Jaeger/*Mätzig*, § 64, Rn. 4; *Kleindiek* in: Lutter/Hommelhoff, § 64, Rn. 4; MüKo-GmbHG/*Müller*, § 64, Rn. 1.

1341 BGHZ 146, 264 (278); BGH, NZI 2010, 313; Baumbach/Hueck/*Haas*, § 64, Rn. 2 ff., 10; BeckOK GmbHG Ziemons/Jaeger/*Mätzig*, § 64, Rn. 4; *Kleindiek* in: Lutter/Hommelhoff, § 64, Rn. 4; *M. Schmidt-Leithoff/Schneider* in: Rowedder/Schmidt-Leithoff, § 64, Rn. 14; *Smid*, ZInsO 2014, 1181 (1182); *Thole/Brünkmans*, ZIP 2013, 1097 (1100); vgl. *König*, Die Haftung bei der Eigenverwaltung, S. 207, der diese Wirkung als Reflex qualifiziert.

1342 Graf-Schlicker/*Graf-Schlicker*, § 270, Rn. 23; HambKomm/*Fiebig*, § 270, Rn. 32; HK-InsO/*Landfermann*, § 270, Rn. 30; MüKo-InsO/*Tetzlaff*, § 270, Rn. 149; Nerlich/Römermann/*Riggert*, § 270, Rn. 2.

1343 Begr. RegE InsO, BT-Drucks. 12/2443, S. 226.

1344 *Klinck*, DB 2014, 938 (942); *König*, Die Haftung bei der Eigenverwaltung, S. 208 f.

1345 Vgl. für die Situation im Eröffnungsverfahren *Klinck*, DB 2014, 938 (939).

1346 Baumbach/Hueck/*Haas*, § 64, Rn. 11; *Kleindiek* in: Lutter/Hommelhoff, § 64, Rn. 48; ders., GWR 2010, 75; Ulmer/*Casper*, § 64, Rn. 136; dies andeutend auch *M. Schmidt-Leithoff/Schneider* in: Rowedder/Schmidt-Leithoff, § 64, Rn. 55.

im eröffneten Eigenverwaltungsverfahren das Risiko des Abzugs *„von Vermögenswerten, welche die Gesellschaft bei objektiver Betrachtung zur Erfüllung ihrer Verbindlichkeiten benötigt.“*[1347]

3. Historische Auslegung

Auch die historische Auslegung spricht für eine Anwendbarkeit des § 64 S. 1 GmbHG im eröffneten Eigenverwaltungsverfahren.[1348] Die Regelung des heutigen § 64 S. 2 GmbHG wurde im Jahr 1930 mit dem Gesetz über die Pflicht zum Antrag auf Eröffnung des Konkurses oder des gerichtlichen Vergleichsverfahrens[1349] implementiert. Hintergrund war eine aufgetretene Kollision des in § 64 Abs. 2 GmbHG a.F. normierten Zahlungsverbotes mit der im Jahr 1927 eingeführten Vergleichsordnung, die es dem Schuldner ermöglichte, sein Unternehmen trotz eingetretener materieller Insolvenzreife fortzuführen.[1350] Da die Fortführung des materiell insolvenzreifen Unternehmens zwingend die Leistung von Zahlungen voraussetzte, § 64 Abs. 2 GmbHG a.F. jedoch gleichzeitig eine Ersatzpflicht der Geschäftsführer für sämtliche nach Eintritt der materiellen Insolvenzreife geleisteten Zahlungen statuierte, entschied sich der Gesetzgeber, den heutigen Exkulpationstatbestand des § 64 S. 2 GmbHG aufzunehmen, der solche Zahlungen privilegierte, die mit der Sorgfalt eines ordentliches Geschäftsleiters zu vereinbaren sind.[1351] Folglich ging der Gesetzgeber wie selbstverständlich von einer Anwendbarkeit des Zahlungsverbotes im Vergleichsverfahren aus, ansonsten hätte es einer Einführung des Exkulpationstatbestandes nicht bedurft.[1352] *König* weist indes zutreffend darauf hin, dass der Gesetzgeber der Insolvenzordnung das Eigenverwaltungsverfahren ausdrücklich *„in Anlehnung an das Modell der Vergleichsordnung“*[1353] geschaffen hat.[1354] Ging der Gesetzgeber des Eigenverwaltungsverfahrens jedoch davon aus, dass der Haftungstatbestand des heutigen § 64 S. 1 GmbHG in dem

---

1347 Begr. RegE MoMiG, BT-Drucks. 16/6140, S. 46.

1348 Vgl. hierzu die Darstellung bei *König*, Die Haftung bei der Eigenverwaltung, S. 197.

1349 RGBl. I 1930, 93 (94).

1350 *König*, Die Haftung bei der Eigenverwaltung, S. 197.

1351 Begr. des Gesetzesentwurfs des Reichsministers der Justiz zum Gesetz über die Pflicht zum Antrag auf Eröffnung des Konkurses oder des gerichtlichen Vergleichsverfahrens vom 07.12.1929, Verhandlungen des Reichstags/Anlagen zu den stenographischen Berichten, Band 430 (IV. Wahlperiode 1928) Nr. 1469 S. 3 ff.; *König*, Die Haftung bei der Eigenverwaltung, S. 197.

1352 *König*, Die Haftung bei der Eigenverwaltung, S. 197.

1353 Begr. RegE InsO, BT-Drucks. 12/2443, S. 223.

1354 *König*, Die Haftung bei der Eigenverwaltung, S. 197.

von ihm ausdrücklich in Bezug genommenen Vorgängerverfahren anwendbar sein sollte, ist nicht ersichtlich, warum dies im Hinblick auf § 64 S. 1 GmbHG für das heutige Eigenverwaltungsverfahren nicht auch gelten sollte.[1355] Gegen eine entsprechende Geltung spricht auch nicht, dass im Rahmen des Vergleichsverfahrens *„kein Konkursverfahren eröffnet"*[1356] wurde, da der Gesetzgeber das Eigenverwaltungsverfahren unabhängig von diesem konzeptionellen Unterschied gleichwohl *„in Anlehnung an das Modell der Vergleichsordnung"*[1357] geschaffen hat.[1358]

Da § 64 S. 3 GmbHG nach dem Willen des Gesetzgebers eine Ergänzung insbesondere auch des Haftungsregimes des § 64 GmbHG bezwecken soll,[1359] ist es dann nur konsequent, davon auszugehen, dass auch die Regelung des § 64 S. 3 GmbHG im Eigenverwaltungsverfahren anzuwenden ist.

4. Keine Verdrängung durch Regelungen der InsO

Die in § 64 GmbHG normierten Haftungstatbestände werden auch nicht, wie von einem Teil des wissenschaftlichen Schrifttums vertreten,[1360] über die insolvenzrechtlichen Schutzvorschriften verdrängt.[1361]

Zwar ist mit der herrschenden Meinung festzustellen, dass der eigenverwaltende Schuldner – nicht dessen Organe – durch Anordnung der Eigenverwaltung zum Amtswalter in eigener Sache wird,[1362] da nur so erklärbar ist, aus welchem Grund dem Schuldner die in §§ 103 ff. InsO statuierten Wahlrechte hinsichtlich von ihm selbst geschlossener Verträge zustehen sollen.[1363] Hierdurch wird jedoch die gesellschaftsrechtliche Verankerung der Organstellung des Geschäftsführers – wie sich aus § 276a InsO ergibt – nicht angetastet.[1364] Denn aus

---

1355 *König*, Die Haftung bei der Eigenverwaltung, S. 197.

1356 *Cadmus*, Die Haftung der GmbH und ihres Geschäftsführers in der Eigenverwaltung, S. 122.

1357 Begr. RegE InsO, BT-Drucks. 12/2443, S. 223.

1358 *König*, Die Haftung bei der Eigenverwaltung, S. 197.

1359 Begr. RegE MoMiG, BT-Drucks. 16/6140, S. 46.

1360 Baumbach/Hueck/*Haas*, § 64, Rn. 87; BeckOK GmbHG Ziemons/Jaeger/*Mätzig*, § 64, Rn. 53; *Schmidt/Poertzgen*, NZG 2013, 369 (376).

1361 So auch *König*, Die Haftung bei der Eigenverwaltung, S. 212 ff.

1362 *Haas*, ZHR 178 (2014), 603 (611); HambKomm/*Fiebig*, § 270, Rn. 34; MüKo-InsO/*Tetzlaff*, § 270, Rn. 149.

1363 MüKo-InsO/*Tetzlaff*, § 270, Rn. 149.

1364 *Haas*, FS Stürner, 2013, S. 749 (763); *ders.*, ZHR 178 (2014), 603 (611); *K. Schmidt*, BB 2011, 1603 (1606 f.); a.A. *Cadmus*, Die Haftung der GmbH und ihres Geschäftsführers in der Eigenverwaltung, S. 77; KPB/*Pape*, § 276a, Rn. 22 ff.

§ 276a S. 2 InsO folgt, dass die eigentliche Legitimation des Geschäftsführers durch dessen Bestellung auch im eröffneten Eigenverwaltungsverfahren in die Kompetenz der Gesellschafterversammlung fällt.[1365] Die gesellschaftsrechtliche Legitimation der Geschäftsführer bleibt mithin unangetastet.[1366]

Ergibt sich jedoch die Legitimation des Geschäftsführers aus der gesellschaftsrechtlichen Bestellung, ist eine Verdrängung der Haftungstatbestände des § 64 GmbHG durch insolvenzrechtliche Regelungen zu verneinen.[1367]

Sofern insbesondere *Haas* postuliert, das gesellschaftsrechtliche Haftungssystem und damit auch die Haftungstatbestände des § 64 GmbHG würden durch die insolvenzrechtlichen Gläubigerschutzmechanismen immer dann verdrängt, wenn die gesellschaftsrechtliche Haftung dem Schutz der Gesamtheit der Gläubiger diene,[1368] vermag dies nicht zu überzeugen. Allein aus dem Umstand, dass sich die Regelungsbereiche gesellschaftsrechtlicher Haftungstatbestände mit dem Schutzzweck der InsO überschneiden, ergibt sich nicht, dass die Sonderregelungen der InsO abschließend in Bezug auf den Schutz der Gläubigergesamtheit wären.[1369] Vielmehr ist nach dem erklärten Willen des Gesetzgebers des MoMiG[1370] das Gegenteil der Fall: der Gesetzgeber ging bei der Schaffung des Haftungstatbestandes des § 64 S. 3 GmbHG davon aus, dass dieser *„sich mit den Schutzinstrumenten des geltenden Rechts in mehreren Punkten"*[1371] überschneide. Genannt werden im Hinblick auf die Überschneidung insbesondere auch das in §§ 129 ff. InsO kodifizierte Recht der Insolvenzanfechtung,[1372] das zum Nachteil der Gläubigergesamtheit erfolgte Vermögensverschiebungen rückgängig machen soll.[1373] Hieraus folgt, dass der Gesetzgeber von einer parallelen Anwendung gesellschaftsrechtlicher und insolvenzrechtlicher Haftungstatbestände auch insofern ausgeht, als der Schutz der Gesamtheit der Gläubiger betroffen ist.

1365 Graf-Schlicker/*Graf-Schlicker*, § 276a, Rn. 3; HambKomm/*Fiebig*, § 276a, Rn. 8; HK-InsO/*Landfermann*, § 276a, Rn. 13; MüKo-InsO/*Klöhn*, § 276a, Rn. 49; Nerlich/Römermann/*Riggert*, § 276a, Rn. 5.

1366 *Haas*, FS Stürner, S. 749 (763); *ders.*, ZHR 178 (2014), 603 (612); *Landfermann*, WM 2012, 869 (872); *K. Schmidt*, BB 2011, 1603 (1606 f.); a.A. KPB/*Pape*, § 276a, Rn. 22 ff.

1367 *Haas*, ZHR 178 (2014), 603 (612).

1368 Baumbach/Hueck/*Haas*, § 64, Rn. 87.

1369 *König*, Die Haftung bei der Eigenverwaltung, S. 214 f.

1370 Gesetz zur Modernisierung des GmbH Rechts und zur Bekämpfung von Missbräuchen (MoMiG), BGBl. I 2008, 2026.

1371 Begr. RegE MoMiG, BT-Drucks. 16/6140, 46.

1372 Begr. RegE MoMiG, BT-Drucks. 16/6140, 46.

1373 HK-InsO/*Thole*, § 129, Rn. 1.

Selbst wenn man jedoch eine Verdrängung gesellschaftsrechtlicher Haftungstatbestände im eröffneten Eigenverwaltungsverfahren bejahen wollte, spräche dies nicht für eine Verdrängung des § 64 GmbHG. Insbesondere im Hinblick auf die Anwendbarkeit der Haftungstatbestände des § 64 GmbHG auf die Geschäftsleiter von EU-Auslandsgesellschaften gem. § 4 Abs. 1 EuInsVO ist zwar umstritten, ob § 64 GmbHG als insolvenzrechtliche oder als gesellschaftsrechtliche Norm zu qualifizieren ist,[1374] doch hat der Gesetzgeber des MoMiG[1375] jedenfalls für das nationale Recht klargestellt, dass die *„vorgenommene Erweiterung des § 64 einen starken insolvenzrechtlichen Bezug"*[1376] hat, der es im Hinblick auf Art. 4 Abs. 1 EuInsVO *„erleichtert … § 64 als insolvenzrechtliche Norm zu qualifizieren."*[1377] Folglich ist festzustellen, dass die Regelungen des § 64 GmbHG nach dem eindeutigen Willen des nationalen Gesetzgebers insbesondere im deutschen Recht als insolvenzrechtliche Haftungsnorm qualifiziert werden sollen.[1378] Sind jedoch auch die Regelungen des § 64 GmbHG insolvenzrechtlich zu qualifizieren, ist nicht ersichtlich, wie andere insolvenzrechtliche Haftungstatbestände § 64 GmbHG verdrängen sollen.

5. Keine Rechtfertigung für Zahlungen i.S.d. § 283 InsO

Entgegen der von *Thole/Brünkmans*[1379] vertretenen Auffassung ist es auch nicht *„merkwürdig, Verteilungszahlungen des eigenverwaltenden Schuldners an die Gläubiger (§ 283 InsO) unter den Rechtfertigungszwang des § 64 S. 2 GmbHG zu stellen."*[1380]

Die Rechtfertigung dieser Zahlungen gem. § 64 S. 2 GmbHG wird dem Geschäftsführer des eigenverwaltenden Schuldners nämlich unschwer gelingen. Schließlich ist der Sachwalter gem. § 283 Abs. 2 S. 2 InsO verpflichtet, die vom eigenverwaltenden Schuldner gem. §§ 283 Abs. 2 S. 1, 188, 193 InsO erstellten

---

1374 Vgl. zur Darstellung des Meinungsstandes mit Einzelnachweisen BGH, GmbHR 2015, 79, Rn. 14 ff.

1375 Gesetz zur Modernisierung des GmbH-Rechts und zur Bekämpfung von Missbräuchen (MoMiG), BGBl. I 2008, 2026.

1376 Begr. RegE MoMiG, BT-Drucks. 16/6140, 47.

1377 Begr. RegE MoMiG, BT-Drucks. 16/6140, 47.

1378 BGH, GmbHR 2015, 79 (80); *Kleindiek* in: Lutter/Hommelhoff, § 64, Rn. 5; MüKo-GmbHG/*Müller*, § 64, Rn. 143; vgl. EuGH, NZI 2015, 88 (90), der diese Auslegung zwischenzeitlich auch für Art. 4 Abs. 1 EuInsVO bestätigt hat.

1379 *Thole/Brünkmans*, ZIP 2013, 1097 (1100); so auch *Skauradszun/Spahlinger*, DB 2015, 2559 (2564).

1380 *Thole/Brünkmans*, ZIP 2013, 1097 (1100).

Verteilungsverzeichnisse zu überprüfen und schriftlich zu erklären, ob nach dem Ergebnis seiner Prüfung Einwendungen zu erheben sind. Für die ordnungsgemäße Erfüllung dieser Pflicht haftet der Sachwalter gem. § 60 InsO.[1381] Die eigentliche Verteilung darf gem. § 196 Abs. 2 InsO, der auch im Rahmen der Eigenverwaltung Anwendung findet,[1382] erst nach der Zustimmung des Insolvenzgerichts erfolgen, welches zuvor die Schlussrechnung geprüft hat.[1383] Ist entsprechend diesem Verfahren eine ordnungsgemäße Überprüfung sowohl durch den Sachwalter als auch durch das Insolvenzgericht durchgeführt worden, ohne zu Beanstandungen zu führen und hat darüber hinaus keiner der Gläubiger gem. § 194 Abs. 1 InsO Einwendungen gegen das Verteilungsverzeichnis erhoben, wird eine tatsächliche Vermutung dafür sprechen, dass Verteilungszahlungen, die dem Verteilungsverzeichnis entsprechen, mit der Sorgfalt eines ordentlichen Geschäftsmanns gem. § 64 S. 2 GmbHG erfolgt sind.[1384]

6. Keine Unvereinbarkeit von § 64 GmbHG und § 270 InsO

Haben obige Ausführungen[1385] zur Vereinbarkeit der Haftungstatbestände des § 64 GmbHG mit Sinn und Zweck der §§ 270a, 270b InsO bereits gezeigt, dass auch der Gesetzgeber des ESUG[1386] an dem vorrangigen Ziel des Insolvenzverfahrens, der bestmöglichen Befriedigung der Gläubiger, festgehalten hat,[1387] müssen die dortigen Ausführungen selbstverständlich auch für das eröffnete Eigenverwaltungsverfahren gelten.

Es ist folglich festzuhalten, dass auch im eröffneten Eigenverwaltungsverfahren gem. § 270 InsO eine persönliche Haftung des nach wie vor verfügungsbefugten Geschäftsführers gem. § 64 GmbHG geboten ist.[1388]

7. Privilegierung gem. §§ 64 S. 2, 64 S. 3 2. Hs. GmbHG

Die Privilegierung gem. § 64 S. 2 GmbHG von nach Eintritt der materiellen Insolvenzreife geleisteter Zahlungen hat sich auch im Rahmen des eröffneten

---

1381 MüKo-InsO/*Tetzlaff*/*Kern*, § 283, Rn. 22.

1382 HambKomm/*Fiebig*, § 283, Rn. 5.

1383 HambKomm/*Preß*, § 196, Rn. 8.

1384 Vgl. zur Privilegierung gem. § 64 S. 2 GmbHG auch die Ausführungen in § 5 D.II.7.

1385 Siehe § 5 C.II.2.

1386 Gesetz zur weiteren Erleichterung der Sanierung von Unternehmen (ESUG), BGBl. I 2011, 2582.

1387 Begr. RegE ESUG, BT-Drucks. 17/5712, S. 17; vgl. auch *Klinck*, DB 2014, 938 (940).

1388 *Bachmann*, ZIP 2015, 101 (108); *Klinck*, DB 2014, 938 (941).

Eigenverwaltungsverfahrens nach dem Interesse der Gläubigergemeinschaft zu richten.[1389]

So lange auch im eröffneten Eigenverwaltungsverfahren noch begründete Aussichten auf eine Sanierung der Gesellschaft bestehen, müssen Zahlungen, die zur Aufrechterhaltung des Betriebs und somit zur Aufrechterhaltung der Sanierungsmöglichkeiten erforderlich sind[1390], die Voraussetzungen der Privilegierung des § 64 S. 2 GmbHG ebenso erfüllen, wie Zahlungen, die zur Sanierung des Unternehmens führen. In diesem Stadium dürften gar Zahlungen, die unmittelbar auf eine Abwicklung der Gesellschaft gerichtet sind, gerade nicht mit der Sorgfalt eines ordentlichen Geschäftsführers zu vereinbaren sein, da den Gläubigern der Gesellschaft dann die Chance auf Erzielung einer höheren Insolvenzquote genommen würde.[1391]

Wie auch im Rahmen der Verfahren gem. §§ 270a, 270b InsO ist es zur Aufrechterhaltung der Sanierungsmöglichkeiten und zur Realisierung der Sanierung geboten, den für den Schuldner handelnden Geschäftsführer im Rahmen der Nachweispflichten zu entlasten. Auch im eröffneten Eigenverwaltungsverfahren dürfte eine vom Sachwalter oder Gläubigerausschuss erteilte Zustimmung zu der fraglichen Zahlung jedenfalls dann eine Umkehr dieser Darlegungs- und Beweislast rechtfertigen, wenn dieser vom Geschäftsführer vor Ausführung der Zahlung zutreffend und vollständig über die der beabsichtigten Zahlung zugrundeliegenden Umstände aufgeklärt worden ist.

Eine generelle Privilegierung, nach der der Geschäftsführer grundsätzlich berechtigt sein soll, alle zur Fortführung des Betriebs erforderlichen Zahlungen zu leisten,[1392] ist hingegen abzulehnen. Denn spätestens dann, wenn die Sanierung des eigenverwaltenden Schuldners aufgrund objektiver Umstände nicht mehr aussichtsreich erscheint oder im schlechtesten Fall gescheitert ist, werden weitere Zahlungen des Geschäftsführers, die die Haftungsmasse schmälern, nicht mehr mit der Sorgfalt eines ordentlichen Geschäftsführers zu vereinbaren sein. Schließlich ist eine Verkürzung der Masse zu Lasten der Gläubigergemeinschaft nicht mehr gerechtfertigt, wenn der Verkürzung nicht zumindest auch eine auf

---

1389 Zum Haftungsmaßstab vgl. BGH, ZIP 2001, 235; Baumbach/Hueck/*Haas*, § 64, Rn. 89; *Hofmann* in: HRI, § 7, Rn. 206; *Kleindiek* in: Lutter/Hommelhoff, § 64, Rn. 33.

1390 Vgl. BGH, GmbHR 2008, 142 (143); OLG Hamburg, GmbHR 2011, 371 (374); Baumbach/Hueck/*Haas*, § 64, Rn. 91; BeckOK GmbHG Ziemons/Jaeger/*Mätzig*, § 64, Rn. 55; *Kleindiek* in: Lutter/Hommelhoff, § 64, Rn. 33.

1391 A.A. *Klinck*, DB 2014, 938 (942), der die Abwicklung der Gesellschaft im Eigenverwaltungsverfahren als Pflicht des Geschäftsführers ansieht.

1392 In diese Richtung wohl *Bachmann*, ZIP 2015 101 (108).

begründeten Tatsachen beruhende Chance auf Mehrung der verteilungsfähigen Masse gegenübersteht.

Für die Privilegierung gem. § 64 S. 3 2. Hs. GmbHG von zur Zahlungsunfähigkeit der Gesellschaft führenden Zahlungen gelten die Ausführungen zur Privilegierung dieser Zahlungen im Eigenverwaltungseröffnungsverfahren in § 5 C.II.4.b). Für die im Rahmen der Privilegierung gem. § 64 S. 3 2. Hs. GmbHG entscheidende Frage, ob die inkriminierte Zahlung zur Zahlungsunfähigkeit führen musste, ist es unerheblich, ob das Verfahren in Eigenverwaltung bereits eröffnet ist oder sich noch im Stadium der §§ 270a, 270b InsO befindet.

III. Kein alternativer Schutz gem. § 43 Abs. 2 GmbHG erforderlich

Ist auch im eröffneten Eigenverwaltungsverfahren gem. § 270 InsO die Anwendbarkeit der in § 64 GmbHG normierten Haftungstatbestände zu bejahen, bedarf es der von *Haas*[1393] präferierten Haftung für nach Eintritt der materiellen Insolvenzreife geleisteter oder zur Zahlungsunfähigkeit führender Zahlungen gem. § 43 Abs. 2 GmbHG bei gleichzeitiger Modifizierung des Schadensbegriffes nicht.

Schließlich lässt sich die von *Haas* im Ergebnis ebenfalls befürwortete Haftung des Geschäftsführers für entgegen den Zahlungsverboten des § 64 GmbHG geleistete Zahlungen über eine unmittelbare Anwendung der Haftungstatbestände des § 64 GmbHG erreichen.[1394]

IV. Kein Erfordernis einer Haftung analog §§ 60, 61 InsO

Erst recht scheidet in Anbetracht der Anwendbarkeit der Haftungstatbestände des § 64 GmbHG im eröffneten Eigenverwaltungsverfahren eine Haftung der Geschäftsführer des eigenverwaltenden Schuldners analog §§ 60, 61 InsO für nach Eintritt der materiellen Insolvenzreife geleistete Zahlungen i.S.d. § 64 S. 1 GmbHG oder für zur Zahlungsunfähigkeit führende Zahlungen an Gesellschafter i.S.d. § 64 S. 3 GmbHG aus.

Denn insofern fehlt es bereits an der für eine analoge Anwendung erforderlichen planwidrigen Regelungslücke.[1395] Schließlich können durch eine Auslegung der Privilegierungstatbestände des § 64 S. 2 GmbHG und des § 64 S. 3 2. Hs.

1393 *Haas*, ZHR 178 (2014), 603 (612 ff., 619 ff.)
1394 Vgl. hierzu auch die Ausführung in § 5 C.III.
1395 Vgl. *Larenz/Canaris*, Methodenlehre, S. 191 ff., 202, 210.

GmbHG der Schutzzweck des § 64 GmbHG und das vom ESUG[1396] und von § 270 InsO verfolgte Ziel, die Fortführung sanierungsfähiger Unternehmen zu erleichtern und so den Erhalt von Arbeitsplätzen zu ermöglichen,[1397] in Einklang gebracht werden.

V. Zwischenergebnis – Konsequenzen für die Haftungsadressaten

1. Anwendbarkeit des § 64 GmbHG im Eigenverwaltungsverfahren gem. § 270 InsO

Wie auch im Rahmen des Eigenverwaltungseröffnungsverfahrens gem. § 270a InsO und im Rahmen des Schutzschirmverfahrens gem. § 270b InsO sind die Haftungstatbestände des § 64 GmbHG auch im eröffneten Eigenverwaltungsverfahren gem. § 270 InsO anwendbar.[1398] Um auch im eröffneten Eigenverwaltungsverfahren gem. § 270 InsO dem Geschäftsführer des eigenverwaltenden Schuldners die Sanierung zu erleichtern, ist es auch hier geboten, den Geschäftsführer hinsichtlich der Nachweispflichten im Rahmen der Privilegierung gem. § 64 S. 2 GmbHG zu entlasten. Deshalb rechtfertigt eine vom Sachwalter oder vom Gläubigerausschuss erteilte Zustimmung zu der fraglichen Zahlung auch im eröffneten Eigenverwaltungsverfahren jedenfalls dann eine Umkehr der Darlegungs- und Beweislast der §§ 64 S. 2, 64 S. 3 Hs. 2 GmbHG, wenn dieser vom Geschäftsführer vor Ausführung der Zahlung zutreffend und vollständig über die der beabsichtigten Zahlung zugrundeliegenden Umstände aufgeklärt worden ist.

2. Konsequenzen für die Haftungsadressaten

a) Haftung der primären Haftungsadressaten

Die Haftungstatbestände des § 64 GmbHG kommen auch im eröffneten Eigenverwaltungsverfahren gem. § 270 InsO zur Anwendung. Die Geschäftsführer des Schuldners haben daher vor der Leistung von Zahlungen zu überprüfen, ob diese für die Sanierung der Gesellschaft oder zur Aufrechterhaltung der Sanierungsmöglichkeiten erforderlich sind. Diese Umstände sollten wiederum zur Vermeidung einer späteren Haftung bei Scheitern der Sanierung im Einzelnen dokumentiert werden. In Zweifelsfragen sollte der Geschäftsführer auch im

---

1396 Gesetz zur weiteren Erleichterung der Sanierung von Unternehmen (ESUG), BGBl. I 2011, 2582.
1397 Begr. RegE ESUG, BT-Drucks. 17/5712, S. 17.
1398 *Bachmann*, ZIP 2015, 101 (108); *Buchalik/Hiebert*, ZInsO 2014, 1423 (1429); *Klinck*, DB 2014, 938 (941).

eröffneten Eigenverwaltungsverfahren die Zustimmung des Sachwalters oder des Gläubigerausschusses einholen, um sich in einem möglichen Haftungsprozess nach Scheitern der Sanierung exkulpieren zu können.

b) Haftung der Mitglieder eines obligatorischen Aufsichtsrats

Eine Haftung der Mitglieder eines obligatorischen Aufsichtsrats für entgegen den Zahlungsverboten des § 64 GmbHG erfolgende Zahlungen scheidet im eröffneten Eigenverwaltungsverfahren aus. Denn die Regelung in § 276a S. 1 InsO stellt klar, dass die Überwachung der wirtschaftlichen Entscheidungen der Geschäftsführung im Eigenverwaltungsverfahren ausschließlich durch den Sachwalter, den Gläubigerausschuss und die Gläubigerversammlung erfolgt; eine zusätzliche Überwachung durch die Organe des Schuldners soll nach der Gesetzesbegründung ausdrücklich nicht erforderlich sein.[1399] In Anbetracht dieser vom Gesetzgeber des ESUG[1400] zum Ausdruck gebrachten Intention des § 276a InsO ist für eine Haftung der Mitglieder eines obligatorischen Aufsichtsrates gem. § 93 Abs. 3 Nr. 6 AktG kein Raum mehr.

c) Haftung des Sachwalters

Die im Zusammenhang mit den Haftungstatbeständen des § 64 GmbHG maßgeblichen Aufgaben des Sachwalters richten sich im eröffneten Eigenverwaltungsverfahren nach §§ 274, 275 InsO. Wegen der konkreten Ausgestaltung dieser Pflichten und der aus einer nicht ordnungsgemäßen Erfüllung dieser Pflichten kann daher auf obige Ausführungen[1401] zur Haftung des vorläufigen Sachwalters verwiesen werden.

d) Haftung der Mitglieder des Gläubigerausschusses

Den Mitgliedern eines Gläubigerausschusses obliegt im Rahmen des eröffneten Eigenverwaltungsverfahrens neben der Überwachung des Sachwalters auch die Überwachung des eigenverwaltenden Schuldners.[1402] Denn bestünde die Aufgabe des Gläubigerausschusses lediglich in der Überwachung des Sachwalters,

---

1399 Begr. RegE ESUG, BT-Drucks. 17/5712, S. 42; so auch *Landry* in: Mohrbutter/ Ringstmeier, Kapitel 15, Rn. 125.

1400 Gesetz zur weiteren Erleichterung der Sanierung von Unternehmen (ESUG), BGBl. I 2011, 2582.

1401 Siehe § 5 C.IV.2.c).

1402 *Ehlers*, BB 2013, 259 (262); HambKomm/*Frind*, § 69 Rn. 5b; MüKo-InsO/*Tetzlaff*/ *Kern*, § 276, Rn. 18, 20; Uhlenbruck/*Knof*, § 69, Rn. 13.

wäre in Anbetracht der beim Schuldner verbleibenden Verwaltungs- und Verfügungsbefugnis ein Kontrollorgan *„mit größtenteils überflüssigen Pflichten geschaffen"*[1403] worden.

Hinsichtlich der Überwachungspflichten der Mitglieder des Gläubigerausschusses insbesondere den Geldverkehr betreffend gelten wiederum die bereits oben dargelegten,[1404] vom BGH in seinem Urteil vom 09.10.2014[1405] aufgestellten, Grundsätze, so dass die Mitglieder des Gläubigerausschusses bei Feststellung eines Verstoßes unverzüglich und angemessen zu reagieren haben.[1406] Für nicht mit der Sorgfalt eines ordentlichen Geschäftsführers zu vereinbarende Zahlungen i.S.d. § 64 GmbHG bedeutet dies, dass die Mitglieder des Gläubigerausschusses solche Zahlungen unverzüglich dem Insolvenzgericht zu melden haben.[1407] Ist die angestrebte Sanierung aussichtslos geworden, sind Zahlungen i.S.d. § 64 GmbHG nicht mehr zu rechtfertigen. Die Mitglieder des Gläubigerausschusses müssen darauf hinwirken, dass der Gläubigerausschuss die Gläubigerversammlung informiert, damit diese über einen Antrag auf Aufhebung der Eigenverwaltung gem. § 272 Abs. 2 Nr. 1 InsO entscheiden kann. Verletzen die Mitglieder des Gläubigerausschusses die dargelegten Pflichten, haben sie den Insolvenzgläubigern gem. § 71 InsO die diesen durch die Masseschmälerung entstandenen Schäden zu ersetzen.

1403 Uhlenbruck/*Knof*, § 69, Rn. 13.
1404 Siehe § 5 C.IV.2.d).
1405 BGH, NZI 2015, 166.
1406 BGH, NZI 2015, 166 (169).
1407 BGH, NZI 2015, 166 (169).

§ 6 Fazit

Die vorliegende Untersuchung hat gezeigt, dass in der Krise der Gesellschaft neben den formal wirksam bestellten Geschäftsführern weitere Personen als Adressaten der Haftung für durch Insolvenzverschleppung verursachte Schäden sowie für entgegen den Zahlungsverboten gem. § 64 GmbHG geleistete Zahlungen in Betracht kommen. Im Wesentlichen bleibt Folgendes festzuhalten:

A. Die primären Adressaten der Haftung gem. § 823 Abs. 2 BGB i.V.m. § 15a Abs. 1 S. 1 InsO und gem. § 64 S. 1, 3 GmbHG

Primäre Adressaten der Haftung gem. § 823 Abs. 2 BGB i.V.m. § 15a Abs. 1 InsO und der Haftung gem. § 64 GmbHG sind die durch wirksamen Beschluss bestellten Geschäftsführer und Liquidatoren. Sind mehrere Geschäftsführer bestellt, ist jeder einzelne von Ihnen – selbst für den Fall einer etwaigen internen Ressortaufteilung oder Gesamtvertretungsmacht – für die Einhaltung der Insolvenzantragspflicht gem. § 15a Abs. 1 S. 1 InsO sowie der Zahlungsverbote gem. § 64 S. 1, 3 GmbHG verantwortlich. Die Beendigung des Amtes, sei es durch Amtsniederlegung oder Abberufung, wirkt sich auf eine bereits begründete Haftung nicht aus. Unterschiede zwischen der Haftung gem. § 823 Abs. 2 BGB i.V.m. § 15a Abs. 1 S. 1 InsO und gem. § 64 S. 1, 3 GmbHG ergeben sich jedoch bei Niederlegung des Amtes bei zu diesem Zeitpunkt noch nicht begründeter Haftung. Während der ausgeschiedene Geschäftsführer auch nach seinem Ausscheiden aus Gründen des Gläubigerschutzes grundsätzlich verpflichtet ist, auf die verbliebenen Geschäftsführer oder im Fall der Führungslosigkeit der Gesellschaft i.S.d. § 15a Abs. 3 InsO auf die Gesellschafter einzuwirken, dass diese den erforderlichen Insolvenzantrag stellen, trifft ihn grundsätzlich keine Verantwortung mehr für nach seinem Ausscheiden entgegen § 64 S. 1, 3 GmbHG geleistete Zahlungen. Denn nach seinem Ausscheiden hat der ehemalige Geschäftsführer keine Gelegenheit mehr, jede einzelne Handlung des verbliebenen Geschäftsführers zu kontrollieren. Eine Haftung gem. § 64 S. 1, 3 GmbHG kommt jedoch dann in Betracht, wenn der ausgeschiedene Geschäftsführer vor Beendigung seiner Organstellung durch Amtsniederlegung Kenntnis von nach Insolvenzreife geleisteten oder zur Zahlungsunfähigkeit führenden Zahlungen erlangt hat bzw. solche Zahlungen des Mitgeschäftsführers billigend in Kauf nimmt. In diesen Fällen ist er verpflichtet, die Gesellschafterversammlung gleichzeitig mit der Niederlegung seines Amtes bzw. ohne schuldhaftes Zögern nach seiner Abberufung über diese Zahlungen zu unterrichten und eine solche Zahlungen für die Zukunft untersagende Weisung bzw. die Abberufung des verbleibenden Geschäftsführers anzuregen.

B. Faktische Geschäftsführer als Adressaten der Haftung gem. § 823 Abs. 2 BGB i.V.m. § 15a Abs. 1 S. 1 InsO und gem. § 64 S. 1, 3 GmbHG

Neben den formal wirksam bestellten Geschäftsführern sind auch fehlerhaft bestellte Geschäftsführer sowie faktische Geschäftsführer ohne formellen Bestellungsakt taugliche Adressaten der Haftung gem. § 823 Abs. 2 BGB i.V.m. § 15a Abs. 1 S. 1 InsO und der Haftung gem. § 64 S. 1, 3 GmbHG.

Anknüpfungspunkt für die Qualifizierung einer auf die Führung der Geschäfte einflussnehmenden Person als faktischer Geschäftsführer ist die jeweils anzuwendende Norm, aus der sich die Haftung der handelnden Person ergeben soll, vorliegend also § 15a Abs. 1 S. 1 InsO und § 64 S. 1, 3 GmbHG. Nur durch eine solch individuelle Anknüpfung wird dem der jeweils anzuwendenden Norm intendierten Schutzzweck hinreichend Rechnung getragen. Der übergeordnete, gemeinsame Zweck von § 15a Abs. 1 S. 1 InsO und § 64 S. 1, 3 GmbHG liegt im Schutz der Gläubiger der Gesellschaft. Anhand dieses Schutzzwecks ist das von der Rechtsprechung für die Annahme faktischer Geschäftsführung aufgestellte Erfordernis des maßgeblichen Einflusses auf Aufgaben der Geschäftsführung zu beurteilen. Ist jedoch für die Beurteilung des maßgeblichen Einflusses auf Aufgaben der Geschäftsführung der Schutz der Gläubiger maßgeblich, verbietet sich eine schematische Betrachtung. Folglich sind für die Qualifizierung einer einflussnehmenden Person als faktischer Geschäftsführer i.S.d. Insolvenzverschleppungshaftung oder der Haftung gem. § 64 S. 1, 3 GmbHG insbesondere weder eine Verdrängung der bestellten Geschäftsführer noch ein Auftreten des Handelnden im Außenverhältnis erforderlich. Entscheidend ist vielmehr, ob durch die Einflussnahme der Schutz der Gläubiger der Gesellschaft gefährdet wird. Vor diesem Hintergrund kommt insbesondere auch der typische Schattengeschäftsführer als Adressat der Insolvenzverschleppungshaftung sowie der Haftung gem. § 64 S. 1, 3 GmbHG in Betracht. Auf eine Billigung der Einflussnahme durch die Gesellschafter kommt es konsequenterweise ebenso wenig an. Ferner kann die Dauer der Einflussnahme nur eines von mehreren Kriterien zur Beurteilung der Gefährdung des Schutzes der Gläubigerinteressen sein, so dass unter Umständen auch nur eine punktuelle Einflussnahme auf die Geschäftsführung ausreichen kann, um eine Qualifizierung als faktischer Geschäftsführer zu bejahen. In Betracht kommt dies insbesondere bei Anweisungen des (Mehrheits-) Gesellschafters, den erforderlichen Insolvenzantrag nicht zu stellen oder nach Eintritt der Insolvenzreife Zahlungen vorzunehmen, die die Stellung eines Insolvenzantrags durch einen Gläubiger der Gesellschaft verhindern sollen, um so die Geschäfte der Gesellschaft weiterführen zu können. Denn entsprechende Weisungen sind – wie auch die Degradierung der Geschäftsführer zu bloßen Befehlsempfängern durch engmaschige Weisungen – vom Weisungsrecht der Gesellschafter gem. § 37 Abs. 1 GmbHG gerade nicht gedeckt.

Die Bedeutung des Schutzzwecks der §§ 15a Abs. 1 S. 1 InsO, 64 S. 1, 3 GmbHG – der Schutz der Gläubiger der Gesellschaft – rechtfertigt ferner, auch juristische Personen trotz der Regelung des § 6 Abs. 2 S. 1 GmbHG als faktische Geschäftsführer i.S.d. Insolvenzverschleppungshaftung sowie der Haftung gem. § 64 S. 1, 3 GmbHG zu qualifizieren. Diese Erkenntnis führt insbesondere dazu, dass auch kreditgebende Bankinstitute als faktische Geschäftsführer der Haftung wegen Insolvenzverschleppung gem. § 823 Abs. 2 BGB i.V.m. § 15a Abs. 1 S. 1 InsO sowie der Haftung gem. § 64 S. 1, 3 GmbHG ausgesetzt sind. Während die Prüfung der wirtschaftlichen Verhältnisse insbesondere in Anbetracht der in § 18 Abs. 1 KWG statuierten Pflichten nicht zu einer Qualifizierung der Bankinstitute als faktischer Geschäftsführer führt, da hierdurch die Schwelle organtypischer Entscheidungsbefugnisse nicht überschritten wird, besteht das Risiko einer Inanspruchnahme als faktischer Geschäftsführer immer dann, wenn die Kreditinstitute in die korporative Sphäre der Gesellschaft eindringen. Letzteres kann insbesondere dann zu bejahen sein, wenn Kreditinstitute Einfluss auf die Besetzung der Geschäftsführung oder finanzielle Entscheidungen nehmen, wobei hier letztlich die Umstände des Einzelfalls maßgeblich sind.

Leitende Angestellte, wie beispielsweise Prokuristen, und Berater der Gesellschaft sind grundsätzlich nicht als faktische Geschäftsführer i.S.d. §§ 15a Abs. 1 S. 1 InsO, 64 S. 1, 3 GmbHG zu qualifizieren. Ihre Tätigkeit besteht regelmäßig allein darin, Ratschläge zu erteilen und so von der Geschäftsführung zu treffende Entscheidungen vorzubereiten oder aber bereits getroffene Entscheidungen umzusetzen. Sie treffen somit nicht, wie für einen Geschäftsführer typisch, unternehmerische Entscheidungen, sondern bereiten diese lediglich vor.

Wie auch die formal bestellten Geschäftsführer trifft die ohne formalen Bestellungsakt tätigen faktischen Geschäftsführer gem. § 15a Abs. 1 S. 1 InsO die Pflicht, im Falle der Zahlungsunfähigkeit oder der Überschuldung der Gesellschaft, unverzüglich, spätestens jedoch innerhalb von drei Wochen nach Eintritt der Zahlungsunfähigkeit oder Überschuldung den erforderlichen Insolvenzantrag zu stellen. Wenngleich der faktische Geschäftsführer in § 15 Abs. 1 S. 1 InsO nicht ausdrücklich als Antragsberechtigter zur Stellung des Insolvenzantrags genannt ist, ergibt sich insbesondere auch aus den Gesetzgebungsmaterialien des MoMiG[1408], dass auch der ohne formellen Bestellungsakt handelnde faktische Geschäftsführer berechtigt und verpflichtet ist, den erforderlichen Insolvenzantrag zu stellen.

C. Gesellschafter und ihre Rechtsnachfolger als Adressaten der subsidiären Haftung gem. § 823 Abs. 2 BGB i.V.m. § 15a Abs. 3 InsO

Mit der vom Gesetzgeber in § 15a Abs. 3 InsO statuierten subsidiären Insolvenzantragspflicht der Gesellschafter im Fall der Führungslosigkeit der Gesellschaft geht auch eine Haftung der Gesellschafter für den Fall einher, dass diese der ihnen obliegenden Antragspflicht nicht nachkommen. Denn § 15a Abs. 3 InsO ist, ebenso wie § 15a Abs. 1 S. 1 InsO, als Schutzgesetz i.S.v. § 823 Abs. 2 BGB zu qualifizieren.

Führungslosigkeit der Gesellschaft i.S.d. § 15a Abs. 3 InsO liegt vor, wenn diese keinen organschaftlichen Vertreter hat, § 10 Abs. 2 S. 2 InsO. Maßgeblich für die Beurteilung dieses Zustands ist de lege lata, dies ergibt sich insbesondere aus den Gesetzgebungsmaterialien des MoMiG und deren Genese,[1409] ob die Gesellschaft rechtlich ohne organschaftlichen Vertreter ist. Tatsächliche Aspekte, wie die Existenz eines fehlerhaft bestellten oder ohne formellen Bestellungsakt tätigen Geschäftsführers, sind für die Beurteilung der Führungslosigkeit der Gesellschaft ebenso ohne Belang wie die Nichterreichbarkeit oder das Abtauchen des noch bestellten Geschäftsführers. Eine Annahme der Führungslosigkeit für den Fall der Nichterreichbarkeit des bestellten Geschäftsführers ist auch aus Gründen des Gläubigerschutzes nicht erforderlich, da Gesellschafter, die ihren Geschäftsführer anweisen, unterzutauchen, um so die Stellung des erforderlichen Insolvenzantrags zu verhindern, nach der hier vertretenen Auffassung als faktische Geschäftsführer zu qualifizieren sind. Anknüpfungspunkt dieser Einordnung ist eine Überschreitung der Weisungsrechte und die hierdurch erfolgte massive Einflussnahme auf die Führung der Geschäfte, die den Schutzzweck des § 15a Abs. 1 S. 1 InsO erheblich gefährdet. Darüber hinaus ist durch die Verbesserung der prozessualen Möglichkeiten im Rahmen des Gläubigerantrags auch sichergestellt, dass die Zustellung des Gläubigerantrags an die Gesellschaft öffentlich erfolgen kann, § 8 InsO i.V.m. § 185 Nr. 2 ZPO.

1408 Begr. RegE MoMiG, BT-Drucks. 16/6140, S. 55 f.
1409 Begr. RegE MoMiG, BT-Drucks. 16/6140, S. 55.

§ 15a Abs. 3 Hs. 2 InsO beschränkt die Antragspflicht der Gesellschafter auf die Fälle, in denen diese positive Kenntnis von dem jeweiligen Insolvenzgrund oder der Führungslosigkeit der Gesellschaft haben. Fahrlässige Unkenntnis lässt die Haftung nicht entstehen, wenngleich die Gesellschafter – ausgenommen sind Minderheitsgesellschafter mit bis zu 10 %-iger Beteiligung – bei positiver Kenntnis der Führungslosigkeit weitere Nachforschungen hinsichtlich der wirtschaftlichen Verhältnisse der Gesellschaft anzustellen haben und andersherum. Für die Beantwortung Frage, wer als Gesellschafter i.S.d. § 15a Abs. 3 InsO zu qualifizieren ist, ist maßgeblich auf den Inhalt der gem. § 16 Abs. 1 GmbHG in das Handelsregister aufgenommenen Gesellschafterliste abzustellen. Dies ergibt sich zum einen daraus, dass es den Gläubigern der Gesellschaft durch Einsichtnahme in die Gesellschafterliste ermöglicht werden soll, rechtssicher festzustellen, bei wem sie den ihnen entstandenen Insolvenzverschleppungsschaden geltend machen können. Zum anderen sind ausschließlich die in der in das Handelsregister aufgenommenen Gesellschafterliste verzeichneten Gesellschafter in der Lage, die Initiative zu ergreifen, um neue, handlungsfähige Geschäftsführer zu bestellen und so den Zustand der Führungslosigkeit der Gesellschaft zu überwinden; nur sie sind gem. § 16 Abs. 1 GmbHG berechtigt, die Gesellschafterrechte gegenüber der Gesellschaft auszuüben. Die Antragspflicht gem. § 15a Abs. 3 InsO trifft alle Gesellschafter, unabhängig von der Höhe ihrer Beteiligung. Ein Kleinbeteiligtenprivileg hat der Gesetzgeber nicht vorgesehen.

Weder die Mitglieder fakultativer oder obligatorischer Aufsichtsräte trifft de lege lata im Fall der Führungslosigkeit der Gesellschaft eine Pflicht, den erforderlichen Insolvenzantrag zu stellen. Der Wortlaut des § 15a Abs. 3 InsO ist diesbezüglich ebenso eindeutig wie die Gesetzgebungsmaterialien des MoMiG.[1410] De lege ferenda wäre der Übergang der Antragspflicht jedoch auf die Mitglieder solcher Aufsichtsräte zu begrüßen, denen die Personalkompetenz zusteht und dementsprechend in der Lage sind, den Zustand der Führungslosigkeit zu beseitigen. Der Gesetzgeber ist somit aufgefordert, die Insolvenzantragspflicht im Fall der Führungslosigkeit den Aufsichtsratsmitgliedern aufzuerlegen, wenn diesen die Personalkompetenz zusteht, da in diesen Fällen ausschließlich sie in der Lage sind, den Zustand der Führungslosigkeit zu beenden.

Während die aus § 823 Abs. 2 BGB i.V.m. § 15a Abs. 3 InsO resultierende Haftung für die Gesellschafter in der Regel kalkulierbar sein wird, stellt sich in der Praxis die Frage, ob auch Insolvenzverwalter von insolventen Gesellschaftern

---

1410 BeschlEmpfehlung und Bericht des BT-RAussch zum RegE MoMiG, BT-Drucks. 16/9737, S. 56.

oder die Erben verstorbener Gesellschafter im Fall der Führungslosigkeit der Gesellschaft die subsidiäre Insolvenzantragspflicht gem. § 15a Abs. 3 InsO trifft. Sie ist für beide Fälle zu bejahen. Für den Insolvenzverwalter des insolventen Gesellschafters ergibt sich dessen subsidiäre Insolvenzantragspflicht aus dem Umstand, dass die Verwaltungsbefugnis über das Vermögen des Insolvenzschuldners und so auch das Ausübungsrecht der Mitgliedschaftsrechte aus dem Gesellschaftsanteil auf den Insolvenzverwalter übergehen, § 80 Abs. 1 InsO. Dem Insolvenzverwalter steht somit auch das Initiativrecht zu, einen neuen Geschäftsführer zu bestellen, um den Zustand der Führungslosigkeit zu beenden. Auch den Erben des verstorbenen Gesellschafters obliegt es im Fall der Führungslosigkeit der Gesellschaft gem. § 15a Abs. 3 InsO, den erforderlichen Insolvenzantrag zu stellen. Aus Gründen des Gläubigerschutzes ist in diesem Zusammenhang nicht auf den Inhalt der zum Handelsregister genommenen Gesellschafterliste, sondern auf die materiell-rechtliche Stellung als Erbe des Gesellschafters abzustellen, da die Eintragung des Erben in die Gesellschafterliste im Fall der Führungslosigkeit der Gesellschaft in der Praxis erhebliche Schwierigkeiten bereitet. Ebenfalls aus Gründen des Gläubigerschutzes und der gesetzlichen Universalsukzession gem. §§ 1922, 1967 BGB ist bereits der vorläufige Erbe verpflichtet, den gem. § 15a Abs. 3 InsO erforderlichen Insolvenzantrag zu stellen. Denn auch der vorläufige Erbe rückt unmittelbar mit dem Erbfall in die Rechtstellung des Erblassers ein.

Entsprechend obigen Ausführungen zur subsidiären Insolvenzantragspflicht des Insolvenzverwalters eines Gesellschafters gem. § 15a Abs. 3 InsO sind auch Nachlassinsolvenzverwalter, Nachlassverwalter und Testamentsvollstrecker, in deren Verwaltungsbefugnis ein Geschäftsanteil fällt, verpflichtet, den erforderlichen Insolvenzantrag zu stellen; denn auch bei angeordneter Nachlassinsolvenz, Nachlassverwaltung und Testamentsvollstreckung gehen sämtliche Verwaltungsrechte auf den Nachlassinsolvenzverwalter, § 80 Abs. 1 InsO, den Nachlassverwalter, §§ 1984 Abs. 1, 1985 Abs. 1 BGB, und den Testamentsvollstrecker, §§ 2205, 221 BGB, über. Den Nachlasspfleger hingegen trifft die subsidiäre Insolvenzantragspflicht gem. § 15a Abs. 3 InsO nicht, da dieser den Nachlass lediglich zugunsten der Erben in seinem ursprünglichen Zustand zu erhalten hat.

D. Keine subsidiäre Haftung der Gesellschafter gem. § 64 S. 1, 3 GmbHG im Fall der Führungslosigkeit der Gesellschaft

Eine § 15a Abs. 3 InsO entsprechende Haftung der Gesellschafter für nach Eintritt der Insolvenzreife geleistete Zahlungen gem. § 64 S. 1, 3 GmbHG ist de lege lata in Anbetracht der bewussten Entscheidung des Gesetzgebers zu verneinen. Um im Zusammenspiel zwischen Insolvenzverschleppungshaftung gem. § 823

Abs. 2 BGB i.V.m. § 15a Abs. 1, Abs. 3 InsO und der Haftung gem. § 64 S. 1, 3 GmbHG einen effektiven Gläubigerschutz zu gewährleisten, wäre eine Haftung der Gesellschafter gem. § 64 S. 1, 3 GmbHG im Fall der Führungslosigkeit der Gesellschaft jedoch nur konsequent und zu begrüßen. Der Gesetzgeber ist daher aufgefordert, den Gesellschaftern im Fall der Führungslosigkeit der Gesellschaft die Verantwortung für nach Eintritt der Zahlungsunfähigkeit oder der Überschuldung geleistete Zahlungen aufzuerlegen. Um die Haftung nicht ausufern zu lassen, sollte den Gesellschaftern – korrespondierend zu § 15a Abs. 3 InsO – die Möglichkeit eingeräumt werden, sich zu exkulpieren, sofern sie von der Zahlungsunfähigkeit und der Überschuldung oder der Führungslosigkeit keine Kenntnis haben.

E. Teilnehmer als Adressaten der Haftung gem. §§ 823 Abs. 2, 830 Abs. 2 BGB i.V.m. § 15a Abs. 1 S. 1, Abs. 3 InsO

Insbesondere professionelle Berater – wie Rechtsanwälte, Steuerberater und Wirtschaftsprüfer –, Kreditgeber und Gesellschafter unterliegen in der Praxis im Fall bereits eingetretener Insolvenzreife der Gesellschaft der Gefahr, als Anstifter oder Gehilfe i.S.d. § 830 Abs. 2 BGB einer Schadensersatzpflicht gegenüber den Gläubigern der Gesellschaft für durch Insolvenzverschleppung verursachte Schäden zu unterliegen.

Insbesondere das Aufzeigen von Handlungsalternativen zur Überwindung der Krise durch Berater der Gesellschaft wie die Aufnahme von Vergleichsverhandlungen mit Gläubigern der Gesellschaft, um Forderungsverzichte oder Stundungsvereinbarungen herbeizuführen, können bei den Geschäftsführern oder den subsidiär antragspflichtigen Gesellschaftern den Entschluss hervorrufen, (zunächst) keinen Insolvenzantrag zu stellen, obwohl ein solcher gem. § 15a Abs. 1, 3 InsO bereits zu stellen wäre. Gleichwohl scheitert eine Haftung wegen Anstiftung zur Insolvenzverschleppung gem. §§ 823 Abs. 2, 830 Abs. 2 BGB i.V.m. § 15a Abs. 1 S. 1, Abs. 3 InsO in aller Regel am Willen des Beraters, eine fremde rechtswidrige Tat zu fördern. Denn sofern der Berater lediglich rechtlich zulässige Möglichkeiten aufzeigt, die Krise der Gesellschaft mit zulässigen Mitteln zu beenden, ist sein Wille darauf gerichtet, entsprechend den für ihn geltenden Berufspflichten, wie beispielsweise § 43 S. 1 BRAO, § 57 Abs. 1 StBerG und § 43 Abs. 1 WiPrO, seinen Beruf gewissenhaft auszuüben. Hierzu gehört es jedoch auch, rechtlich zulässige Handlungsmöglichkeiten aufzuzeigen. Erst, wenn dem Berater objektive Anhaltspunkte dafür vorliegen, dass eine Sanierung der Gesellschaft innerhalb der Dreiwochenfrist des § 15a Abs. 1 S. 1, Abs. 3 InsO nicht möglich erscheint oder er eine bestehende Insolvenzantragspflicht billigend in Kauf nimmt, wird man den erforderlichen Gehilfenvorsatz im Fall der Anstiftung bejahen müssen.

Während der redliche Berater somit eher selten der Gefahr ausgesetzt ist, als Anstifter für durch Insolvenzverschleppung verursachte Schäden zu haften, ist das Risiko, als Gehilfe einer Insolvenzverschleppungshaftung in den Adressatenkreis der Haftung einbezogen zu werden, als realistisch zu beurteilen. Denn eine Haftungsfreistellung für berufstypische, neutrale, Handlungen, die zur Weiterführung des Betriebs der insolventen Gesellschaft beitragen, kennt das deutsche Deliktsrecht nicht. Vielmehr ist für die Frage der Haftung des jeweiligen Beraters entscheidend, ob er sich mit der Tat des Haupttäters solidarisiert. Eine solche Solidarisierung ist immer dann zu bejahen, wenn der antragspflichtige Haupttäter – Geschäftsführer oder Gesellschafter – ausschließlich darauf abzielt, eine strafbare Handlung zu begehen und dem Berater dies bekannt ist. Hat der Berater hingegen keine Kenntnis von der Haupttat, sondern hält er eine solche lediglich für möglich, ist der erforderliche Gehilfenvorsatz zu verneinen, es sei denn, das vom Berater erkannte Risiko eines strafbaren Verhaltens des Haupttäters ist derart hoch, *„dass er sich die mit seiner Hilfeleistung, die Förderung eines erkennbar tatgeneigen Täters angelegen sein"*[1411][1412] lässt. Eine Ausnahme von diesen Grundsätzen ergibt sich jedoch aufgrund berufsrechtlicher Vorschriften, §§ 14 Abs. 2, 15 Abs. 1 S. 1 BNotO, für den beurkundenden Notar, der nur bei positiver Kenntnis von der Verfolgung unerlaubter oder unredlicher Ziele berechtigt und verpflichtet ist, seine Urkundstätigkeit zu versagen. Dementsprechend ist seine Haftung als Gehilfe einer Insolvenzverschleppung nur dann zu bejahen, wenn er positive Kenntnis von den Motiven des Haupttäters hat oder er sich dieser Kenntnis bewusst verschließt.

Neben den Beratern der Gesellschaft kommen jedoch auch Gesellschafter, Mitglieder von Aufsichtsräten oder Gläubiger als taugliche Gehilfen zur Insolvenzverschleppung der Haupttäter und somit als taugliche Adressaten der Insolvenzverschleppungshaftung in Betracht. Während im Rahmen der Haftung von Gesellschaftern und Gläubigern der Gesellschaft aktive Unterstützungshandlungen wie die Erteilung von Ratschlägen zur vermeintlichen Beseitigung der Insolvenzantragspflicht, die Gewährung von Darlehen oder die Verlängerung von Zahlungszielen Praxisrelevanz aufweisen, trifft die Mitglieder obligatorischer Aufsichtsräte eine Garantenpflicht zugunsten der Gläubiger der Gesellschaft, den Geschäftsführer zur Stellung des gem. § 15a Abs. 1 S. 1

1411 BGHR StGB § 266 Abs. 1 Beihilfe 3.
1412 BGH, NStZ 2000, 34; BGH, NJW 2000, 3010 (3011); OLG Köln, ZInsO 2011, 288 f.

InsO erforderlichen Insolvenzantrags anzuhalten. Haben die Mitglieder obligatorischer Aufsichtsräte folglich Kenntnis von der Insolvenzantragspflicht des Geschäftsführers oder nehmen sie diese billigend in Kauf und unterlassen es gleichzeitig, den Geschäftsführer im Rahmen der ihnen eingeräumten Kompetenzen zur Stellung des erforderlichen Insolvenzantrags zu veranlassen, sind sie taugliche Adressaten der Haftung gem. §§ 823 Abs. 2, 830 Abs. 2 BGB i.V.m. § 15a Abs. 1 S. 1 InsO. Allein das Stillhalten des für seine Kontrolle zuständigen Organs wird den antragspflichtigen Geschäftsführer nämlich psychisch in seinem Beschluss bestärken, die Stellung des erforderlichen Insolvenzantrags weiter zu verzögern oder ganz zu unterlassen.

Der Umfang der Haftung der Gehilfen der Insolvenzverschleppung ergibt sich aus § 840 Abs. 1 BGB. Da der Gehilfe gem. § 830 Abs. 2 BGB einem Mittäter gleichgestellt wird, haften beide als Gesamtschuldner i.S.d. §§ 421 ff. BGB.

Im Rahmen der Haftung gem. § 64 S. 1, 3 GmbHG scheidet eine Teilnehmerhaftung gem. § 830 Abs. 2 BGB konsequenter Weise aus, da es sich bei § 64 S. 1, 3 GmbHG um einen Anspruch eigener Art handelt, der der Teilnahme i.S.d. § 830 Abs. 2 BGB nicht zugänglich ist.

F. Mitglieder obligatorischer Aufsichtsräte als Adressaten der Haftung für entgegen § 64 S. 1, 3 GmbHG geleistete Zahlungen

Sowohl die Mitglieder fakultativer als auch obligatorischer Aufsichtsräte der GmbH sind verpflichtet, die Einhaltung des mit dem Eintritt der Insolvenzreife entstehenden Zahlungsverbotes gem. § 64 S. 1 GmbHG zu überwachen. Während die Mitglieder fakultativer Aufsichtsräte wegen der eingeschränkten Verweisung des § 52 Abs. 1 GmbHG – ein Verweis auf § 93 Abs. 3 Nr. 6 AktG fehlt – jedoch nur gegenüber der Gesellschaft (und nicht gegenüber den Gläubigern der Gesellschaft) haften, wenn dieser ein bilanzieller Schaden entsteht, sind die Mitglieder obligatorischer Aufsichtsräte taugliche Adressaten der Haftung für entgegen dem Zahlungsverbot geleistete Zahlungen gegenüber gesellschaftsfremden Dritten. Ihre Haftung ergibt sich über die jeweiligen Verweisungsnormen[1413] gem. §§ 116 S. 1, 93 Abs. 3 Nr. 6 AktG. Dies ist auch gerechtfertigt, dient doch die Einrichtung obligatorischer Aufsichtsräte auch den Interessen gesellschaftsfremder Dritter.

1413 § 18 Abs. 2 S. 3 KAGB, § 1 Abs. 1 Nr. 3 S. 2 DrittelbG, § 25 Abs. 1 Nr. 2 MitbestG, § 3 Abs. 2 MontanMitbestG.

G. Anwendbarkeit des § 64 GmbHG im Regelinsolvenzeröffnungsverfahren, der vorläufigen Eigenverwaltung und im Eigenverwaltungsverfahren

Die Haftungstatbestände des § 64 GmbHG sind sowohl im Regelinsolvenzeröffnungsverfahren, als auch im Eigenverwaltungseröffnungsverfahren gem. § 270a InsO, im Schutzschirmverfahren gem. § 270b InsO und im gem. § 270 InsO eröffneten Eigenverwaltungsverfahren grundsätzlich anwendbar. Lediglich im eröffneten Regelinsolvenzverfahren ist eine Anwendung der Haftungstatbestände des § 64 GmbHG ausgeschlossen.

Wortlaut sowie Sinn und Zweck der Regelungen in § 64 S. 1, 3 GmbHG rechtfertigen zunächst deren grundsätzliche Anwendbarkeit im Regelinsolvenzeröffnungsverfahren. Im Hinblick auf § 64 S. 1 GmbHG folgt dies insbesondere daraus, dass dessen Schutzzweck, Masseschmälerungen zu Lasten der Gläubigergemeinschaft zu verhindern, im Zeitraum zwischen Stellung des Insolvenzantrags und Verfahrenseröffnung einer höheren Gefährdung ausgesetzt ist, als vor Stellung des Insolvenzantrags. Denn mit Stellung des Insolvenzantrags – über die der Geschäftsführer Vertragspartner aufzuklären hat – tritt die wirtschaftliche Krise der Gesellschaft zu Tage, so dass das erhebliche Risiko besteht, dass einzelne Gläubiger nach Möglichkeit eine bevorzugte Befriedigung zu erlangen suchen. Auch der übergeordnete Schutzzweck des § 64 S. 3 GmbHG, der im Schutz der Gesamtheit der Gläubiger durch die Verhinderung des Abzugs von Vermögenswerten liegt, ist nach erfolgter Stellung des Insolvenzantrags tangiert. Es ist nämlich auch nach Stellung des Insolvenzantrags nicht auszuschließen, dass die Gesellschafter versuchen, ihren Einfluss auf die Geschäftsführer dahingehend zu nutzen, um Zahlungen zu Lasten der Masse an sich selbst zu erreichen.

Mit der Anordnung eines allgemeinen Verfügungsverbotes gem. § 21 Abs. 2 Nr. 2 1. Alt. InsO und der hiermit zwingend einhergehenden Bestellung eines vorläufigen (starken) Insolvenzverwalters geht die Befugnis, über das Vermögen des Insolvenzschuldners zu verfügen, auf den vorläufigen Insolvenzverwalter über. Da dem Geschäftsführer des Schuldners ab diesem Zeitpunkt etwaige entgegen § 64 GmbHG erfolgende Zahlungen nicht mehr zugerechnet werden können und den vorläufigen (starken) Insolvenzverwalter gleichzeitig die Haftungsandrohung gem. §§ 21 Abs. 2 Nr. 1, 60 InsO trifft, besteht daher bei Anordnung eines allgemeinen Verfügungsverbotes gem. § 21 Abs. 2 Nr. 2 1. Alt. InsO kein Bedürfnis einer weiteren Anwendbarkeit der Haftungstatbestände des § 64 GmbHG.

Im Fall der Anordnung eines bloßen Zustimmungsvorbehaltes gem. § 21 Abs. 2 Nr. 2 2. Alt. InsO indes verbleibt die Verwaltungs- und Verfügungsbefugnis beim

Schuldner, so dass die Haftungstatbestände des § 64 GmbHG grundsätzlich anwendbar bleiben. Die Zustimmung des zutreffend und vollständig unterrichteten vorläufigen Insolvenzverwalters führt jedoch zu der widerlegbaren Vermutung, dass Zahlungen i.S.d. § 64 S. 1 GmbHG mit der Sorgfalt eines ordentlichen Geschäftsleiters erfolgten und im Rahmen des § 64 S. 3 GmbHG nicht mit der Sorgfalt eines ordentlichen Geschäftsleiters vorhersehbar war, dass diese Zahlung zur Zahlungsunfähigkeit der Gesellschaft führen musste.

Im eröffneten Regelinsolvenzverfahren ist für eine Anwendbarkeit der Haftungstatbestände des § 64 GmbHG kein Raum. Denn mit der Eröffnung des Regelinsolvenzverfahrens gehen die Verwaltungs- und Verfügungsbefugnisse gem. § 80 Abs. 1 InsO auf den Insolvenzverwalter über, der für die Erfüllung der ihm obliegenden Pflichten, insbesondere die bestmögliche Verwertung der Masse, § 159 InsO, und die gem. § 1 InsO zu erfolgende gleichmäßige Befriedigung aller Gläubiger gem. § 60 InsO persönlich haftet.

Ebenso wie im Regelinsolvenzeröffnungsverfahren sind die Haftungstatbestände des § 64 GmbHG auch im Eigenverwaltungseröffnungsverfahren gem. § 270a InsO sowie im Schutzschirmverfahren gem. § 270b InsO, das eine besondere Ausgestaltung des Eröffnungsverfahrens darstellt, anwendbar. Entgegen einer verbreiteten Auffassung widerspricht die Haftungsandrohung des § 64 GmbHG auch nicht den Zielen der §§ 270a, 270b InsO. Ausweislich der Gesetzgebungsmaterialien zur Einführung des ESUG[1414] hat der Gesetzgeber trotz der beabsichtigten Stärkung der Eigenverwaltung an dem vorrangigen Ziel des Insolvenzverfahrens, der bestmöglichen Befriedigung aller Gläubiger festgehalten, so dass die Anwendung der Haftungstatbestände des § 64 GmbHG auch im Rahmen der Verfahren gem. §§ 270a, 270b InsO geboten ist. Da weder § 64 S. 1 GmbHG noch § 64 S. 3 GmbHG auf Tatbestandsseite die Besonderheiten der Verfahren gem. §§ 270a, 270b InsO berücksichtigen, ist es geboten, diese Besonderheiten im Rahmen der Privilegierungstatbestände des § 64 S. 2 GmbHG und des § 64 S. 3 2. Hs. GmbHG hinreichend zu berücksichtigen. Aus diesem Grund erfolgt eine Zahlung im Rahmen der Verfahren gem. §§ 270a, 270b InsO immer dann mit der Sorgfalt eines ordentlichen Geschäftsleiters gem. § 64 S. 2 GmbHG, wenn die Zahlung erforderlich ist, um aussichtsreiche, auf objektive Tatsachen gestützte Sanierungschancen zu erhalten und auch von einem vorläufigen Insolvenzverwalter getätigt würden. Bei der insofern zu beantwortenden Prognoseentscheidung steht dem Geschäftsführer auf der einen Seite ein

---

1414 Gesetz zur weiteren Erleichterung der Sanierung von Unternehmen (ESUG), BGBl. I 2011, 2582.

Ermessensspielraum zu. Auf der anderen Seite muss der Geschäftsführer für eine ordnungsgemäße Ermittlung und Planung der Sanierungsfähigkeit Sorge tragen.

Die erfolgte Zustimmung zu einer Zahlung durch den ordnungsgemäß und vollständig informierten vorläufigen Sachwalter oder den ebenfalls ordnungsgemäß und vollständig informierten vorläufigen Gläubigerausschuss begründet zu Gunsten des Geschäftsführers die widerlegbare Vermutung einer mit der Sorgfalt eines ordentlichen Geschäftsleiters erfolgten Zahlung i.S.d. § 64 S. 2 GmbHG. Ebenso lässt eine solche Zustimmung widerlegbar vermuten, dass es unter Beachtung der Sorgfalt eines ordentlichen Geschäftsleiters nicht absehbar war, dass die fragliche Zahlung zur Zahlungsunfähigkeit der Gesellschaft führen musste, § 64 S. 3 2. Hs. GmbHG.

Abschließend besteht auch im eröffneten Eigenverwaltungsverfahren gem. § 270 InsO ein veritables Bedürfnis, die Haftungstatbestände des § 64 GmbHG anzuwenden. Das Eigenverwaltungsverfahren ist typischerweise auf die Fortführung des Unternehmens gerichtet. Da die Fortführung des Unternehmens eine Vielzahl von aus dem Gesellschaftsvermögen erfolgende Zahlungen voraussetzt, ist das Risiko masseschmälernder Zahlung mindestens ebenso relevant wie im Eröffnungsverfahren. Dementsprechend ging auch der historische Gesetzgeber 1930 bei Implementierung des heutigen § 64 S. 2 GmbHG wie selbstverständlich davon aus, dass das Zahlungsverbot des heutigen § 64 S. 1 GmbHG auch im Vergleichsverfahren nach der damaligen Vergleichsordnung, dem Vorgängerverfahren des heutigen Eigenverwaltungsverfahrens, zur Anwendung kommen sollte. Die Haftungstatbestände des § 64 GmbHG werden auch nicht durch insolvenzrechtliche Regelungen verdrängt. Jedenfalls würde eine Verdrängung nämlich daran scheitern, dass § 64 GmbHG als insolvenzrechtliche Norm zu qualifizieren ist.

Im Rahmen der Privilegierung gem. § 64 S. 2 GmbHG für nach Eintritt der Insolvenzreife geleistete Zahlungen ist es wiederum – wie auch im Rahmen der Verfahren gem. §§ 270a, 270b InsO – geboten, Sinn und Zweck des Eigenverwaltungsverfahrens zu berücksichtigen. Solange die begründete Aussicht auf eine Sanierung der Gesellschaft besteht, die gleichzeitig die bestmögliche Befriedigung der Gläubiger bedeutet, sind Zahlungen, die zur Aufrechterhaltung der Sanierungsmöglichkeit erforderlich sind, mit der Sorgfalt eines ordentlichen Geschäftsführers vereinbar. Erst, wenn die Sanierung aufgrund objektiver Umstände nicht mehr aussichtsreich erscheint, sind weitere masseschmälernde Zahlungen nicht mehr sorgfaltsgemäß. Zur Entlastung des Geschäftsführers besteht auch im Rahmen des eröffneten Eigenverwaltungsverfahrens eine widerlegbare Vermutung, dass Zahlungen, die mit Zustimmung des Sachwalters oder des Gläubigerausschusses erfolgen, mit der Sorgfalt eines ordentlichen Geschäftsführers zu vereinbaren sind, sofern der Geschäftsführer diese zuvor ordnungsgemäß und vollständig unterrichtet hat. Ebenso lässt eine solche Zustimmung auch im Rahmen des eröffneten Eigenverwaltungsverfahrens widerlegbar vermuten, dass es unter Beachtung der Sorgfalt eines ordentlichen Geschäftsleiters nicht absehbar war, dass die fragliche Zahlung zur Zahlungsunfähigkeit der Gesellschaft führen musste, § 64 S. 3 2. Hs. GmbHG.

Literaturverzeichnis

Altmeppen, Holger   Probleme der Konkursverschleppungshaftung
ZIP 1997, 1173 ff.

ders.   Insolvenzverschleppungshaftung Stand 2001
ZIP 2001, 2201 ff.

ders.   Persönliche Haftung des Aufsichtsrats für
Verletzung der Massesicherungspflicht der
Geschäftsleiter
ZIP 2010, 1973 ff.

ders.   Masseschmälernde Zahlungen
NZG 2016, 521 ff.

ders.   Quotenschaden, Individualschaden und
Wilhelm, Jan   Klagebefugnis bei der Verschleppung des
Insolvenzverfahrens über das Vermögen der
GmbH
NJW 1999, 673 ff.

Andres, Dirk   Insolvenzordnung
Leithaus, Rolf   3. Auflage
München 2014
zitiert: *Bearbeiter* in: Andres/Leithaus

Apfelbaum, Sebastian   GmbH-Reform 2008 – Die wichtigsten Änderungen
für die notarielle Praxis
notar 2008, 160 ff.

Bachmann, Gregor   Organhaftung in der Eigenverwaltung
ZIP 2015, 101 ff.

Bales, Klaus   Zivil- und strafrechtliche Haftungsgefahren für
Berater und Insolvenzverwalter in der Krise und
der Insolvenz
ZInsO 2010, 2073 ff.

Bamberger, Heinz Georg   Beck'scher Online-Kommentar BGB
Roth, Herbert   Edition 43
Hau, Wolfgang   München 2017
Poseck, Roman   zitiert: BeckOK BGB Bamberger/Roth/*Bearbeiter*

Banspach, Dirk   Der Aufsichtsrat der GmbH – unter besonderer
Nowak, Karsten   Berücksichtigung kommunaler Unternehmen und
Konzerne
Der Konzern 2008, 195 ff.

Bauer, Joachim   Die GmbH in der Krise
5. Auflage
Köln 2017

Baumbach, Adolf   Gesetz betreffend die Gesellschaften mit
Hueck, Alfred   beschränkter Haftung
Kommentar
21. Auflage
München 2017
zitiert: Baumbach/Hueck/*Bearbeiter*

Baumgarte, Christian   Die Strafbarkeit von Rechtsanwälten und anderen
Beratern wegen unterlassener Konkursanmeldung
wistra 1992, 41 ff.

Bayer, Walter   Ersatz des Vertrauensschadens wegen Insolvenz-
Lieder, Jan   verschleppung und Haftung des Teilnehmers
WM 2006, 1 ff.

Beck, Lukas   Haftung der Gesellschafter für Zahlungen nach
Eintritt der Insolvenzreife bei Führungslosigkeit
GmbHR 2017, 181 ff.

Beck, Sigfried
Depré, Peter

Praxis der Insolvenz: Ein Handbuch für die Beteiligten und ihre Berater
3. Auflage
München 2017
zitiert: *Bearbeiter* in: Beck/Depré, Praxis der Insolvenz

Berger, Christian

Insolvenzantragspflicht bei Führungslosigkeit der Gesellschaft nach § 15a Abs. 3 InsO
ZInsO 2009, 1977 ff.

Bergmann, Alfred

Die Verwaltungsbefugnis des Insolvenzverwalters über einen zur Insolvenzmasse gehörenden GmbH-Geschäftsanteil
ZInsO 2004, 225 ff.

Bertschinger, Urs

Der eingeordnete Berater – ein Beitrag zur faktischen Organschaft
in: Festschrift für Peter Forstmoser zum 60. Geburtstag
Zürich 2003, S. 455 ff.

Biehl, Björn

Geschäftsführer- und Gesellschafterhaftung wegen Insolvenzverschleppung bei der GmbH
Frankfurt a.M. 2014

Bitter, Georg

Zur Haftung des Geschäftsführers aus § 64 Abs. 2 GmbHG für „Zahlungen" nach Insolvenzreife
– Konzeptionelle Überlegungen aus Anlass der BGH-Urteile vom 29. November 1999 = WM 2000, 242 und vom 11. September 2000,
= WM 2000, 2158 –
WM 2001, 666 ff.

ders.

Haftung von Gesellschaftern und Geschäftsführern in der Insolvenz ihrer GmbH – Teil 1
ZInsO 2010, 1505 ff.

ders. Haftung von Gesellschaftern und Geschäftsführern
in der Insolvenz ihrer GmbH – Teil 2
ZInsO 2010, 1562 ff.

Blöse, Jochen Haftung der Geschäftsführer und Gesellschafter
nach dem ESUG
GmbHR 2012, 471 ff.

Boos, Karl-Heinz Kreditwesengesetz: Kommentar zu
Fischer, Reinfrid Kreditwesengesetz, VO (EU) 575/2013 (CRR)
Schulte-Mattler, Hermann und Ausführungsvorschriften
Band 1
5. Auflage
München 2016
zitiert: *Bearbeiter* in: Boos/Fischer/Schulte-Mattler

Bork, Reinhard GmbHG: Kommentar zum GmbHG
Schäfer, Carsten 3. Auflage
Köln 2015
zitiert: Bork/Schäfer/*Bearbeiter*

Bork, Reinhard Haftung des GmbH-Geschäftsführers wegen
verspäteten Konkursantrags – Besprechung der
Entscheidung BGHZ 126, 181
ZGR 1995, 505 ff.

ders. Anmerkung zu BGH, Urteil vom 11.07.2005,
Az. II ZR 235/03
EWiR 2005, 731 f.

Brand, Christian Die insolvenzrechtliche Führungslosigkeit und das
Brand, Marco Institut des faktischen Organs
NZI 2010, 712 ff.

Braun, Eberhard

Insolvenzordnung (InsO)
Kommentar
7. Auflage
München 2017
zitiert: Braun/*Bearbeiter*

Brettner, Ronald

Die Strafbarkeit wegen Insolvenzverschleppung
gemäß § 15a InsO
Berlin 2013

Brinkmann, Moritz

Haftungsrisiken im Schutzschirmverfahren und
in der Eigenverwaltung (Teil 2)
DB 2012, 1369 ff.

Brötzmann, Ulrich

Anmerkung zu BGH, Urteil vom 20.09.2010,
Az. II ZR 78/09 – „Doberlug"
GmbHR 2010, 1203 ff.

Buchalik, Robert

Restrukturierungs-/Sanierungsmöglichkeiten aus
der Sicht der finanzierenden Bank
in: Festschrift für Friedrich Wilhelm Metzeler zum
70. Geburtstag
Köln 2003, S. 225 ff.

ders.
Hiebert, Olaf

Die Anfechtbarkeit der Zahlung von
Beraterhonoraren und der Anspruch nach
§ 64 Satz 1 GmbHG in der (vorläufigen)
Eigenverwaltung
ZInsO 2014, 1423 ff.

Büchler, Olaf

Beraterhaftung in der GmbH-Insolvenz,
Erfolgsaussichten von Klagen des Insolvenzver-
walters gegen Steuer- und Sanierungsberater
InsVZ 2010, 68 ff.

Burgard, Ulrich — Garantie- und Verschuldenshaftung von Mitgesellschaftern einer GmbH
NZG 2002, 606 ff.

Cadmus, Ferdinand — Die Haftung der GmbH und ihres Geschäftsführers in der Eigenverwaltung
Köln 2016

Cahn, Andreas — Die Ausfallhaftung des GmbH-Gesellschafters –
Besprechung der Entscheidung BGHZ 150, 61
ZGR 2003, 298 ff.

Canaris, Claus-Wilhelm — Die Haftung für fahrlässige Verletzungen der Konkursantragspflicht nach § 64 GmbHG –
Eine Besprechung des Beschlusses des BGH vom
1.3.1993 – II ZR 292/91
JZ 1993, 649 ff.

Casper, Matthias — Die Haftung für masseschmälernde Zahlungen nach
§ 64 Satz 1 GmbHG: Hat der BGH den Stein der Weisen gefunden?
Zugleich Besprechung BGH v. 18.11.2014 – II ZR
231/13, ZIP 2015, 71, v. 23.6.2015 – II ZR 366/13,
ZIP 2015, 1480 und v. 8.12.2015 – II ZR 68/14,
ZIP 2016, 364
ZIP 2016, 793 ff.

Cranshaw, Friedrich L. — Haftung, Versicherung und Haftungsbeschränkung des (vorläufigen) Gläubigerausschusses?
ZInsO 2012, 1151 ff.

Dahl, Michael — Anmerkung zu AG Hamburg, Beschluss vom
27.11.2008, Az. 67c IN 478/08
NJW-Spezial 2009, 55 ff.

ders.
Schmitz, Jan — Probleme von Überschuldung und Zahlungsunfähigkeit nach FMStG und MoMiG
NZG 2009, 567 ff.

du Carrois, Michael   Haftungsgefahren für Erben von Gesellschaftsanteilen durch das MoMiG
ZInsO 2009, 373 ff.

Ebenroth, Carsten   Handelsgesetzbuch: Kommentar
Thomas (Begr.)   Band 1: §§ 1–342e
Boujong, Karlheinz (Begr.)   3. Auflage
Joost, Detlev   München 2014
Strohn, Lutz   zitiert: *Bearbeiter* in Ebenroth/Boujong/Joost/Strohn

Eckhoff, Frank   Die Haftung der Geschäftsleiter gegenüber den
Gläubigern der Gesellschaft wegen Insolvenz-
verschleppung
Köln 2009

Ehlers, Harald   Strafrechtliche Risiken und Haftungsgefahren für
den Steuerberater in der Unternehmenskrise der
GmbH
DStR 1999, 461 ff.

ders.   Teilnahme und Nutzen einer Mitgliedschaft im
Gläubigerausschuss
BB 2013, 259 ff.

Ehrenstein, Irene   Mitbestimmungsstatistik 2016 –
Mehr mitbestimmte Unternehmen
Mitbestimmung Nr. 2, April 2017, 50

Ehricke, Ulrich   Das abhängige Konzernunternehmen in der
Insolvenz
Tübingen 1998

ders.   Zur Teilnahmehaftung von Gesellschaftern bei
Verletzungen von Organpflichten mit Außenwirkung
durch den Geschäftsführer einer GmbH
ZGR 2000, 351 ff.

Eidenmüller, Horst	Unternehmenssanierung zwischen Markt und Gesetz: Mechanismen der Unternehmensreorganisation und Kooperationspflichten im Reorganisationsrecht Köln 1999
Engelke, Friedrich	Faktische Geschäftsführung durch Kreditinstitute? Die Bank 1998, 431 ff.
Engert, Andreas	Die Haftung für drittschädigende Kredite München 2005
Erman, Walter (Begr.) **Westermann**, Harm Peter **Grunewald**, Barbara	Bürgerliches Gesetzbuch: Handkommentar mit AGG, EGBGB (Auszug), ErbbauRG, HausratsVO, LPartG, ProdHaftG, UKlaG, VAHRG und WEG 14. Auflage Köln 2014 zitiert: *Bearbeiter* in: Erman
Fleck, Hans-Joachim	Zur Haftung des GmbH-Geschäftsführers GmbHR 1974, 224 ff.
Fleischer, Holger	Zur aktienrechtlichen Verantwortlichkeit faktischer Organe AG 2004, 517 ff.
ders.	Zur Abberufung von Vorstandsmitgliedern auf Druck Dritter DStR 2006, 1507 ff.
ders.	Zur zivilrechtlichen Teilnehmerhaftung für fehlerhafte Kapitalmarktinformationen nach deutschem und amerikanischem Recht AG 2008, 265 ff.
ders.	Zur GmbH-rechtlichen Verantwortlichkeit des faktischen Geschäftsführers GmbHR 2011, 337 ff.

Frege, Michael C.   Grundlagen und Grenzen der Sanierungsberatung
                                      NZI 2006, 545 ff.

Friedrichs, Philipp Julian   Das Schutzschirmverfahren nach § 270b InsO als
                                      Instrument zur nachhaltigen Stärkung der
                                      Eigenverwaltung
                                      Frankfurt 2014

Frind, Frank   Der vorläufige Gläubigerausschuss – Rechte,
                                      Pflichten, Haftungsgefahren
                                      Gläubigerverantwortung im Eröffnungsverfahren:
                                      haftungsrechtlicher „Schleudersitz"?
                                      ZIP 2012, 1380 ff.

ders.   Probleme bei Bildung und Kompetenz des
                                      vorläufigen Gläubigerausschusses
                                      BB 2013, 265 ff.

ders.   Haftungsgefahren für den vorläufigen Sachwalter
                                      in Eigenverwaltungs- und Schutzschirmverfahren
                                      – Eine Betrachtung aus insolvenzgerichtlicher Sicht –
                                      NZI 2014, 977 ff.

Fritsche, Stefan   Anmerkung zu BGH, Urteil vom 20.09.2010,
                                      Az. II ZR 78/09 – „Doberlug"
                                      NJ 2011, 77 ff.

Froehner, Jan   Deliktische Haftung für die Beihilfe zur
                                      Insolvenzverschleppung gegenüber dem
                                      Neugläubiger
                                      ZInsO 2011, 1617 ff.

Gehrlein, Markus   Anwalts- und Steuerberaterhaftung
                                      4. Auflage
                                      Frankfurt a.M. 2016

ders.	Die Behandlung von Gesellschafterdarlehen durch das MoMiG BB 2008, 846 ff.
ders.	Haftung von Geschäftsführern und Gesellschaftern im Rahmen der Eigenverwaltung ZInsO 2017, 849 ff.
Geissler, Dennis	Haftung des eingetragenen und faktischen Geschäftsführers sowie des directors oder shadow directors einer englischen Limited – Lösungswege aus der Haftungsfalle des § 64 GmbHG – GmbHR 2016, 1130 ff.
Geißler, Markus	Die Haftung des faktischen Geschäftsführers GmbHR 2003, 1106 ff.
ders.	Wertgedeckte und nicht wertgedeckte Zahlungen bei Insolvenzreife der GmbH GmbHR 2011, 907 ff.
Glozbach, Pierre	Die Haftung des GmbH-Geschäftsführers nach § 64 Abs. 2 GmbHG für Zahlungen nach Insolvenzreife Aachen 2004
Göcke, Torsten	Haftungsfalle Führungslosigkeit? Gefahren für den Insolvenzverwalter eines GmbH-Gesellschafters bei führungsloser Gesellschaft ZInsO 2008, 1305 ff.
Goette, Wulf	Einführung in das neue GmbH-Recht München 2008

ders.	Zur persönlichen Haftung des Geschäftsführers einer GmbH gegenüber Dritten aus Geschäften, die nach Eintritt der Konkursreife mit ihnen geschlossen werden – Die Änderung der höchstrichterlichen Rechtsprechung durch das Urteil des II. Zivilsenats des BGH vom 6.6.1994, II ZR 292/91 – DStR 1994, 1048 ff.
ders.	Das Organverhältnis des GmbH-Geschäftsführers in der Rechtsprechung des Bundesgerichtshofs DStR 1998, 938 ff.
ders.	Chancen und Risiken der GmbH-Novelle WPg 2008, 231 ff.
Gottwald, Peter	Insolvenzrechtshandbuch 5. Auflage München 2015 zitiert: *Bearbeiter* in: Gottwald, Insolvenzrechtshandbuch
ders.	Insolvenzrechtshandbuch 4. Auflage München 2010 zitiert: *Bearbeiter* in: Gottwald, Insolvenzrechtshandbuch, (4. Auflage 2010)
Graf-Schlicker, Luise	InsO: Kommentar zur Insolvenzordnung 4. Auflage Köln 2014 zitiert: Graf-Schlicker/*Bearbeiter*
Grigoleit, Hans Christoph	Gesellschafterhaftung für interne Einflussnahme im Recht der GmbH – Dezentrale Gewinnverfolgung als Leitprinzip des dynamischen Gläubigerschutzes München 2006

Grunewald, Barbara **Römermann**, Volker	Rechtsdienstleistungsgesetz Köln 2008 zitiert: Grunewald/Römermann/*Bearbeiter*
Gundlach, Ulf **Frenzel**, Volkhard **Strandmann**, Uwe	Die Insolvenzverwaltung nach den Änderungen durch das MoMiG NZI 2008, 647 ff.
Gundlach, Ulf **Müller**, Udo **Rautmann**, Heiko	Blick ins Insolvenzrecht DStR 2011, 630 ff.
Gundlach, Ulf **Müller**, Udo	Das Insolvenzantragsrecht und die Insolvenzantrags- pflicht des Insolvenzverwalters ZInsO 2011, 900 ff.
dies.	Der Insolvenzantrag des faktischen GmbH- Geschäftsführers ZInsO 2011, 1055 ff.
Haarmeyer, Hans **Wutzke**, Wolfgang **Förster**, Karsten	InsO: Insolvenzordnung, Kommentar 2. Auflage Köln 2012 zitiert: *Bearbeiter* in: Haarmeyer/Wutzke/Förster
Haas, Ulrich	Insolvenzantragsrecht und –pflicht in der GmbH insbesondere des „faktischen Geschäftsführers" nach neuem Recht DStR 1998, 1359 ff.
ders.	Aktuelle Rechtsprechung zur Insolvenzantragspflicht des GmbH-Geschäftsführers nach § 64 Abs. 1 GmbHG DStR 2003, 423 ff.
ders.	Anmerkung zu BGH, Urteil vom 25.07.2005, AZ. II ZR 390/03 NZI 2006, 61 ff.

ders.	Die Rechtsfigur des „faktischen GmbH-Geschäftsführers" NZI 2006, 494 ff.
ders.	ESUG und das Gesellschaftsinsolvenzrecht in: Festschrift für Rolf Stürner zum 70. Geburtstag: 1. Deutsches Recht Tübingen 2013, S. 749 ff.
ders.	§ 64 S. 1 GmbHG im (vorläufigen) Eigenverwaltungs- und Schutzschirmverfahren ZHR 178 (2014), 603 ff.
ders. **Oechsler**, Jürgen	Missbrauch, Cash Pool und gutgläubiger Erwerb nach dem MoMiG NZG 2006, 806 ff.
Habersack, Mathias	Anmerkung zu BGH, Urteil vom 20.09.2010, Az. II ZR 78/09 – „Doberlug" JZ 2010, 1191 ff.
ders. **Foerster**, Max	Austauschgeschäfte der insolvenzreifen Gesellschaft – Zur Reichweite der Zahlungsverbote und zu den Folgen verbotener Zahlungen – ZHR 178 (2014), 387 ff.
Hachenburg, Max	Kommentar zum Gesetz betreffend die Gesellschaften mit beschränkter Haftung 5. Auflage Berlin 1927 zitiert: Hachenburg, GmbHG, (5. Auflage 1927)

Hachenburg, Max   Gesetz betreffend die Gesellschaften mit
Ulmer, Peter   beschränkter Haftung (GmbHG)
                             Großkommentar
                             Dritter Band, §§ 53–85, Register
                             8. Auflage
                             Berlin 1997
                             zitiert: Hachenburg/*Bearbeiter*

Hasselmann, Cord-Georg   Die Gesellschafterliste nach dem MoMiG
                             – Überblick und Gesellschaftsgründung –
                             NZG 2009, 409 ff.

Hassemer, Winfried   Professionelle Adäquanz, Bankentypisches Verhalten
                             und Beihilfe zur Steuerhinterziehung, Teil 1
                             wistra 1995, 41 ff.

Heckschen, Heribert   Die Gestaltung der Mitgliedschaftsrechte für den
                             Fall der Insolvenz des GmbH-Gesellschafters
                             ZIP 2010, 1319 ff.

Henssler, Martin   Gesellschaftsrecht
Strohn, Lutz   3. Auflage
                             München 2016
                             zitiert: Henssler/Strohn/*Bearbeiter*

Hey, Andreas   „Firmenbestatter" – Das Geschäft mit der Pleite,
Regel, Gerd   Eine neue Form von Konkurskriminalität
                             Kriminalistik 1999, 258 ff.

dies.   Firmenbestatter – Strafrechtliche Würdigung eines
                             neuen Phänomens
                             GmbHR 2000, 115 ff.

dies.   Notare und der kriminelle Ankauf von Pleitefirmen
                             ZNotP 2000, 333 ff.

Hirte, Heribert	Neuregelungen mit Bezug zum gesellschaftsrechtlichen Gläubigerschutz und im Insolvenzrecht durch das Gesetz zur Modernisierung des GmbH-Rechts und zur Bekämpfung vom Missbräuchen (MoMiG) ZInsO 2008, 689 ff.
Hölzle, Gerrit	Gesellschafterfremdfinanzierung und Kapitalerhaltung im Regierungsentwurf des MoMiG GmbHR 2007, 729 ff.
Hommelhoff, Peter **Schwab**, Martin	Die Außenhaftung des GmbH-Geschäftsführers und sein Regreß gegen die Gesellschafter in: Festschrift für Alfons Kraft Neuwied, Kriftel 1998, S. 263 ff.
Horstkotte, Martin	Die führungslose GmbH im Insolvenzantragsverfahren ZInsO 2009, 209 ff.
Hüffer, Uwe **Koch**, Jens	Aktiengesetz 12. Auflage München 2016 zitiert: Hüffer/Koch/*Bearbeiter*
Institut der Wirtschaftsprüfer in Deutschland e.V.	IDW Prüfungsstandards (IDW PS) , IDW Stellungnahmen zur Rechnungslegung (IDW RS) Loseblattsammlung Band 1 Stand: 61. Ergänzungslieferung Düsseldorf 2017
Jacoby, Florian	Die Haftung des Sanierungsgeschäftsführers in der Eigenverwaltung in: Festschrift für Heinz Vallender zum 65. Geburtstag Köln, 2015, S. 261 ff.

Jakobi, Fabian	Anmerkung zu OLG Köln, Urt. v. 15.12.2011 – 18 U 188/11 ZInsO 2012, 1576 ff.
Jauernig, Ottmar	Bürgerliches Gesetzbuch: mit ROM-I-, ROM-II-, ROM-III-VO, EG-UntVO/HUntProt und EuErbVO 16. Auflage München 2015 zitiert: Jauernig/*Bearbeiter*
Kaligin, Thomas	Anmerkung zu BGH, Urteil vom 22.9.1982 – 3 StR 287, 82 BB 1983, 790 ff.
Karollus, Martin	Weitere Präzisierungen zur Konkursverschleppungs-haftung – Zugleich Besprechung des Urteils des Bundesgerichtshofs vom 7. November 1994 ZIP 1995, 269 ff.
Kayser, Godehard **Thole**, Christoph	Insolvenzordnung: Heidelberger Kommentar 8. Auflage Heidelberg, München, Landsberg, Frechen, Hamburg 2016 zitiert: HK-InsO/*Bearbeiter*
Keiluweit, Anjela	Unterschiede zwischen obligatorischen und fakultativen Aufsichtsgremien – ein Vergleich zwischen Aktiengesellschaft und GmbH BB 2011, 1795 ff.
Kiefner, Alexander **Langen**, Markus	Massesicherungspflicht und Versagen des Überwachungsorgans – Zum Haftungsgefälle zwischen obligatorischem und fakultativem Aufsichtsrat NJW 2011, 192 ff.

Kiethe, Kurt	Gesellschaftsrechtliche Spannungen bei Public Private Partnerships NZG 2006, 45 ff.
Kindhäuser, Urs **Neumann**, Ulfried **Paeffgen**, Hans-Ulrich	Strafgesetzbuch Band 1 5. Auflage Baden-Baden 2017 zitiert: NK-StGB-*Bearbeiter*
Klein, Christian **Thiele**, Frank	Der Sanierungsgeschäftsführer einer GmbH in der Eigenverwaltung – Chancen und Risiken im Spannungsfeld der divergierenden Interessen ZInsO 2013, 2233 ff.
Kleindiek, Detlef	Ordnungswidrige Liquidation durch organisierte „Firmenbestattung" ZGR 2007, 276 ff.
ders.	Geschäftsführerhaftung nach der GmbH-Reform in: Festschrift für Karsten Schmidt zum 70. Geburtstag Köln 2009, S. 893 ff.
ders.	Die Geschäftsführerhaftung nach § 64 S. 3 GmbHG – eine Zwischenbilanz GWR 2010, 75 ff.
ders.	Zahlungsunfähigkeit und Haftung nach § 64 S. 3 GmbHG Zugleich Anmerkung zu BGH, Urteil vom 09.10.2012, Az. II ZR 298/11 BB 2013, 19
Klinck, Fabian	Die Geschäftsführerhaftung nach § 64 Satz 1 GmbHG im Eigenverwaltungs(eröffnungs)-Verfahren DB 2014, 938 ff.

Knapp, Christoph	Die Entwicklung des Rechts des Aufsichtsrats im Jahr 2010 – Aktuelles für die Praxis aus Gesetzgebung und Rechtsprechung (Teil 2) DStR 2011, 225 ff.
König, Dominik	Die Haftung bei der Eigenverwaltung Eine Untersuchung der Haftung des eigenverwaltenden Schuldners einschließlich der Haftung der Geschäftsleiter bei der Eigenverwaltung von Gesellschaften Tübingen 2015
Konow, Karl-Otto	Gesellschafter-Haftung für die Verkürzung der Insolvenzmasse GmbHR 1975, 104 ff.
Konu, Metin **Topoglu**, Yavuz **Calagno**, Salvatore	§ 15a III InsO – „Positive Kenntnis" oder „Kennenmüssen"? NZI 2010, 244 ff.
Kort, Michael	Offene Fragen zu Gesellschafterliste, Gesellschafterstellung und gutgläubigem Anteilserwerb (§§ 40 und 16 GmbHG n.F.) GmbHR 2009, 169 ff.
Krämer, Achim **Winter**, Thomas	Die eigenverantwortliche Mitgliedschaft im Aufsichtsrat der fakultativen, insbesondere der fakultativen kommunalen GmbH in: Festschrift für Wulf Goette zum 65. Geburtstag München 2011, S. 253 ff.
Krekeler, Wilhelm	Die strafrechtliche Verantwortlichkeit des Notars bei der Gründung einer GmbH AnwBl 1993, 69 ff.
Krenzler, Michael	Rechtsdienstleistungsgesetz: Handkommentar Baden-Baden 2010 zitiert: HK-RDG/*Bearbeiter*

Kübler, Bruno M.

Handbuch Restrukturierung in der Insolvenz: HRI
Eigenverwaltung und Insolvenzplan
2. Auflage
Köln 2015
zitiert: *Bearbeiter* in: HRI

ders.

Die Konkursverschleppungshaftung des GmbH-
Geschäftsführers nach der „Wende" des Bundes-
gerichtshofs – Bedeutung für die Praxis
– Besprechung der Entscheidung BGHZ 126, 181 –
ZGR 1995, 481 ff.

ders.
Prütting, Hanns
Bork, Reinhard

InsO – Kommentar zur Insolvenzordnung
Loseblattsammlung
Stand: 71. Ergänzungslieferung
Köln 2017
zitiert: KPB/*Bearbeiter*

Lackner, Karl
Dreher, Eduard (Begr.)
Kühl, Kristian

Strafgesetzbuch: Kommentar
28. Auflage
München 2014
zitiert: *Bearbeiter* in: Lackner/Kühl

Landfermann, Hans-Georg

Das neue Unternehmenssanierungsgesetz (ESUG)
– Überblick und Schwerpunkte – Teil II –
WM 2012, 869 ff.

Lange, Carsten

Schadensersatzpflicht des Steuerberaters wegen
Beihilfe zur Insolvenzverschleppung eines
GmbH-Geschäftsführers
DStR 2007, 954 ff.

Larenz, Karl (Begr.)
Canaris, Claus-Wilhelm

Lehrbuch des Schuldrechts, Band II, Besonderer Teil
Halbband 2
13. Auflage
München 1994

dies.   Methodenlehre der Rechtswissenschaft
3. Auflage
Berlin, Heidelberg, New York, Barcelona, Budapest,
Hongkong, London Mailand, Paris, Santa Clara,
Singapur, Tokio 1995

Leibner, Wolfgang   Strafrechtliche Risiken in der insolvenzrechtlichen
Beratung
ZInsO 2002, 1020 ff.

Lerch, Klaus   Beurkundungsgesetz: Kommentar
5. Auflage
Köln 2016

Lutter, Marcus   Gefahren persönlicher Haftung für Gesellschafter
und Geschäftsführer einer GmbH
DB 1994, 129 ff.

ders.
Hommelhoff, Peter   GmbHG, Kommentar
19. Auflage
Köln 2016
zitiert: *Bearbeiter* in: Lutter/Hommelhoff

ders.
Krieger, Gerd
Verse, Dirk   Rechte und Pflichten des Aufsichtsrats
6. Auflage
Köln 2014
zitiert: *Bearbeiter* in: Lutter/Krieger/Verse, Rechte
und Pflichten des Aufsichtsrats

Marotzke, Wolfgang   Gläubigerautonomie – ein modernes Missverständnis
Insolvenzrecht im Wandel der Zeit
in: Festschrift für Hans-Peter Kirchhof zum 65.
Geburtstag
Recklinghausen 2003, S. 321 ff.

ders.	Die insolvente GmbH im Erbgang ErbR 2010, 115 ff.
ders.	Masseschuldbegründungskompetenz im eigenverwalteten Insolvenzeröffnungsverfahren DB 2013, 1283 ff.
Maurenbrecher, Benedikt	Die Stellung der Banken in Verantwortlichkeits- prozessen AJP 1998, 1327 ff.
Mecke, Friedrich **Lerch**, Klaus (Bearb.)	Beurkundungsgesetz: Kommentar 2. Auflage München 1991
Meixner, Rafael **Schröder**, Uwe	Wirtschaftsprüferhaftung München 2013
Michalski, Lutz	Kommentar zum Gesetz betreffend die Gesellschaften mit beschränkter Haftung Band II, §§ 35–88 GmbHG, EGGmbHG 2. Auflage München 2010 zitiert: Michalski (2.Auflage)-*Bearbeiter*
Michalski, Lutz **Heidinger**, Andreas **Leible**, Stefan **Schmidt**, Jessica	Kommentar zum Gesetz betreffend die Gesellschaften mit beschränkter Haftung Band I, Systematische Darstellungen, §§ 1–34 GmbHG 3. Auflage München 2017 zitiert: Michalski-*Bearbeiter* Band II, §§ 35–88 GmbHG, EGGmbHG 3. Auflage München 2017 zitiert: Michalski-*Bearbeiter*

Mock, Sebastian   Anmerkung zu AG Hamburg, Beschluss vom
27.11.2008, Az. 67c IN 474/08
EWiR 2009, 245 f.

Mohrbutter, Harro   Handbuch Insolvenzverwaltung
Ringstmeier, Andreas   9. Auflage
Köln 2015
zitiert: *Bearbeiter* in: Mohrbutter/Ringstmeier

Müller-Feldhammer, Ralf   Vertragserfüllung und Haftung des
Unternehmensberaters
NJW 2008, 1777 ff.

Münchener Kommentar   Aktiengesetz
Band 2, §§ 76–117. MitbestG, DrittelbG
4. Auflage
München 2014
zitiert: MüKo-AktG/*Bearbeiter*

Münchener Kommentar   Bürgerliches Gesetzbuch
Band 1: Allgemeiner Teil
(§§ 1–240), ProstG, AGG
7. Auflage
München 2015
zitiert: MüKo-BGB/*Bearbeiter*

Münchener Kommentar   Bürgerliches Gesetzbuch
Band 5: Schuldrecht, Besonderer Teil III
(§§ 705–853), PartGG, ProdHaftG
5. Auflage
München 2009
zitiert: MüKo-BGB (5. Auflage)/*Bearbeiter*

Münchener Kommentar	Bürgerliches Gesetzbuch
	Band 6: Schuldrecht, Besonderer Teil IV
	(§§ 705–853), PartGG, ProdHaftG
	7. Auflage
	München 2017
	zitiert: MüKo-BGB/*Bearbeiter*
Münchener Kommentar	Bürgerliches Gesetzbuch
	Band 10: Erbrecht, §§ 1922–2385, §§ 27–35 BeurkG
	7. Auflage
	München 2017
	zitiert: MüKo-BGB/*Bearbeiter*
Münchener Kommentar	Gesetz betreffend die
	Gesellschaften mit beschränkter Haftung - GmbHG
	Band 1, §§ 1–34
	2. Auflage
	München 2015
	zitiert: MüKo-GmbHG/*Bearbeiter*
	Band 2, §§ 35–52
	2. Auflage
	München 2016
	zitiert: MüKo-GmbHG/*Bearbeiter*
	Band 3, §§ 53–85
	2. Auflage
	München 2016
	zitiert: MüKo-GmbHG/*Bearbeiter*
Münchener Kommentar	Handelsgesetzbuch
	Band 4, Drittes Buch. Handelsbücher,
	§§ 238–342e HGB
	3. Auflage
	München 2013
	zitiert: MüKo-HGB/*Bearbeiter*

Münchener Kommentar	Insolvenzordnung
	Band 1, §§ 1–102, InsVV
	2. Auflage
	München 2007
	zitiert: MüKo-InsO (2.Auflage)/*Bearbeiter*
Münchener Kommentar	Insolvenzordnung
	Band 1, §§ 1–79 InsO, InsVV
	3. Auflage
	München 2013
	zitiert: MüKo-InsO/*Bearbeiter*
Münchener Kommentar	Insolvenzordnung
	Band 3, §§ 217–359 InsO,
	Art. 103a-110 EGInsO
	3. Auflage
	München 2014
	zitiert: MüKo-InsO/*Bearbeiter*
Münchener Kommentar	Strafgesetzbuch
	Band 1: §§ 1–37 StGB
	3. Auflage
	München 2017
	zitiert: MüKo-StGB/*Bearbeiter*
Nadwornik, Dennis	De facto und shadow directors im englisch-deutschen Vergleich
	Frankfurt a.M. 2013
Naumann, Patrick	Pflichtenstellung des faktischen Geschäftsführers
	Anmerkung zu BGH, Urt. v. 11.7.2005 – II ZR 235/03, ZInsO 2005, 878
	ZInsO 2006, 75 ff.

Nauschütz, Marietje	Haftung des faktischen Geschäftsführers wegen unzulässiger Zahlungen aus der Masse NZG 2005, 921 ff.
Nerlich, Jörg **Römermann**, Volker	Insolvenzordnung (InsO): Kommentar Loseblattsammlung Stand: 31. Ergänzungslieferung München 2017 zitiert: Nerlich/Römermann/*Bearbeiter*
Neuhof, Rudolf	Sanierungsrisiken der Banken: Die Vor-Sanierungs-phase NJW 1998, 3225 ff.
Noack, Ulrich	Reform des deutschen Kapitalgesellschaftsrechts: Das Gesetz zur Modernisierung des GmbH-Rechts und zur Bekämpfung von Missbräuchen DB 2006, 1475 ff.
ders. **Bunke**, Caspar	Anmerkung zu BGH, Urteil vom 11.07.2005, Az. II ZR 235/03 WuB II C. § 64 GmbHG 2.05
Oetker, Hartmut	Kommentar zum Handelsgesetzbuch (HGB) 5. Auflage München 2017 zitiert: Oetker/*Bearbeiter*
Oppenländer, Frank **Trölitzsch**, Thomas	Praxishandbuch der GmbH-Geschäftsführung 2. Auflage München 2011 zitiert: Oppenländer/Trölitzsch/*Bearbeiter*
Pape, Gerhard **Schultz**, Volker	Der Gläubigerausschuss im Eröffnungsverfahren und im eröffneten Insolvenzverfahren mit Eigenverwaltung des Schuldners ZIP 2016, 506 ff.

Passarge, Malte	Zum Begriff der Führungslosigkeit – scharfes Schwert gegen Missbrauch oder nur theoretischer Papiertiger? GmbHR 2010, 295 ff.
ders. **Brete**, Raik	Führungslosigkeit in Theorie und Praxis – eine kritische Bestandsaufnahme ZInsO 2011, 1293 ff.
Podewils, Felix	Haftung der Mitglieder eines fakultativen Aufsichtsrates für Zahlungen der Gesellschaft nach Insolvenzreife („Doberlug") jurisPR-HaGesR 11/2010 Anm. 4
Poertzgen, Christoph	Organhaftung wegen Insolvenzverschleppung Baden-Baden 2006
ders.	Die künftige Insolvenzverschleppungshaftung nach dem MoMiG GmbHR 2007, 1258 ff.
ders.	Die rechtsformneutrale Insolvenzantragspflicht (§ 15a InsO) ZInsO 2007, 574 ff.
ders.	Anmerkung zu BGH, Urteil vom 20.09.2010, Az. II ZR 78/09 – „Doberlug" NZI 2010, 915 ff.
ders.	Anmerkung zu EuGH, Urteil vom 04.12.2014 – Az. C-295/13 NZI 2015, 91 f.
ders.	Plädoyer für eine maßvolle Haftung des Sanierungsgeschäftsführers – Ein Zwischenruf aus der Praxis ZInsO 2015, 724 ff.

ders.	Quo vadis § 64 GmbHG? Anmerkung zu BGH, Urt. v. 8.12.2015 – II ZR 68/14, ZInsO 2016, 338 ff. ZInsO 2016, 1182 ff.
ders. **Meyer**, Benedikt	Aktuelle Probleme des § 64 Satz 3 GmbHG ZInsO 2012, 249 ff.
Porzelt, Karl	Die Außen- und Innenhaftung im Recht der GmbH Köln 2013
Ransiek, Andreas	Zur deliktischen Eigenhaftung des GmbH-Geschäftsführers aus strafrechtlicher Sicht ZGR 1992, 203 ff.
ders.	Pflichtwidrigkeit und Beihilfeunrecht – Der Dresdner Bank-Fall und andere Beispiele – wistra 1997, 41 ff.
Rattunde, Rolf	Die Übernahme konkursreifer Gesellschaften und die Folgen DZWir 1998, 271 ff.
Reck, Reinhard	Der Berater und die Insolvenzverschleppung ZInsO 2000, 121 ff.
Redeker, Rouven	Die Insolvenzverschleppungshaftung des faktischen Geschäftsführers – Zugleich Besprechung der BGH-Urteile vom 27.6.2005 -- II ZR 113/03 und 11.7.2005 -- II ZR 235/03 DZWIR 2005, 497 ff.
Reul, Adolf **Heckschen**, Heribert **Wienberg**, Rüdiger	Insolvenzrecht in der Gestaltunspraxis: Immobilien-Gesellschafts-, Erb- und Familienrecht München 2012 zitiert: *Bearbeiter* in: Reul/Heckschen/Wienberg
Römermann, Volker	Insolvenzrecht im MoMiG NZI 2008, 641 ff.

ders.	Aktuelles zur Insolvenzantragspflicht nach § 15a InsO NZI 2010, 241 ff.
ders.	Steuerberater: Geborene Mittäter bei Insolvenzverschleppung? – Zugleich Anmerkung zum BGH-Urteil vom 7.3.2013 – IX ZR 64/12 – GmbHR 2013, 513 ff.
Roth, Günter H. **Altmeppen**, Holger	Gesetz betreffend die Gesellschaften mit beschränkter Haftung (GmbHG): Kommentar 5. Auflage München 2005 zitiert: *Bearbeiter* in: Roth/Altmeppen, 5. Auflage 2005
dies.	Gesetz betreffend die Gesellschaften mit beschränkter Haftung (GmbHG): Kommentar 8. Auflage München 2015 zitiert: *Bearbeiter* in: Roth/Altmeppen
Rowedder, Heinz **Schmidt-Leithoff**, Christian	Gesetz betreffend die Gesellschaften mit beschränkter Haftung (GmbHG) Kommentar 6. Auflage München 2017 zitiert: *Bearbeiter* in: Rowedder/Schmidt-Leithoff
Saenger, Ingo **Inhester**, Michael	GmbH-Gesetz – Handkommentar 3. Auflage Baden-Baden 2016 zitiert: Saenger/Inhester/*Bearbeiter*

Sandhaus, Johannes   Der Kreditgeber als faktischer Geschäftsführer
einer GmbH
Baden-Baden 2014

Schilling, Wolfgang   Grundlagen eines GmbH-Konzernrechts
in: Festschrift für Wolfgang Hefermehl zum 70.
Geburtstag am 18. September 1976
München 1976, S. 383 ff.

Schippel, Helmut
Bracker, Ulrich   Bundesnotarordnung: Kommentar
9. Auflage
München 2011
zitiert: Schippel/Bracker/*Bearbeiter*

Schmahl, Hermannjosef   Subsidiäres Insolvenzantragsrecht bei führungslosen
juristischen Personen nach dem Regierungsentwurf
des MoMiG – Versuch einer rechtzeitigen
begrifflichen und sachlichen Klärung
NZI 2008, 6 ff.

Schmidt, Andreas   Hamburger Kommentar zum Insolvenzrecht
6. Auflage
Köln 2017
zitiert: HambKomm/*Bearbeiter*

ders.
Poertzgen, Christoph   Geschäftsführerhaftung (§ 64 S. 1 GmbHG) in Zeiten
des ESUG
NZI 2013, 369 ff.

Schmidt, Karsten   Gesellschaftsrecht
4. Auflage
Köln 2002

ders.   Insolvenzordnung: InsO mit EuInsVO
19. Auflage
München 2016
zitiert: K. Schmidt-InsO/*Bearbeiter*

ders.	Konkursantragspflichten bei der GmbH und bürgerliches Deliktsrecht – Sanktions- und Koordinationsprobleme um § 64 GmbHG JZ 1978, 661 ff.
ders.	Anmerkung zu BGH, Beschluss vom 20.09.1993, Az. II ZR 292/91 NJW 1993, 2934 ff.
ders.	Reform der Kapitalsicherung und Haftung in der Krise nach dem Regierungsentwurf des MoMiG Sechs Leitsätze zu § 30 GmbHG-E, § 64 GmbHG-E und § 15a InsO-E GmbHR 2007, 1072 ff.
ders.	Aufsichtsratshaftung bei Insolvenzverschleppung – Das „Doberlug"-Urteil des BGH vom 20.9.2010 als neues Zeugnis eines unausgereiften Haftungskonzepts – GmbHR 2010, 1319 ff.
ders.	Gesellschaftsrecht und Insolvenzrecht im ESUG-Entwurf BB 2011, 1603 ff.
ders. **Lutter**, Marcus	Aktiengesetz I. Band §§ 1–149 3. Auflage Köln 2015 zitiert: *Bearbeiter* in: Schmidt/Lutter
ders. **Uhlenbruck**, Wilhelm	Die GmbH in Krise, Sanierung und Insolvenz 5. Auflage Köln 2016 zitiert: *Bearbeiter* in: K. Schmidt/Uhlenbruck, Die GmbH in Krise, Sanierung und Insolvenz

Schmittmann, Jens M.	Anmerkung zu AG Duisburg, Beschluss vom 02.01.2007, Az. 64 IN 107/06 NZI 2007, 356 ff.
ders.	Vorsicht Falle: Haftung des Steuerberaters der Schuldnerin für den Erstattungsanspruch gegen den Geschäftsführer aus § 64 Abs. 2 GmbHG ZInsO 2008, 1170 ff.
ders. **Dannemann**, Dirk	Massesicherungs- versus Steuerzahlungspflicht im Schutzschirmverfahren nach § 270b InsO – Einen Tod muss der Geschäftsführer sterben?! ZIP 2014, 1405 ff.
Schmitz, Bernhard **Lorey**, Petra **Harder**, Richard	Berufsrecht und Haftung der Wirtschaftsprüfer Praxishandbuch und Nachschlagewerk 2. Auflage Herne 2016
Schneider, Herbert **Schneider**, Uwe H.	Die Amtsniederlegung durch den Geschäftsführer einer GmbH GmbHR 1980, 4 ff.
Schneider, Sven H.	(Mit-)Haftung des Geschäftsführers eines wegen Existenzvernichtung haftenden Gesellschafters GmbHR 2011, 685 ff.
Scholer, René	Die Haftung des GmbH Gesellschafters für die Verursachung der Unternehmensinsolvenz Baden-Baden 2009
Schönke, Adolf **Schröder**, Horst **Eser**, Albin	Strafgesetzbuch: Kommentar 29. Auflage München 2014 zitiert: Schönke/Schröder/*Bearbeiter*

Scholz, Franz	Kommentar zum GmbH-Gesetz
	I. Band, §§ 1–34
	11. Auflage
	Köln 2012
	zitiert: Scholz/*Bearbeiter*
	Kommentar zum GmbH-Gesetz
	II. Band, §§ 35–52
	11. Auflage
	Köln 2014
	zitiert: Scholz/*Bearbeiter*
	III. Band, §§ 53–85
	11. Auflage
	Köln 2015
	zitiert: Scholz/*Bearbeiter*
Schroeders, Kathrin	Die deliktische Teilnehmerhaftung des GmbH-Gesellschafters wegen Einflussnahme auf die Geschäftsführung
	Baden-Baden 2014
Schröder, Christian	Die strafrechtliche Haftung des Notars als Gehilfe bei der Entsorgung einer insolvenzreifen GmbH außerhalb des Insolvenzverfahrens
	DNotZ 2005, 596 ff.
Schubert, Werner **Schmiedel**, Burkhard **Krampe**, Christoph	Quellen zum Handelsgesetzbuch von 1897 Band II: Denkschriften, Beratungen, Berichte Zweiter Halbband zitiert: Schubert/Schmiedel/Krampe, Bd. II/2
Schürnbrand, Jan	Organschaft im Recht der privaten Verbände Tübingen 2007

ders.	Überwachung des insolvenzrechtlichen Zahlungs-verbots durch den Aufsichtsrat NZG 2010, 1207 ff.
Schult, Ludger	Insolvenzverursachungshaftung des Geschäftsführers: BGH schafft Klarheit GWR 2012, 549 f.
Servatius, Wolfgang	Gläubigereinfluss durch Covenants: Hybride Finanzierungsinstrumente im Spannungsfeld von Fremd- und Eigenfinanzierung Tübingen 2008
Siemon, Klaus **Klein**, Christian	Haftung des (Sanierungs-)Geschäftsführers gem. § 64 GmbHG im Schutzschirmverfahren nach § 270b InsO ZInsO 2012, 2009 ff.
Skauradszun, Dominik **Spahlinger**, Andreas	Die Haftung des Geschäftsführers in der Eigenverwaltung DB 2015, 2559 ff.
Smid, Stefan	Funktion des Sequesters und Aufgaben des Insolvenzgerichts in der Eröffnungsphase nach der verabschiedeten Insolvenzordnung WM 1995, 785 ff.
ders.	Im Focus: Beraterhaftung – Teil 2 ZInsO 2014, 1181 ff.
Sorge, Jan	Die Haftung faktischer Geschäftsleiter in der Krise der Gesellschaft Baden-Baden 2012
Spindler, Gerald **Stilz**, Eberhardt	Kommentar zum Aktiengesetz: AktG Band 1: §§ 1–149 3. Auflage München 2015 zitiert: *Bearbeiter* in: Spindler/Stilz

Spliedt, Jürgen D.   MoMiG in der Insolvenz – ein Sanierungsversuch
                               ZIP 2009, 149 ff.

Stapper, Florian   Die Haftung des Geschäftsführers in Krise und
Jacobi, Christoph Alexander Insolvenz – Teil 4: Haftung für Zahlungen entgegen
                               § 64 GmbHG, für Insolvenzverschleppung und die
                               Verantwortung für Gesellschafterhandlungen
                               NJ 2010, 464 ff.

Staudinger, Julius von   Kommentar zum Bürgerlichen Gesetzbuch mit
                               Einführungsgesetz und Nebengesetzen
                               Buch 2 – Recht der Schuldverhältnisse
                               §§ 830–838 (Unerlaubte Handlungen 3)
                               Neubearbeitung 2012
                               Berlin 2012
                               zitiert: Staudinger/*Bearbeiter*

Stein, Ursula   Das faktische Organ
                               Köln, Berlin, Bonn, München 1984

dies.   Die Normadressaten der §§ 64, 84 GmbHG und die
                               Verantwortlichkeit von Nichtgeschäftsführern wegen
                               Konkursverschleppung
                               ZHR 1984, 207 ff.

Stöber, Michael   Anmerkung zu BGH, Urteil vom 20.09.2010,
                               Az. II ZR 78/09 – „Doberlug"
                               BB 2010, 2659 f.

Ströhmann, Martin G.   Die Geschäftsführungsbefugnis in der GmbH im
Längsfeld, Alexander M.H. Rahmen der Eigenverwaltung – Welche Neuerungen
                               brachte § 276a InsO?
                               NZI 2013, 271 ff.

Strohn, Lutz — Existenzvernichtungshaftung, §§ 30, 31 43 GmbHG und § 64 S. 3 GmbHG – Koordinierungsbedarf? ZHR 173 (2009), 589 ff.

ders. — Faktische Organe – Rechte, Pflichten, Haftung DB 2011, 158 ff.

ders. — Organhaftung im Vorfeld der Insolvenz NZG 2011, 1161 ff.

ders.
Simon, Stefan — Haftungsfallen für Gesellschafter und Geschäftsführer im Recht der GmbH – Aktuelle Rechtsprechung , Beratungs- und Gestaltungspraxis – GmbHR 2010, 1181 ff.

Sundermeier, Bernd
Gruber, Claudia — Die Haftung des Steuerberaters in der wirtschaftlichen Krise des Mandanten DStR 2000, 929 ff.

Theiselmann, Rüdiger — Die Haftung des GmbH-Aufsichtsrates für Verletzungen der Überwachungspflicht – Das „Doberlug"-Urteil des BGH vom 20.9.2010 und seine Praxisfolgen GmbH-StB 2011, 13 ff.

ders. — GF-Haftung für Zahlungen nach Eintritt der Insolvenzreife – Abführungspflicht umfasst auch Steuerrückstände und nur Arbeitgeberanteile GmbH-StB 2011, 146 ff.

Thiele, Frank — Die Rechtsfigur des Sanierungsgeschäftsführers – Teil 2 ZInsO 2015, 977 ff.

Thiessen, Jan — Haftung des Aufsichtsrats für Zahlungen nach Insolvenzreife – Zugleich Besprechung der Entscheidung BGH ZIP 2010, 1988 (Doberlug) – ZGR 2011, 275 ff.

Thole, Christoph	Der Konflikt zwischen Steuerpflicht und Massesicherung in der vorläufigen Eigenverwaltung DB 2015, 662 ff.
ders. **Brünkmans**, Christian	Die Haftung des Eigenverwalters und seiner Organe ZIP 2013, 1097 ff.
Tödtmann, Claudia	Ende der Rotweinrunde WiWo 2013, Nr. 024 v. 10.06.2013, 92 ff.
Trölitzsch, Thomas	Die Amtsniederlegung von Geschäftsführern in der Krise der GmbH GmbHR 1995, 857 ff.
Uhlenbruck, Wilhelm	Haftungstatbestände bei Konkursverursachung und -verschleppung DStR 1991, 351 ff.
ders.	Das neue Insolvenzrecht als Herausforderung für die Beratungspraxis BB 1998, 2009 ff.
ders. **Hirte**, Heribert **Vallender**, Heinz	Insolvenzordnung: Kommentar 14. Auflage München 2015 zitiert: Uhlenbruck/*Bearbeiter*
ders. **Leibner**, Wolfgang	Die Sanierung von Krisenunternehmen als Herausforderung für die Beratungspraxis KTS 2004, 505 ff.

Ulmer, Peter **Habersack**, Matthias **Winter**, Martin	GmbHG – Gesetz betreffend die Gesellschaften mit beschränkter Haftung Großkommentar Band II, §§ 29–52 2. Auflage Tübingen 2013 zitiert: Ulmer/*Bearbeiter* Band III §§ 53–88 (sowie EGGmbHG) 2. Auflage Tübingen 2016 zitiert: Ulmer/*Bearbeiter*
Ulmer, Peter	Anmerkung zu BGH, Beschluss vom 01.03.1993, Az. II ZR 292/91 ZIP 1993, 769 ff.
Vallender, Heinz	Allgemeine Anforderungen an Anträge im Insolvenzverfahren MDR 1999, 280 ff.
Vetter, Eberhard	Anmerkung zu BGH, Urteil vom 20.09.2010, Az. II ZR 78/09 – „Doberlug" EWiR 2010, 713 f.
ders.	Zur Haftung im fakultativen Aufsichtsrat der GmbH GmbHR 2012, 181 ff.
Volk, Klaus	Zum Strafbarkeitsrisiko des Rechtsanwalts bei Rechtsrat und Vertragsgestaltung BB 1989, 139 ff.
Vuia, Mihai	Die Verantwortlichkeit von Banken in der Krise von Unternehmen Berlin 2009

Vossius, Oliver

Gutgläubiger Erwerb von GmbH-Anteilen nach dem MoMiG
DB 2007, 2299 ff.

Wachter, Thomas

GmbH-Reform – Auswirkungen auf die Übertragung von GmbH-Geschäftsanteilen
ZNotP 2008, 378 ff.

Wagner, Gerhard
Bronny, Carsten

Insolvenzverschleppungshaftung des Geschäftsführers für Insolvenzgeld
ZInsO 2009, 622 ff.

Wagner, Magnus

Der Steuerberater in der Zwickmühle – Die Wahl zwischen Mandatsniederlegung oder Beihilfe zur Insolvenzverschleppung
ZInsO 2009, 449 ff.

Wälzholz, Eckhard

Die insolvenzrechtliche Behandlung haftungsbeschränkter Gesellschaften nach der Reform durch das MoMiG
DStR 2007, 1914 ff.

Wegner, Carsten

Anmerkung zu BGH, Urteil vom 17.03.2004, Az. 5 StR 314/03
wistra 2004, 273 ff.

Weimar, Robert

Grundprobleme und offene Fragen um den faktischen GmbH-Geschäftsführer (I)
GmbHR 1997, 473 ff.

Weller, Marc-Philippe

Haftung von GmbH-Aufsichtsratsmitgliedern für Zahlungen nach Insolvenzreife
GWR 2010, 541 ff.

Weyand, Raimund	Lange: Schadensersatzpflicht des Steuerberaters wegen Beihilfe zur Insolvenzverschleppung eines GmbH-Geschäftsführers, DStR 2007, 954–959 ZInsO 2007, 593 ff.
ders.	Faktische Geschäftsführung – eine aktuelle Bestandsaufnahme ZInsO 2015, 1773 ff.
ders.	Strafrechtliche Risiken für den externen Berater in der Unternehmenskrise – Erläuterungen anhand von praktischen Beispielen ZInsO 2016, 1969 ff.
Wicke, Hartmut	Gesetz betreffend die Gesellschaften mit beschränkter Haftung (GmbHG) Kommentar 3. Auflage München 2016
Wilhelm, Jan	Konkursantragspflicht des GmbH-Geschäftsführers ZIP 1993, 1833 ff.
Wimmer, Klaus	Frankfurter Kommentar zur Insolvenzordnung: FK-InsO; mit EuInsVO, InsVV und weiteren Nebengesetzten 8. Auflage Köln 2015 zitiert: FK-InsO/*Bearbeiter*
Wimmer-Leonhardt, Susanne	Konzernhaftungsrecht: die Haftung der Konzernmuttergesellschaft für die Tochtergesellschaften im deutschen und europäischen Recht Tübingen 2004

Winkler, Karl Beurkundungsgesetz: Kommentar
18. Auflage
München 2017

Wolff, Reinmar Die Verbindlichkeit der Gesellschafterliste für
Stimmrecht und Beschlussverfahren
BB 2010, 454 ff.

Ziemons, Hildegard Beck'scher Online-Kommentar GmbHG

Jaeger, Carsten Edition 31
München 2017
zitiert: BeckOK GmbHG Ziemons/Jaeger/*Bearbeiter*

Zipperer, Helmut Die Einflussnahme der Aufsichtsorgane auf die
Geschäftsleitung in der Eigenverwaltung – eine
Chimäre vom Gesetzgeber, Trugbild oder
Mischwesen?
ZIP 2012, 1942

Zugehör, Horst Haftung des Steuerberaters für Insolvenzverschleppungsschäden
NZI 2008, 652 ff.

Bezüglich der verwendeten Abkürzungen wird verwiesen auf:

Kirchner, Hildebert Abkürzungsverzeichnis der Rechtssprache
8. Auflage
Berlin, New York 2015

Druck:
Customized Business Services GmbH
im Auftrag der KNV-Gruppe
Ferdinand-Jühlke-Str. 7
99095 Erfurt